U0451473

奥古斯丁早期意志哲学研究

花威 著

商务印书馆
The Commercial Press

本书系2013年度教育部人文社会科学研究青年基金项目
"奥古斯丁意志哲学研究"（13YJC720016）结项成果
由大成国学基金—湖南大学岳麓书院发展基金高研院项目资助出版

序言一

花威这本书的雏形是2012年在北京大学完成的博士学位论文《意志与恩典：奥古斯丁早期意志学说研究》。我是花威的博士指导教师，他现在请我写序，自然不好推辞。动笔之前，先看了看当时为花威博士学位论文写的评语，我写道：

> 奥古斯丁是西方极难写作具有理论意义的论文的重要思想家，他的哲学和神学理论对基督教思想与西方人的世俗观念都有重要影响。国内外关于奥古斯丁的研究成果汗牛充栋，越来越细化、专业化，写作难度大。只有在广泛吸收已有成果的基础上，才能写出有理论意义的论文。花威的博士学位论文选择"意志与恩典"这一核心问题，并以奥古斯丁早期思想为研究重点，全面梳理、分析和整合了其早期关键文本，思考和回答了国际学术界提出的几个具有代表性的难题。论文的材料翔实可靠，结构合理，论证充分，注释和写作规范。论文反映了作者具有宽广的学术视野，具有优良的外文水平和古典语言功底，哲学和宗教学方面的知识扎实，对基督教思想有专业性、学术性的理解和把握。希望花威今后能够进一步深入思考和研究西方哲学中理性与信仰的关系问题，把对早期奥古斯丁思想的研究拓展到希腊哲学和中世纪哲学的更多领域。

十年过去了，花威完成了他的教育部人文社会科学研究青年基金项目，并提交了《奥古斯丁早期意志学说研究》的结项成果。我发现，虽然上述评语没有过时，他的新成果保持了全面梳理、分析和整合关键文本，回答了学术界具有代表性的难题的风格，但是他并没有按照我"把对早期奥古斯丁思想的研究拓展到希腊哲学和中世纪哲学的更多领域"的期待从事学术研究，而是立足于早期奥古斯丁思想，继续深掘深耕。我并不失望，而是感到欣慰。大凡学术之道，无非有两条：一是由浅入深，二是化繁为约。一般来说，初学者走第一条路，学成者走第二条路；一般来说，博士学位论文写得好的学生已经完成了初学者的严格训练，毕业后可以走第二条路。读了花威十年后的新成果，我觉得，这个"一般来说"或许不适用于研究像奥古斯丁这样的课题。奥古斯丁对西方神学研究，犹如柏拉图（Plato）对西方哲学研究，不是一篇博士学位论文就能达到学成者的深度，因此需要经久不息地深入，才能有所成就与创新。

　　学术界的现状验证了我的这一想法。无论在国外还是国内，奥古斯丁研究都在蓬勃发展，研究的焦点仍然集中在花威的博士学位论文涉及的"意志与恩典"这个核心问题上。花威全面梳理了最近的研究成果，总结出奥古斯丁在此问题上前后期的思想究竟是革命还是连续的两种解释思路。为了找到合理的解释，花威拓展了对早期奥古斯丁思想的研究，把《致辛普里西安》等中后期文本纳入解释重点。他采用历史批判的方法，对奥古斯丁文本做了"意志"概念的发源史、意志与恩典在早期思想中的具体展开过程阐释，最后得到关于其意志哲学的整体意义。通过文本分析和理论论证，作者提出变革论的新解释，既肯定后期对早期思想的理论继承，又强调后期在保罗《罗马书》的视野中，提出完全成熟的原罪、内在恩典和预定等学说，使自己的早期思想得到终极的表达。

虽然花威的新书名为《奥古斯丁早期意志哲学研究》，但无论从问题域还是从解释的文本看，该书都超出了早期奥古斯丁研究的范围，"早期"的限制词是不必要的。或许，花威博士认为，奥古斯丁的早期文本《论自由决断》富有哲理，而反摩尼教的文本侧重于教会内的神学争论，因此把"意志哲学"归于早期奥古斯丁哲学范畴。但我认为，奥古斯丁主义本来就是哲学和神学一体的基督教学术，没有必要在早期和晚期中区别哲学和神学。不过，我的这点建议，无碍于对该书内容的理解。

是为序。

赵敦华

2022 年 3 月 10 日于北京大学外国哲学研究所

序言二

我认识花威是在2007年,那时他刚到北京大学,在赵敦华教授门下攻读哲学博士学位。花威打算研究奥古斯丁和《罗马书》,当时这个课题在国内还没有得到充分研究。我有缘在北大委托的国际精英基金会旗下主持北大的基督教教学项目,并策划圣经学和教父学研究方面的博士联合培养。2007年秋天,我有幸安排了国际著名的《罗马书》专家、亦师亦友的博士学位论文导师朱伟特(Robert Jewett)教授来到北大,与我共同讲授《罗马书》相关课程。那年夏天,朱伟特教授刚刚将自己46箱珍贵的《罗马书》研究藏书捐赠给北大哲学系(宗教学系)资料室。也就是说,花威正是在这样天时地利人和的条件下开始了他的跨学科学习和研究。

我很荣幸能与赵教授共同指导花威。他天资聪颖,勤奋好学,在北大学习了西方哲学和古典语言,选修了圣经学和诠释学课程。之后两年,我帮忙安排他访学芝加哥,在西北大学、惠顿学院和迦勒特神学院学习,进一步掌握圣经学和教父学领域的语言与研究方法,回国后顺利撰写出博士学位论文,得到了答辩委员的好评。

毕业后,花威先在华侨大学任教,新近调入湖南大学岳麓书院。除了访问英国的丁道儿圣经学院(Tyndale House)和剑桥大学,他也积极参与国内的教父学研究,申请研究课题,努力发表研究成果,更在成家立业的同时不断修订、完善博士学位论文,现在得以正式出版。

借着写序的机会,我想从古典经学的视角来谈谈"意志"

(*voluntas*)这个话题,与花威做个对话,并看看保罗(约5—62)和奥古斯丁的智慧是否仍然值得我们参考。本书的意志研究看似一个宗教话题,但其实是关于人性和人类命运的最普遍问题,说得直白一点就是:(人类的)意志是自由的吗?(上帝的)恩典是不可抗拒的吗?

一、奥古斯丁的哲学问题

智慧不是生来就有的,而是在时间中与他人、与变化的世界发生互动才逐渐形成的。我想,奥古斯丁对意志的理解也有一个心路历程。他早期反驳摩尼教的善恶二元宇宙论,捍卫自由意志的意愿自主性;后期反驳佩拉纠的意志学说,在基督徒的生活和救赎层面捍卫上帝绝对的、无法抗拒的恩典。

由于突出原罪,奥古斯丁认为,人类的意志没有对罪说"不"的自由;同样,由于突出恩典,他也认为,人类的意志没有对上帝的恩典说"不"的自由。在今天,我们可以继续追问:人类是否有选择善或恶的自由意志呢?

这是一个哲学伦理学的问题。如果人类的意志不是自由的,而上帝的恩典是不可抗拒的,那么爱(*caritas/agapē*)还是真诚的吗?上帝的爱可以去强迫吗?

许多学者看到,奥古斯丁从早期到晚期对意志的理解存在着转变或"革命",对他来说,"意志"概念可能有三个不同的含义——自由行动、同意和爱。[①] 在奥古斯丁的早期作品中,意志意味着自由行

---

① Marianne Djuth, "Will", in Allan Fitzgerald ed., *Augustine Through the Ages: An Encyclopedia*, Grand Rapids: Eerdmans, 1999, pp. 881–885.

动,且这种向任何方向的行动不受任何原因的左右;在中期作品中,意志似乎失去了完全的行动自由,因为堕落的惩罚和恩典的力量被认为对意志施加了更大的影响,尽管它仍然可以接受或反抗这些影响;在后期作品中,奥古斯丁越来越转向上帝至高无上的恩典、爱和拣选,后者的分量越来越重。在他看来,在亚当和夏娃堕落之后,自由意志也因此堕落了,不再是完美的意志,也不再是完美人性的重要组成部分,除非或直到它被恩典所释放或恢复。既然意志被圣爱或欲望的力量所驱动,那么有效力的恩典就促使意志去爱善,且没有随意转向的自由。原罪导致意志只能爱恶,失去了爱善的自由;而如果能够在没有上帝及其恩典的情况下爱善,那么意志就能够自我上升,以至于比上帝所创造的形态更优越。如果可以抗拒善或上帝的爱,那么它就可以抗拒上帝的全能意志。

从历史、哲学和文本的角度,花威对奥古斯丁的上述问题进行了详尽的分析和论证,也引发我去思考哲学和圣经学的跨学科研究。以下,我将简要梳理《罗马书》中对恩典和意志的有关论述,来考察奥古斯丁后期的意志学说是否更接近保罗的思想。

二、保罗有关意志、恩典和拣选的《圣经》论证

保罗的拣选学说源自犹太终末论,恢宏博大,可以全面阐释其三一神论和基督论,勾勒出上帝的主权和救恩在宇宙历史中的圣爱作为。[①]

[①] 有关保罗书信中的拣选语言,相关分析参见杨克勤:《圣经修辞学:希罗文化与新约诠释》,北京:宗教文化出版社,2007年,第356—377页。

与此相应,"恩典"和"意志"是罗马帝国当时的经济学用语,保罗试图对之进行文化批判,即从概念上将读者从债务、义务和下对上的依赖,转向相依互益的、更自由的关系。例如,恩宠(benefaction)意味着礼物和馈赠(gratia),是出于显贵富豪的功绩炫耀和统战意志,因为在这一文化中,礼物是赚取的,恩惠(charis)是用人的功劳来衡量的。然而,在《罗马书》中,保罗以"基督的恩惠"颠覆了罗马的交换式经济(exchange economy),反驳了罗马"自私自利"或"白手套"型的恩惠制度。

　　保罗劝勉基督徒要模仿基督的意志,去服侍和分享(12:7)"上帝的怜悯"(9:15、9:18、9:23、11:30-31、12:1、15:9)。① 他认为,恩典或礼物不是靠着自己的意志去赚取的,而是人类在感恩领受上帝的恩赐之后,分享或祝福给他人的。上帝"所赐的恩"(12:3)是超凡的善能量即圣灵感化了人类的意愿,是一份礼物,而不是挣来的,甚至使徒的选召和圣灵的恩赐(charismatic gifts)也是天赋的。②

　　保罗教导罗马信徒,"要照着上帝所分给各人的信心的尺子"(12:3),批判当时罗马社会中常见的恫吓威胁和压迫异议的现象。朱伟特认为,保罗所说的"合乎中道"(12:3)与古希腊民主国家(反对寡头政治)的"成熟的文明和服从法律"的语言相似。也就是说,作为隐喻,"尺子"(metron)表示裁定的度量或信仰的界限,与"良知"(syneidēsis)(2:15、9:1、13:5)同义,即每个人基于上天的恩典而具有的价值标准,并借之接受自己的极限,与上帝建立和好

---

① 本序以及本书中的《圣经》引文主要参考和合本上帝版译文,有些地方依据古希伯来文、古希腊文和奥古斯丁所使用的拉丁文译本做了改动,恕不一一注出。

② Robert Jewett, *Romans: A Commentary*, Minneapolis: Fortress, 2007, p. 738.

关系，因为"世人都是罪人，亏缺了上帝的荣耀"（3：23）。① 保罗认为，只有自由或自愿互惠的精神，才能使整个社会的运行摆脱主奴辩证法的束缚。对此，他使用"欠债"（13：8）的经济隐喻来修正被罪律所扭曲的语言，比如恩典是积德，应该有必要的回礼，并批评罗马帝国不公正的税收经济使得民不聊生（13：6-8）②，尽管罗马公民仍然应该向帝国纳税。保罗把"彼此相爱"（13：8）的永恒欠债生活作为信仰群体的新经济的永久效力（currency），以基督群体内的信任、尊重、接纳和自愿参与来修正被罪律所腐蚀的堕落人性和虚荣帝国。

基于此，保罗和奥古斯丁都在追问："意志是自由的，但选择恶的自由还是自由吗？抗拒恩典的意志还是意志吗？"从一神论的修辞学可以看出，他们都认为，恶是善的缺乏，但善不是恶的亏欠，向恶说"不"的意志与向善说"是"的意志并非一体两面，前者是沉沦在罪律之下，其后果咎由自取。抗拒上帝恩典的意志不是完美的意志，而是对真理和圣爱的背叛。正如保罗《罗马书》1：19-25 所写的：

> 上帝的事情，人所能知道的，原显明在人心里〔良知〕，因为上帝已经向他们显明〔一神论〕。自从造天地以来，上帝的永能和神性是明明可知的，虽然眼不能见，但借着所造之物就可以了解看见，叫人无可推诿〔意志的责任〕。因为，他们虽然知道上帝，却不把他当作上帝荣耀他，也不感谢他〔选择恶的意志〕。

---

① Robert Jewett, *Romans: A Commentary*, Minneapolis: Fortress, 2007, p. 742.
② 有关罗马帝国税务的讨论，参见 Robert Jewett, *Romans: A Commentary*, Minneapolis: Fortress, 2007, pp. 798-803。

他们的思想变为虚妄，无知的心昏暗了〔哲思和伦理的沉沦〕。他们自以为聪明，反成了愚昧〔语言的扭曲〕，将不能朽坏之上帝的荣耀变为偶像，仿照必朽坏的人、飞禽、走兽、爬虫的形像〔价值观的颠倒〕。所以，上帝任凭〔咎由自取的审判〕他们随着心里的情欲行污秽的事，以致彼此羞辱自己的身体。他们将上帝的真实变为虚谎，去敬拜事奉受造之物，不敬奉那造物的主。

最后，花威在哲学和圣经学上学有经年，用功甚深，其写作也一向思路清晰，文采斐然。可以看到，这部研究专著结构严谨，文本解读精到，在国际学界的革命论和连续论之争中提出折中解释，更切近奥古斯丁的思想发展，实属难得。正如孔子的哲理，学问本不分中西，都是全人类的精神遗产，奥古斯丁的思想也是如此。

是为序。

杨克勤
2021 年 10 月 15 日于美国西北大学中央图书馆

目 录

导论 / 1
    第一节　历史处境下的著述 / 3
    第二节　从加西齐亚根对话到《致辛普里西安》 / 12
    第三节　意志哲学的研究现状 / 21
    第四节　本书的论证思路 / 26

第一章　恶、灵魂与意志 / 31
    第一节　恶与神义论传统 / 32
    第二节　*voluntas* 的前概念史 / 47
    第三节　意志哲学家 / 57

第二章　两个奥古斯丁？ / 87
    第一节　奥古斯丁的自我反思 / 88
    第二节　《论自由决断》的是与非 / 100
    第三节　《与福图纳图斯的辩论》的是与非 / 112

第三章　初罪、必然性与恩典 / 134
    第一节　从初罪到必然性 / 135
    第二节　《与福图纳图斯的辩论》再考察 / 161

第四章　初解《罗马书》(一) / 167
    第一节　奥古斯丁与《罗马书》 / 168

第二节　《罗马书》注释四篇　/ 186

　　第三节　四个阶段学说　/ 192

　　第四节　人的受造：驳斥摩尼教　/ 204

第五章　初解《罗马书》（二）　/ 214

　　第一节　《罗马书》与意志　/ 214

　　第二节　信仰的动力要素　/ 219

　　第三节　"雅各是我所爱的"　/ 223

　　第四节　神圣公义下的罪与罚　/ 235

　　第五节　"干犯圣灵"的绝望　/ 245

　　第六节　《八十三个问题》68　/ 254

第六章　《致辛普里西安》（一）　/ 268

　　第一节　"原罪"概念的提出　/ 268

　　第二节　"意志为善由得我"　/ 275

　　第三节　幸福及其延迟　/ 285

第七章　《致辛普里西安》（二）　/ 297

　　第一节　事工抑或信仰？　/ 298

　　第二节　呼召与恩典　/ 302

　　第三节　"恩典占了上风"　/ 315

　　第四节　预定与摒弃？　/ 323

第八章　意志、称义与内省良心　/ 328

　　第一节　称义与外邦人问题　/ 330

　　第二节　意志的堕落与恩典的先行　/ 335

　　第三节　皈依前的内省良心　/ 337

　　第四节　预定论下的内省良心　/ 341

结语　连续中的变革　/ 345
本书提及的奥古斯丁著作目录　/ 352
参考文献　/ 355
后记　/ 373

导　论

　　奥古斯丁(Augustine，354—430)通常被看作站在两个世界连接点上的思想家，即行将过去的古代世界和正在到来的中世纪①，"关闭了古代思想而开启了中世纪思想"②，又被看作第一位"现代人"③。

　　对于奥古斯丁的地位，同时代的哲罗姆(Jerome，342? —420)称赞他为"古老信仰的第二建立者"(《书信》195)。20世纪教会史大师阿道夫·冯·哈纳克(Adolf von Harnack)则评价他说："在使徒保罗和改革家路德之间，基督教会中没有人可以自比奥古斯丁；而就其深远影响来说，更没有人可以与之比肩。"④ 哈纳克还评述了奥古斯丁对罗马天主教的建立、文艺复兴、宗教改革甚至现代神学语言之形成的卓越影响，并认为他的学说在一定程度上可以弥补天主教与新教之间的隔阂。至于奥古斯丁对宗教改革的影响，博斯托克(Gerald Bostock)说，这不过是"奥古斯丁反对奥古斯丁"⑤。更有学者认为，整

---

① Gerald Bonner, *St. Augustine of Hippo: Life and Controversies*, Norwich: The Canterbury Press, 1986, p. 13.
② G. Coulton, "Augustine", in *Studies in Medieval Thought*, London: Thomas Nelson, 1940, p. 24.
③ Henry Chadwick, *Augustine*, Oxford: Oxford University Press, 1986, p. 3; William Babcock, "Comment: Augustine, Paul, and the Question of Moral Evil", in William Babcock ed., *Paul and the Legacy of Paul*, Dallas: Southern Methodist University Press, 1990, p. 251.
④ Adolf von Harnack, *Monasticism: Its Ideals and History, and the Confessions of St. Augustine*, Whitefish: Kessinger Publishing, 2010, p. 123.
⑤ Gerald Bostock, "Origen: The Alternative to Augustine", in *The Expository Times*, Vol. 114, 2003, p. 327.

个西方神学都可以被看作"大体上是奥古斯丁著作的一系列注脚"①。

然而,无论是在生前还是在死后,奥古斯丁的意志、原罪、恩典、预定等学说都引发了激烈的争论,从奥古斯丁与朱利安(Julian of Eclanum),到路德(Martin Luther)与伊拉斯谟(Erasmus),再到卡尔·巴特(Karl Barth)与自由派神学,一直持续到当代阿尔文·普兰丁格(Alvin Plantinga)对自由意志的替代性辩护和保罗·利科(Paul Ricoeur)对"原罪"概念的现象学还原。

与此类似,从19世纪末开始,对于如何解释奥古斯丁早期思想的演进,奥古斯丁研究界亦是往复论辩、此起彼伏。其中,争论的焦点主要包括:(1)奥古斯丁的米兰皈依到底指向新柏拉图主义,还是指向大公信仰,早期对话如何展现了这一点?(2)《论自由决断》是否存在着前后写作的断裂,是否从乐观主义转到了悲观主义?(3)《论两个灵魂》和《与福图纳图斯的辩论》是否表明,奥古斯丁不仅没有驳倒摩尼教(Manichaeism),反而认可和吸纳了其道德决定论的现实后果?(4)《致辛普里西安》提出了怎样的原罪论和恩典论?它是否或在何种意义上标识着奥古斯丁思想的基本成熟?(5)《回顾篇》和《论圣徒的预定》中对早期思想演进的评断是否可以得到有力辩护?(6)这一思想演进是连续的,还是革命性的转折?(7)在柏拉图和保罗以降的思想传统中,如何理解奥古斯丁早期思想对之的继承与转换?

对于以上争论,本书显然无心也无力全部涉及,而只会把重心放在奥古斯丁早期的意志学说上,力图完成以下论证目标:首先,检审"意志"概念的发源史,论述其在基督教神义论(theodicy)之下的必

---

① Eugène TeSelle, *Augustine the Theologian*, Eugene: Wipf and Stock Publishers, 1970, p. 19; Robert Dyson, *St. Augustine of Hippo: The Christian Transformation of Political Philosophy*, London: Continuum, 2005, pp. 3-7.

要性；其次，辨析各家对奥古斯丁早期思想演进的解释，在革命论（revolution）和连续论（continuity）之间提出变革论（reformation）的解释路径，为奥古斯丁自己对之的评断进行辩护；再次，细致分析"意志"和"恩典"概念在这一演进中逐渐展开和变革的具体过程，既承认变革的重大意义，又呈现其中的复杂性和摇摆性，完成对变革论的论证；最后，以称义问题在早期基督教中的演变，来考察奥古斯丁的意志学说如何突破了保罗的良心学说，实际肇始了"受折磨的内省良心"（plagued conscience），成为后世基督教道德心理学的基本范式。在此基础之上，我们将尝试评价奥古斯丁意志学说对基督教上帝论、人论和伦理学所产生的重要影响，以初窥从古希腊罗马哲学到基督教哲学的主要转折路径。

要完成上述论证，除了以上提及的作品，我们将重点考察奥古斯丁在394—396年对《罗马书》的四次注释。其中，《致辛普里西安》对前三次注释多有生发和革新，将是我们提出早期思想变革论的文本依据，而之前三次注释就被统称为"初解《罗马书》"，包括《罗马书章句》、《罗马书断评》和《八十三个问题》66、67、68，其间的若干思想演进也会得到细致的分析。此外，在本书中，voluntas 主要译成"意志"，其动词和副词形式有时会译成"意愿"。

第一节　历史处境下的著述

平凡的人生总是相同的，不平凡的人生各有各的不平凡。

在公元354年11月13日，奥古斯丁出生在北非地区的小城塔格斯特（Tagaste），母亲莫妮卡（Monica）是虔诚的大公教徒，父亲帕特里克（Patricius）则是异教徒。在当时的罗马家庭中，这一现象十分普遍。而葆拉·弗雷德里克森(Paula Fredriksen)最近挑战说，帕特里克可能早先已经皈依大公信仰，只是到临死时才接受洗礼。其主要理由包括：婴儿受洗在当时的北非并不流行，有一定社会地位的人通常选择临死时才受洗；莫妮卡是热心的基督徒，而帕特里克丝毫不阻止家人成为基督徒；在注重奥古斯丁教育的同时，他却并不在意其没有学好在当时的古典教育系统中必须掌握的希腊语。①

从童年时起，奥古斯丁就秉承了素朴的大公信仰，在一场热病中甚至要求母亲为自己准备大公教会的洗礼。他在17岁时前往迦太基继续攻读修辞学，19岁时读到西塞罗(Cicero)的《致荷尔顿西》(*Hortensius*)，开始有志于追求智慧。为了寻找"基督的名字"，奥古斯丁初读了古拉丁文译本的《圣经》②，但因其译文粗鄙，很快就弃于一旁。在4世纪，主要存在三个系列的拉丁文译本《圣经》。其中，欧洲译本通行于西欧，直到君士坦丁大帝时代；古意大利译本(*Vetus Itala*)出现于4世纪下半叶，是欧洲译本的校订版；北非教父西普里安(Cyprian)使用的版本被称为"非洲译本"。其中，奥古斯丁比较倾向于使用古意大利译本，但也会使用非洲译本。

由于极度缺乏合格的神职人员，北非教会过于强调服从权威，不重视以理性解释教义和信仰。年轻的奥古斯丁对此十分不满，甚至将之看成"稚气的迷信"③。在374年左右，受基督之名和理性之名的

---

① Paula Fredriksen, *Augustine and the Jews: A Christian Defense of Jews and Judaism*, New York: Doubleday, 2008, p. 3, p. 379 note 1. 与此相应，奥古斯丁的确一直把自己的大公信仰追溯到他的父母(*parentibus meis*)，参见《论信仰的益处》1.2、《忏悔录》6.11.18。

② Paula Fredriksen, *Augustine's Early Interpretation of Paul*, Ph. D Dissertation of Princeton University, 1979, p. 107.

③ Robert O'Connell, *Sounding in St. Augustine's Imagination*, New York: Fordham University Press, 1993, pp. 198, 216. 在《忏悔录》3.6.10中，奥古斯丁论及自己加入摩尼教的缘由，绝口不提大公教会的不足之处，但暗示了二者在看重真理和理性方面的差异。亦参见《论幸福生活》1.4，其中将之分别称为"教导信仰"和"命令信仰"。

诱惑，他旋即加入摩尼教，成为听教者（auditor），深信教中对恶的起源、上帝的本质、《新约》与《旧约》的关系和基督的神性等问题的解释，屡次与普通大公教徒辩论，逞口舌之能，并试图通过研究其宇宙论神话来通贯把握摩尼教的学说整体。由于摩尼教主教福斯图斯（Faustus）不能解决这一神话与基于数学计算的古典星象学之间的矛盾，奥古斯丁疑窦难消，就决心出离摩尼教，于383年渡海到罗马执教，次年秋又前往米兰，出任米兰宫廷的修辞学教授。

在其后两年间，奥古斯丁多次聆听米兰大公教会主教安布罗斯（Ambrose of Milan）的布道，并借助寓意释经法和新柏拉图主义学说，突破了自己在理论上的迷障，开始认识到恶是善的缺乏（privatio boni）(《九章集》1.8.3.4)，上帝是精神实体，而《旧约》可以与《新约》合一。在386年春夏，奥古斯丁重拾《圣经》，主要阅读保罗书信，受辛普里西安（Simplicianus）的信仰教导和《罗马书》13：13-14的神圣启示，最终在米兰花园的无花果树下皈依了大公信仰。随后，奥古斯丁与亲友退居米兰附近的加西齐亚根（Cassiciacum），继续阅读保罗书信，诵咏《诗篇》，写下了四篇对话，即《驳学园派》《论幸福生活》《论秩序》和《独语录》，但对《以赛亚书》尚未找到阅读门径。在387年春天，奥古斯丁一行回到米兰。在复活节之夜，奥古斯丁与儿子和同乡好友阿利比（Alypius）一起接受了由安布罗斯施行的大公教会的洗礼，正式成为大公教徒。

388年秋天，奥古斯丁回到家乡塔格斯特，过着半隐修的基督徒生活，广泛阅读《圣经》，与朋友和学生谈经论道，继续著书立说。为了反驳摩尼教并论证大公信仰，奥古斯丁在387—388年写成《论大公教会的生活之道与摩尼教的生活之道》两卷，其中多次引用保罗书信,特别是《罗马书》①,并在388—389年写成《论创世记:驳摩尼教徒》两卷,第一次注释了《创世记》前三章,是注释《圣经》书卷的初次尝试。此外,奥古斯丁还在390—391年写成《论真宗教》一卷,这些著作被诺拉的保林(Paulinus of Nola)称为"驳斥摩尼教的摩西五经"(《书信》25.2)。② 在北非地区,可能流传着五种摩尼教著作,而奥古斯丁此时有分庭抗礼之意。③

391年1月许,一切似乎都始料未及。④ 在拜访北非海港城市希波(Hippo Regius)期间,奥古斯丁被当地大公教会强举为司铎。他接受了这一圣职,但为自己的德不配位而潸然洒泪。⑤ 之后,他写信请求老主教瓦莱里(Valerius),得以退读《圣经》(《书信》21.3),在同年四旬斋(Lent)期间登坛布道,并开始建造修道院(《布道》216.1、355.2)。这一偶然事件促成了奥古斯丁的生活变化和思想转折,使他从哲人式的半隐修生活进入公共而凡俗的教会生活。他不仅要研读和解释《圣经》,承担布道和教会管理等事务,且必须为大公信仰进行辩护,反驳摩尼教的理论攻击,回应多纳图派(pars Donati)和异教徒的暴力袭扰。⑥

---

① 参见《论大公教会的生活之道与摩尼教的生活之道》1.13.22—23、1.14、1.24、1.26.50、1.32.71,甚至2.14.32还引用了《罗马书》整个第14章。

② 在引用奥古斯丁的拉丁文著作时,本书参照了CSEL(Corpus Scriptorum Ecclesiasticorum Latinorum)、CCSL(Corpus Christianorum, Series Latina)的版本,同时参照www.augustinus.it的电子版。

③ John Coyle, Augustine's "De Moribus Eccesiae Catholicae": A Study of the Work, Its Composition and Its Sources, Fribourg: The University Press, 1978, p.22.

④ 关于这一时间,参见Frederick Van Fleteren, "De vera religione", in Allan Fitzgerald ed., Augustine Through the Ages: An Encyclopedia, Grand Rapids: William B. Eerdmans Publishing Company, 1999, p.864.

⑤ 参见《书信》21.2、《布道》355.2、《奥古斯丁生平》4。

⑥ John Rist, Augustine: Ancient Thought Baptized, Cambridge: Cambridge University Press, 1994, pp.14—15.

在 4 世纪下半叶，除了传统的罗马异教，北非地区的宗教教派基本上是大公教会、多纳图派与摩尼教三足鼎立，而多纳图派占据明显优势，希波城也概莫能外(《论信仰的益处》7.19)。其中，多纳图派的形成缘起于罗马皇帝戴克里先(Diocletian)对基督徒的大规模迫害。在 303—305 年，他敕令帝国范围内的主教上交《圣经》和圣器，由政府统一销毁。这一上交(traditio)行为就是某种温和的背教，而这些主教随后被称为"上交(《圣经》)者"(traditor)。在迫害期过后，对于他们是否能继续施行圣礼(主要是祝圣和洗礼)、其圣礼是否有效，北非大公教会陷入分裂，君士坦丁皇帝委派的两次主教会议的裁决意见也遭到杯葛。持有异议的教徒否认这些圣礼的有效性，要求受洗的信众必须重新接受洗礼，并选出迈奥努(Majorius)出任迦太基主教，形成了一城两主教的分裂局面。315 年，多纳图(Donatus the Great)继任分裂派主教，这一派从此被称为"多纳图派"。到 4 世纪 90 年代，多纳图派声势兴盛，在农村和城市均建有教堂，实际超越了大公教会和摩尼教。① 因着教派隔阂，多纳图派在路上遇见大公教徒都不打招呼，其面包店甚至拒绝把面包卖给大公教徒(《驳佩提里安书信》2.184)。在宣教策略上，大公教会和多纳图派的扩张主要在没受过教育的普通民众中推进，这使得二者在谨守道德规范和摒弃异教习俗上的要求相对宽松。②

摩尼教由摩尼(Mani，216—277)在 3 世纪创立，宣扬善恶二元论，自称是知识和光的宗教，成全了基督的启示。摩尼教是一种宣教

---

① William Frend, *The Donatist Church: A Movement of Protest in Roman North Africa*, Clarendon: Oxford University Press, 1951, pp. 1-24, 208-243.

② 在米兰期间，莫妮卡曾经试图使用北非教会的传统礼仪来祭奠圣徒，但被米兰主教安布罗斯所禁止，认为会有异教习俗之嫌，参见《忏悔录》6.2.2。

宗教(missionary religion)①,认为光明之父派遣了许多先知来教导救赎之道,其中包括琐罗亚斯德(Zoroaster)和佛陀(Buddha),最后则是作为"先知之封印"(the seal of the prophets)的摩尼。在宣教上,摩尼自比保罗,是"耶稣基督的使徒",要把基督教启示的最高阶段即救赎的福音传到万国。② 在具体实践中,摩尼教很少使用仪式和圣礼,集中教导"摩尼七书"的话语,使得其在传播过程中很少出现教派异端或分裂。③ 摩尼生前就多次差派门徒到帝国各处宣教,建立教会组织。在他死后,摩尼教传播迅猛,到3世纪末已经西传到埃及、巴勒斯坦、罗马和北非,到4世纪末传到高卢和西班牙,遍及罗马帝国大部,达到其影响力的顶峰,后来沿丝绸之路东传到了中国。

摩尼教从属于灵知主义宗派,承认基督教的部分教义,否认《旧约》,只认可《新约》,但要求去除其中被窜添的经文(《忏悔录》5.11.21)。在北非地区,摩尼教的扩张主要针对知识阶层,策略是"大谈真理"(《忏悔录》3.6.10),积极利用公开辩论来宣教,吸引了不满足于大公教会的知识人士,包括青年时期的奥古斯丁,使北非成为摩尼教最广为人知的地区。它不仅遍及北非海岸城市,甚至深入撒哈拉沙漠以北的广大内陆地区④,完全超越了在2—3世纪异常活跃于

---

① 艾梅·皮埃什(Aimé Puech)归纳出摩尼教的三大特征,即"成全所有启示""宣教宗教"和"圣书宗教"。Gerald Bonner, *St. Augustine of Hippo: Life and Controversies*, Norwich: The Canterbury Press, 1986, pp. 170-171.

② Paula Fredriksen, *Augustine and the Jews: A Christian Defense of Jews and Judaism*, New York: Doubleday, 2008, p. 106.

③ John O'Meara, *The Young Augustine: The Growth of St. Augustine's Mind up to His Conversion*, New York: Alba House, 2001, pp. 48-49.

④ Francois Decret, *Early Christianity in North Africa*, Edward Smither trans., Eugene: Cascade Books, 2009, pp. 153-155.

北非地区的其他灵知主义宗派①。大公教会初起时吸纳了一些灵知主义要素，这使得它与摩尼教之间有着更多的亲和性，出入彼此要比出入多纳图派更容易得到认可，而多纳图派对此自然指责有加。② 在奥古斯丁时代，摩尼教在北非地区已经根深叶茂，对大公教会构成了实质威胁，诋毁其和多纳图派都败坏了基督教的原初教义，由此被称为"最致命的异端"。③

除了篇章上的差异，大公教会、多纳图派与摩尼教都极其看重《圣经》的权威，甚至摩尼教为了吸引信众，也主动诉诸《圣经》经文的支持④，《圣经》成为任何教义争论的最高法庭⑤。而在《圣经》之中，多纳图派和摩尼教都非常倚重保罗书信，以之作为自己教义和教会实践的理论根基。秉承保罗在《以弗所书》5：27 的教导，"作个荣耀的教会，毫无玷污、皱纹等类的病，乃是圣洁没有瑕疵的"，多纳图派注重信众的道德净化，以"洁净人的教会"自居，还热衷于崇拜殉道圣徒和神迹，多把殉道者的墓室或在其上建立教堂作为崇拜场所。⑥ 摩尼教更是钟爱保罗书信，奉之为圭臬，来论证本教教义的正

---

① Gerald Bonner, *St. Augustine of Hippo: Life and Controversies*, Norwich: The Canterbury Press, 1986, p. 160.

② John O'Meara, *The Young Augustine: The Growth of St. Augustine's Mind up to His Conversion*, New York: Alba House, 2001, p. 49.

③ Francois Decret, *Early Christianity in North Africa*, Edward Smither trans., Eugene: Cascade Books, 2009, p. 151.

④ Malcolm Alflatt, "The Development of the Idea of Involuntary Sin in St. Augustine", *Revue des Etudes Augustiniennes*, Vol. 20, 1974, p. 120.

⑤ Peter Brown, *Religion and Society in the Age of Saint Augustine*, London: Faber & Faber, 1972, p. 288; Peter Brown, *Augustine of Hippo: A Biography*, Berkeley: University of California Press, 2000, pp. 42-45.

⑥ 在多纳图派形成之前，先例已开，北非教父西普里安的坟墓上就建有教堂用于崇拜，而到了迫害时期，此风犹盛。关于北非教会的教堂墓地，参见 Francois Decret, *Early Christianity in North Africa*, Edward Smither trans., Eugene: Cascade Books, 2009, pp. 17-18。

统性。奥古斯丁说:"无疑,摩尼教徒们自己也阅读使徒保罗,称赞和荣耀他,却借着错误解释他的书信就把许多人引入歧途。"(《论创世记:驳摩尼教徒》1.2.3)对此,威廉·弗伦德(William Frend)认为:"无须夸张地说,在奥古斯丁时代,北非地区的摩尼教几乎就是一种保罗主义(Paulism)的异端。"① 而在当时的拉丁基督教氛围中,摩尼教甚至被视为"最极端和最自信的保罗阐释者"②。

在被强举为司铎之后,奥古斯丁就进入大公教会的教会生活中,开始直面这些严峻的教派纷争。在日常教牧和研读《圣经》之外,他开始积极参与北非大公教会的事务,驳斥异端,阐释大公信仰。在出任司铎稍前和稍后,奥古斯丁分别写下《论真宗教》和《论信仰的益处》,劝勉朋友罗曼尼安(Romanianus)和霍诺拉图(Honoratus)不要再沉迷于摩尼教,而要像自己一样尽早皈依大公信仰。在392年8月28—29日,受大公教徒和多纳图派的联合力邀,奥古斯丁与同城摩尼教司铎福图纳图斯(Fortunatus)进行公开辩论,双方都援引了保罗书信,特别是《罗马书》。③ 在393年10月8日,尚是司铎的奥古斯丁受命在希波公会议(concilium Hipponense)上向北非主教宣讲大公信仰的基本要义,写成《论信仰与信经》(《回顾篇》1.17[16])。在同一时期,奥古斯丁还经常前往迦太基和附近城镇旅行布道,并致信迦太基主教奥勒留(Aurelius),整顿了希波大公教会中借纪念圣徒殉道而荒

---

① William Frend, "The Gnostic-Manichaean Tradition in North Africa", *Journal of Ecclesiastical History*, Vol. 4, 1953, p. 21; John O'Meara, *The Young Augustine: The Growth of St. Augustine's Mind up to His Conversion*, New York: Alba House, 2001, pp. 49–50.

② Peter Brown, *Augustine of Hippo: A Biography*, Berkeley: University of California Press, 2000, p. 151.

③ 参见《奥古斯丁生平》6、《与福图纳图斯的辩论》0、《回顾篇》1.16[15].1。

宴醉酒的不良风气。①

然而，在出任圣职之后，奥古斯丁屡因自己过往的摩尼教经历而受到指责。虽然老主教瓦莱里在395年破格祝圣奥古斯丁为同执主教（co-bishop），但大公教会内部仍有不同意见，相应指责也愈发尖锐，甚至多纳图派都参与其中。对于多纳图派，奥古斯丁在391年才开始关注，之后写信试图邀请其主教就教义分歧进行辩论，以借机说服，但多纳图派根本无意于此（《书信》23）。在同一时期，奥古斯丁还写成《诗歌：驳多纳图派》，以诗歌体叙述了多纳图派的形成和偏误，提醒大公教徒不要为其所迷惑。

在劝诫多纳图派的同时，奥古斯丁显然把驳斥异端的重心放在了摩尼教上，不仅要洗清自己思想上的异端嫌疑，更要为大公信仰提供理论上的有力辩护。而鉴于摩尼教对保罗书信的钟爱和大公教会对阅读和注释保罗书信的强烈兴趣，奥古斯丁自然而然地进入"保罗的世纪"，成为"圣保罗的一代"②，依循拉丁教会的思想传统，重新阅读并开始自己对保罗书信的注释，以从教义根基上驳斥摩尼教的谬误和偏见③。

从391年起，奥古斯丁开始逐篇注释《诗篇》，并在90年代中期进入集中注释《圣经》的写作阶段，完成《创世记字解未完成》（393—394）、《论登山宝训》（393—394）、《加拉太书章句》（394—395），并应师友的释经疑问而述答写成了对《罗马书》的密集注释，分别是《罗

---

① 参见《书信》22。在本封书信1.2中，奥古斯丁首次引用《罗马书》13：13-14。对此的分析，参见 Felix Asiedu, "Paul and Augustine's Retrospective Self: The Relevance of Epistula 22", *Revue des Etudes Augustiniennes*, Vol. 47, 2000, pp. 145-167。

② Peter Brown, *Augustine of Hippo: A Biography*, Berkeley: University of California Press, 2000, p. 144.

③ Paula Fredriksen, *Augustine on Romans: Propositions from the Epistle to the Romans: Unfinished Commentary on the Epistle to the Romans*, Chico: Scholars Press, 1982, p. ix.

马书章句》、《罗马书断评》、《八十三个问题》66、67、68 和《致辛普里西安》1，其中，前三篇注释完成于 394—395 年，第四篇注释完成于 396 年升任主教之后不久。对于这一阶段的写作，弗雷德里克森评论说："要把保罗从摩尼教徒那里夺过来，奥古斯丁就不得不借助《圣经》注释的方法。"①

在从 411 年开始的与佩拉纠派（Pelagians）异端的漫长论战中，奥古斯丁越发依赖保罗书信，尤其是《罗马书》，直至深化和发展出了完善的原罪遗传论、圣徒预定论和作为信仰之开端的内在恩典论。然而，在为维护大公信仰而笔耕舌战了 40 年之后，奥古斯丁晚年还在性贪欲（sexual concupiscence）和原罪问题上被同为大公教会主教的朱利安指责为摩尼教徒。② 当然，这一讥讽只是后话，不是这里所要探讨的重点。

第二节　从加西齐亚根对话到《致辛普里西安》

作为一个信仰进程，奥古斯丁 386 年的米兰皈依通常被划分为理智皈依（intellectual conversion）和道德皈依（moral conversion），分别对应着《忏悔录》第 7 卷和第 8 卷。③ 在理智皈依中，奥古斯丁阅读普罗提诺（Plotinus）和波菲利（Porphyry）的著作，对新柏拉图主义的善、恶、灵魂、存在与非存在、上帝等学说有了系统认识，并将之与保罗

---

① Paula Fredriksen, "Paul", in Allan Fitzgerald ed., *Augustine Through the Ages: An Encyclopedia*, Grand Rapids: William B. Eerdmans Publishing Company, 1999, p. 621.

② 参见范奥特《摩尼、摩尼教和奥古斯丁》(Johannes Van Oort, *Mani, Manichaeism & Augustine: The Rediscovery of Manichaeism & Its Influence on Western Christianity*, Tbilisi: Georgian Academy of Sciences, 2001, pp. 37-40) 的分析，但我们不认同他的结论。

③ John O'Meara, *The Young Augustine: The Growth of St. Augustine's Mind up to His Conversion*, New York: Alba House, 2001, p. 125.

书信和《约翰福音》相对比,不再认为《圣经》经文是"老妇的虚谈"(《论信仰的益处》1.2),而看到二者之间的内在相合,最终得以皈依自己童年所笃信和当下所慕求的大公信仰。在道德皈依中,受安东尼(Antony)和维克多瑞(Victoriunus)等前辈皈依的感化,奥古斯丁经历米兰花园里的意志分裂和冲突,聆听到"拿起来读,拿起来读"(tolle, lege; tolle, lege)(《忏悔录》8.12.29)的合宜呼召,最终完成了自己在无花果树下的信仰皈依。

从19世纪末到20世纪中叶,依据加西齐亚根对话与《忏悔录》之间的思想差异,以哈纳克和阿尔法里克(Prosper Alfaric)为代表的学者一反传统看法,认为奥古斯丁的双重皈依实际上只是皈依了新柏拉图主义,而非基督教,他最早在391年,最晚在400年才真正完成皈依;库塞尔(Pierre Courcelle)则认为,奥古斯丁同时皈依了这两者。[①]从20世纪下半叶开始,以波塔利耶(Eugène Portalié)为代表的学者坚持传统看法,极力回应这一挑战,认为奥古斯丁当时皈依基督教是"真诚而彻底的"(sincere and complete),但他把新柏拉图主义和基督教看作通往同一真理的两条道路,只是后来才意识到远非如此。[②]经过往复辩驳,大部分学者当前都认可,奥古斯丁当时的确皈依了基督教,但其中掺杂了大量新柏拉图主义的观点,直到4世纪90年代中期才完成对之的扬弃和吸纳。[③]

[①] Frederick Van Fleteren, "*Confessiones*", in Allan Fitzgerald ed., *Augustine Through the Ages: An Encyclopedia*, Grand Rapids: William B. Eerdmans Publishing Company, 1999, p. 231.

[②] Eugène Portalié, *A Guide to the Thought of Saint Augustine*, Chicago: Henry Regnery Company, 1960, pp. 95–105; John O'Meara, *The Young Augustine: The Growth of St. Augustine's Mind up to His Conversion*, New York: Alba House, 2001, pp. 125-127, 198.

[③] 吴天岳:《意愿与自由:奥古斯丁意愿概念的道德心理学解读》,北京:北京大学出版社,2010年,第125页注释3。

以下，我们就来简略勾勒奥古斯丁早期思想的演进过程。在386年秋，奥古斯丁与亲友退居加西齐亚根，以之为背景写成四篇对话，其中驳斥384年一度阅读的学园派学说，回顾自己的信仰进程，在宇宙秩序中为恶找寻位置，探究灵魂和上帝。① 在《驳学园派》中，奥古斯丁借机讨论了自己对生活、宗教和哲学的看法②；在《论幸福生活》中，他阐述了信望爱是通往幸福生活的真正路径；在《论秩序》中，他对宇宙秩序与恶的关系的考察并不成功；在《独语录》中，他对灵魂和上帝的探究才刚刚起步。从加西齐亚根对话来看，奥古斯丁并没有找到论证自己大公信仰的术语系统，在理论旨趣上还漫浸在新柏拉图主义之中。

鉴于自己曾经沉迷摩尼教长达九年之久，皈依后的奥古斯丁就开始自觉驳斥摩尼教的学说，为大公信仰辩护，而这项工作贯穿了他早期思想的整个演进过程，其下的叙述和分析也依此展开。在387—388年逗留罗马期间，奥古斯丁写成《论灵魂的不朽》和《论灵魂的宏量》，剪裁古希腊罗马哲学中的灵魂论，将之纳入大公信仰中。其中论证说，灵魂可以保有智慧而不朽，统管但超越于身体，灵魂的能力分为七个等级，依次上升，最终可以沉思上帝。同时，奥古斯丁开始写作《论大公教会的生活之道与摩尼教的生活之道》，首次直接驳斥摩尼教，维护《新约》与《旧约》的合一，区分善的意志(*voluntas bona*)

---

① 对于这些对话的历史真实性，约翰·奥米拉(John O'Meara)认为，尽管其中包含着某些事实，但对话本身基本上是虚构(fiction)的。John O'Meara, *The Young Augustine: The Growth of St. Augustine's Mind up to His Conversion*, New York: Alba House, 2001, p. 198. 与此相似，西蒙·哈里森(Simon Harrison)认为，《论自由决断》和《论教师》也是虚构的对话。Simon Harrison, *Augustine's Way into the Will: The Theological and Philosophical Significance of De Libero Arbitrio*, Oxford: Oxford University Press, 2006, pp. 31-36.

② John O'Meara, *The Young Augustine: The Growth of St. Augustine's Mind up to His Conversion*, New York: Alba House, 2001, pp. 198-199.

和恶的意志(voluntas mala)，论证恶不是物质实体，而是从存在(ab essentia)趋向于不存在(ad id ut non sit)，上帝是绝对的至善，不是恶的肇始者，还比较了大公教会和摩尼教在信众道德教导上的高低差异；在哲学化的行文中，奥古斯丁首次大量引用了《圣经》经文，只是尚未发展出相应的释经方法。① 在这一理论基础之上，奥古斯丁写成《论自由决断》第1卷，论证意志的存在，意志是人的灵魂的核心部分，区分两种恶，而意志的背谬产生了第一种恶，招致作为上帝的惩罚的第二种恶，为第2—3卷整全地论证人的堕落下降一线建构了基本框架。

在规劝朋友的两部作品中，《论真宗教》论述说，基督教融合且成全了新柏拉图主义，而如果柏拉图再世，他也会皈依大公信仰，灵魂最初的罪或过错(vitium primum animae)是第一种恶，而犯罪是出于意志(voluntate)，去做"最高且最深邃的真理"所禁绝的事，初罪导致了身体的死亡，只有基督才能帮助人类战胜快乐(voluptas)、骄傲(superbia)和好奇(curiositas)，使灵魂上升并返回到上帝，而在此过程中，人类必须小心避开一切假宗教，以借助真宗教最终与唯一的上帝和好。② 与前者驳斥异教不同，《论信仰的益处》仅旨在反驳摩尼教异端对大公信仰的两处批评，即《新约》与《旧约》的合一和教会权威的合法性，其中论证说，借助历史(historia)、原因(aetiologia)、类比

---

① John Coyle, "*De Moribus ecclesiae Catholicae et de moribus Manicheorum*", in Allan Fitzgerald ed., *Augustine Through the Ages: An Encyclopedia*, Grand Rapids：William B. Eerdmans Publishing Company, 1999, p. 571.

② 虽然写于出任司铎之前，《论真宗教》却论及三种诱惑、三一论上帝、旧人与新人、权威与理性、恶来源于模仿上帝等诸多主题，而这些主题成为奥古斯丁此后不断进行阐释和论证的重要问题，深刻塑造了其思想的演进路向。Frederick Van Fleteren, "*De vera religione*", in Allan Fitzgerald ed., *Augustine Through the Ages: An Encyclopedia*, Grand Rapids：William B. Eerdmans Publishing Company, 1999, pp. 864-865.

(analogia)和寓意(allegoria)四种释经法,可以证明《旧约》与《新约》的合一,而世俗生活和教会生活也表明,相信先于理解,权威是认识真理的必要路径,借助教会权威而信仰并无不可,其中还区分了利用(uti)和安享(frui)。

从《论大公教会的生活之道与摩尼教的生活之道》到《论信仰的益处》,从引经论证到简单的释经论证,奥古斯丁开始试图以注释《圣经》的方式来驳斥摩尼教的批评,而早期两次注释《创世记》前三章显然是这一用心的最佳范例。在宇宙论上,大公教会坚持一元论,即独一的上帝创造了宇宙,却并不创造恶;而摩尼教坚持二元论,即黑暗王国侵袭光明王国产生了宇宙,恶原本就存在,之后才与善相互混杂。恶究竟如何起源,上帝善的创造中为何会出现恶,这不仅关乎大公信仰的理论根基,也关乎它对当下世界的解释效力,恶毕竟是现实存在的,而由于摩尼教排斥对《旧约》进行寓意解释,这一难题就变得越发棘手。[1]

在389年左右写成的《论创世记:驳摩尼教徒》中,奥古斯丁对字义释经尚无把握,因此广泛使用了寓意释经。[2] 其中认为,上帝是精神实体,超越时间和空间,"起初"(《创世记》1:1)不是指时间,而是指基督;黑暗不是实体,而只是缺乏光;上帝从无中创造有,并赋予被造的质料以相应的形式,使之"各从其类";恶不是实体,而是起源于灵魂以其意志背离上帝;因为上帝的惩罚,人类的身体就成

---

[1] Augustine, *On Genesis: A Refutation of the Manichees*, *Unfinished Literal Commentary on Genesis*, *the Literal Meaning of Genesis*, WSA 1/13, Edmund Hill trans., New York: New City Press, 2002, p.25.

[2] 参见《回顾篇》1.18[17].1。约翰·科伊尔(John Coyle)认为,《论创世记:驳摩尼教徒》第1卷偏向于字义释经,第2卷才明确使用了寓意释经。John Coyle, "De Genesi adversus Manichoes", in Allan Fitzgerald ed., *Augustine Through the Ages: An Encyclopedia*, Grand Rapids: William B. Eerdmans Publishing Company, 1999, p.379.

为必死的，善的创造也受到咒诅；蛇不是基督，而是代表着魔鬼；创世的六天对应着人类历史的六个阶段，也对应着个体成长和信仰的六个阶段。

到了393年写成的《创世记字解未完成》，奥古斯丁开始尝试字义释经，但要求尽可能多地提出问题，对各种回答保持开放。其中重述四种释经方法，借鉴当时的自然科学知识，如天文学、生物学和气象学等①，贴近字义地解释世界创造的具体过程；仍然区分创造中的质料与形式，借助《便西拉智训》18：1论证说，上帝"同时创造出一切事物"（creavit omnia simul），而分成六天来叙述是为了使一般人（little ones）容易理解；区分上帝的形象（imago）和样式（similitudo），以基督论来解释，但后来的补遗改以三位一体学说来解释。② 由于还不能有效使用字义释经，奥古斯丁不久就放弃写作，仅仅注释了《创世记》第1章，没有涉及意志和灵魂的堕落等核心论题，但为之后写作《创世记字解》做出了有益尝试，其间的承继关系十分明显。

终其一生，奥古斯丁先后五次注释《创世记》前三章，其他两次是《忏悔录》第11—13卷和《上帝之城》第11卷。不断注释《创世记》前三章显然不仅仅是兴趣所致，而可谓一石三鸟。首先，奥古斯丁可以借此反击摩尼教对《旧约》的诋毁和否弃，通过字义释经与寓意释经相结合，论证《旧约》的历史可靠性和当下启示性，维护《新约》与

---

① Augustine, *On Genesis: A Refutation of the Manichees*, *Unfinished Literal Commentary on Genesis*, *the Literal Meaning of Genesis*, WSA 1/13, Edmund Hill trans., New York：New City Press, 2002, p. 110；亦参见《论基督教教导》2.29.45-46。

② Roland Teske, "*De Genesi ad litteram liber imperfectus*", in Allan Fitzgerald ed., *Augustine Through the Ages: An Encyclopedia*, Grand Rapids：William B. Eerdmans Publishing Company, 1999, p. 378。

《旧约》合一的大公信仰。① 其次，可以帮助他与摩尼教争夺对世界创造的解释权，打破善恶二元争斗的创造说，把恶从形而上学和宇宙论中赶出去，论证上帝的独一、全善、全能和不受侵袭，维护从无中生有的大公信仰。最后，在上帝的全善创造中，奥古斯丁为灵魂和意志的善找到了基础，继而把恶的起源归诸意志的自主转向，即背离上帝而趋向于被造物，表现为亚当违背上帝的命令而犯下初罪，而初罪又使得意志陷入无知和困难，只能等待上帝的恩典来开启救赎。显然，在从创造、堕落到救赎的整个历史神学中，注释《创世记》前三章可以完成对创造论的论证，部分完成对堕落论的论证，从而为奥古斯丁的理论大厦立定牢固的根基。

在注释《创世记》之外，奥古斯丁继续驳斥摩尼教的灵魂论和救赎论，以意志的转向来解释人类的堕落路径。摩尼教认为，由于黑暗王国主动侵袭光明王国，生成的世界才混杂着善与恶，人同时具有善的灵魂和恶的灵魂，其作恶只出于恶的灵魂，人不需要为之负责；而如同基督一样，善的灵魂也是受上帝的差遣才下降到世界上，参与和执行上帝的救赎进程，救赎的对象只是光明元素，并不存在人的堕落。

在 392 年，奥古斯丁写成《论两个灵魂》，以创造的全善来论证，人只有一个灵魂，其被造的自然是善的，而具体的善恶都是出于意志的自由决断（《忏悔录》8.10.22-24），其中首次明确定义了"意志"和"罪"。同年 8 月，奥古斯丁与福图纳图斯进行现场辩论，阐述了意志被造的善性和初罪的发生，并提及只有上帝的恩典才能救赎意

---

① 延续这一思路，奥古斯丁在 394 年写成《驳阿迪玛图》，在 396 年写成《致辛普里西安》2，论证了《旧约》经文并不荒谬或与《新约》经文存在冲突，反而可以得到合理且融贯的解释。

志，使之脱离继续犯罪的必然性。在这一时期，奥古斯丁还写成《论自由决断》第2—3卷，延承第1卷，全面论证了意志的被造善性和堕落下降一线，从形而上学论证转入历史神学论证，阐述了亚当的初罪和初罪的继续归罪，人的意志陷入无知和困难，而上帝的创造和预知并不为之负责。可以说，借助以上著作，奥古斯丁基本完成了对摩尼教的驳斥，建立了自己的神学架构，而其后的驳斥只是在具体论题上不断地深化和丰富。①

接下来，在创造和堕落之后，奥古斯丁还需要论证救赎上升一线，以完成对大公信仰的整全论证，同时驳斥摩尼教的救赎论只是救赎光明元素，而不是初罪后的人类。有鉴于与福图纳图斯的辩论暴露出自己在理解和解释保罗书信上的极度不足，要实现以上两个目标，奥古斯丁就必须开始注释保罗书信，不仅论证人的意志与上帝的恩典在救赎上升中的作用方式，同时维护恩典的绝对必要和意志的相对自由，即创造和预知都不强迫意志去犯罪，恩典和救赎也都不强迫意志去信仰。正是基于这一理论需要，奥古斯丁才自觉地加入"圣保罗的一代"，而除了《加拉太书》，他在394—396年四次注释《罗马书》，在其中梳理信仰的动力学要素，排列意志与恩典的前后次序，试图找到符合字义释经的合理解释。

在对《罗马书》的注释中，第7章和第9章的重要性日益凸显，表现为从《罗马书章句》到《八十三个问题》66-68，再到《致辛普里西安》1的不断深化。其中第7章包含了从"在律法之下"(*sub lege*)到"在恩典之下"(*sub gratia*)的关键转换，而上帝的恩典是开启这一转换的原发动力；第9章包含着雅各、以扫和法老等多重难题，同为尚未出

---

① 在397年之后，奥古斯丁还陆续写成《驳摩尼教基要书信》《驳福斯图斯》《驳菲利克斯》和《驳塞昆狄》等。

生的孪生子，上帝的拣选和惩罚有何凭依，其公义是否与人的功德对等，意志与恩典在信仰的开端中孰先孰后，预定一些人是否意味着摒弃另一些人。如果说对第7章的注释只是提出了"原罪"概念，暂时与"初罪"概念并无二致，那么对第9章的注释却历经曲折，《罗马书章句》和《八十三个问题》68坚持认为，意志在恩典之前就回应了上帝的呼召，首先开启了信仰，拣选和惩罚都在于个人先前的功德或"最隐秘的功德"，之后才赐下恩典；而《致辛普里西安》1.2却不得不反思以上解释中的模糊与对上帝权能的僭越，重新去抓取经文的明确字义，最终肯定了恩典表现为合宜的呼召，在意志之前就成为信仰得以开启的先决条件，而拣选不在于人的事工，只在于上帝的恩典，惩罚在于他的公义，是对初罪和继续归罪的正当报偿。

虽然《致辛普里西安》1对《罗马书》第7章和第9章的注释并非彼此合洽，但正是在这一注释中，奥古斯丁调换了意志与恩典在信仰开端中的前后关系，第一次认可了恩典的绝对先在性和有效性，把救赎和信仰的主动权完全放回上帝的手中，同时保有人类意志的自主和自由，完成了自己在早期思想中的关键转折，使作为初罪的原罪可以为恩典的绝对必要性提供理论前提，从而奠定了中后期思想发展的基本路向。不过，对原罪的传递和意志的无力的论证，并不是重新认可了摩尼教对世界和身体的否弃，对一些人的预定也不意味着对另一些人的摒弃；上帝预知和掌控着从创造、堕落到救赎的整个进程，但并不取消人类的意志自由，信仰的开端是恩典，而其实际执行者仍然是意志。

第三节　意志哲学的研究现状

无论在国外还是国内，奥古斯丁研究都在蓬勃发展。我们以下集中关注英语和汉语学界的研究状况，简要评述研究界关于其意志学说的论辩，梳理各自对早期思想演进的不同解释，具体的引证和辨析则会留在行文中依次展开。当然，其他研究成果可以参见本书参考文献，在此难以一一评述。

20 世纪中叶，古典晚期的研究专家彼得·布朗（Peter Brown）开创了标志性的解释范式，几乎影响了一代学者的解释进路。在 1967 年出版的《希波的奥古斯丁传》中，布朗把《论自由决断》按写作时间划分为前、后两个部分，认为第 1 卷代表着仍然沉浸于新柏拉图主义中的奥古斯丁，接续着《论幸福生活》，对今生借助意志而达到幸福充满着盲目的乐观主义；而第 2—3 卷代表着从《与福图纳图斯的辩论》开始逐渐进入保罗释经阶段的奥古斯丁，看到了意志在初罪后陷入无知和困难，对现实幸福的追求被悲观主义所取代，哲学沉思中的精英主义也被教会生活中的大众主义所取代，由此才真正进入基督教的大公信仰。[1] 以《致辛普里西安》为界，存在着前、后两个极端差异的奥古斯丁，前者"比佩拉纠更佩拉纠化"（more Pelagian than Pelagius）[2]，后者则开始向摩尼教靠近，成为后期奥古斯丁，完成了思想演进中的"革命"（revolution）。

---

[1] Peter Brown, *Augustine of Hippo: A Biography*, Berkeley: University of California Press, 2000, pp. 139–150.

[2] Peter Brown, *Augustine of Hippo: A Biography*, Berkeley: University of California Press, 2000, p. 141.

接续之，在 1979 年完成的博士学位论文《奥古斯丁早期对保罗的解释》中，弗雷德里克森具体演绎了布朗的解释范式，把《论自由决断》看作从乐观到悲观依次下调论调的过程，第 3 卷则完全可以和《致辛普里西安》接续起来，是后者的理论铺垫，以之划分出前、后两个奥古斯丁。① 1990 年，她发表《超越身体—灵魂的二分法：奥古斯丁对摩尼、普罗提诺和朱利安的回应》一文，延续以上思路，凝缩了对早期思想的整体性解释。其行文清晰简练，是不断被引用的经典之作。2008 年，她又出版《奥古斯丁与犹太人》，详细论述了奥古斯丁早期思想的三次转换。② 对于《致辛普里西安》，弗雷德里克森将之称为奥古斯丁的"释经分水岭"（exegetical watershed）③，认为其借此完成了自己的思想革命，确立了以原罪和恩典为主线的成熟思想，而只是在与佩拉纠派的论战中才得到彻底深化，展现出完满的逻辑成果④。

虽然认同以上解释范式，但对于这一根本性"革命"发端于何处，在 1974 年发表的《非意愿的罪观念在奥古斯丁思想中的发展》一文中，阿尔弗莱特（Malcolm Alflatt）却将之追溯到《与福图纳图斯的辩论》中前后两天的变化，认为奥古斯丁在第二天承认了"非意愿的罪"（involuntary sin），与第一天对自由意志的极力肯定形成鲜明对

---

① Paula Fredriksen, *Augustine's Early Interpretation of Paul*, Ph. D Dissertation of Princeton University, 1979.

② Paula Fredriksen, "Beyond the Body/Soul Dichotomy: Augustine's Answer to Mani, Plotinus, and Julian", in William Babcock ed. , *Paul and the Legacy of Paul*, Dallas: Southern Methodist University Press, 1990, pp. 227-251, 384-390; Paula Fredriksen, *Augustine and the Jews: A Christian Defense of Jews and Judaism*, New York: Doubleday, 2008, pp. 102-210.

③ Paula Fredriksen, "*Expositio quarundam propositionum ex epistula apostolic ad Romanos*", in Allan Fitzgerald ed. , *Augustine Through the Ages: An Encyclopedia*, Grand Rapids: William B. Eerdmans Publishing Company, 1999, p. 345.

④ 与此相同，莱蒂里（Gaetano Lettieri）把《致辛普里西安》称为奥古斯丁的"哥白尼转向"（Copernican shift）。Gaetano Lettieri, *L'Altro Agostino*, Morcelliana: Brescia, 2001.

比。接续这一思路,在 1988 年发表的《奥古斯丁论罪与道德主体性》一文中,巴布科克(William Babcock)将之提前到《论两个灵魂》,认为其中对罪的定义与随后的定义发生冲突,表现了奥古斯丁的思想转折。

对于奥古斯丁与摩尼教的关系,延承范奥特(Johannes van Oort)对摩尼教的出色研究,在 2011 年的《奥古斯丁赢了与福图纳图斯的辩论吗?》一文中,贝杜恩(Jason BeDuhn)认为,奥古斯丁在《与福图纳图斯的辩论》中实际上败给了福图纳图斯,他不仅没有驳倒摩尼教的上帝论,反而吸纳了摩尼教的语词和观点,承认了意志的无力和作为习惯的恶的束缚。① 不仅如此,贝杜恩在 2010 年和 2013 年先后出版了《奥古斯丁的摩尼教困境》第 1 卷和第 2 卷,论证奥古斯丁在加入和出离摩尼教时期的思想转变,而其第 2 卷第 2 部《奥古斯丁的摩尼教奥德赛》和第 3 部《奥古斯丁的摩尼教幽灵》还都在写作之中。

可以看到,以上的解释思路都承认,存在着前、后两个奥古斯丁,这不仅表现在《论自由决断》和《与福图纳图斯的辩论》中,也表现在《致辛普里西安》之前和之后。对于早期的意志学说,邦纳(Gerald Bonner)甚至认为,后期的马赛派(Marseilles)更好地理解了《论自由决断》,而不是奥古斯丁自己。② 这就可以推论出,奥古斯丁在《回顾篇》和《论圣徒的预定》中对自己早期思想演进的评断是不可靠的,

---

① Jason BeDuhn, "Did Augustine Win His Debate with Fortunatus", in Jacob Van Den Berg ed., *In Search of Truth: Augustine, Manichaeism and Other Gnosticism*, Leiden: Brill, 2011, pp. 466-479; Paul Eddy, "Can A Leopard Change Its Spots? Augustine and the Crypto-Manichaeism Question", *Scottish Journal of Theology*, Vol. 62, No. 3, 2009, pp. 316-346.

② Gerald Bonner, "The Desire for God and the Need for Grace in Augustine's Theology", in *Congresso Internazionale su S. Augustino nel XVI centenario della conversione Roma 15-20 settembre 1986, I, Studia Ephemeridis Augustinianum*, Rome: Institutum Patristicum Augustinianum, 1987, pp. 207, 215.

没有诚实地反映他当时实际的理论认识。

对于前、后期是否存在两个奥古斯丁，在 1970 年出版的《神学家奥古斯丁》中，特塞勒（Eugène TeSelle）努力否认，认为只要把论证的对象划分为被造的意志和初罪后的意志，就会使得布朗对《论自由决断》的解释失去大部分效力。① 不过，他把《论自由决断》第 3 卷与初解《罗马书》看作同一理论认识的两种展示，即哲学论证和释经论证，就没有注意到二者对初罪后的意志的不同认识，也不能同时维护奥古斯丁后来对这二者的不同评断。②

在 1992 年出版的《奥古斯丁与德性的限度》中，韦策尔（James Wetzel）看到，《论自由决断》第 1 卷在讨论意志的形而上学（matephysics of volition），第 3 卷在讨论罪的惩罚结果，但他似乎还没有将二者统合起来，将之看作同一论证的两个步骤。③ 对于《与福图纳图斯的辩论》，他认为，奥古斯丁的确接受了"非意愿的罪"观念，但不同于摩尼教的是，这种罪最终也是出于意志的，即意志陷入了必然性，表现为灵魂犯罪的内在倾向。④

接续这一论题，在 2006 年出版的博士学位论文《奥古斯丁的意志之路》中，西蒙·哈里森则细致考察了《论自由决断》的写作思路，认为从第 1 卷到第 3 卷前后延承，步步为营，构成了论证严密的框形结构，其间根本不存在从乐观到悲观的转换，布朗一派的解释并没有文

---

① Eugène TeSelle, *Augustine the Theologian*, Eugene: Wipf and Stock Publishers, 1970, p. 159.

② Eugène TeSelle, *Augustine the Theologian*, Eugene: Wipf and Stock Publishers, 1970, pp. 156, 163.

③ James Wetzel, *Augustine and the Limits of Virtue*, Cambridge: Cambridge University Press, 1992, p. 95.

④ James Wetzel, *Augustine and the Limits of Virtue*, Cambridge: Cambridge University Press, 1992, pp. 96–98.

本上的依据。①

2006年，卡罗尔·哈里森(Carol Harrison)出版了《奥古斯丁早期神学再思：为连续性论证》，旗帜鲜明地反对以布朗为代表的解释路径，把奥古斯丁的思想"革命"仅仅限定在米兰花园皈依，认为之后的思想演进虽有变化或进化(evolution)，但只是发展了皈依时期的理论认识。她还具体论证说，《论自由决断》是一个论证整体②，甚至《致辛普里西安》也不过是早期恩典观持续发展的结果，只是校正了初解《罗马书》中的若干错误，以新的术语阐明了早期整全的思想架构③。

2008年，菲利普·卡里(Philip Cary)出版了其三部曲的第三部《内在恩典：柏拉图和保罗传统中的奥古斯丁》，将奥古斯丁的思想放回古希腊罗马哲学和基督教神学的交汇中，既凸显了奥古斯丁与普罗提诺和斯多亚学派(Stoicism)的思想差异，又表现了他对保罗书信的曲解。④ 在对早期思想的分析中，卡里超出了革命论和连续论的纷争，屡有创见，发现《罗马书章句》中的四个阶段学说与意志先于恩典的说法相互矛盾，即已经信仰的人却可以不在恩典之下；其对《致辛普里西安》的分析也颇为中肯，看到其中的恩典说还只是"外在恩典"，表现为合宜的呼召。

在汉语学界，周伟驰在2005年出版了《奥古斯丁的基督教思

---

① Simon Harrison, *Augustine's Way into the Will: The Theological and Philosophical Significance of De Libero Arbitrio*, Oxford: Oxford University Press, 2006, pp. 21-27, 50-62.
② Carol Harrison, *Rethinking Augustine's Early Theology: An Argument for Continuity*, Oxford: Oxford University Press, 2006, pp. 198-224.
③ Carol Harrison, *Rethinking Augustine's Early Theology: An Argument for Continuity*, Oxford: Oxford University Press, 2006, pp. 142-163.
④ Philip Cary, *Inner Grace: Augustine in the Traditions of Plato and Paul*, New York: Oxford University Press, 2008, p. xi.

想》,其中"恩典论"和"自由观"两节论述了奥古斯丁对意志自由的渐进理解,并与对恩典的分析相结合,提纲挈领地展示了意志与恩典在奥古斯丁思想整体中的发展脉络。张荣在 2010 年出版了《自由、心灵与时间:奥古斯丁心灵转向问题的文本学研究》,上篇集中分析了《论自由决断》的证明过程,并对其在思想史中的地位多有阐发,特别是对莱布尼茨神义论的影响。

2010 年,吴天岳出版了其博士学位论文《意愿与自由:奥古斯丁意愿概念的道德心理学解读》,这是中文学界对奥古斯丁的"意志"概念(作者译为"意愿")做出的最为整全和深刻的剖析。在第一部分,作者从"肉欲"(*concupiscentia carnis*)概念出发,论证了意志在现实中的无知和困难,兼顾理智与意志在灵魂中的对等功能。在第二部分,作者首先依据奥古斯丁的早期作品论证了意志的独立性;其次分析意志的自由决断在现实中的作用方式,即自由不在于选择上的两可,而在于意志的自主,真正的自由只是选择善;再次重点分析"非意愿的罪"(作者译为"无意之罪"),在哲学上论证了这种罪可以与意志相容,人仍然需要为之担负道德责任;最后分析预知与预定并不决定或强迫人的意志,而相比于意志,恩典是"信仰的发端",早期的外在恩典说逐渐演变为晚期的内在恩典说。

第四节 本书的论证思路

从以上研究状况可以看出,要支持或提出对奥古斯丁早期意志哲学的某种解释,我们必须采用历史批判(historical-critical)的方法,首先检审"意志"概念的发源史,之后从既有的各种解释中寻索出可资论证的思路,接下来考察意志与恩典在早期思想中的具体展开过程，从文本出发对这一思路进行论证，最后统揽性地重新认识其意志哲学的来龙去脉和理论意义。

在第一章中，我们主要分析"恶""灵魂"与"意志"三个概念，依照从宏观到微观、从思想史到思想家的顺序，首先讨论古代世界中的神话和哲学如何解释恶的起源，与之相比较，基督教神学的兴起就使得神义论成为棘手的问题，恶究竟起源于蛇，还是起源于亚当，这是不得不先行解决的难题；其次选取亚里士多德、保罗、卢克莱修（Lucretius）和西塞罗来简要分析 voluntas 及类似词汇的使用，以与奥古斯丁的使用相对比；最后依据其早期作品，论述奥古斯丁在皈依前对恶的认识和在皈依后对灵魂的分析，而《论自由决断》第 1 卷论证了意志的存在，这成为奥古斯丁解决神义论难题的关键入手处。

在本书的论证结构中，第二章是其后多章论证的起始点。无论是革命论，还是连续论，这两种解释都没有完全遵循奥古斯丁晚年对自己早期思想演进的评断，即认为《致辛普里西安》只与初解《罗马书》三篇存在冲突，而不与《论自由决断》存在冲突，甚至极力肯定后者的内在统一性，驳斥佩拉纠（Pelagius）对之的褒奖和引用，训诫马赛派对之的有限肯定。而要论证奥古斯丁的如此评断在理论上更为可靠，我们就必须首先回应革命论的解释。在第一节梳理了以上评断之后，第二节就把《论自由决断》中的论证划分为形而上学论证和历史神学论证，大致分别对应着初罪前的意志和初罪后的意志，即奥古斯丁明确区分出的意志的两个阶段，从而看到这两个论证先后相继，不可分割，意志在初罪前有着全然自由的能力，可以意愿善和行善，但在初罪后就陷入了无知和困难，不再能够意愿善和行善，而只有等待上帝的恩典。借助同样的方法，第三节就认为，《与福图纳图斯的辩论》的前后两天也对应着意志的两个阶段，第二天不是接纳了摩尼教的道德决定论，而是认可了意志在初罪后的无知和困难；而关于上帝和恶的辩论，奥古斯丁并没有输给福图纳图斯，他如果不是击中摩尼教的宇宙论神话的软肋，至少也是凸显了其与大公信仰的上帝论之间的显著差异，使之几乎从异端沦为异教。

以第二章的论证为基础，第三章重新回到《论自由决断》《论两个灵魂》和《与福图纳图斯的辩论》，从中梳理出意志被造时的自由、初罪的发生、意志陷入必然性、亚当的初罪传递给所有后裔，而要打破这种犯罪的必然性，就必须借助上帝的恩典。我们的结论是，虽然提及恩典的必要性，但奥古斯丁主要在论证意志的堕落下降一线，没有具体论述恩典与意志在信仰开端中的前后关系，并不与初解《罗马书》中的救赎论一致或冲突，也没有参与到《致辛普里西安》的变革中，这才使得奥古斯丁在晚期没有实质性地批评这三部作品。

有鉴于此，我们在第四章和第五章进入奥古斯丁对信仰开端的实际论证中，就是初解《罗马书》三篇。首先，追溯奥古斯丁注释保罗书信的历史处境，并不认为他当时受到其他教父的明显影响。其次，依从《罗马书章句》的论证，论述《罗马书》没有取消意志的自由决断，而摩尼教的道德决定论并无根据；信仰的动力要素包括上帝的呼召、拣选、预知、预定、称义和人的听到呼召、相信、追随、效法；在雅各难题上，上帝的拣选是出于他对人的信仰的预知，而不出于人的任何功德，排除了夸口的可能；在法老难题上，法老是因为先前的罪才被上帝惩罚，叫他的心刚硬；而在相信与拣选上，奥古斯丁此时坚持，意志的相信在先，之后才会得到上帝的恩典，行出善工而最后得到永生。最后，在《八十三个问题》68 中，奥古斯丁提出了"最隐秘的功德"概念，表现了其思想的摇摆，即已经意识到初解《罗马书》中所蕴含的矛盾，但仍然试图维护意志先行开启信仰的能力。

在第六章中，我们首先重点分析《致辛普里西安》1.1，考察奥古斯丁的早期罪论，显示从"初罪"到"原罪"的概念发展过程，但这时的原罪还只是指初罪，直到后期才融入了肉欲和遗传等学说；其次考察其中所隐藏的矛盾，即把《罗马书》第7章归于"在律法之下"，使得没有得到恩典的人却可以自主地意愿善，这就与《致辛普里西安》1.2强调恩典的在先性发生了冲突。可以看出，在这一部分中，奥古斯丁还是在延续初解《罗马书》的观点，并没有新的创见。

在第七章中，我们重点分析《致辛普里西安》1.2，奥古斯丁理智诚实地反思了初解《罗马书》中的多重矛盾，更加字面地解释了《罗马书》第9章的经文，拣选既不出于人的事工，也不出于人的信仰，而出于首先赐予恩典的上帝，表现为合宜的呼召和不合宜的呼召；而对于以扫难题，即尚未出生的以扫为什么就不被拣选，奥古斯丁最终承认了拣选的奥秘，人类只能信仰而难以完全理解；在信仰的开端上，奥古斯丁明确认识到，意志的无知和困难并不能先行开启信仰，上帝的恩典必须先于意志，以合宜的呼召开启意志的自主转向，从而完成信仰皈依，而表现为呼召的恩典还只是外在恩典。

对于早期意志哲学的这一变革，我们尝试重新评判奥古斯丁早期思想的演进路径，既看到其中的理论延续，例如强调恩典的必要性、划分意志的两个阶段、仅仅作为初罪的"原罪"概念；也看到其中的理论变革，尤其是意志与恩典在信仰开端中的次序被倒转。《致辛普里西安》中的理论转变既不是布朗所说的全然革命，从乐观到悲观，也不是卡罗尔·哈里森所说的一直连续，我们尝试论证一条中间道路，即奥古斯丁的早期思想演进是在连续性中生发的急剧变革，"意志"概念在神义论之下经历了跌宕起伏的发展过程，最终顺服于上帝的恩典，拣选的奥秘却是人类难以测度的，而唯有赞美和相信。

在第八章中，我们尝试把奥古斯丁在《致辛普里西安》中的思想变革推至《忏悔录》和晚期著作，以如何称义为问题意识，以"内省良心"为核心概念，来论证其早期意志哲学中的重大变革在后期的持续发展。具体来说，在《忏悔录》中，奥古斯丁虽然没有直接论及恩典与意志的关系，但以自己的理智皈依和意志皈依潜在地论证了恩典在意志之前，是其大公信仰的实际开端，甚至将之追溯到童年时期。虽然在米兰花园的皈依叙事中，奥古斯丁的确听到了作为"拿起来读，拿起来读"的外在呼召，但这一呼召所包含的恩典显然远在其实际皈依之前，甚至是奥古斯丁并未意识到的。在晚期与佩拉纠派的论战中，奥古斯丁从《致辛普里西安》中所引用的《腓立比书》2：12-13 发展出了"时刻运行的恩典"（operative grace）这一概念，肯定恩典持续深化到意志的所有向善活动之中，使得某些人能够被预定得救，但不明确肯定其他人被预定摒弃。

虽然奥古斯丁的意志哲学经历过早期的变革，但除去信仰的开端问题，其总体思路仍然是非常连贯的，后期对前期的发展和深化是在回应更广泛而实际的教会问题，包括婴儿的洗礼、灵魂的遗传和圣徒的成圣，将哲学沉思与教会事务结合起来，最终形成了更为完备、更为系统的意志哲学体系。

第一章
恶、灵魂与意志

概念自有其源流,"意志"概念亦是如此。研究界通常认为,奥古斯丁是"发现"(discover)或"发明"(invent)"意志"概念的第一人,是"第一位意志哲学家",使"意志"成为论证人类的自由和责任的核心术语,从而改变了古希腊罗马哲学和基督教哲学的基本路向。① 但我们需要看到,不同于当代道德哲学所讨论的"自由意志"(free will),奥古斯丁的意志学说主要在神哲学范围内展开,是要同时维护上帝的全善、全能和全知,驳斥摩尼教的善恶二元论和道德决定论,使人类完全承负起自己的道德责任,并借助上帝的恩典而走上救赎之途。

要为独一的上帝辩护,就必须解释恶在现实世界中的起源,阐明恶如何不起源于上帝,而上帝为何允许恶的存在,其公义是否保证人类的德福一致。在解释恶的起源中,首先是古代神话,众神之间的战争和争吵发端了恶,代际之战确立起年轻神祇的统治,从年老神祇造

---

① Hannah Arendt, *The Life of Mind*, London: Secker & Warburg, 1978, p. 84; T. Irwin, "Who Discovered the Will", *Philosophical Perspectives*, Vol. 6, 1992, pp. 454-455; James Wetzel, *Augustine and the Limits of Virtue*, Cambridge: Cambridge University Press, 1992, pp. 2-3; James Wetzel, "Snares of Truth: Augustine on Free Will and Predestination", in Robert Dodaro, George Lawless eds., *Augustine and His Critics: Essays in Honor of Gerald Bonner*, London: Routledge, 2000, p. 126; Simon Harrison, *Augustine's Way into the Will: The Theological and Philosophical Significance of De Libero Arbitrio*, Oxford: Oxford University Press, 2006, p. 5.

出人类，并掌控着他们的命运；其次是古希腊自然哲学，本原与万物之间生灭转化，恶与善彼此依存；最后是柏拉图以降的灵魂哲学，灵魂被划分为理性部分和非理性部分，而后者对前者的搅扰是道德的恶的起源。

然而，进入基督教的上帝论，奥古斯丁就坚持，上帝的创造是善的，灵魂中的较低部分不能搅扰其较高部分，恶不起源于创造或灵魂的较低部分，而只会起源于其较高部分。在灵魂的较高部分中，奥古斯丁区分了理智（intellectus）、记忆（memoria）和意志，而只有意志在其自然中具有朝向上帝和朝向被造物的双重方向，它从朝向上帝转变为朝向被造物就是恶的开端，即道德的恶，其他的恶都来自上帝对之的惩罚。借助新柏拉图主义，奥古斯丁突破了摩尼教的物质的恶，认识到恶不是任何实体，其在形而上学上只是善的缺乏，而道德的恶则起源于人类的意志。沿循以上思路，奥古斯丁在皈依之后就开始探讨灵魂的不朽和宏量，并论证出意志的存在和作用机制。

第一节 恶与神义论传统

恶究竟起源于何处？世界上为什么存在着恶？利科评论说，对于哲学和神学，这都是一个"无与伦比的挑战"（unparalleled challenge）。[①] 不过，在基督教的神义论之外，这个梦魇般的问题似乎不难回答。从童年时期开始，人类就已经在编织绚丽而复杂的神话，来解释恶的起源，寻找通往善和幸福的道路。从各民族的创世神话到古希腊的自然哲学，从繁杂的多神论信仰到犹太—基督教的一神论信

---

① Paul Ricoeur, *Evil: A Challenge to Philosophy and Theology*, John Bowden trans., New York: Continuum, 2007, p. 33.

仰，从众神的能力和善到独一上帝的全能和全善，随着基督宗教的兴起和迅速传播，到 4 世纪被奉为罗马帝国的国教，地中海沿岸地区对世界与历史的理解和解释发生着剧烈的转变。

一、古代世界中的恶

在解释人类身上恶的可能如何转变为恶的现实时，利科区分出象征和神话两种媒介。人类最初以自然事物为象征来理解神祇，并在这种关系中规范自己的生活，从外在的不洁行为到形成罪的观念，再到罪感在心理层面的完全内在化，"重新演现"了人类对恶的认识过程，即恶并不局限在道德领域，反而有着更为深层的存在根据。[1] 相比于象征，神话则是以故事的形式来解释存在之谜，即人类如何从清白的本质存在进入罪感的历史存在。[2] 借助分析希伯来的亚当堕落神话，利科认为，人并没有开启恶，只是发现了恶，而去发现就是去继续，"如此，跃出我们自己贪婪的投射，蛇代表了比人类自身更为古老的恶的传统。蛇，它就是人类之恶的他者"[3]。的确，恶比人类更为古老，这一主题在古代世界的神话中频繁出现，恶表现为与善对立的原则，可以具体地侵入并操纵人类。

在美索不达米亚史诗《吉尔伽美什》(*The Epic of Gilgamesh*)中，英雄恩奇都(Enkidu)最初居于山林百兽之间，受到神妓的诱惑或引导而失去原有的天真，不再被百兽接纳，被迫前往乌鲁克城(Erech)；而后来，蛇抢走了吉尔伽美什从深渊底采撷的仙草，毁掉了他与臣民

---

[1] 里克尔：《恶的象征》，公车译，上海：上海人民出版社，2003 年，第 10—19 页。
[2] 里克尔：《恶的象征》，公车译，上海：上海人民出版社，2003 年，第 165 页。
[3] Paul Ricoeur, *Le Conflict des Interprétation: Essays d'Herméneutique*, Paris: Editions du Seuil, 1969, p. 291；花威：《试论利科早期的象征概念》，《江苏行政学院学报》2007 年第 6 期，第 24—29 页。

可以得到的不朽。① 蛇的介入与女人的诱惑，这一主题后来被犹太人化用入《创世记》前三章，来解释人类的最初堕落(《创世记》2：4-3：13)。在苏美尔—巴比伦的宗教里，受善恶两种外在力量的包围，人类就需要献祭，以得到善而远离恶，但恶的承受者仍然找不到自己遭受具体恶的原因。在埃及神话中，塞特(Seth)代表沙漠，而奥西里斯(Osiris)代表尼罗河流域的沃土，以红与黑为代表的两位神祇不断争斗。在此之后，对立与争斗的观念逐渐呈现为宇宙中的善恶大战。在琐罗亚斯德教(Zoroastrianism)中，二元论的解释得到确立，作为善的对手，恶是宇宙自身所包含的物质，二者相互独立，都没有绝对的能力，而是不断争斗，但善最终会战胜恶，使得彼此再次分离。② 显然，这种二元论下的恶论构成了后来灵知主义和摩尼教的宇宙论基础。

在古希腊罗马神话中，善恶的宇宙大战表现为神祇的代际战争。前代的泰坦神被看作恶的，以宙斯(朱庇特)为首的奥林匹斯山众神打败了恶，其善得到更多的肯定，建立了神祇之间的等级秩序，受到一定的约束。然而，新生代的众神并不是全善和全能的，像人类一样，他们有着七情六欲，可以彼此欺骗相争，甚至诱惑或唆使英雄们去发动战争，在战争中各自支持一方，摆布英雄和凡人的命运。③ 如赫拉(朱诺)和雅典娜(密涅瓦)就在特洛伊战争中支持希腊联军，促成了木马屠城的计策，并随后跨越整个地中海，继续追杀战败的

---

① 《吉尔伽美什》第 1 块泥板四 A、第 11 块泥板— A260-A290 行；《吉尔伽美什》，赵乐甡译，沈阳：辽宁人民出版社，2015 年，第 21—23、106—107 页。

② Peter Karavites, *Evil, Freedom, and the Road to Perfection in Clement of Alexanderia*, Leiden: Brill, 1999, pp. 19-20.

③ Peter Karavites, *Evil, Freedom, and the Road to Perfection in Clement of Alexanderia*, Leiden: Brill, 1999, pp. 20-21.

埃涅阿斯，而宙斯和阿弗洛狄忒(维纳斯)却暗中帮助和保护埃涅阿斯。①

在奥林匹斯神话之下，公元前6世纪之前出现了俄尔浦斯宗教(Orphic)，崇拜酒神狄奥尼修斯(Dionysus)。其中认为，人的肉体是从泰坦的灰烬所造的，带有罪恶，而灵魂是从狄奥尼修斯所造的，肉体是灵魂的坟墓，必须不断地净化灵魂，以使之脱离轮回转世而复归上界。② 利科认为，这一宗教是灵魂放逐神话的最佳典范，深刻地影响了柏拉图的灵魂学说，而"我们在尘世旅居实质上就是恶"③。

对于古希腊神话对古希腊哲学的重要影响，研究界已经普遍认可，人类对世界本原的思考恰恰由神话叙事开始，是前苏格拉底的自然哲学的先导或部分；而对于宇宙的起源和人类的出现，赫西俄德(Hesiod)甚至提出了历史退化论，从最初的黄金时代下降到现在的铁器时代；在灵魂观上，古希腊神话仍然认可现世的活泼生命，阿喀琉斯就哀叹，"活着的人比死后的灵魂好"④，直到俄尔浦斯教才改变了这一观念。在前苏格拉底的自然哲学中，对于存在的本原或始基(arche)，泰勒斯(Thales)、阿那克西曼德(Anaximander)、阿那克西美尼(Anaximenes)和赫拉克利特(Herakleitus)将之设定为一，是水、无限、气或火，而恩培多克勒(Empedocles)、阿那克萨戈拉(Anaxagoras)却将之设定为多，是四根或种子。无论在一或多的解释中，对立转化的原则都得到确立，即本原可以转化成万物，万物复归到本

---

① 荷马《伊利亚特》第14卷、维吉尔《埃涅阿斯纪》第1卷。
② 汪子嵩等：《希腊哲学史》第1卷，北京：人民出版社，1988年，第70—71页。
③ 里克尔：《恶的象征》，公车译，上海：上海人民出版社，2003年，第288—289页。
④ 汪子嵩等：《希腊哲学史》第1卷，北京：人民出版社，1988年，第72—84页。

原，例如水与万物的转化、气的稀散或凝聚、元素的集合和分离。基于这一原则，善恶、好坏也是对立转化的，赫拉克利特甚至说："如果这些东西(恐惧、罪恶、刑罚等)不存在，他们就不会知道正义的名字。"① 显然，恶对于他们并非是不可解释的。

受俄尔浦斯宗教的影响，柏拉图肯定了灵魂的特殊地位，灵魂高于身体，身体只是灵魂的暂时居所；与物质世界相比，只有理念世界是真实的和善的，由此恶在本体论上只是善的缺乏。② 对于道德的恶，苏格拉底(Socrates)认为，这的确存在，但不出于世界的创造者神③，而是出于在善的知识上的缺乏，即美德就是知识，而恶出于人的无知④。在中后期作品中，柏拉图开始把道德的恶归咎于灵魂中的较低部分或身体的物质构成。⑤ 在灵魂观上，苏格拉底认为，灵魂的自然只是理性；而柏拉图则将之划分为理性(logos)、意气(thumos)和欲望(epithumia)，即理性部分和非理性部分，后者由意气和欲望组成，只有理性联合意气统治并节制欲望，才能达到灵魂内部的和谐，即为灵魂的正义。⑥ 对于恶(kakos)，柏拉图定义为"凡能带来毁灭和

---

① 汪子嵩等：《希腊哲学史》第1卷，北京：人民出版社，1988年，第477页。
② 对于这一点，彼得·卡拉维茨(Peter Karavites)评论说，柏拉图在一元论(monism)和二元论(dualism)之间来回摇摆，既肯定万物都分有最高的善的理念，又截然划分开物质和精神、肉体和灵魂。Peter Karavites, *Evil, Freedom, and the Road to Perfection in Clement of Alexanderia*, Leiden: Brill, 1999, p. 24.
③ 柏拉图：《理想国》，顾寿观译，吴天岳校注，长沙：岳麓书社，2010年，第94页。"对于人类的世事来说……好事的原因除了神不应该再有别的，而坏事，则应该在其他别的事物中去寻找原因，而不该以神作为它们的原因。"在古希腊罗马哲学中，无论柏拉图的"德慕戈"(Demiurge)，斯多亚学派的"神-宇宙整体"，还是普罗提诺的"太一"，创造世界的神都不是恶的来源，不为道德的恶负责。
④ 亚里士多德对此批评说，不能将美德只规定为理论知识，而忽视其经验内容，道德知识必须外化为道德行为；也不能忽视灵魂中的非理性部分，即意欲和情绪的作用。汪子嵩等：《希腊哲学史》第2卷，北京：人民出版社，1993年，第435—441页。
⑤ Peter Karavites, *Evil, Freedom, and the Road to Perfection in Clement of Alexanderia*, Leiden: Brill, 1999, p. 25.
⑥ 参见柏拉图《理想国》571A-576E、《斐德若》253D-257B。

腐败的"①，除了身体的恶，灵魂的恶就是道德的恶，即理性不能够驾驭意气和欲望。由此，道德的恶产生于灵魂内部，是三分灵魂的内部冲突，作为道德主体的人就需要对之负责。

把灵魂划分为理性部分和非理性部分，深刻影响了古希腊罗马哲学的发展路向。亚里士多德认为，存在着宇宙灵魂，灵魂也是生命的本原，从低到高包括营养、繁殖、运动、感性、被动心灵和主动心灵，所有生命现象都寓于灵魂之中，但只有人的理性灵魂才可以脱离肉体而存在。要除去道德的恶，就要借助教育学和伦理学来培养道德德性，而"道德德性则通过习惯养成，因为它的名字'道德的'(ethikos)也是从'习惯'(ethos)这个词演变而来。由此可见，我们所有的道德德性都不是由自然在我们身上造成的"②。显然，在这一伦理学中，人类的道德理性没有因着作恶而受到根本性的损害，可以自主地进行灵魂的锻炼，以习惯的养成来不断地改过迁善。

斯多亚学派也承认宇宙灵魂，个体灵魂是其一部分，但否认存在只具有营养功能的植物灵魂，也反对灵魂三分法，坚持灵魂一元论。灵魂存在不同的等级，高级灵魂是完全理性的，灵魂的主导部分可以控制其他部分，人应该因为自己的理性灵魂而自爱，顺从自然生活。③ 在其伦理学中，并不存在宇宙性的恶，恶的本质是一，表现为心灵对外物的偏重，以致各种情绪搅扰心灵，超出了理性的界限，而

---

① 参见柏拉图《理想国》608E；柏拉图：《柏拉图全集》第2卷，王晓朝译，北京：人民出版社，2003年，第632页；刘玉鹏：《自净其心：普罗提诺灵魂学说研究》，杭州：浙江大学出版社，2008年，第48页。

② 亚里士多德：《尼各马可伦理学》，廖申白译注，北京：商务印书馆，2003年，第35页；汪子嵩等：《希腊哲学史》第3卷，北京：人民出版社，2003年，第596—603页。

③ 汪子嵩等：《希腊哲学史》第4卷，北京：人民出版社，2010年，第501—510页。

治疗就在于以理性排除这些情绪，恢复心灵的完全平静。①

斐洛(Philo)认为，不存在宇宙灵魂，只存在个体灵魂，对灵魂的分法包括二分法、三分法和七分法。其中，二分法指理性部分和非理性部分，前者的基质是灵，后者的基质是血；三分法指理性、灵性和情欲，这一分法使用较多。除去其中的希伯来因素，斐洛在灵魂论和恶论上更接近于柏拉图。②

作为从古希腊罗马哲学到教父哲学的关键转折点，保罗却很少使用"灵魂"(psyche)一词，在其真实书信中仅仅出现过11次，且多指整全的人，而非与身体或肉体对立，这更接近于希伯来的含义。③ 与此相比，教父们大量论述灵魂问题，奥利金(Origen)写了《论首要原理》，德尔图良(Tertullian)写了《论灵魂的见证》和《论灵魂》，尼撒的格里高利(Greogory of Nyssa)写了《论灵魂与复活》，安布罗斯写了《论以撒或灵魂》，奥古斯丁则从早期到晚期都关注灵魂问题，写了《论灵魂的不朽》《论灵魂的宏量》和《论灵魂及其起源》等。

在普罗提诺的哲学体系中，太一是最高的本原，流溢出理智，理智流溢出宇宙灵魂和个体灵魂，而灵魂最后创造出具体的物质世界。这一生成关系构成了从本原到万物的等级秩序，灵魂在其中勾连起两个世界，其自身不是物质，但可以弥漫在物质中。④ 在灵魂的分层上，灵魂被划分为理智、感知和推理三部分，而推理部分在人类灵魂

---

① 汪子嵩等：《希腊哲学史》第4卷，北京：人民出版社，2010年，第682—696页。
② 参见章雪富：《斐洛思想导论(I)：两希文明视野中的犹太哲学》，北京：中国社会科学出版社，2006年，第201—216页。
③ W. Stacey, *The Pauline View of Man: In Relation to Its Judaic and Hellenistic Background*, New York: St. Martin's Press, 1956, pp. 125-127.
④ 张映伟：《普罗提诺论恶：〈九章集〉一卷八章解释》，上海：华东师范大学出版社，2006年，第44—61页。

中占据主导地位。人类是灵魂和物质的复合，灵魂的下降不在于物质，而在于自身的欲望，从上界指向下界，从单一指向杂多，使得灵魂专注于物质而不能自拔，这就构成了其形而上学的恶，下降之后才会做出道德的恶。① 在此之外，普罗提诺重点区分了道德的恶和恶的本原，认为恶根本上是善的缺乏②，还提及质料是恶的起源，甚或灵魂创造了质料，而这些提法却与从高到低的流溢说存在诸多抵触③。

二、伊壁鸠鲁悖论

在不同的路径上，古代世界以神话和哲学努力解释了恶的起源，从众神之间的战争、物质与灵魂的二分到灵魂内部的争吵，虽然其前提和推理可能存在瑕疵，但这一切似乎并未让他们绞尽脑汁。然而，随着基督教的产生和成熟，恶的起源问题却开始变得越发棘手起来。

延续着犹太教，基督教坚持一神论，上帝存在，是全善、全能和全知的，他创造了这个世界，而初人亚当和夏娃在被造时是善好的。与古希腊和古近东的多神论不同，犹太教和基督教认为，只存在着独一的上帝，恶并不起源于上帝和他的美善创造。在此前提之下，要为恶寻找起源，初人显然是最合适的对象。既然初人被造时是善好的，并不存在恶，那么恶到底怎样起源于他们呢？要如何解释《创世记》前三章才能既解决恶的起源难题，又维护上帝的全善、全能和全知呢？这成为东西方教父和之后历代神学家所不断探索的主题。

---

① 刘玉鹏：《自净其心：普罗提诺灵魂学说研究》，杭州：浙江大学出版社，2008年，第91、101—103页。
② 亚里士多德最早使用"缺乏"，指事物不具有自然会或不会具有的。亚里士多德：《形而上学》，李真译，上海：上海人民出版社，2005年，第158页。
③ 张映伟：《普罗提诺论恶：〈九章集〉一卷八章解释》，上海：华东师范大学出版社，2006年，第71—77页。

《创世记》3：1-7描述了初人堕落的情景，其中强调，亚当在堕落之前理解上帝的命令，甚至能够复述，告诉夏娃不可吃"园当中那棵树上的果子"（《创世记》3：3），甚至强化这一命令说，"也不可摸"（《创世记》3：3）。由此，无论蛇的引诱如何，夏娃和亚当都是明知（knowingly）而犯罪的，对犯罪的后果也已经知晓，"吃的日子必定死"（《创世记》2：17）。

　　对于亚当为何堕落，存在着两种解释传统。一种认为，亚当在被造时是善好的，但他没有完全的理解力，这以伊里奈乌（Irenaeus）为代表："人那时是个孩子，其理解力还没有得到完善，就很容易被欺骗者引入歧途。"① 这就是说，在犯罪时，亚当虽然明知是犯罪，但他在理智上还是单纯的，处于不完美的中间状态，不能理解善恶的含义和死亡的惩罚，也没有这方面的练习和预备，就会被善或恶所吸引，完全偶然地犯下了初罪，而其身体被造时就是必死的，这并不来自惩罚。② 从伊里奈乌开始，经亚历山大里亚的克莱门（Clement of Alexandria）和克里索斯托（John Chrysostom），到帕拉玛斯（Geregory Palamas），这一解释基本构成了东方正教的传统。③

　　而另一种认为，亚当在被造时是善好的，有完全的理解力，且是"原初为义的"（original righteous），在其自然中没有犯罪的内在趋向，这以亚塔纳修（Athanasius）为开端："（亚当）没有所有身体的恶，被赐

---

　　① 伊里奈乌《驳异端》4.38.1，转引自 Richard Swinburne, *Providence and the Problem of Evil*, Oxford: Clarendon Press, 1998, p. 39。
　　② Brian Kelly, "Redemption and Original Sin", *Irish Theological Quarterly*, Vol. 60, 1994, pp. 3-4。
　　③ Richard Swinburne, *Providence and the Problem of Evil*, Oxford: Clarendon Press, 1998, p. 39 note 19; Brian Kelly, "Redemption and Original Sin", *Irish Theological Quarterly*, Vol. 60, 1994, p. 4.

第一章　恶、灵魂与意志

予了不朽的青春和健康，疾病的侵袭或慢慢临近的年老都不能挨近他。"① 接续之，奥古斯丁认为，亚当被造的自然是美善的，恶和罪并不潜藏于上帝的创造中，亚当自己犯罪，败坏了人类原初被造的自然，并导致其后代也不断犯罪。这一解释基本构成了西方公教的传统，而关于人类能否凭借被造时的自由意志而开启自身的救赎，奥古斯丁与佩拉纠的争论只是这一传统的两种展开路径。②

在这两种传统之中，神义论的核心是，如何在初人中发现恶的起源，而不是将之追溯到上帝的创造或先行堕落的"蛇"，因为前者是亵渎上帝的，后者是逃脱罪责的(《论自由决断》1.1.1)。在奥古斯丁看来，蛇是善的天使堕落后而成的魔鬼，堕落也不出于上帝的创造，而出于天使自身的灵魂，这一灵魂与人的灵魂的高级部分同构，表现为意志的自主转向(《论自由决断》3.25.75)。然而，即使如此，恶与上帝之间的纠结关系仍然有待澄清。无论是形而上学的恶、自然的恶还是道德的恶，恶的出现总是打破了上帝的原初创造，使得上帝要去消除恶，这就产生了神义论难题：

> 他说，上帝或意欲(vult)消除恶(mala)却不能够(potest)，或能够却不意欲，或既不意欲又不能够，或既意欲又能够。如果意欲却不能够，他就是软弱的，不再是上帝；或能够却不意欲，他就是恶意的(inuidus)，也与上帝不符；如果既不意欲又不能够，他就既是恶意的，又是软弱的，不再是上帝；如果既意欲又

---

① 亚塔纳修《驳外邦人》2.4，转引自 Richard Swinburne, *Providence and the Problem of Evil*, Oxford: Clarendon Press, 1998, p.39。

② Richard Swinburne, *Providence and the Problem of Evil*, Oxford: Clarendon Press, 1998, p.40.

能够,完全与上帝相符,那么恶起源于何处,或他为何不消除之?①

早期教父拉克坦修(Lactantius)最早将这段质问归于伊壁鸠鲁(Epicurus)名下,后被称为"伊壁鸠鲁悖论"(Epicurean Paradox),但赖因霍尔德·格莱(Reinhold Glei)考证说,这段质问与伊壁鸠鲁哲学并不相符,不会出自其笔下,而应该出自质疑上帝存在的某位匿名作者。② 无论如何,将之置于大公信仰的语境之下,这一悖论就不再容易处理,休谟(David Hume)后来甚至还重点论及:"伊壁鸠鲁的老问题还没有得到解答。他愿意制止罪恶,而不能制止吗? 那么他就是软弱无力的。他能够制止,而不愿意制止吗? 那么他就是怀有恶意的。他既能够制止又愿意制止吗? 那么罪恶是从哪里来的呢?"③ 在现代研究中,约翰·麦基(John Mackie)分析了悖论中所蕴含的理论前提,即善是与恶对立的,善总是抵制恶,而全能就是无所不能。④ 这就使得,上帝是全能的、上帝是全善的和恶存在,这三者不能彼此相容或同时存在。

显然,与古希腊罗马哲学和宗教的多神论相比,这一悖论建立在基督教一神论之上,彻底肯定了上帝的全能和全善,也肯定了上帝创

---

① Reinhold Glei, "Et inuidus et inbecillus: Das angebliche Epikurfragment bei Laktanz, De ira Dei 13, 20-21", *Vigiliae Christianae*, Vol. 42, No. 1, 1988, p. 47. 参见林国基:《神义论语境中的社会契约论传统》,上海:华东师范大学出版社,2005 年,第 4 页。

② Reinhold Glei, "Et inuidus et inbecillus: Das angebliche Epikurfragment bei Laktanz, De ira Dei 13, 20-21", *Vigiliae Christianae*, Vol. 42, No. 1, 1988, pp. 47-49.

③ 休谟:《自然宗教对话录》,陈修斋、曹棉之译,郑之骧校,北京:商务印书馆,1989 年,第 68 页。

④ William Hasker, *The Triumph of God over Evil: Theodicy for A World of Suffering*, Downers Grove: InterVarsity Press, 2008, pp. 55-56.

造和时刻掌控着世界，以当下的时间去看待永恒中的上帝。而如果不接受恶的起源先于人类，那么出路就只能是，将之追溯到人类自身，特别是初人亚当和夏娃。对于奥古斯丁，虽然从新柏拉图主义那里认识到恶是善的缺乏，但他拒绝承认被造的质料是恶，或灵魂包含着必然下降的非理性部分。依从秩序论和无中生有的创造说，质料自身也是善的，灵魂中的较低部分不能搅扰其较高部分，以至于恶只能起源于灵魂的较高部分，即意志的自主转向。在对恶的分类上，只存在着道德的恶和作为对之惩罚的恶，形而上学的恶是善的缺乏，并不真正存在，道德的恶起源于意志，而一切自然的恶都表现为上帝的惩罚（《论自由决断》1.1.1）。

在《神义论》中，莱布尼茨（Gottfried Leibniz）首创"神义"（Theodizee/*theodicee*/theodicy）一词，延续恶的三种分法，其中上帝创造了可能世界中最好的世界，形而上学的恶是必然存在的，表现为被造物不如上帝完美，但道德的恶（罪）和形体的恶（痛苦）却不是必然的，而是存在于上帝的理智中的可能性，上帝也预先容许了这两种恶的实际发生，他既是自由的，又不违背自身所设定的必然准则，理性与信仰、自由与必然内在一致，一切存在都处于前定和谐之中。[1]

在从基督教哲学到现代哲学的转变中，神义论证明似乎开始面临着两种尴尬局面。如果道德的恶导致了上帝的惩罚，表现为遭受各种自然的恶，例如里斯本地震[2]，或其他人的道德的恶，例如奥斯威辛

---

[1] 莱布尼茨：《神义论》，朱雁冰译，北京：生活·读书·新知三联书店，2007年，第119—128、301页。

[2] 吴飞：《伏尔泰与里斯本地震》，《读书》2009年第3期，第40—48页。

的毒气室①,那么后两种恶是不是上帝惩罚的工具,而人类对此是否只应该去忏悔自己的罪恶,赞美上帝施行惩罚的公义呢?这就是前定和谐吗?如果道德的恶不与上帝的惩罚完全对应,或二者间的因果关系被割断,德、福在今生并不一致,那么相比于恶人,善人遭遇着同样多甚或更多的恶,例如《旧约》中的义人约伯,这不就展示出"无辜者受难"的现实荒谬吗?②

在《论神义论中一切哲学尝试的失败》中,康德(Immanuel Kant)把上帝划分为立法者、统治者和审判者三个角色,分别对应着世界的创造、现实中的苦难和德福不一致三重问题。随后,他依次反驳了对这各重问题的三种辩护,得出结论说:"哲学法庭前的这场诉讼的结局是:迄今为止,任何一种神义论都没有提供它所许诺的东西。"③在哲学—理性辩护的失败处,康德把神义论辩护留给了信仰—《圣经》,而约伯最后受安慰就表明:"他不是将自己的道德性建立在信仰之上,而是将信仰建立在道德性之上。"④ 在不能为神义论提供理论辩护时,人类恰恰要坚守道德原则,以维持对上帝的终极信仰,在神圣奥秘之前,道德原则是通向终点的道路。

---

① 克里斯托弗·霍尔:《神意:第一部分》,载杨克勤主编:《经宴:罗马书、论神意》,北京:宗教文化出版社,2010年,第88—89页。霍尔转引了理查德·鲁宾斯坦(Richard Rubenstein)对大屠杀的深刻反思:"在奥斯威辛之后,犹太人怎能相信一个全能而仁慈的上帝?传统犹太神学认为,在历史舞台上,上帝是最终的、全能的演员;也曾把犹太历史上的每一次重大灾难解释为上帝对有罪的以色列的惩罚。我看不出,如果不把希特勒和SS冲锋队看作实现上帝意志的工具,他们会如何持守这一立场……为了在死亡集中营中找出某种意图,传统的信仰者被迫把历史上最邪恶、最反人类的暴行看作上帝意图的有意义的表达。然而,这种看法是令人厌恶的,我实在无法接受。"
② 陈廷忠:《苦痛与智慧:〈约伯记〉与生命难题》,北京:宗教文化出版社,2010年,第17—27页。
③ 康德:《康德论上帝与宗教》,李秋零译,北京:中国人民大学出版社,2004年,第274页。
④ 康德:《康德论上帝与宗教》,李秋零译,北京:中国人民大学出版社,2004年,第278页。

第一章 恶、灵魂与意志

与奥古斯丁在396年认定的堕落论相比，康德就要为人如何自主地开启道德寻找理由，而这就在于论证出，亚当的堕落是不完全的，没有彻底败坏他被造时的自然禀赋和向善意志。在《纯然理性限度内的宗教》第1篇第4章最后，康德论述了恶的起源说：

> 这样，对于我们而言，就不存在可理解的根据来说明，我们道德上的恶最初可能是从哪里来的——这种不可理解性，连同对我们族类的恶劣性的进一步规定，《圣经》是以讲故事的方式表述出来的。它虽然把恶提前到世界的开端，但毕竟没有把它放在人里面，而是放在一个最初具有高贵规定性的精灵（引者按：蛇或魔鬼）里面。这样一来，所有恶的最初开端，就被看作是我们所完全不能理解的了（因为对于那个精灵来说，恶又是从哪里来的？）；但是，人却被看作是通过诱惑陷入恶的，从而不是从根本上（甚至就向善的最初禀赋而言）败坏了的，而是还能够改善的，与那个引诱他的精灵截然不同。那精灵并不能指望借口肉体的诱惑来减免自己的罪孽。因此，对于虽然心灵败坏，但却总还是具有一个善的意志的人来说，还留存有希望，返回到他曾经背离的善。①

在这一段论述中，康德显然重新解释了《创世记》3：1-7，划分了恶的起源和恶的延续。蛇或魔鬼首先堕落，是"所有恶的最初开端"，它之后引诱了初人亚当，而亚当才会因肉体的某种软弱而被诱惑，就由之陷入了恶。由于亚当并不开启恶，而只是发现和延续了

---

① 康德：《康德论上帝与宗教》，李秋零译，北京：中国人民大学出版社，2004年，第317页。

恶,那么他向善的自然禀赋就没有被完全败坏,其"善的意志"仍然残存,可以自主地重新归向善,并开启自己的道德救赎。正如从夏娃到亚当的推诿(《创世记》3:12-13)一样,康德把恶的起源追溯到蛇,它开启了恶,至于其原因,却"完全不能理解",否则会导致无穷后退,可能将之归咎于上帝的创造。①

在堕落的开启和次序上,奥古斯丁认为,魔鬼是堕落的天使,而天使和亚当的堕落都出于意志的自主转向,二者是同构的,并非魔鬼的罪责就更大;而康德认为,魔鬼首先堕落,而亚当的堕落只出于魔鬼的诱惑,并不承担根本的罪责,反而可以借助残存的善的意志,重新转向善并实际地行善。而对于意志为何突然转向和魔鬼为何首先堕落,奥古斯丁和康德都保持了沉默,承认二者不可理解。借助把恶前移到魔鬼,康德似乎更是限制奥古斯丁理论中的信仰,为道德留下了地盘。既然魔鬼开启了恶,上帝的公义就首先不是对人类的惩罚,而是保守人类凭借善的意志而完成道德的皈依旅程了。②

正是在这种解释中,传统的神义论最终被恶的起源的不可知论和人类堕落后的向善禀赋所打破,开始慢慢消逝在现代思想对恶的重新解释之中,不再是主导性的问题。③ 这就表现为,利科借助象征和神话来分析人类原初的生存处境,把作为初恶或初罪的"原罪"概念

---

① 为了防止逻辑上的无穷倒退,奥古斯丁就把恶的起源仅仅追溯到人类的意志,参见《论自由决断》3.17.49。
② 李秋零:《奥古斯丁视域中的康德人性根本恶理论》,《宗教与哲学》2017年第6辑,第3—16页。
③ 对于传统神义论的内在缺陷,普兰丁格提出了替代性的辩护方案,区分"上帝"和"人类语言中的上帝",后者所衍生出的矛盾不能被追溯到前者,在人类理解的止步之处,信仰才重新开启。参见尹哲:《普兰丁格论神义论》,《宗教学研究》2011年第2期,第248—251页。

还原为一个象征，以理解现代观念在前现代时期的自然起源。① 与此同时，在现代无神论的兴起过程中，笛卡尔式物质与精神的二元主义受到批判，宇宙被还原为物质的自然演化，例如拉普拉斯(Laplace)；人类被还原为从无机物到有机物的自然进化，例如达尔文(Charles Darwin)；上帝被还原为人类的自我投射，例如费尔巴哈(Ludwig Feuerbach)；宗教被还原为幸福的幻象，例如马克思(Karl Marx)，或集体无意识，例如弗洛伊德(Sigmund Freud)；而在为人类的道德责任寻找理论根基时，人类的意志自由最终被还原为善恶之间的多样选择，例如萨特((Jean-Paul Sartre)。②

第二节 *voluntas* 的前概念史

尽管不无争议，但多数现代思想史家认为，古希腊哲学中没有提出明确的"意志"概念，甚至没有语词专门指涉一种"独立的心理学能力"(independent psychological force)③，包含类似含义的语词主要是 *boulesis*(愿意/希望)、*epithymia*(欲望)、*proairesis*(选择)、*bouleusis*(考虑)、*hekousion*(意欲的)和 *akousion*(非意欲的)，后两者虽然与"意志"最为接近，但其间没有词源学关联。④ 在拉丁语中，"意

---

① 利科：《解释的冲突：解释学文集》，莫伟民译，北京：商务印书馆，2008 年，第 331—354 页。

② Gerald Bonner, *Freedom and Necessity: St. Augustine's Teaching on Divine Power and Human Freedom*, Washington, DC.: The Catholic University of America Press, 2007, pp. 50–51.

③ Michael Frede, *A Free Will: Origins of the Notion in Ancient Thought*, A. Long ed., Berkeley: University of California Press, 2011, pp. 2–3.

④ 汪子嵩等：《希腊哲学史》第 3 卷，北京：人民出版社，2003 年，第 934 页；吴天岳：《意愿与自由：奥古斯丁意愿概念的道德心理学解读》，北京：北京大学出版社，2010 年，第 2—3 页。

志"的名词形式是 voluntas，动词形式是 velle，卢克莱修、西塞罗和塞涅卡(Seneca)已经开始使用，但这更多延续了古希腊语中的"选择"含义，自身也还不是灵魂的核心官能。① 其中，hekousion 和 akousion 通常分别被译为"意愿"和"非意愿"②，而为了与"意志"概念相区别，这里一般分别译为"意欲"和"非意欲"，仅在《罗马书》中译为"意愿"，以保持与后文论证的一致。

正如特伦斯·欧文(Terence Irwin)所论及，要辨析上述概念并对其间的争议做出判断，必须爬梳古希腊罗马哲学的众多文本，甚至是从柏拉图直到7世纪的忏悔者马克西姆(Maximus the Confessor)，他们都被指为"意志"概念的创始者。③ 而为了简要分析古希腊语和拉丁语中的类似语义，我们以下仅以亚里士多德、保罗、卢克莱修和西塞罗的相关作品为例来展开论述，后二者明确使用过 voluntas 一词。

一、亚里士多德

在《尼各马可伦理学》3.1-3 中，亚里士多德细致分析了意欲(hekousion)、非意欲(akousion)、选择(proairesis)和考虑(bouleusis)之间的语义关联，是古希腊哲学中较为系统的阐释，但其中主要关注的是，人如何养成各种必要的德性(arete)，以在今生获得幸福(eudaimonia)，与奥古斯丁的神义论苦心不同。

在 3.1-3 中，亚里士多德讨论了意欲的(hekousion)和非意欲的

---

① Philip Cary, *Inner Grace: Augustine in the Traditions of Plato and Paul*, New York: Oxford University Press, 2008, p. 42.
② 亚里士多德:《尼各马可伦理学》，廖申白译注，北京：商务印书馆，2003年，第58—64页，尤其第58页注释1；汪子嵩等:《希腊哲学史》第3卷，北京：人民出版社，2003年，第934页。
③ T. Irwin, "Who Discovered the Will", *Philosophical Perspectives*, Vol. 6, 1992, p. 453；吴天岳:《意愿与自由：奥古斯丁意愿概念的道德心理学解读》，北京：北京大学出版社，2010年，第2—3页。

(*akousion*)行为,认为意欲的行为需要满足两个条件——不出于外在的强迫和不出于内在的无知,这种行为包含最为广泛,是儿童甚至低等动物都可以做出的:

> 既然违反意欲的行为是被迫的或出于无知的,出于意欲的行为就是行动的始因在了解行为的具体环境的当事者自身中的行为。把出于怒气和欲望的行为称为违反意欲的行为似乎不妥。①

作为最基本的能力,动物和人的灵魂都可以意欲,只要知道并欲求,就总是存在着意欲行为,它不关乎真假对错。

对于选择(*proairesis*),则在出于意欲之外,还必须是出于理性的,它不同于意见,没有真假之分,只有对错之分,也不能受到任何欲望(*epithumia*)或希望(*boulēsis*)的干扰,而希望指涉着目的,选择指涉着手段:

> 它(选择)显然属于出于意欲的行为,但并非所有出于意欲的行为都是选择……其实,选择这个名词就包含了逻各斯和思想,它的意思就是先于别的而选取某一事物。②

考虑(*bouleusis*)则建基于选择之上,也指涉着手段,但只考虑自己力所能及的行为,不会考虑出于自然或必然的现象,也不会考虑不

---

① 亚里士多德:《尼各马可伦理学》,廖申白译注,北京:商务印书馆,2003年,第64页。译文中的"意愿"改成了"意欲",下同。
② 亚里士多德:《尼各马可伦理学》,廖申白译注,北京:商务印书馆,2003年,第67页。

能实现的行为。①

对于亚里士多德的类似论述,勒内·戈蒂埃(René Gauthier)和阿拉斯代尔·麦金泰尔(Alasdair MacIntyre)都认为,其中并不蕴含着"意志"概念;而威廉·罗斯(William Ross)却认为,尽管并不完全成功,"选择"概念已经在试图建构"意志"概念了②;特伦斯·欧文也承认,在古希腊罗马哲学中找不到奥古斯丁的特殊用法,但他仍然试图将类似用法追溯到亚里士多德③。我们会看到,与亚里士多德的伦理探究截然不同,奥古斯丁引入"意志"概念不是要分析人类当前的善恶决断,从而为获得德性和幸福找寻可能路径。这是因为,对于奥古斯丁来说,意志在堕落之前原本就处于幸福之中,在上帝所造的乐园里,可以自动生发出各种德性④,但在堕落之后则不能凭借己身而重获德性和幸福,除非上帝赐予恩典(《与福图纳图斯的辩论》22)。

二、保罗

在古典思想家中,保罗无疑对奥古斯丁的影响最大,而《罗马书》更是促成奥古斯丁在 396 年完成思想转变的关键经文,其中也恰恰包含着与"意志"概念相似的语词。在《罗马书》7:15-21 中,保

---

① 亚里士多德:《尼各马可伦理学》,廖申白译注,北京:商务印书馆,2003 年,第 67—70 页;T. Chappell, *Aristotle and Augustine on Freedom: Two Theories of Freedom, Voluntary Action and Akrasia*, New York: St. Martin's Press, 1995, pp. 67-68。

② T. Irwin, "Who Discovered the Will", *Philosophical Perspectives*, Vol. 6, 1992, pp. 453, 468-469 note 1.

③ T. Irwin, "Who Discovered the Will", *Philosophical Perspectives*, Vol. 6, 1992, pp. 455-473.

④ 《论自由决断》I. 13. 27-28。在这一段论证中,奥古斯丁把审慎(prudentia)、勇敢(fortitudo)、节制(temperantia)和正义(iustitia)四大古典德性都包含在善好意志之中,是意志指向正确的方向。显然,它们是人类在被造的自然中先天就具有的。

罗多次使用动词 thelō，以反衬出在罪之下意愿为善而不得的窘况：

> 因为我所作的，我自己不明白。我所意愿的(ho thelō)，我并不作；我所恨恶的，我倒去作。若我所作的，是我所不意愿的(ou ho thelō)，我就应承律法是善的。既是这样，就不是我作的，乃是住在我里头的罪作的。我也知道在我里头，就是我肉体之中，没有良善。因为意志(thelein)为善由得我，只是行出来由不得我。故此，我所意愿的(ho thelō)善，我反不作；我所不意愿的(ho ou thelō)恶，我倒去作。若我去作所不意愿作的(ho ou thelō)，就不是我作的，乃是住在我里头的罪作的。我觉得有个律，就是我意愿为善的(tō thelonti)时候，便有恶与我同在。

在短短七节经文中，动词 thelō 出现了七次，包括其不定式和分词形式，五次是第一人称单数现在时主动语态，指"我"的内心活动。thelō 是 ethelō 的缩写形式，表示意欲或愿意去做。约瑟夫·菲茨迈尔(Joseph Fitzmyer)对此评论说："就如同在古典希腊语中，动词 thelein 并不表示自由意志(free will/boulesthai)的有意决定(a deliberate decision)，而只表示微弱的意欲(velleity)，即一种自然情感直觉的倾向。"①

耐人寻味的是，在古意大利译本和拉丁标准译本中，thelō、ho ou thelō、thelein 和 thelonti 被对应翻译为 volo、nolo、velle 和 volenti，而这些恰恰是 voluntas 的动词形式，奥古斯丁在引用中完全认可了它们(《八十三个问题》66.5)。依据上述评论，在 2—3 世纪开始翻译这段经文时，voluntas 和 velle 应该还只是表示"微弱的意欲"，而直到奥

---

① Joseph Fitzmyer, *Romans*, New York: Doubleday, 1993, p.474.

古斯丁时期才被提升为"意志"概念,即至少是"强烈的意欲"。正是基于这一突进,《罗马书》第7章才成为奥古斯丁不断引用的经文,将之解释为罪对意志(voluntas)的辖制所导致的心理困境,来为自己的堕落说和恩典说辩护,并一直延续到他的思想后期。在这一解释路向上,奥古斯丁已经超出了保罗神学的既定范围,而克里斯特·斯腾达尔(Krister Stendahl)就对此批评说:"当甚至或特别是人的意志成为堕落的核心时,这一西方解释就达到了其顶点。"[①]

三、卢克莱修

我们的猜测将在以下得到证实,卢克莱修和西塞罗所使用的拉丁词 voluntas 基本等同于保罗使用的希腊词 thelō 或其拉丁对译词 volo,还远不是奥古斯丁的"意志"概念。其中,卢克莱修继承古代原子论学说,阐述和发展伊壁鸠鲁哲学,以长诗写成《物性论》,阐述了原子的偏斜运动。虽然西塞罗热衷斯多亚学派,对伊壁鸠鲁哲学并不欣赏,但很可能亲手编订出版了《物性论》一书,对之多有了解。[②]

在《物性论》2.256以下,卢克莱修明确使用 libera voluntas,多次单独使用 voluntas,以表示原子可以自主发生偏离运动。下面译出2.250-262 的诗行:

再者,如果一切运动总是彼此联结,

[①] Krister Stendahl, "The Apostle Paul and the Introspective Conscience of the West", *The Harvard Theological Review*, Vol. 56, No. 3, 1963, p. 213. 本文被收录于 Krister Stendahl, *Paul among Jews and Gentiles and Other Essays*, Minneapolis: Fortress, 1976; 中译本参见克里斯特·斯腾达尔:《使徒保罗与西方的内省良心》,花威译,《圣经文学研究》2016年第12辑,第136—153页。

[②] W. Rouse trans., *Lucretius: De Rerum Natura*, Cambridge: Harvard University Press, 1975, pp. x-xiv.

且新的运动依循特定秩序从旧的运动中被产生,
诸多起始并不凭借偏离某个运动的开端,
而割断命运的种种束缚,
以至于原因不会无限地紧随原因而来,
那么这自由意志(libera voluntas)是从哪里进到遍地的生灵(animantibus),
我说,从哪里脱离命运之手,
使我们借此迈向快乐所引导的地方,
并偏离我们的运动,不在特定的时间
和特定的地点,而迈向心灵自身(ipsa mens)所引领的地方呢?
因为无疑,他自己的意志(sua voluntas)赋予这些以开端,
种种运动就从之而流遍四体百骸。①

对于宇宙的起源,斯多亚学派建构了以"神-宇宙整体"为本原的自然哲学,万物不过在这一整体中不断生成、展开、消散和复归,都遵循着必然命运的因果锁链,并不存在偶然性或可能性;人的身体和灵魂也寓居其中,其生存就应该遵循自然的法则,约束己心,以尽力达到不动情(apatheia),获得此世的幸福,之后复归宇宙整体。②与此不同,伊壁鸠鲁哲学并不承认这种必然性之下的"自由",而论证原子可以无原因地偏离其运动轨迹。这种无原因就是,原子可以自

---

① W. Rouse trans., *Lucretius: De Rerum Natura*, Cambridge: Harvard University Press, 1975, p. 114. 其他译法参见卢克莱修:《物性论》,方书春译,北京:商务印书馆,1981年,第77—78页;汪子嵩等:《希腊哲学史》第4卷,北京:人民出版社,2010年,第225页。

② 汪子嵩等:《希腊哲学史》第4卷,北京:人民出版社,2010年,第682—722页;吴飞:《奥古斯丁论前性情》,《世界哲学》2010年第1期,第32—46页。

主地打破原因所构成的无限链条，从运动的开端中偏离出去，而一举"割断命运的种种束缚"。

显然，卢克莱修的上述诗行正是在描述原子的这种"无因偏斜"运动，运动的促发者被称为自由意志(libera voluntas)，意志存在于各种生灵之中(animantibus)，表现为心灵(mens)的引领活动。① 所不同的是，这只是在强调原子自身的能力，可以进行不可预知的运动，生灵和心灵仍然是原子的物理构成，不是奥古斯丁从新柏拉图主义那里所认识到的作为精神实体的灵魂，反而更接近于摩尼教的灵魂学说(《忏悔录》5.10.20)。由此，卢克莱修所谓的"自由意志"就不是人类灵魂所特有的核心官能，而更多是指原子以自己的存在而追求自身快乐(voluptas)的机械能力。②

四、西塞罗

在罗马作家中，正是西塞罗开启了奥古斯丁对智慧的追求，深刻塑造了他对斯多亚学派的认识和理解，其作品也经常为奥古斯丁所引用。与《物性论》中的自然哲学相比，西塞罗会在日常生活的情境中使用 voluntas，与奥古斯丁的"意志"概念似乎有些接近。在公元前44年秋写成的《论义务》中，西塞罗使用 voluntas 表示一种心理能力，略举二例：

> 因此，他(柏拉图)认为，他们(哲学家们)甚至不为国家奔走，除非被强迫(coactos)。不过，最好是出于意欲(voluntate)去

---

① 汪子嵩等：《希腊哲学史》第4卷，北京：人民出版社，2010年，第223—227页。
② 吴天岳：《意愿与自由：奥古斯丁意愿概念的道德心理学解读》，北京：北京大学出版社，2010年，第14页注释1。

做，因为只有是出于意欲的(*voluntarium*)，正当所做的事情才是正义的。(《论义务》1.9)

我在利用闲暇，而不变得懒散，这闲暇是必然性(*necessitas*)，而非意欲(*voluntas*)，带给我的。(《论义务》3.1)

基于斯多亚学派的自然而下的宇宙论，人类只要主动遵循或顺从宇宙大化的规则，就可以获得幸福。这既是人类的义务，也是人类的幸福，在国家事务上同样如此。在为共和国(res publica)履行义务时，正义的标准就包括意欲(*voluntas*)，即心理的主动欲求，因为被强迫的肯定是不幸福的①，也就是不正义的。在日常生活的情境中，"闲暇"(*solitudo*)的到来是西塞罗在政治斗争失败后所承受的结果，并不算是强迫，但也不出于自己的意欲，即主动的心理欲求。在这两个例子中，*voluntas* 所描述的心理欲求是低层次的，并不强烈，其实现与否也无关紧要，甚至比不上亚里士多德对"选择"的界定，即不出于强迫的、无知的和理性的。

不过，在写于公元前 45 年的《致荷尔顿西》中，西塞罗则明确说，*voluntas* 的恶会产生更多的恶。更为关键的是，在《论幸福生活》10 中，奥古斯丁引用了这段话，是为《致荷尔顿西》残篇 39：

在赞美哲学并为之辩护的《致荷尔顿西》一书中，他(西塞罗)说："注意，不是哲学家说，而是热衷于辩论的人说，所有如其所意欲(*velient*)而活的人都是幸福的。这真是荒谬，去意欲(*velle*)所不应当的，本身就是最不幸的。比起去意欲(*velle*)获取

---

① 在论证意志的独立性和自主性时，奥古斯丁使用了同样的论证思路(《论自由决断》3.6.18-7.22)。

所不应当的，没有获取你所意欲的（quod velis）反而不是不幸的。而比起好运给他带来的更多的好，意欲的恶（prauitas voluntatis）就带来更多的恶（plus mali）。"

作为斯多亚学派的拥护者，西塞罗显然反对肤浅化了的快乐主义，认为意欲的随意性并不会带来幸福，只有去意欲"所应当的"（quod deceat）才可能得到幸福。在指向应当或不应当时，意欲及其方向都在人类的能力之内，所需要的只是正确地去驾驭它，找到"应当"并指向之。在这里，意欲是中性的，自身是完整的，并不会发生内在冲突，其善恶只在于人类的选择，即受到各种情绪（pathos）的搅扰，而意欲遭受搅扰的恶（prauitas）就是实际作出的恶（malum）的源头，且比后者更坏。① 虽然意欲与恶不无关联，但它还只是心理能力的一部分，并非灵魂的核心官能，也不是恶的肇始者，而各种坏的情绪才是。只要遵循伦理训导，意欲就可以得到有效的"治疗"，消除坏的情绪，得到三种"好的情绪"（eupatheias），人类就可以平静地意欲善，并能够实际地行出来善。②

与这种意欲—情绪—治疗的次第演进相比，我们以下会看到，从心理能力的一部分到灵魂的动力中枢，从伦理学中的情绪搅扰到神义论下的意志堕落，从治疗中的改过迁善到上帝的恩典白白赐予，虽然沿用了同样的术语，但奥古斯丁的"意志"概念显然不像斯多亚学派的意欲那样和风细雨，行动起来可以进退有据。

---

① 在情感理论上，柏拉图和亚里士多德肯定意气（thumos）的相对功用，认为它们可以激励灵魂，与理性合作，但斯多亚学派则否定情绪（pathos）的任何功用。汪子嵩等：《希腊哲学史》第4卷，北京：人民出版社，2010年，第682—696页。
② 汪子嵩等：《希腊哲学史》第4卷，北京：人民出版社，2010年，第714—719页。

第一章　恶、灵魂与意志

在国内研究界，"意志"概念的使用权还至少被追溯到斐洛[①]、奥利金[②]、伊壁鸠鲁学派[③]、斯多亚学派[④]、普罗提诺、尼撒的格里高利和卡帕多西亚教父[⑤]；对于片语 *liberum arbitritum*，在奥古斯丁之前，它还出现在李维、塞涅卡、拉克坦修等人的作品里，我们这里不再一一论及。[⑥]

第三节　意志哲学家

虽然身处古希腊罗马哲学传统，青年时期也研究过西塞罗、亚里士多德、怀疑派和新柏拉图主义的学说[⑦]，喜爱维吉尔（Vergilius）的

[①] 章雪富：《斐洛思想导论（I）：两希文明视野中的犹太哲学》，北京：中国社会科学出版社，2006年，第219—268页；章雪富：《斐洛论自由意志和罪》，《现代哲学》2007年第1期，第74—79页。

[②] 参见章雪富：《圣经和希腊主义的双重视野：奥利金其人及神学思想》，北京：中国社会科学出版社，2004年，第196—215页；肖军霞：《解析奥利金〈论首要原理〉中的自由意志思想》，山东大学硕士学位论文，2009年；吴功青：《奥利金的自由意志学说——以"质形论"为中心》，《世界哲学》2017年第6期，第71—79页。

[③] 霍国栋：《古希腊自由意志与道德责任的两种理论——基于伊壁鸠鲁学派和斯多亚学派的比较》，《晋阳学刊》2009年第3期，第26—29页。

[④] 陈文庆：《命运与自由意志——斯多葛哲学的一个重要问题》，《社会科学战线》2005年第5期，第28—32页；石敏敏、章雪富：《斯多亚主义》第2卷，北京：中国社会科学出版社，2009年，第105—282页。

[⑤] 章雪富：《尼撒的格列高利的古典基督教人文主义——从希腊德性教化的角度看自由意志与恩典》，《浙江学刊》2005年第5期，第29—34页；石敏敏：《古代晚期西方哲学的人论》，北京：中国社会科学出版社，2007年，第149—188页；褚潇白、章雪富：《从知识到意愿——希腊化和古代晚期哲学的转折》，《世界哲学》2011年第2期，第274—282页。

[⑥] 吴天岳：《意愿与自由：奥古斯丁意愿概念的道德心理学解读》，北京：北京大学出版社，2010年，第14页注释1。

[⑦] 《忏悔录》3.4.7-8、4.16.28、5.10.19、7.9.13-13.19，《驳学园派》2.2.4-6和《论幸福生活》4。

诗作①，但奥古斯丁的思考起点却是大公信仰，即如何维护上帝的全善和全能，驳斥摩尼教的物质的恶，重新为恶找到起源。在米兰期间他就听闻了，恶起源于人类灵魂中的意志，是"意志的背谬"。

然而，相信不等于理解，要论证意志的自主性，使得恶不会被追溯到创造灵魂的上帝，奥古斯丁还需要探讨人类灵魂的构造，进而论证出意志的存在，且依其自然而有着朝向上帝或被造物的双重能力，这就是意志被造时的自由。与西塞罗相比，虽然承认世俗哲学层面使用的意志，以论述某种心理欲求，但奥古斯丁主要在神义论层面将之提升为核心概念，驳斥摩尼教，论证创造的全善和人类堕落的可能，以既维护上帝的公义，又为恶找到现实的起源。

一、应对摩尼教的挑战

摩尼教自称纯全的启示，即成全了其他宗教的所有启示，但在总体特征上是灵知主义的。作为一种"圣书宗教"（a religion of the Book），摩尼教宣称创教者摩尼亲笔著述流传，并将六部著作和若干书信归于其名下，在敬拜中不断诵读和研习。②

摩尼教宣扬物质主义和善恶二元论，认为宇宙中存在着两个彼此对立的物质大块——善与恶、光明与黑暗、上帝与物质，二者是同等的，具有同样永恒的力量。其中，光明王国由至大之父或上帝统治，是平静而安宁的；黑暗王国由黑暗之子(Hyle)或物质统治，内部充满着混乱和争斗。两个王国起初彼此分离，互不干涉，但黑暗王国主动

---

① 《忏悔录》1.13.20、《驳学园派》2.4.10 和《论秩序》1.8.26；高峰枫：《奥古斯丁与维吉尔》，《外国文学评论》2003 年第 3 期，第 81—91 页。

② John Coyle, *Augustine's "De Moribus Eccesiae Catholicae": A Study of the Work, Its Composition and Its Sources*, Fribourg: The University Press, 1978, pp.20-22；亦参见《忏悔录》5.3.6。

侵袭了光明王国，就造成了善恶混杂的局面。为了抵抗黑暗之子，上帝被动地创造出生命之母，生命之母创造出原人（Primal Man），使其以五种光明元素为灵魂而与黑暗之子战斗。然而，原人最终被打败，光明元素被黑暗之子所吞食，形成了当前善恶混杂的宇宙。①

在宇宙的生成中，摩尼教认为，从太阳、月亮到众星，再从植物、动物到无生命物，其中所包含的光明元素依次减损，直到完全的黑暗物质；为了继续把光明元素囚禁在物质中，黑暗之子创造了始祖亚当和夏娃，其灵魂包含着较多的光明元素，但其肉体完全由黑暗物质所构成，人类的繁衍不息使得宇宙的救赎进程被无限期地延缓了。依照包含光明元素的多少，宇宙被严格划分为从善到恶的不同等级，最高的是太阳和月亮，人类的灵魂绝对高于其肉体。对于这种宇宙论神话，约瑟夫·洛斯尔（Josef Lössl）批评说："摩尼教的基本错误是，忽视了创造的动态统一，而将之划分为两个静态的部分，一个被排除在救赎之外，而另一个已经得到了救赎。"②

从以上可以看到，如果善恶判然二分，恶不主动侵袭善，那么宇宙的创造就是不必要的，上帝也不是出于善的充盈才创造，而人类并没有按照上帝的形象和样式被造，更多地是出于恶的物质。在从善到恶的等级秩序中，要实现宇宙和灵魂的救赎，人类就必须更多地摄入光明元素，排出黑暗元素，借助消化系统而使光明元素得以脱离物质的束缚，再经由月亮和太阳回到光明王国那里。在生活起居上，摩尼教的圣徒们（electi）就屈膝敬拜日月，秉承素食主义和独身主义，吃蔬菜和除苹果以外的各种水果，例如无花果，以释放树木果实中包含

---

① Christopher Kirwan, *Augustine*, London: Routledge, 1989, p. 60；亦参见《忏悔录》3.6.11。

② Josef Lössl, *Intellectus gratiae: die erkenntnistheoretishe und hermeneutishce Dimension der Gnadenlehre Augustinus von Hippo*, Leiden: Brill, 1997, p. 420.

的大量光明元素，同时避免生育而使自己身体中的黑暗元素得到继承，以此来执行上帝的救赎计划(《忏悔录》3.10.18)。与之相对，听教者(auditores)可以结婚，但应该尽量避免生育孩子，使身体最终被彻底抛弃掉。①

成长于大公信仰的家庭，奥古斯丁在童年时就听闻，上帝的创世是善好的，人类是上帝所创造的。② 在沉迷摩尼教期间，奥古斯丁不仅在理智上努力钻研其宇宙论神话，与同时代的异教哲学和星象学进行比较，试图找到使自己相信的理由(《忏悔录》5.7.12)；还在日常生活中履行听教者的义务，积极供养圣徒，招揽多名朋友入教③，采取避孕措施，只在此前与情人生育过一个孩子，还为自己沉溺于肉体的欢爱而深感罪责(《忏悔录》6.15.25、7.17.23、9.6.14)。

在对星象的预测上，摩尼教的宇宙论神话显然敌不过基于数学计算的星象学，而其主教福斯图斯甚至对此拒绝解释，使得奥古斯丁得以出离摩尼教的迷障(《忏悔录》5.3.3-6.10)。在短暂地认可新学园派的怀疑主义之后，奥古斯丁在米兰读到了新柏拉图主义的著作，最终摆脱了摩尼教的物质主义，开始认识到：上帝是精神实体，与所有被造的物质实体有着绝然的差异；恶不是实体，而只是善的缺乏，人类被造的灵魂和肉体都是善的；在创造的等级上，人类有着上帝的形象和样式，其灵魂与天使的灵魂同级，仅低于上帝，而高过星辰、植物或动物，根本不需要借助后者来实现自己的救赎。在皈依大公信仰

---

① Jason BeDuhn, *The Manichaean Body: In Discipline and Ritual*, Baltimore: Johns Hopkins University Press, 2002.
② 奥古斯丁一直把自己的大公信仰追溯到童年时期，参见《驳学园派》2.2.5,《论两个灵魂》1,《论信仰的益处》1.2 以及《忏悔录》1.11.17、5.14.25。
③ 至少包括阿利比、内布利提(Nebridius)、霍诺拉图(Hornoratus)、罗曼尼安(Romanianus)和家乡塔格斯特的无名朋友等。参见《忏悔录》3.12.21、4.4.7、6.10.17、7.2.3 以及《论信仰的益处》1.2、《论真宗教》7.12。

之后，奥古斯丁开始著述驳斥摩尼教的错谬，劝说朋友们同归大公信仰。

基于善恶二元的创造论，摩尼教认为，在宇宙层面，光明与黑暗不断战斗，上帝首先遭受侵袭，不能尽快地战胜黑暗之子；在人类自身中，这种征战表现为灵魂与肉体的争斗，其中灵魂是善的，肉体是恶的，与上帝相敌对，灵魂被囚禁在肉体中；而如果人类犯罪，这不是出于其善的灵魂，而是出于其恶的肉体，就不需要为自己所犯的罪承负道德责任。对此，摩尼教频繁引用保罗书信作为论据，例如《罗马书》7：23、《哥林多前书》15：50和《加拉太书》5：17等，其中都论及灵魂与肉体的冲突(《与福图纳图斯的辩论》19、21)。

对于这种道德决定论，青年时期的奥古斯丁并不认可。虽然尚不能理解恶的自然与起源，也无法回答善的上帝如何与恶并存，但他很快发现，摩尼教维护了上帝的全善，但危害到了上帝的全能，不同于自己童年时就认识的上帝。对于上帝与恶的关系，摩尼教力图维护上帝的全善，断言上帝没有创造恶，而恶的现实存在来源于黑暗王国，是后者的主动侵袭才造就了当前善恶混杂的宇宙。无疑，这一论证方法达到了目的，但同时带来了严重的问题，即上帝被动地遭受侵袭，不能够打败黑暗王国，这就威胁到他的全能，进而威胁着整个上帝观。

在迦太基期间，奥古斯丁就认识到这一问题，可以称之为"内布利提难题"(*Nebridian conundrum*)(《忏悔录》7.2.3)。但只有到了米兰之后，他才从安布罗斯的布道和新柏拉图主义的著作中得知，恶在形而上学上不是实体，而只是善的缺乏，道德的恶起源于人类意志的自由决断(《忏悔录》7.3.5)，由此人类应当承负道德责任，进而必须承负上帝的公义惩罚。

二、恶是"意志的背谬"

在373年初读了《圣经》之后,奥古斯丁不仅热心寻求"基督的名字",还开始困惑于恶的起源难题(《忏悔录》3.7.12)。在自己素朴的大公信仰和西塞罗的哲学中,他找不到善的上帝可以与现实的恶共存的理由,于是很快就接受了摩尼教的善恶二元论和物质主义实体观(《论自由决断》1.2.4):

> 我那时相信,恶的实体(mali substantiam)也是物质的,是可怖的、丑陋的团块,或是重浊的,摩尼教徒称为地,或是纤细稀薄的,就像气体,他们想象为在那地上爬行的恶灵(mentem)。但由于某种敬虔迫使我相信,善的上帝不会创造恶的自然(malam naturam),我就把这两个团块对峙起来,二者都是无限的,但恶的团块较小,善的团块较大,而从这一害人的起点就产生了其他渎神的谬论。(《忏悔录》5.10.20)

摩尼教和大公教会都承认,上帝是善的,恶存在于世界上,但上帝并不创造恶。基于其物质主义实体观,摩尼教把恶看作完全对立于上帝的物质实体,能与上帝争斗,并主动侵袭光明王国,造成了现有世界中善恶混杂的局面。此时的"敬虔"非但没有帮助奥古斯丁全面把握上帝的自然,反而使他陷入善恶二元的物质主义实体观。不过,摩尼教的解决方案虽然维护了上帝的全善,但随即产生了新的难题,即作为物质实体的恶威胁到了上帝的全能,使上帝被动地受到侵袭,却又不能战胜恶。随后,这一架构性悖论即"内布利提难题"成为奥古斯丁驳斥福图纳图斯乃至摩尼教的重要武器。

要消除这一悖论,奥古斯丁就必须突破摩尼教的物质主义实体观,把恶的起源从宇宙论层面下放到道德论层面,使人类成为恶的起源的实际载体,不仅要承担作恶的道德责任,还要承受全善且全能的上帝对之做出的公义惩罚。在 386 年,奥古斯丁在米兰时就听晓,人类作恶是因为意志的自由决断,从属于灵魂,而不是因为肉体的自然,其被造原本都是善的:

> 我竭力探究所听说的,我们作恶的原因是意志的自由决断(*liberum voluntatis arbitrium*),而受苦的原因是你公义的审判,但还不能探究清楚。(《忏悔录》7.3.5)

可能借由安布罗斯的布道①,奥古斯丁知道了,世界上只存在着两种恶:一种是人类以意志的自由决断所作的恶,表现为各种神人关系上的和道德上的恶;另一种是上帝对人类所作的恶的公义惩罚,表现为各种自然的恶,如疾病、意外或自然灾害等(《论自由决断》1.1.1)。而只有借由新柏拉图主义的精神实体学说,奥古斯丁才最终认识到,恶在形而上学上并不存在,不是实体,只是人类意志的自由决断的下降运动:

> 我探究恶(*iniquitas*)是什么②,但发现它不是实体(*substantiam*),而是意志的背谬(*voluntatis perversitatem*),背离了最高的实体(*summa substantia*),你上帝,而自趋于低下之物,遗弃了自己

---

① Henry Chadwick trans., *Augustine: Confessions*, Oxford: Oxford University Press, 1991, p. 113 note 4.

② 在《忏悔录》中,奥古斯丁多次使用 *iniquitas* 来表示恶,与 *malum* 基本等同,参见《忏悔录》2.4.9、3.8.16、10.4.5 等。

的内心,而外表膨胀。(《忏悔录》7.16.22,亦参见《论自由决断》3.22.64)

恶不是实体,而是人类意志背离了最高的善,趋向于低级的善,自身没有形而上学的实在,而只是虚无,是善的缺乏(《独语录》1.2、《忏悔录》7.12.18)。虽然知晓恶起源于意志的背谬,但要达到明澈的理解却难以一蹴而就。

在退居加西齐亚根期间写成的《论秩序》中,奥古斯丁首次探讨了恶的起源、宇宙秩序与上帝之间的关系,但这一探讨是在宇宙论的空间维度上展开的,并没有解决恶的难题。首先,对于这三者的关系,对话者立肯提(Licentius)给出了两种解释方案:恶在秩序之中,上帝不爱恶,但只有恶与善的对立才会构成宇宙的和谐与荣美;或上帝是公义的,而只有存在恶与善的差异,这种公义才能施展出来(《论秩序》1.7.18-19)。然而,这两种回答都与上帝的全善相矛盾,同时又使恶的存在成为必要,以保证宇宙的和谐与上帝的公义。其次,在恶的起源上,如果恶起源于上帝赋予宇宙以秩序这一行为,那么恶就起源于上帝的秩序(*ordine Dei*);如果恶起源的时候才有秩序,那么恶就先于秩序(*praeter ordinem*);而如果秩序一直存在,但直到恶起源时才展现出来,那么恶就是从外面进入秩序的(《论秩序》2.7.23、2.17.46)。显然,这三种解释都是不恰当的。

要摆脱这种"美学神义论"(aesthetic theodicy)所带来的困境,巴布科克认为,奥古斯丁现在必须进行理论范式的转换,把恶的问题从宇宙论上的实体空间(substance-space)维度,转换到神学人类学上的道德时间(morality-time)维度,恶不是某种实体,而是人类作为道德主体的背谬行为,不从属于整个宇宙的被造结构,而从属于整个人类的堕落和救赎历史。① 这一范式转换是在《论自由决断》第1卷中开启的,使得恶起源于道德主体的意愿行为,即意志背离上帝的行为是自身主动做出的,表现为罪(《论自由决断》2.20.54),而所遭受的恶就是上帝对其罪的公义惩罚,由此既保持了恶与秩序之间的张力,又维护了上帝的公义。② 其中,意志从属于灵魂,是人类作为道德主体的核心官能。由此,要彻底阐明恶的起源,奥古斯丁还必须分析灵魂的自然和意志的自由运动。

三、灵魂及其结构

从希伯来《圣经》中的 nephesh,到古希腊哲学和《新约》中的 psyche,再到教父哲学中的 anima 或 animus,"灵魂"一直是古代思想史中的关键概念,而由柏拉图所确立起的灵魂与身体的二元结构深刻影响了后世对灵魂的理解,即灵魂高于身体,是不朽的。随着基督教的兴起,身体观念重新得到重视,教父哲学也开始肯定其被造的善性,但在灵魂观上却与柏拉图主义有更多的承袭关系,认可了灵魂的特殊地位。

基于"灵魂"概念的思想史背景,奥古斯丁应该从大公教会、摩尼教(《忏悔录》7.2.3)或古希腊罗马哲学(《独语录》1.21、2.23)中就知晓了"灵魂"概念,人类是由身体和灵魂构成的(《论灵魂的宏量》1.2);又借助新柏拉图主义认识到,灵魂是不朽的,其中包含着人类的自由意志(《九章集》5.1.1)。然而,信仰不等于理解,在皈依

---

① William Babcock, "Sin, Penalty, and the Responsibility of the Soul: A Problem in Augustine's *De Libero Arbitrio* III", *Studia Patristica*, Vol. 27, 1993, pp. 225–230.

② William Babcock, "Sin and Punishment: The Early Augustine on Evil", in Joseph Lienhard, Roland Teske eds., *Augustine: Presbyter factus sum*, New York: Peter Lang, 1993, pp. 241–242.

之后，奥古斯丁就开始研究灵魂问题，论证了灵魂的不朽和宏量，从而为分析意志与恶的关系和驳斥摩尼教奠定了理论前提。

由于把恶看作物质实体，摩尼教就认为，上帝和灵魂也是物质实体，创造与救赎不过是光明和黑暗这两种物质之间的冲突。而为了维护上帝的至善，奥古斯丁在383年初到罗马时仍然认可这一上帝观和灵魂观：

> 对我来说，更好的是相信，你并不创造恶(*malum*)——对于无知的我来说，它似乎是某种实体(*aliqua substantia*)，且是形体性的(*corporea*)实体，因为我只能认为心灵(*mentem*)不过是精细的形体(*subtile corpus*)，在空间中弥散开去——而不是相信，我所认为的恶的自然(*naturam mali*)来自你。(《忏悔录》5.10.20)

经过阅读"柏拉图主义者们的作品"(*libri Platonicorum*)(《忏悔录》7.9.13)，奥古斯丁认识到，在形而上学或创造论上，上帝并不创造恶，恶不是实体，而只是各种善之间的冲突，是由人类的灵魂的堕落所开启的。即使恶是某种实体，依照新柏拉图主义的秩序理论，存在的等级对应着能力的等级，而恶在等级上低于善，就不会有能力去主动侵袭在被造物中最高的灵魂，恶只能是灵魂自己作出的。显然，《论秩序》所试图论证的美学神义论还没有发觉到，这与自身所蕴含的存在—能力的对应学说有着根本的冲突，由此成为奥古斯丁当时还不能解决恶的起源的原因，而需要延迟到《论自由决断》第1卷。

不过，即使将上帝理解为精神实体，奥古斯丁对灵魂的理解也明显有所滞后。在《独语录》1.2.7中，奥古斯丁明确说，自己只想知道上帝和灵魂。除了对上帝的祈祷，整卷书的论证策略是，试图以假象的存在来论证真理的存在,继而以真理的永恒来论证其持有者灵魂的不朽。为了完成这一论证目标,奥古斯丁从奥斯蒂亚(Ostia)暂回罗马后写成《论灵魂的不朽》,延续了早先的论证思路,认为灵魂在朝向自己的存在本源时就拥有了智慧,而没有什么可以与这一本源相比,由此灵魂总是可以保有智慧,也就不会朽坏;对于不朽的灵魂是否会转变成低一等级的实体,奥古斯丁认为,在虚无之上是身体①,在身体之上是灵魂,在灵魂和身体的关系上,灵魂总是高于身体,只会顺从自身的意志,比身体有力,可以不受其影响,由此在上帝的照管之下,灵魂不会退化成身体(《论灵魂的不朽》15.24)。对于这一论证,奥古斯丁在《回顾篇》1.5.1中承认,其中的推理并不清晰,甚至自己都难以把握。

在随后居停罗马期间,奥古斯丁继续探讨"灵魂"概念,写成了《论灵魂的宏量》,主要包含六个问题——灵魂的起源、灵魂的本质、灵魂的宏量、灵魂与身体结合的原因、灵魂与身体结合的本质、灵魂与身体彼此分离的本质(《论灵魂的宏量》1.1),但其中绝大部分篇幅都在讨论灵魂的宏量。其中认为,上帝是灵魂的居所和家,灵魂是上帝按照自己的形象(*ad similitudinem suam*)创造的,是不朽的,而其他被造物或身体由土、水、气、火四元素组成,是将要朽坏的(《论灵魂的宏量》1.2)。

在被造物中,灵魂是最高的、"最美的"(*pulcherrimum*)(《论灵魂的宏量》36.80),可以顺服于上帝,而对于灵魂的自然,奥古斯丁承认:

---

① 在讨论"创造"概念时,奥古斯丁认为,创造是在灵、魂、体(*corpus*)三个向度上展开的,这里的*corpus*可以指动物的身体和各样无生命物的形体,但由于其更多时候是指人类的身体,可以统一译为"身体"。

我相信，上帝是灵魂的特定居所和故乡，灵魂是借着他而被造的。我实在不能命名它的实体，但我不认为，它是出自以身体感官(corporis sensibus)来认识的那些我们素常熟悉的自然。因为我认为，灵魂(animam)不是由土、水、气或火构成，也不是由其全部组合或部分组合构成。(《论灵魂的宏量》1.2)

虽然对灵魂的自然没有断言，但奥古斯丁随后详细阐述了灵魂的能力，即其自身中不断上升的等级秩序。在宏量上，灵魂没有广延的宏量，但有能力的宏量，能够以自身的记忆度量广延和时间；身体只有广延的宏量，没有理性，低于灵魂；而灵魂是"承负着理性、适宜于统治身体的特定实体"(《论灵魂的宏量》13.22)。[①] 在宏量的增长上，身体的成长是广延上的，而灵魂的成长是能力上的，表现为逐渐养成依据真理而生活的德性，最后达到幸福生活(《论灵魂的宏量》19.33-34)。在这一过程中，灵魂的能力成长表现为七个等级，分别是生命(animatio)、感知(sensus)、技艺(ars)、德性(virtus)、明澄(tranquillitas)、亲近(ingressio)和沉思(contemplatio)，其中前三者是灵魂赋予身体的能力，次二者是灵魂自身的能力，后二者是灵魂最终达到的在上帝面前的能力(《论灵魂的宏量》33.70-35.79)。

在早期论述人类及其灵魂的作品中，奥古斯丁使用了诸多术语，这里有必要进行初步辨析。可以看到，这些术语主要包括 spiritus、mens、anima、animus、corpus 和 carno。在论述被造物时，奥古斯丁认为，上帝的创造是在灵(spiritus)、魂(anima)和体(corpus)三个向度上进行的，而人类同时包含这三个向度，是最整全的被造物(《罗

---

① 关于这一定义对中世纪哲学的影响，参见吉尔松：《中世纪哲学精神》，沈清松译，上海：上海人民出版社，2008年，第174—188页。

马书章句》53.2-4、《八十三个问题》67.5)。然而,以上三组概念有彼此重合之处,人类的灵等同于天使的灵,是最高的被造物,仅处在上帝之下(《论灵魂的宏量》34.78),是人类在恩典之下时能够顺服诫命和律法的基础,而理性的心灵(mens)可以等同于人类的灵(《罗马书章句》53.16、58.9,《八十三个问题》67.6),理性的灵魂(rationalis anima)也可以是最高的被造物,仅处在上帝之下(《论灵魂的不朽》13.22)。对于 spiritus 和 anima 的关系,奥古斯丁认为,spiritus 可以被看作 anima 的头(caput)(《罗马书章句》71.4),甚至 anima 也可以等同于 spiritus(《创世记字解》7.28.43)。此外,animus 可以包含着理性(ratio)、mens 和 spiritus,有 ratio 则必然有 mens,因为 mens 使用 ratio(《论自由决断》1.9.19)。

对应于古希腊词 soma 和 sarx,corpus 和 carno 都表示人类被造的物质实体,是同一个实体的两个面向。摩尼教认为,这个物质实体由恶的黑暗元素组成,是人类作恶的决定性原因。而与此相对,大公教会认为,它是上帝的善的创造,只是前者通常指其善好的一面,译为身体(body),是人类在堕落之前和得蒙救赎而复活之后的物质形态;而后者通常指其败坏的一面,译为肉体(flesh),是人类在堕落之后被罪所辖制的物质形态。[①] 即使如此,按照被造的自然来说,肉体和身体是同一的,出于上帝的创造而是善的。

对于 anima 和 animus 的区别,研究界一般认为,anima 是指各种自然生物和人的生命力或自然性灵魂,而 animus 则专指人类的灵魂或心灵,anima 包含着 animus。[②] 在检索其出现频次后,可以发现,

---

[①] 花威:《试论〈罗马书〉中的 sarx 和 sōma》,《圣经文学研究》2012 年第 6 辑,第 303—319 页。

[②] 张荣:《自由、心灵与时间:奥古斯丁心灵转向问题的文本学研究》,南京:江苏人民出版社,2010 年,第 119 页。

这两个概念在很多时候是混同使用的，anima 占据主导地位，animus 也多次出现，经常是特指人类的灵魂。① 由于 anima 的含义更为宽泛，在完全论述人类的灵魂时，奥古斯丁也经常使用 anima，而不是 animus。② 在以下行文中，我们不会严格区分 anima 和 animus，而主要译为"灵魂"，指涉人类的整全灵魂。

在灵魂的起源方面，奥古斯丁肯定了灵魂是上帝所创造的，但对于不朽的灵魂是否有前世和来生，是否可以轮回和堕落，却始终没有给出定论。在《论灵魂的宏量》20.34 中，奥古斯丁认为，灵魂是永恒的，婴儿的灵魂自身已经包含着各种技艺，学习不过是去回忆和记忆（《论灵魂的宏量》20.34）。这一说法重复了柏拉图的灵魂回忆说③，也似乎肯定了灵魂的轮回或堕落。在《论自由决断》第 3 卷中，为了分析初人亚当犯罪对后代的影响，奥古斯丁列举了当时最为流行的四种灵魂起源说，即遗传说、创造说、上帝差派说和自愿下降说，但并没有表明自己所倾向的立场（《论自由决断》3.20.56-21.59）。在灵魂的起源问题上，奥古斯丁始终否认自己持有某种立场，而总是对各种观点保持开放，正如晚期在《论灵魂及其起源》中表现的那样。不过，在《回顾篇》1.4.4 中，奥古斯丁否认了学习是遗忘和回忆的交替过程；而在《回顾篇》1.8[7].2 中，奥古斯丁也否认了这里的灵魂回忆说是在肯定灵魂先于身体被造，之后堕落，并在不同的身体内轮回。

以普罗提诺为代表的新柏拉图主义认为，最高的太一流溢出神圣

---

① 关于 animus 的出现频次，《独语录》有 20 多次，《论灵魂的不朽》有 100 多次，《论灵魂的宏量》有 40 多次，而《论自由决断》有 60 多次。
② 《论灵魂的不朽》、《论灵魂的宏量》33.70-76、《论自由决断》第 2—3 卷；亦参见吴天岳：《意愿与自由：奥古斯丁意愿概念的道德心理学解读》，北京：北京大学出版社，2010 年，第 171 页注释 5。
③ 参见柏拉图《斐多篇》72e、《美诺篇》81e-86b。

理智，神圣理智流溢出宇宙灵魂，从中形成了个体灵魂，而个体灵魂先行被造，之后堕落入作为恶的物质的身体中。关于奥古斯丁与新柏拉图主义的理论纠葛，研究界一直意见纷纭。罗伯特·奥康奈尔（Robert O'Connell）坚持认为，奥古斯丁在灵魂的起源和堕落问题上始终深受普罗提诺的影响，甚至《忏悔录》就是一部"灵魂的奥德赛"（the Odyssey of soul）[①]，但这一观点受到众多学者的广泛批评[②]。我们可以看到，尽管有着相似的描述范式，但奥古斯丁从未明确认可过某种灵魂起源说，其在堕落观和罪观上主要从属于整个大公信仰的传统，在救赎观上也与普罗提诺的学说有着根本差异，他甚至可以坦承自己在灵魂起源、拣选和预定等问题上的不确知。

从以上反观，奥古斯丁不会认可这种灵魂起源和堕落说。首先，其大公信仰认定，身体和灵魂是同时被造的，身体有着被造的本然善性；在善的多重等级中，上帝是最高的善，人类的灵魂仅仅低于上帝，而恶并不存在。其次，与新柏拉图主义相比，灵魂的下降或堕落不是宇宙论上的或形而上学上的，不是高级的善不断流溢或创造出低级的善，使堕落成为可能或必然，而是道德上的，堕落不是出于灵魂的被造，反而是出于灵魂主动背离最高的善，同时放弃自身被造的善性。最后，堕落的起因在于灵魂，不在于身体[③]，其中还细致区分了"肉体"（caro）和"肉体的性质"（qualitas carnalis），前者是中性的物质实体，后者是初罪的结果，作为一种消极特

---

① Robert O'Connell, *St. Augustine's Confessions: The Odyssey of Soul*, New York: Fordham University Press, 1989.

② 对其的温和批评，参见 Ronnie Rombs, *Saint Augustine and the Fall of the Soul: Beyond O'Connell and His Critics*, Washington DC.: The Catholic University of America Press, 2006。

③ Carol Harrison, *Augustine: Christian Truth and Fractured Humanity*, Oxford: Oxford University Press, 2000, p. 92.

征主要来表述灵魂①；因为灵魂的堕落，身体才变得软弱，受到贪欲的搅扰和束缚(《论真宗教》45.83)，而这一堕落也不是自身的全然堕落，而是其中意志的堕落，影响了灵魂的其他部分，例如记忆和理解，才使得整个灵魂都在罪的辖制之下。

要理解为什么是意志的堕落，我们就必须先考察灵魂自身的构成和分层。在《论灵魂的不朽》3.3-4 中，奥古斯丁区分了灵魂和身体，对应过去、现在和将来的线性时间，划分出记忆(memoria)、注意(intentio)和期待(exspectatio)，构成灵魂的"理智生活"(vita intellectualis)，而其对应官能分别是记忆、意志和理智。② 在 6.10-11 中，理性(ratio)被看作"灵魂的视力"(aspectus animi)③，在灵魂之中能够把握真理，使得灵魂可以不朽，而灵魂借助自身的意志却能够背离真理，罔顾理性而自行其是。

依据《论自由决断》2.3.7-15.39 对上帝存在的论证，灵魂在认识能力上包含着外感官、内感官、理性三层，依次上升，其中理性可以认识作为智慧和真理的上帝，自身等同于理智(intellectus)(《论自由决断》2.5.12)，其作用方式表现为理解(intellegentia/intellegere)(《论自由决断》2.6.13)。可以看到，比起理智或理性，意志似乎更内在于灵魂之中，对其有着更为关键的影响力，既是灵魂的一切活动的动力因，又是其实际执行者。在《论自由决断》2.19.51 中，为了论证意志的自反能力，奥古斯丁还论证了理性和记忆的相应能力，将这三者

---

① Paula Fredriksen, "Beyond the Body/Soul Dichotomy: Augustine's Answer to Mani, Plotinus, and Julian", in William Babcock ed., *Paul and the Legacy of Paul*, Dallas: Southern Methodist University Press, 1990, p.230.

② Eugène Portalié, *A Guide to the Thought of Saint Augustine*, Chicago: Henry Regnery Company, 1960, pp.134-135；奥古斯丁：《论三位一体》，周伟驰译，上海：上海人民出版社，2005 年，第 12—13 页。

③ 对比参见柏拉图《理想国》518c-519a、527e、533d。

同等地看作灵魂的核心官能；而到了《忏悔录》10.14.21，奥古斯丁论述了灵魂与记忆的紧密关系，"心灵就是记忆自身"，"记忆无疑就好像是心灵的胃"。在《论三位一体》10.11.18 中，奥古斯丁明确总结说："记忆、理解和意志，这三者不是三个生命，而是一个生命，不是三个心灵，而是一个心灵……因此，这三者是一，即一个生命、一个心灵、一个存在。"①

对应于不同的对象，灵魂的宏量被划分为三层，即统管身体、协调自身和沉思上帝。但依据存在的等级秩序，灵魂的方向也可以被划分为两层，表现为爱（amor）的两种方向，即朝向创造主上帝和朝向所有被造物，前者是不可失去的，而后者包括灵魂自身和各种物质实体，是可以失去的（《论自由决断》1.4.10-5.11）。由此，在灵魂的构成中，除了较为低级的外感官、内感官、技艺、情感和欲求等，其较高的部分就是理智（或理解）、意志和记忆，彼此渗透融合，但又各司其职。在堕落之前，因为被造的美善，理智、意志和记忆可以彼此协调，共同朝向创造主上帝，能够完美地统管较低的部分（《论自由决断》1.11.23）。而基于自身的自主和自由，意志把爱的方向从永恒不变动的上帝转到变动不居的灵魂和其他被造物，这就开启了人类的堕落，败坏了灵魂的其他部分，造成理智的无知和自身的无力，却愈发追求较低部分的各种贪念（libido）和欲求（cupiditas），而所有的恶和罪都表现为意志的如此转向（《论自由决断》1.16.35）。在上帝的救赎中，恩典最先要改变的不是理智和记忆，而是意志，使之从被造物重新转向上帝，但由于意志的堕落已经积成作恶的习惯（consuetudo），当理智和记忆已经重新转向上帝之后，意志仍然

---

① 译文参考了周伟驰译本，参见奥古斯丁：《论三位一体》，周伟驰译，上海：上海人民出版社，2005 年，第 279 页。

还会留恋这些"危险的甘甜"(perniciosa dulcedo),直至整个今生的结束。①

鉴于对秩序论的预设,奥古斯丁肯定,存在、善、认识与能力在等级上具有同构性。比如,上帝是绝对的存在,是全善、全能和全知的;而在被造物中,作为精神实体的灵魂最高,作为物质实体的身体次之:那么在能力上,灵魂只会支配低一等级的身体,而不可能退化为身体,也不可能受其影响和支配,灵魂自身具有着绝对的自主性和独立性。② 在此逻辑之下,奥古斯丁就必然认可,至善的上帝所创造的世界是善的,即从精神实体到物质实体在其自然上都是善的,恶的起源不在于上帝。这一认可既符合他的大公信仰,也符合他借助新柏拉图主义所达到的理论认识。然而,对《创世记》前三章的注释表明,各种物质实体的运动是被动的,出于自身被造的自然,"上帝看着是好的"(《创世记》1:9、12、18、21、25、31);与之不同,虽然人类的灵魂在其自然上也是善好的,但有着主动能力,甚至初人亚当和夏娃的灵魂可以听信蛇的谗言,在完全主动的"同意"(in consensione)中背离了上帝的命令,由此开启恶和"罪"(peccatum),甚至"同意"本身已经是罪,即使还没有实际地行出来(《论创世记:驳摩尼教徒》2.14.21)。

显然,在这种创造和堕落叙事中,恶的起源只能被追溯到人类的灵魂,需要在其内部构成中再为恶找到实际的肇始者,而这恰恰是《论自由决断》1.1.1 所提出的论证目标。既然灵魂的各个构成都是善

---

① 《与福图纳图斯的辩论》22、《论自由决断》3.22.65,尤其参见《忏悔录》8.11.26 的生动描写,而这应该是造成奥古斯丁的理智皈依先于其意志皈依的原因之一。
② 《论灵魂的不朽》13.21、《论自由决断》2.3.7—9.25;亦参见吴天岳:《意愿与自由:奥古斯丁意愿概念的道德心理学解读》,北京:北京大学出版社,2010年,第171—181页。

的，而做出"同意"的只会是灵魂的较高部分，那么这个肇始者就只能是实际做出各种决定的意志，而不会是理智和记忆。这一认识就使得，在《论自由决断》第2—3卷中，奥古斯丁把意志看作"中等的善"（medium bonum），而灵魂的自主性和独立性就保证了意志不受任何外在的强迫，可以朝向更高的善即上帝，也可以朝向更低的善即被造物，而后一个决断就肇始了恶。为了完成这一论证，奥古斯丁才不得不努力证明上帝的存在、意志自身的善和上帝的预知不强迫意志，虽然在意志最初转向的原因和灵魂的起源上，以上论证仍然没有完成，但对恶起源于"意志的背谬"的论证基本完成，即使其中的前设和推理并非无可指摘。

现在的问题是：与古希腊罗马哲学的灵魂论和恶论相比较，奥古斯丁为什么必须去"发现"或"发明""意志"概念，使之为恶的起源担负全责？在早前的哲学传统上，除了苏格拉底和斯多亚学派的理智主义（intellectualism），灵魂的分层主要被划分为理性部分和非理性部分[1]，是依次下降的等级秩序，但这一秩序并不必然与能力的高低完全对应，即处于较高的等级并不必然具有较强的能力[2]。以柏拉图的灵魂观为例，灵魂被三分为理性、意气和欲望，表现为身体上的头、胸和腹，欲望是灵魂的本质部分，只是处于最低的等级上，但又可以与理性和意气相争（《理想国》439b-440）。"灵魂的马车"比喻表明，要使灵魂行驶在正确的道路上，去"爱"善的理念，需要理性联合意气以控制住欲望，"驯服欲望"是理性的首要任务，也是达到灵魂和谐的唯一途径，而这就是灵魂的正义，会继而生发出德性；但

---

[1] T. Irwin, "Who Discovered the Will", *Philosophical Perspectives*, Vol. 6, 1992, pp. 453-454.

[2] 吴天岳：《意愿与自由：奥古斯丁意愿概念的道德心理学解读》，北京：北京大学出版社，2010年，第142页。

是,在自然的欲求之外,欲望自身却可以不恪守己责,反而主动联合意气以抵挡理性,使灵魂来满足自己肉体上的快乐(《斐德若》253d-257b)。显然,在这一类灵魂观中,其非理性部分(如欲望)与理性部分(如理性)不是前定和谐的,而是一直处在或彼此冲突或顺服统管的张力之中,道德的恶就起源于灵魂内部的冲突,并不起源于灵魂下降或生成之后的堕落。这就使得,无须引入独立的"意志"概念作为灵魂容纳这一冲突的具体官能。

虽然也肯定自然欲求,但创造论使奥古斯丁肯定,灵魂是善的被造物,并不存在理性与非理性之分,其内部构成是前定和谐的;如果没有初人的堕落,灵魂总是会朝向上帝,整个创造都不会出现任何冲突。与此同时,秩序与能力的对应关系又使他相信,无论在堕落之前还是在之后,灵魂的较低部分都不能影响和支配其较高部分,即欲望永远不能抵挡意志,而只有意志自身先行败坏,继而才去认可和实现欲望。在限制了欲望的能力之后,道德的恶显然只能起源于灵魂的较高部分,即理智、意志或记忆。在这种三分法中,理智可以执行对至善的认识,而记忆储存这一认识,但在认识领域之外,要生发出对至善的爱,则必须通过意志来完成,意志是最为本己的。这种内部分工已经使得意志成为灵魂的动力中枢,而意志的双向性恰恰可以同时为人类的作恶和行善、堕落和救赎开辟路径。①

由此,基于大公信仰和以上的理论认识,引入原本在拉丁作品中只表达某种心理欲求的意志(*voluntas*),并将之提升为核心概念,成为灵魂的动力中枢,就是奥古斯丁解决基督教堕落论与神义论冲突难题的不二坦途。这不仅避开了古典灵魂学说对创造论的可能损害,又

---

① 对于意志的本己性及其在灵魂中的主导地位,参见《论自由决断》3.1.3、《忏悔录》7.3.5。

为道德的恶找到了可靠起源,且还为人类的最终救赎预备了必要的心理官能。而在奥古斯丁之后,我们就会看到,强有力的"意志"概念根本性地改造了古典哲学对人类灵魂的解释,意志自身的堕落切断了借助古典教育或理性沉思而达到灵魂安宁和自救的道路,最终划出了古典哲学与基督教哲学之间的鸿沟。至此,灵魂的上升或救赎之途被上帝的恩典完全取代,耶稣基督的启示"我就是道路、真理、生命"(《约翰福音》14:6)得到了哲学上的终极确证,而"唯独恩典"(*sola gratia*)也逐渐成为基督教世界的主流呼声。

四、意志的存在证明

然而,引入并提升"意志"概念并非朝夕之功,其存在与作用机制也并非不言自明。从加西齐亚根对话到《致辛普里西安》,奥古斯丁就开始不遗余力地给出自己的论证,其下我们主要考察386—388年对意志存在的证明。

在加西齐亚根对话中,奥古斯丁就开始使用"意志"一词的名词和动词形式,主要是在日常语境中使用①,但已经超出了早前拉丁作品中的素朴用法,肯定其在灵魂中的自主性,是行为的发动者(《论幸福生活》25),只是还没有把意志与恶的起源关联起来。"意志"在《论灵魂的不朽》中出现3次,在《论灵魂的宏量》中出现4次,肯定了心灵可以借助意志(*voluntate*)而脱离理性,开始暗示意志与恶的关联。对于"决断"(*arbitrium*)一词,《论秩序》使用1次,指对宇宙或具体事务的统管设计能力②;而《独语录》则使用4次,其中1.1.4明确将之归诸灵魂,是"灵魂的自由决断",由上帝赐予灵

---

① 《驳学园派》2.5.12、《论幸福生活》1、《论秩序》1.1-2和《独语录》2.18。
② 《论秩序》1.2、《独语录》2.10.18。

魂,并处于"赏善罚恶"的必然性之下。与此相比,《论灵魂的宏量》36.80 肯定自由决断的存在和善性,其被赐予是使人类可以"不违背神圣秩序和律令的任何部分",但人类曾经因着犯罪(*peccato*)而背离了真宗教,现在要凭借自由决断使灵魂重新与上帝和好。显然,延续这一思路,如果和好要凭借自由决断,那么最初的犯罪也是如此。在《论自由决断》第 1 卷中,奥古斯丁就提出恶的肇始者是意志,经过分析而总结说,"没有什么东西会使心灵成为欲求的追随者,除了意志和自由决断"(《论自由决断》1.11.21),而自由决断是意志的作用机制,二者是一体两面的(《论自由决断》1.16.35)。

在早期著作中,奥古斯丁经常使用"意志的自由决断"(*liberum arbitrium voluntatis*),也会单独使用"自由决断",后者通常是前者的缩写(《论自由决断》1.11.21)。自由决断不同于意志的"自由"(*libertas*)或自由意志(*libera voluntas*),奥古斯丁在其中做了严格区分。后者是指,人类可以自由地在善与恶之间进行决断,可以意志善并有能力行善且抵挡恶,但这种自由只属于堕落之前的初人亚当,即有"能够不作恶"(*posse non peccare*)的能力;在亚当堕落之后,人类就失去了这种能力,只剩下决断的自由,但又不可避免地作恶,只有借助上帝的恩典,人类才能重新抵挡恶。①

对于奥古斯丁来说,无论灵魂的起源如何,意志总是灵魂的主要官能。然而,就如约翰·里斯特(John Rist)所认为的,意志并不能简单地被看作灵魂中可分割的部分,或仅仅是某种心理学能力;对于一

---

① Carol Harrison, "Delectatio Victrix: Grace and Freedom in Saint Augustine", *Studia Patristica*, Vol. 27, 1993, p.298. 对于这二者之间的差异,参见吴天岳:《意愿与自由:奥古斯丁意愿概念的道德心理学解读》,北京:北京大学出版社,2010 年,第 222—236 页。

个道德主体来说，意志就是他的灵魂，可以等同于"道德自我"（moral self）或"道德品性"（moral personality），是当下的个体自身，是人类的基本核心。① 对此，洛斯尔也认为，奥古斯丁的"意志"概念寓于其整个救世神学之中，建基在创造、上帝的理智与意志、人类的命运、原初状态和救赎历史等概念前设之上。②

借助"意志"概念的引入，恶的起源就被纳入到人类的内在能力之中，而在初人犯罪之后，整个人类都彻底陷在罪中，只能盼望上帝的呼召、恩典和救赎。在初期多部作品中，奥古斯丁都提及了意志的存在和作用机制③，但只有到《论自由决断》第1卷，他才试图给出明确的论证。

首先，奥古斯丁分析说，只存在着两种恶，即人类所作的恶和上帝对这种恶的惩罚，人类是第一种恶的原因，上帝是第二种恶的原因；上帝是善的，其整个创造也是善的，恶没有宇宙论上的地位，不是某种被造的实体，上帝并不为恶的存在负责，恶只存在于道德领域；上帝是善的，不会引诱人类作恶，向外面学习也是善的，作恶不是人类被引诱或强迫，不是从外面学来的，只能是道德主体从里面主动作出的，出于自己的意志（voluntate），是自主而自由的，而主动作恶的内在机制就在于意志的存在；上帝是公义的，以神意（divina providentia）来管理着整个世界，其对恶的惩罚就是公义的，而人类遭受这种作为惩罚的恶也是公义的；人类遭受上帝的惩罚，在于人类先

---

① John Rist, "Augustine on Free Will and Predestination", *Journal of Theological Studies*, Vol. 20, No. 2, 1969, pp. 421-422.

② Josef Lössl, "Intellect with A (Divine) Purpose: Augustine on the Will", in Thomas Pink, M. Stone eds., *The Will and Human Action: From Antiquity to the Present Day*, London: Routledge, 2004, p. 69.

③ 《独语录》1.4、《论灵魂的不朽》6.11/13.20、《论灵魂的宏量》36.80、《论大公教会的生活之道与摩尼教的生活之道》2.7.9。

作了恶，而人类作恶是出于自己的意志，与上帝无关。① 在 1.2.4 中，奥古斯丁提问说："然而，困扰心灵的是，如果罪来源于上帝所创造的灵魂，而灵魂来源于上帝，那么罪怎么会不被近乎直接地追溯到上帝呢？"(《论自由决断》1.2.4) 显然，这一关键问题主导了《论自由决断》之后的论证思路，直到 3.18.50 开始论证初罪后的意志。在论证《论自由决断》的内在统一性中，卡罗尔·哈里森就抓住这一问题，甚至不无夸张地评论说："从基本前提，到中间的问题，再到最后的回答，整部作品从一开始就已经在他的头脑里酝酿好了，只是需要慢慢地阐发出来。"②

其次，在当前可以选择善或恶的意志中，作恶是出于贪心(libido)或欲念(cupiditas)。欲念是对可以违背意志而失去的东西的爱，而可失去的东西就是世俗的，是在时间中不断变化的。人类是身体与灵魂的结合，作为贪念的爱存在于人类的灵魂之中，但在灵魂的内在秩序中，欲念只是一种软弱的力量，无法强迫和掌控灵魂，而只有意志主动地顺从于贪念，它才能作用于灵魂。"没有什么会使心灵成为贪念的同伴，除了它自己的意志和自由决断。"(《论自由决断》1.11.21) 在这种作用方式中，没有任何外物有能力影响或强迫意志发生背离上帝的转向，而只有当意志主动把外物作为自己的追求对象时，它才会发生转向，欲念恰恰是这一转向的结果，而不是原因，虽然二者可以在时间上同时发生。由此，人类作恶就只能起源于意志，

---

① Simon Harrison, *Augustine's Way into the Will: The Theological and Philosophical Significance of De Libero Arbitrio*, Oxford: Oxford University Press, 2006, pp. 64–65. 关于两种恶，即人类的罪和上帝对罪的惩罚，亦参见《论真宗教》12.23、《创世记字解未完成》1.3。

② Carol Harrison, *Rethinking Augustine's Early Theology: An Argument for Continuity*, Oxford: Oxford University Press, 2006, pp. 205, 206–222.

而意志的转向总是主动发生的。①

最后，基于这些前设和推理，奥古斯丁在 1.12.25 中论证了意志和善好意志的存在：

> 奥古斯丁：那么我问你，我们没有意志（*voluntas*）吗？
>
> 艾弗迪：我不知道。
>
> 奥古斯丁：你不意愿（*vis*）知道吗？
>
> 艾弗迪：我也不知道。
>
> 奥古斯丁：那你就别问我什么了。
>
> 艾弗迪：为什么？
>
> 奥古斯丁：因为除非你意愿（*volenti*）知道你所问的，我就不应该回答你所问的。其次，除非你意愿（*velis*）接近智慧，我就不应该和你讨论这一类事情。最后，除非你意愿我过得好，你就不能是我的朋友。现在，好好看看自己，你是否没有对自己的美好生活的意志？
>
> 艾弗迪：我承认，要否认我们有意志，是不可能的。现在继续，让我们看看你接下来会得到什么。
>
> 奥古斯丁：我会做的，但先告诉我，你认为你有善好意志（*bonam voluntatem*）吗？
>
> 艾弗迪：什么是善好意志？
>
> 奥古斯丁：这一意志使我们寻求公义且诚实的生活，也寻求

---

① 亦参见《论真宗教》14.27-28；William Babcock, "Sin, Penalty, and the Responsibility of the Soul: A Problem in Augustine's *De Libero Arbitrio* III", *Studia Patristica*, Vol. 27, 1993, pp. 226-227。

接近最高的智慧。①

在这一简短论证中,奥古斯丁使用了名词 voluntas 和动词 volo 的多种形式,并认为意志的存在是"自明的"(self-evident),只要活着且向往更好的生活,人类就有意志和善好意志。② 显然,这种自明性论证还没有清楚地定义"意志",甚至不是对意志存在的完整证明。③ 对意志的存在的认识从属于对自我的认识,但奥古斯丁在这里不是要在知识论进路上探讨如何认识自我,而是要为人类的道德行为找到内在原因,探讨人类如何背离了原本的"善好意志",不仅不去追求作为"最高的智慧"的上帝,反而以这种意志去作恶,由此需要承负上帝的公义惩罚。④ 在第 1 卷最后,奥古斯丁区分了永恒法(aeterna lex)和世俗法(temporalis lex),前者掌管神圣的、永恒不变的事物,后者掌管世俗的、不断变化的事物,而作恶和犯罪就在于,意志把自己的追求方向从前者转向了后者,并以后者为是。由此,意志的自由决断是第一种恶的肇始者,从而应该得到上帝的公义惩罚,并领受第二种恶(《论真宗教》76)。

---

① 参见吴天岳:《意愿与自由:奥古斯丁意愿概念的道德心理学解读》,北京:北京大学出版社,2010 年,第 164—165 页。

② Gerald Bonner, *St. Augustine of Hippo: Life and Controversies*, Norwich: The Canterbury Press, 1986, p. 384.

③ 亦参见《上帝之城》5.10.1。"首先,去意愿自身是这样的:因为如果我们意愿,意志就存在,如果我们不意愿,意志就不存在,那么如果我们不意愿,我们就不是在意愿。"

④ 西蒙·哈里森从知识论进路(epistemological approach)分析了这段论证,认为对话者艾弗迪(Evodius)的怀疑是一种"我思式论证"(cogito-like argument),旨在重构自我认识。Simon Harrison, *Augustine's Way into the Will: The Theological and Philosophical Significance of De Libero Arbitrio*, Oxford: Oxford University Press, 2006, pp. 70-72, 113. 关于对这一分析意图的批评,参见吴天岳:《意愿与自由:奥古斯丁意愿概念的道德心理学解读》,北京:北京大学出版社,2010 年,第 166—168 页。

第一章　恶、灵魂与意志

在论证了意志的存在之后，奥古斯丁就为恶的起源找到了基础。意志是灵魂的内在官能，其主动背离永恒的上帝而转向变化的事物就是恶的起源，而对于所犯的（初）罪，作为道德主体的人类必须承担犯罪的责任，领受上帝的公义惩罚。在把恶归诸意志的转向时，奥古斯丁就提出了恶的内在起源说，可以打破摩尼教的外在起源说；恶不是与上帝同永恒的物质实体，不是在世界创造之前就存在，也不会主动侵袭上帝的王国；世界不是善恶混杂的浑然大块，而是上帝的善的创造；人类的身体也不是恶的，恶与罪只在于意志的主动转向，只有借助上帝的全然恩典，人类才能获得最终的救赎。[①] 与此相应，在这一救赎中，意志不能继续追求外在于自身的世俗事物，而要转回到灵魂自身之内，去追求永恒的上帝，因为上帝是比人类最内在的自我（inmost self）还要内在，甚至可以说，意志的内在转向就是救赎的逐渐展开。[②]

显然，对意志存在的证明并没有完成自己的使命，"意志"概念本身也饱受当代研究的尖锐批评。[③] 然而，奥古斯丁提出这一概念不是要回应现代人对自我心理结构的反思，而是要在大公信仰中为恶的起源找到肇始者，以解释整个人类在初人亚当犯罪之后所承负的道德罪责和当下身处其中的道德境况。基于如此目标，在为意志的能力辩护时，奥古斯丁显然不是在诉诸斯多亚学派或新柏拉图主义的理性灵

[①] 在与福图纳图斯辩论时，奥古斯丁就试图以恶的内在起源说来驳斥摩尼教的上帝论和创造论。

[②] Philip Cary, *Inner Grace: Augustine in the Traditions of Plato and Paul*, New York: Oxford University Press, 2008, pp. 38—40.

[③] 吴天岳:《意愿与自由：奥古斯丁意愿概念的道德心理学解读》，北京：北京大学出版社，2010年，第1—6页；另参见 Eleonore Stump, "Augustine on Free Will", in Eleonore Stump ed., *The Cambridge Companion to Augustine*, Cambridge: Cambridge University Press, 2001, p. 143 note 5 对意志概念的辩护。

魂说，证明如何以德性行为来获得幸福生活。① 对他来说，人类总是在上帝之下，所有的人类学问题也首先处在神学问题之下，理论上的理解只是为了坚固信仰中的信条，而意志的存在恰恰是人类通向信仰的理解之路，虽然还不能完全理解。

除了两次注释《创世记》前三章，奥古斯丁早期还借助论著、书信和当面辩论与摩尼教论战，反驳其教义理论和生活实践。为了驳斥摩尼教的灵肉观，奥古斯丁先行反驳其两个灵魂说(duae animae)，之后论证道德的恶并不起源于恶的灵魂或肉体，而起源于在灵魂中作为"中等的善"(medium bonum)的意志的自主转向。根据他的记叙，虽然也论及灵魂与肉体的冲突，但摩尼教主要认为，宇宙中的光明与黑暗之间的争斗在人类之中表现为善的灵魂与恶的灵魂之间的冲突，人类作恶是出于其恶的灵魂，与其善的灵魂无关。有些学者认为，摩尼教没有两个灵魂说，这实际上是指灵魂与肉体的冲突或单一灵魂自身的分裂，最终可以追溯到两种实体或两种自然，如同在《与福图纳图斯的辩论》14 中。② 然而，在《论两个灵魂》1.1、12.16 和《回顾篇》1.15.1 中，奥古斯丁都明确肯定摩尼教持有这种学说。由此，我们仍然选择认可这一说法。

在反驳"恶的灵魂"时，奥古斯丁引入了存在等级与认识等级相互对应的原则，即在存在等级上越高的事物只能被在认识等级上越高的官能所认识，比如物质性的光可以用眼睛来认识，而真理只能用灵

---

① Carol Harrison, *Rethinking Augustine's Early Theology: An Argument for Continuity*, Oxford: Oxford University Press, 2006, pp. 200, 206. 这一看法批评了韦策尔的解读方式，参见 James Wetzel, *Augustine and the Limits of Virtue*, Cambridge: Cambridge University Press, 1992, pp. 54-56。

② John Coyle, "*De duabus animabus*", in Allan Fitzgerald ed., *Augustine Through the Ages: An Encyclopedia*, Grand Rapids: William B. Eerdmans Publishing Company, 1999, pp. 287-288.

魂来认识。在古希腊哲学中,这一原则表现为巴门尼德(Parmenides)的"思维与存在同一"、恩培多克勒的"同类相知"和柏拉图对理念与现象的划分等。对于柏拉图来说,感官可以认识现象,但只有灵魂中的理性才能认识作为最高存在的理念,甚至可以借助理念的不朽来论证灵魂的不朽。奥古斯丁认可并继承了以上原则,用之反驳"恶的灵魂"的说法。按照对应原则,眼睛可以认识物质性的光,灵魂只能被理智(*intellectus*)所理解,如果存在着恶的灵魂,那么即使这一灵魂是恶的,它也只能被理智所理解。这样,因为理智高于眼睛,就推论出恶的灵魂高于光。但实际上,摩尼教徒敬拜日月之光,认定光高于恶的灵魂,由此"恶的灵魂"的说法就是自相矛盾的(《论两个灵魂》3.3)。这就反证出,按其受造的自然来说,灵魂是单一的,人类只有一个灵魂,灵魂是上帝的善的创造,人类能够忏悔罪也在于只有一个灵魂。

摩尼教之所以引入黑暗元素作为宇宙生成之前就存在的物质大块,就是要既维护上帝的全然善性,又要解决恶的起源难题。其中不认为,上帝被动地受到黑暗王国的侵袭就威胁到了他的全能,这一全能其实表现为上帝主导着宇宙救赎的整个历程,人类参与其中就会加快之。由此可见,在上帝观上,摩尼教的良苦用心并没有得到奥古斯丁的认可,他一直以此来攻击摩尼教的教义论证,显明了二者之间的根本差异。①

摩尼教和新柏拉图主义都贬低肉体,根本不认可道成肉身的大公教义。在论证了灵魂受造的单一性和善性之后,要维护上帝的绝对全

---

① 《与福图纳图斯的辩论》22—24;亦参见 Joson BeDuhn, "Did Augustine Win His Debate with Fortunatus", in Jacob Van Den Berg ed., *In Search of Truth: Augustine, Manichaeism and Other Gnosticism*, Leiden: Brill, 2011, pp. 463-479。

能和创造的全善,奥古斯丁还必须解释恶的来源,同时论证肉体受造的善性,恶不起源于肉体,从而维护灵魂与肉体的统一性。①

既然恶在形而上学上只是善的缺乏,奥古斯丁就把道德的恶追溯到意志的自由决断。在借用并论证"意志"概念时,人类灵魂被划分为高级部分和低级部分,前者包括理智、意志和记忆,后者包括各种欲望、情感等。其中,意志是人类行动的驱动力(driving force),其自由决断的方向或是上帝,或是低于上帝的所有受造之物;意志既能够依从其自由决断而朝向并顺服上帝,从而行善,也能够背离上帝而顺服肉体,从而作恶②;虽然意志出于上帝的创造,但意志作恶并不出于强迫的必然性,也就不能被归咎于上帝,恰恰是意志的自主决断才使得人类配享道德的尊严,承受上帝公义的赏善罚恶(《论自由决断》3.1.1-17.49)。

---

① Carol Harrison, *Augustine: Christian Truth and Fractured Humanity*, Oxford: Oxford University Press, 2000, pp. 33-35.
② 《论两个灵魂》10.12-11.15、《与福图纳图斯的辩论》15、《论自由决断》1.12.25-16.35。

第二章
两个奥古斯丁？

在针对奥古斯丁早期思想的研究中，最为广泛和关键的争论是：如何评价他在4世纪90年代中期的思想发展，是否存在着两个奥古斯丁？以布朗为代表，研究界通常认为，在初解《罗马书》与396年的《致辛普里西安》之间，奥古斯丁的思想发生了根本性的转变或"革命"。① 然而，对于这一转变或"革命"是如何发生的，具体关涉哪些文本，又在这些文本中分别表现为怎样的理论形态，研究界却争论不休。对于我们来说，要研究其早期思想的演进如何展现了意志与恩典之间的理论纠葛，就必须先行处理，如何在这些不同解释中找到可能且可行的论证理路。

以上争论主要关涉三个文本，即《论自由决断》《致辛普里西安》和《与福图纳图斯的辩论》。所争论的主题大致包括：第一，如何理解《论自由决断》第1卷与第3卷之间的关系，奥古斯丁是否从"积

---

① Peter Brown, *Augustine of Hippo: A Biography*, Berkeley: University of California Press, 2000, pp. 139-150; Paula Fredriksen, "Beyond the Body/Soul Dichotomy: Augustine's Answer to Mani, Plotinus, and Julian", in William Babcock ed., *Paul and the Legacy of Paul*, Dallas: Southern Methodist University Press, 1990, pp. 227-251; William Babcock, "Comment: Augustine, Paul, and the Question of Moral Evil", in William Babcock ed., *Paul and the Legacy of Paul*, Dallas: Southern Methodist University Press, 1990, pp. 251-261; David Roach, "From Free Choice to God's Choice: Augustine's Exegesis of *Romans* 9", *EQ*, Vol. 80, No. 2, 2008, p. 129.

极地"肯定意志的自由决断转变为"消极地"承认意志的无力?第二,如何理解佩拉纠派对《论自由决断》的高度赞扬,认为其中肯定了意志的能力,人类可以借助意志主动抵挡诱惑,以基督为榜样,过有德性的生活,从而避免灵魂的死亡?第三,如何理解半佩拉纠派(Semi-Pelagians)或马赛派对《论自由决断》的相对肯定,认为其中仍然为意志保留了一些主动能力,人类可以借之转向信仰,主动呼求上帝,而上帝就以恩典来回应?① 第四,如何理解《与福图纳图斯的辩论》中第一天辩论与第二天辩论的关系,奥古斯丁是否输掉了这场辩论?只有先在这些争论中寻索出可资论证的立场,我们才能为以后的论证建构起不可或缺的理论框架,进而才能分析《致辛普里西安》在奥古斯丁思想发展中的具体地位。

显然,以上争论主要围绕着人类意志与上帝恩典之间的关系而展开,不是彼此割裂的。在本章中,我们将首先探讨奥古斯丁如何看待自己的思想变化,之后分析这种变化如何体现为早期著作中的理论演变,即《论自由决断》与晚期奥古斯丁的关系、其第 1 卷与第 3 卷的关系和《与福图纳图斯的辩论》中的胜负纠葛,最后梳理出奥古斯丁意志学说的发展脉络。

第一节 奥古斯丁的自我反思

秉承着理智诚实的品格,奥古斯丁不断进行着自我反思,无论是

---

① 其中,以约翰·卡西安(John Cassian)为代表的马赛派的观点更接近奥古斯丁,而不是佩拉纠。在 17 世纪时,围绕自由意志而展开的争论就把这一派称为半佩拉纠派,但并不恰当,参见 James Wetzel, "Snares of Truth: Augustine on Free Will and Predestination", in Robert Dodaro, George Lawless eds., *Augustine and His Critics: Essays in Honor of Gerald Bonner*, London: Routledge, 2000, p. 125; 关于马赛派的意志学说,参见《书信》226。

在家乡时的无名朋友之死(《忏悔录》4.4.7-7.12),还是在罗马时的死亡试探(5.9.16-17),他都诚实地反思着自己当下的理论认识,寻找可以信赖的理论基础。在皈依之后,大公信仰和《圣经》经文成为他思考和著述的根基,借着常年的阅读和反思,他可以坦陈自己在某些重大理论问题上所犯的错误,并不断加以修正和调整,最终形成系统而有说服力的理论整体。其下,我们先分析奥古斯丁晚期对《论自由决断》的看法,之后分析他对《致辛普里西安》的不断反思和阐发,从而看到他后来对自己思想发展的基本评价。

一、奥古斯丁与《论自由决断》

为了寻找恶的起源以驳斥摩尼教,奥古斯丁在388年居停罗马时写成《论自由决断》第1卷,但直到出任司铎之后,他才完成第2—3卷的写作,其截止时间一般被认为是395年(《回顾篇》1.9[8].1)。随后不久,他将之寄给了诺拉的保林,认为其中基本解决了"自由决断"这个"大问题"(grandis quaestionis)(《书信》31.7)。在412年左右,因为有人质疑《论自由决断》第3卷对灵魂起源的处理,奥古斯丁写成《书信》143,给朋友兼帝国官员马科林(Marcellinus),承认自己的思想在写作中不断发展,但否认先前对灵魂四种起源说的模糊处理有任何不当,其中没有论及自由决断(《书信》143.2、143.4-11)。

对于初罪和意志的关系,佩拉纠认为,初人亚当的初罪只是"榜样"或"类型",造成了他的身体必死,也使其后裔的身体必死,但罪的传递只在于人类不断模仿了这一榜样,并不存在原罪的遗传。① 在《论自然》中,佩拉纠论证说,在亚当的初罪之后,人类的自

---

① Theodore De Bruyn trans., *Pelagius's Commentary on St. Paul's Epistle to the Romans*, Oxford: Clarendon Press, 1993, pp.92-93.

然并没有被全然败坏,因为这一自然是上帝所赐予的恩典,仍然可以借助意志的自由决断主动抵挡罪,以基督为新的榜样,过有德性的生活,从而最终获得救赎。① 在此基础上,佩拉纠还多次引用《论自由决断》中的章节来论证意志的主动能力,奥古斯丁后来就列举出了14处之多,其分布区域从第1卷开头一直延续到3.18.50(《回顾篇》1.9[8].3),而以下论证将表明,3.18.50恰恰可以被看作《论自由决断》前后论证的转折处。②

对于佩拉纠的赞许和引用,奥古斯丁予以断然否认,并陈明原因说,《论自由决断》的写作旨在反对摩尼教的善恶二元论,论证恶起源于意志的自由决断,即人类的堕落下降一线,其中没有明确讨论上帝的恩典,即人类的救赎上升一线:

> 同样,依着不敬虔的谬误,他们——就是摩尼教徒——愿意引入一种恶的自然,不变动且与上帝同永恒。因为这一摆在我们面前的问题,这三卷书里就完全没有讨论到上帝的恩典。(《回顾篇》1.9[8].2)

在讨论意志的能力时,奥古斯丁把意志分成两个阶段,即在堕落之前的亚当的意志和在堕落之后的人类的意志。意志是上帝的善的创造,有着自己原初的主动能力,在堕落之前,它既能够过正直而有德性的生活,也能够犯罪而堕落;但在堕落之后,意志就失去了前一种

---

① 《论自然与恩典》44.52–52.60;亦参见 James Wetzel, "Snares of Truth: Augustine on Free Will and Predestination", in Robert Dodaro, George Lawless eds., *Augustine and His Critics: Essays in Honor of Gerald Bonner*, London: Routledge, 2000, p.125。

② Eugène TeSelle, *Augustine the Theologian*, Eugene: Wipf and Stock Publishers, 1970, p.156. 也就是说,当把《论自由决断》对意志的能力的论证从3.18.50处划分为前后两个阶段时,佩拉纠只引用了前一阶段的论证。

能力,成为罪的奴仆,除了上帝的恩典,任何外在的帮助和内在的努力都不能使人类摆脱这一被奴役状态:

> 因为上帝的恩典——其在当时还不是问题——在这些和其他类似的讨论中没有被提到,佩拉纠派就认为或能够认为,我们持有他们自己的观点,但他们这样认为是徒然的。意志当然可以使人类借此去犯罪或正直地生活,我们在这些讨论中说到了;但意志已经成为罪的奴仆(serva peccati),除非借着上帝的恩典而脱离奴役,对于必死的人类来说,意志自身就不能得到帮助而克服罪恶,去正直而敬虔地生活。这一神圣恩惠使人类得以被释放,而除非它是先行临到的,否则是赐给了人类的功德,就不是恩典了,而恩典是白白(gratis)赐予的。(《回顾篇》1.9[8].4)

对于奥古斯丁来说,只要论证出恶起源于意志主动背离上帝,驳斥摩尼教的目的就达到了,而不需要再论证,意志如何借助上帝白白赐予的恩典而返回自己的原初状态或得到上帝的保守。论证的目的决定了论证的手段,要论证恶起源于意志的主动背离,奥古斯丁显然要论证出,意志最初有着指向上帝并正直生活的能力,因为只有初人亚当拥有这种能力,他才需要为自己随后的犯罪和堕落承担道德责任。也就是说,在《论自由决断》中,奥古斯丁旨在论证亚当的堕落下降一线,而不是他的救赎上升一线,由此就不需要论证恩典如何在其中发挥更新作用,虽然行文中偶尔提及。①

---

① Marianne Djuth, "The Hermeneutics of *De Libero Arbitrio* III: Are There Two Augustines", *Studia Patristica*, Vol. 27, 1993, p. 284. 在《回顾篇》1.9[8].4 中,奥古斯丁就批驳说,佩拉纠没有看到自己对恩典的屡次提及。

为了证实以上回顾是真实可靠的，我们就必须追问：第一，在写作《回顾篇》时，奥古斯丁是否有相关著作或抄本在一旁作为参考，抑或仅凭记忆来回顾评判？第二，奥古斯丁在回顾《论自由决断》时的态度是否诚实，是否他在写作时承认初罪后的意志可以独立地意愿善，忽视了恩典在其中的作用，但现在却故意隐瞒或掩饰这一点？

对于《回顾篇》的写作缘起，我们可以追溯到412年写就的《书信》143。在回应别人对《论自由决断》的批评时，奥古斯丁认可了这种批评的权利与对作者和读者的可能益处，并希望有机会回顾自己的所有著作，以直面过往的理论得失，做出必要的更正：

> 使得在他自己犯错（errent）的地方，其他人不犯错，而借着他们的告诫，他就脱离了错误（errore），这真是更好和更有益处啊！而如果他不意愿脱离，那么至少他没有同伴还陷在错误里。而如果上帝应允我所意愿的，就是让我去收集并指出我的所有著作中有哪些是我确实不满意的，并为此目的而再写一本书，他们届时将会看到，我对自己并无偏袒（non sinm acceptor personae meae）。(《书信》143.2)

显然，在写作意图和材料准备上，《回顾篇》并不是应急仓促之作，而是奥古斯丁在垂暮之年力图全面检审自己全部著作的开创性尝试，其目的不是隐藏或掩饰过往的可能错误，反而是以现在的成熟思想为鉴来努力找出它们，从而显示自己的思想发展历程，并使教中同伴和信众从中受益，可以规避这些理论暗礁。以上至少可以表明，奥古斯丁在写作中是理智诚实的。《回顾篇》的序言也对此说：

第二章 两个奥古斯丁？

> 很长时间以来，我都在考虑和筹划去做我现在借着主的帮助而开始做的，因为我不认为这还应该被推迟，就使得我以法官式的严格(cum quadam iudiciaria seueritate)来回顾我的每一段话，无论是在著作和书信中，还是在布道中，并以审查员式的笔锋(velut censorio stilo)来标识出我现在所不赞同的。(《回顾篇》prologue，1)

有鉴于这种理智诚实，奥古斯丁的写作是谨慎而细致入微的，对著作中的思想甚至具体用词都详加考察，例如回顾《论幸福生活》时遗憾于过多赞誉西奥多(Manlius Theodorus)，回顾《论秩序》时遗憾于多次使用"运气"(fortuna)一词，等等(《回顾篇》1.2.1、1.3.2)。以对《论自由决断》的回顾为例，在频繁引用这一作品时，奥古斯丁不仅知道其行文顺序和卷数分布，而且在大段引用时并无错谬之处，可以对勘《回顾篇》1.9[8].5 和《论自由决断》3.18.51。此外，在回顾《创世记字解未完成》时，奥古斯丁说："当我回顾我的小作品时，这本未完成的作品就落到我手上(venit in manus)。"(《回顾篇》1.18[17].1)由此就说明，在回顾自己过往的写作得失时，奥古斯丁不是在凭借记忆，而是有相关抄本在一旁作为参考，这也才使他能够精确地给出每部著作的第一句话。①

据此推论，我们有理由认为，奥古斯丁在回顾《论自由决断》时既有原文在手，又力图以"法官式的严格"和"审查员式的笔锋"来诚实地做出评判，与其他回顾所承认的诸多错误相比，其间不会故

---

① 在简要的考察中，邦纳认为，奥古斯丁的写作方式是当时通行的口授(dictation)加记录，但不能证实他如何记住之前的众多著作。Gerald Bonner, *Freedom and Necessity: St. Augustine's Teaching on Divine Power and Human Freedom*, Washington, DC.: The Catholic University of America Press, 2007, pp. 34-35.

意隐藏或掩饰自己在意志或恩典问题上的可能错误。

也就是说,在初罪后的意志不能独立地意愿善上,奥古斯丁在此时的看法与晚期的成熟看法并无二致。当然,我们并不否认,在其他早期著作中,例如《罗马书章句》和《罗马书断评》,奥古斯丁肯定了意志的这种独立能力,显示了他在《致辛普里西安》之前的思想摇摆,但《论自由决断》与《致辛普里西安》从属于各自的论证主题,彼此在意志的堕落下降一线上也并无明显冲突之处。

回到前面的论题,在佩拉纠的引用中,他恰恰只引用了奥古斯丁对意志在堕落之前的能力的论证,而不承认亚当的堕落使自己的意志陷入了罪的奴役,不再有能力抵挡罪,而只能继续犯罪。正是基于对人类的自然的充分肯定和对原罪的绝然否定,佩拉纠才会无视奥古斯丁对意志的两个阶段的划分,只在《论自由决断》的前半部分寻找有利于自己论证的章节,从而没有认可或理解奥古斯丁的整全论证。从以上反驳中可以看出,奥古斯丁并不承认自己后来改变了《论自由决断》中的观点,而是认为即使到了驳斥佩拉纠派时期,他的以上观点仍然是行之有效且一以贯之的,甚至自信地说:"看,早在佩拉纠派异端存在之前,我们已经讨论了这些,好像那时就在驳斥他们一样。"(《回顾篇》1.9[8].6)①

至于马赛派的解读,即意志在堕落之后仍然保有一定的主动能力,《论自由决断》似乎没有完全否定这种可能,但由于没有论及意志与恩典的先后关系,奥古斯丁就仍然能够通过引入恩典的作用来否认这一解读。不过,即使《论自由决断》第 3 卷认识到了,意志在堕落之后就完全失去了主动能力,但我们以下会看到,由于在这一时

---

① 亦参见《回顾篇》1.23[22].1、《论保守的恩赐》20.52。

期,奥古斯丁坚持认为,《罗马书》第 7 章是在描述"在律法之下"的境况,与"在恩典之下"有着截然差异,以致《致辛普里西安》1.1.11 在解释《罗马书》7:18b("意愿为善由得我,只是行出来由不得我。")时实际上认可了以后马赛派的解读,而只有到他驳斥佩拉纠派时才认识到,《罗马书》第 7 章也可以指"在恩典之下"的人,即恩典先于任何向善的意志,这一理论缺口才真正被填堵上。①

由此看来,依据奥古斯丁对《论自由决断》的反思,其中对意志问题的论证既不支持佩拉纠派的错误引用②,也不支持马赛派的过度解读,而完全可以满足早先驳斥摩尼教和后来驳斥佩拉纠派的理论需要,没有任何必须修正的地方。基于这一立场,奥古斯丁就会认定,《论自由决断》不仅在各卷之间形成了内在统一,也并不与早期其他著作存在明显冲突,反而可以作为 4 世纪 90 年代中期思想发展的垫脚石,并在随后的论战中发挥着支柱性作用。

二、奥古斯丁与《致辛普里西安》

无论存在着何种分歧,研究界一般认定,《致辛普里西安》代表着奥古斯丁成熟思想的"开端"。③ 在对《致辛普里西安》的反思中,奥古斯丁将之看作可以不断阐释的理论源泉,在驳斥佩拉纠派中阐发了原罪的遗传、婴儿的洗礼、自然的完全败坏和意志的绝对无力,在训诫马赛派中阐发了恩典并不取消意志的自由决断。然而,《致辛普里

---

① 《回顾篇》1.23[22].1、2.1.2,《论圣徒的预定》4.8。
② 对于佩拉纠的理论体系,哈纳克甚至认为,其在根本上是"不信上帝的"(godless)。Gerald Bonner, *Freedom and Necessity: St. Augustine's Teaching on Divine Power and Human Freedom*, Washington, DC.: The Catholic University of America Press, 2007, p. 67.
③ 虽然卡罗尔·哈里森认为,在奥古斯丁的思想发展中,最大的转变或"革命"是他皈依大公信仰,《致辛普里西安》是他前期思想不断发展的结果,但也同时承认,《致辛普里西安》代表着某种转变或成熟。Carol Harrison, *Rethinking Augustine's Early Theology: An Argument for Continuity*, Oxford: Oxford University Press, 2006, pp. 6-7.

西安》的写作不是平坦直顺的,而是对早期思想中的错谬与冲突的根本修正,奥古斯丁在写作之初和后来的反思中都表明了这一点。

在394—395年完成了《罗马书章句》和《加拉太书章句》之后,奥古斯丁就打算完整注释《罗马书》,但在注释了1:1-7之后,"沮丧于整封书信的庞大和艰深(magnitudine ac labore)"(《回顾篇》1.25[24].1),就放弃了这一计划。在396年,应辛普里西安之邀,奥古斯丁注释了《罗马书》第7章和第9章,但在正文之前,他表达了对自己早先两次注释的不满意:

> 实际上,你所提议要回答的关于使徒保罗的那些问题,我们已经多少做了讨论,并记录成书。但是,我并不满意(non contentus)先前的研究和解释,现在就更为细心和谨慎地考察了使徒的同样的那些话和其中的意思,以免我先前很不小心忽略了什么。而如果理解它们是容易的和轻省的,那么你就不会认为它们应该被探究了。(《致辛普里西安》1.1.0)

在《致辛普里西安》之前,奥古斯丁对保罗书信的注释包括《罗马书章句》、《罗马书断评》、《八十三个问题》66-68和《加拉太书章句》,但直接涉及《罗马书》第7章和第9章的只有《罗马书章句》37-46、60-65和《八十三个问题》66、68。也就是说,在初解《罗马书》之后,奥古斯丁随即就发现其中存在着重大的理论缺陷,这才会迫使他在《致辛普里西安》中要"更为细心和谨慎地"重新解释。问题是:奥古斯丁为什么在如此短的时间内就发现了不足?他又到底发现了哪些不足,如何与他的早期思想整体发生冲突?对于这一切,奥古斯丁在后来的反思中给出了精要的回答。我们现在先考察这些反思,以找出《致辛普里西安》、初解《罗马书》与396年之前写成的其他作品特别是与《论自由决断》之间的可能关系。

在426—427年写成的《回顾篇》2.1.2中，奥古斯丁论及了《致辛普里西安》在注释《罗马书》9：10-29时的重大转变：

> 在回答这一问题时，我实际上在努力维护人类的意志的自由决断，但上帝的恩典占了上风，否则我就不能最终认识到使徒以最为明晰的真理所说出的话："使你与人不同的是谁呢？你有什么不是领受的呢？若是领受的，为何自夸，仿佛不是领受的呢？"(《哥林多前书》4：7)殉道者西普里安也想表达这一看法，就用以下的标题总结说："不要指着什么夸口，因为没有什么是我们的。"

在《致辛普里西安》1.2中，奥古斯丁使用了"设问—否定—再设问"的论证方法，试图在信仰的开端中为意志的自由决断留下一块地盘，但保罗书信中的多处经文最终迫使他承认，上帝的恩典先于人类的意志，善好的意志来自上帝的做工。① 显然，对于《致辛普里西安》，奥古斯丁所承认的转变是：在信仰的开端中，上帝的恩典最终取代了人类的意志，是人类得以进入信仰的前提，但恩典并不取消意志的自由决断。

如果说《回顾篇》2.1.3还没有清晰表达出早期思想的转变，那么在428—429年写成的《论圣徒的预定》和《论保守的恩赐》中，奥古斯丁

---

① "信仰的开端"第一次明确出现于《加拉太书章句》38.9中。也有研究认为，其第一次出现于《诗篇解》9.14中，而时间是392年。对于其中的争议，参见吴天岳：《意愿与自由：奥古斯丁意愿概念的道德心理学解读》，北京：北京大学出版社，2010年，第345页注释1。

就回应了马赛派对自己早期著作的借用,阐明了《致辛普里西安》之前的释经错误,并点出了前后转变所涉及的关键文本。在同样引用了《哥林多前书》4:7 和西普里安的话之后,《论圣徒的预定》3.7 继续说:

> 主要借着以上明证,我自己就确信了,因为我犯了类似的错误(similiter errarem),认为我们借之相信上帝的信仰不是上帝的恩赐,而是我们自身中就有的,使我们借此得到上帝的诸般恩赐,并由之可以节制、公义而敬虔地度过今生。我当时并不认为,上帝的恩典先于信仰,使得我们借着信仰就被赐予所合宜地呼求的东西,除非因为如果真理的传布不先行临到我们,我们就不能相信,但去赞同已经传给我们的福音,我认为这是我们自己的,是出自我们自身的。写于我出任主教之前的(ante episcopatum meum scripta)一些小作品(opuscula mea)清楚地表明了我的这个错误(quem meum errorem),而在这些作品中,你的书信里就提到了一本,即《罗马书章句》。

在《书信》226 中,希拉里(Hilary of Gaul)向奥古斯丁报告了马赛派的意志学说。他们认为,堕落没有完全败坏人类的自然,意志仍然保有部分主动能力,并援引大公教会的著作和奥古斯丁的《罗马书章句》作为证据。作为对这种意志观的回复,奥古斯丁就承认自己在《罗马书章句》中所犯的错误,即认为信仰先于恩典,并在《论圣徒的预定》4.8 中再次说明,《致辛普里西安》代表着对早先错误的更正,是自己此后一直坚持的正确观点。① 对于《论圣徒的预定》3.7 中的反

---

① Marianne Djuth, "The Hermeneutics of *De Libero Arbitrio* III: Are There Two Augustines", *Studia Patristica*, Vol. 27, 1993, pp. 282–284.

思，卡里认为，这"并不总是完全有帮助的"(not always perfectly helpful)，因为即使在《罗马书章句》60.14、61.2 中，奥古斯丁都隐约地承认了恩典在信仰之前。① 不过，我们会看到，《罗马书章句》60-65 的论证目标和主线仍然是信仰在恩典之前，这种潜在冲突没有产生实质影响，而直到《八十三个问题》68 才完全凸显出来，由此奥古斯丁的反思并无不妥。

现在的问题是：除了《罗马书章句》以外，这里所说的"写于我出任主教之前的一些小作品"到底还指涉哪些著作？从《致辛普里西安》1.0 对初解《罗马书》的不满看，这还直接包括《八十三个问题》66、68，但由于间接相关，《八十三个问题》67、《加拉太书章句》和《罗马书断评》也会牵涉其中。研究界争论极多的是：《论自由决断》是否也名列其中？或第 3 卷代表着成熟思想，与第 1 卷形成对立？从奥古斯丁的自我反思和《论自由决断》的论证目的来看，这两种猜测都不会直接成立。对于《论自由决断》与《致辛普里西安》的关系，洛斯尔就认为，这两部作品在处理不同的问题，但之间存在着论证的连续性，即前者关涉"意志"概念自身的能力，而后者关涉上帝的恩典与人类的意志的关系，只是上帝的恩典最终"占了上风"(*vicit Dei gratia*)。②

综上所述，虽然坦陈自己在写作中有思想的发展转变(《书信》143.2、《论保守的恩赐》55)，但奥古斯丁并不认为《论自由决断》包含着任何错误，也没有对之做出任何更正，甚至将之看作驳斥佩拉纠

---

① Philip Cary, *Inner Grace: Augustine in the Traditions of Plato and Paul*, New York: Oxford University Press, 2008, p. 53.
② Josef Lössl, "Intellect with A (Divine) Purpose: Augustine on the Will", in Thomas Pink, M. Stone eds., *The Will and Human Action: From Antiquity to the Present Day*, London: Routledge, 2004, p. 64.

派的先行宣言；对于4世纪90年代中期的《罗马书》注释，奥古斯丁承认，在初解《罗马书》和《致辛普里西安》之间存在着根本性差异，上帝的恩典先于人类的意志开启了信仰，后者代表着自己思想成熟的开端，为后来驳斥佩拉纠派和训诫马赛派奠定了理论基础。在以下，我们将分析《论自由决断》自身论证内容的复杂性，探讨奥古斯丁对之的反思如何可以得到有效辩护，并试图论证出，《与福图纳图斯的辩论》中前后两天的论证恰恰对应着《论自由决断》中对意志两个阶段的划分。

第二节 《论自由决断》的是与非

自从《论自由决断》成书以后，"意志"概念就成为拉丁教会中争论不休的主题，一直延续到后来的各派神学和哲学论争，从佩拉纠派、马赛派到阿奎那，从司各脱、伊拉斯谟到路德，从冉森派（Jansenism）、康德到当代道德哲学。虽然"意志"概念的内涵发生了显著变化，但它仍然是探讨恶的形成机制和划定道德责任时所使用的核心概念。

一、通常的争论

在成书年代上，奥古斯丁明确说，《论自由决断》第1卷写成于387—388年的罗马，第2—3卷写成于391—395年出任司铎期间（《回顾篇》1.9[8].1）①，但不能确定他是否对第1卷有过修正，也难

---

① Roland Teske, "*De libero arbitrio*", in Allan Fitzgerald ed., *Augustine Through the Ages: An Encyclopedia*, Grand Rapids: William B. Eerdmans Publishing Company, 1999, p. 494; Simon Harrison, *Augustine's Way into the Will: The Theological and Philosophical Significance of De Libero Arbitrio*, Oxford: Oxford University Press, 2006, pp. 19-20.

第二章 两个奥古斯丁？

以知晓其最后成书时间与《致辛普里西安》之间的实际间隔。在具体研究中，学者们争论最多的是：第1卷与第3卷之间的论证差异是否代表着"两个奥古斯丁"，又应该如何理解这种差异？

在"失落的未来"（The Lost Future）一章中，布朗认为，从加西齐亚根对话到大约写成于393年的《论登山宝训》，奥古斯丁都"乐观地"看待意志自身的能力，认为人类可以凭借自己的努力而达到幸福和智慧，其对意志的论证集中体现在《论自由决断》第1卷中，以之驳斥摩尼教的恶论和决定论；在这一时期，他甚至"比佩拉纠更佩拉纠化"，才使得佩拉纠后来可以援引这些论断来支持自己的观点；但摩尼教司铎福图纳图斯以实际经验和保罗书信向他证明了，意志总是处在心灵与肉体的冲突中而不能完全自由地决定自己的行为，这使得奥古斯丁开始以"新的理路"（a new approach）来解决恶的问题，以作为一种强迫性力量的习惯来重新解释意志的有限能力，从而"悲观地"认为，幸福和智慧是人类在今生之中遥不可及的，肉体的贪欲时刻搅扰着普通信众，甚至是圣徒。①

对《论自由决断》第1卷与第2—3卷的切分，至少可以追溯到保罗·塞茹内（Paul Séjourné）写成于1951年的论文，其中明确说：

> （在第1卷中，）可以听到这样一个人，他无疑是初信的基督徒，却仍然热心追求自己的上升，以至于几乎忘了路途上的重重困难、对救赎者的呼召的重视和对不断祈祷的需要：他是在乐园里。在《论自由决断》第2—3卷中，他重新回到了地上……而

---

① Peter Brown, *Augustine of Hippo: A Biography*, Berkeley: University of California Press, 2000, pp. 139-143.

唯一使他的错误认识不那么高歌猛进的是,他在六七年后补写了同一本书的后两卷:在忏悔的同时进行了修正。①

这种以写作的时间间隔来切分的方式得到众多学者的认可。在以布朗为代表的这一传统解释中,《论自由决断》的第 1 卷就对立于第 3 卷,是从乐观转到悲观,从"容易"转到"困难",从旧思路转到新思路,从"更佩拉纠的"转到"更摩尼教的"。② 接续这一解释,特塞勒认为,《论自由决断》可以在 2.16.43 处被划分为前后两个部分,是从内在生活(inward life)普遍化到所有被造物(all created things)。③ 奥康奈尔则认为,第 1 卷试图使用斯多亚学派的意志论(voluntarism)来论证意志的能力,但第 2—3 卷则使用新柏拉图主义的理智论来校正第 1 卷,意志当下的无知和困难就暗示了灵魂的堕落和之前对超越真理的认识。④

接续这一解释思路,弗雷德里克森则认为,奥古斯丁在第 1 卷中是"毫不脸红地乐观"(unblushingly optimistic)于意志的能力,但到了第 2 卷结尾处就大大降低了他的论调,以"在路上"(in via)的隐喻表明意志的力有不逮,最后在第 3 卷中终于承认,意志在亚当的初

---

① Paul Séjourné, "Les Conversions de saint Augustin d'apres le ' *De libero arbitrio* ' ", *Revue des Sciences Religieuses*, Vol. 25, 1951, p. 359, 转引自 Carol Harrison, *Rethinking Augustine's Early Theology: An Argument for Continuity*, Oxford: Oxford University Press, 2006, p. 201。

② Carol Harrison, *Rethinking Augustine's Early Theology: An Argument for Continuity*, Oxford: Oxford University Press, 2006, p. 199.

③ Eugène TeSelle, *Augustine the Theologian*, Eugene: Wipf and Stock Publishers, 1970, p. 135.

④ Robert O'Connell, "*De libero arbitrio* 1: Stoicism Revisited", *Augustinian Studies*, Vol. 1, 1970, p. 51.

罪之后陷入了无知和困难，而人类的骄傲阻止了其呼求基督的救赎。① 与《忏悔录》第 8 卷所描述的内心挣扎相比，弗雷德里克森认为，《论自由决断》第 1 卷充满着乐观主义，1.13.29 就肯定人类可以非常轻易（with perfect ease）地实现称义，由此表明，奥古斯丁在 396 年后所描述的 387 年的皈依情境是虚假的，是事后反思而故意添加的，不是当时内心所发生的。②

在对弗雷德里克森的评论中，巴布科克认为，3.18.52 划分出意志的两个阶段，表明奥古斯丁从第 1 卷进入到第 3 卷的"新立场"（new position），与福图纳图斯的辩论迫使他改变了原有观点；此外，第 1 卷已经表明了对服从于贪念的惩罚，第 2—3 卷则使这种惩罚固定化为不可抗拒的习惯，体现了从早期对德性的积极肯定转变到对"非意愿的罪"的承认，而在初罪之起源上的不可知论使得，奥古斯丁实际上回到了摩尼教的立场。③ 对于以上切分方式，韦策尔略做调整，认为 388 年奥古斯丁完成了第 1 卷和第 2 卷前半部分的写作，应

---

① Paula Fredriksen, "Beyond the Body/Soul Dichotomy: Augustine's Answer to Mani, Plotinus, and Julian", in William Babcock ed., *Paul and the Legacy of Paul*, Dallas: Southern Methodist University Press, 1990, pp. 232-233. 在早期著作的排序上，弗雷德里克森就认为，《论自由决断》第 2—3 卷很可能最晚写于 396 年，几乎与《致辛普里西安》同时。Paula Fredriksen, "Beyond the Body/Soul Dichotomy: Augustine's Answer to Mani, Plotinus, and Julian", in William Babcock ed., *Paul and the Legacy of Paul*, Dallas: Southern Methodist University Press, 1990, p. 232; John Burleigh trans., *Augustine: Earlier Writings*, Philadelphia: The Westminster Press, 1953, p. 106; Carol Harrison, *Augustine: Christian Truth and Fractured Humanity*, Oxford: Oxford University Press, 2000, p. 87.

② Paula Fredriksen, *Augustine and the Jews: A Christian Defense of Jews and Judaism*, New York: Doubleday, 2008, p. 198. 有关《忏悔录》的写作真实性，参见花威:《荣神与益人：论奥古斯丁〈忏悔录〉的写作》，《基督宗教研究》2014 年第 16 辑，第 152—189 页。

③ William Babcock, "Comment: Augustine, Paul, and the Question of Moral Evil", in William Babcock ed., *Paul and the Legacy of Paul*, Dallas: Southern Methodist University Press, 1990, pp. 251-261. "非意愿的罪"是阿尔弗莱特在 1974 年的研究论文中提出的，参见下文论述。

该与391年之后完成的其余部分切分开。① 与《论两个灵魂》相比较，他的确看到了，第1卷是对意志与罪的形而上学论证，而第3卷则论证了对初罪的具体惩罚，但认为这中间存在着根本性的断裂，表明奥古斯丁没有论证出意志与自然的区别。②

通过梳理奥古斯丁早期的灵魂论，卡里认为，第1卷仍然试图在灵魂自身中找出神圣要素，以善好意志（bona voluntas）过有德性的生活，从而实现加西齐亚根时期所追求的幸福生活，其中还把灵魂的方向划分为朝向不变动的上帝和朝向变动的被造物，认为后者是意志背离了上帝，是人类所犯的罪。对于前者，第2—3卷认识到意志在初罪后陷入无知和困难，就将幸福生活延缓了；而对于后者，这就无法回答爱自己的现实和"爱邻人"的诫命为何不是罪，直到《论基督教教导》1.20区分了安享和利用，这一难题才得到解决。③

对于传统的解释模式，令人感到棘手的问题是：如何协调《论自由决断》、初解《罗马书》与《致辛普里西安》之间的思想演进关系？依循以上的划分方式，《论自由决断》第3卷就必然写于初解《罗马书》之后和《致辛普里西安》之前，但从属于《致辛普里西安》所代表的思想转变，否则就需要认定，他在396年前后发生过两次思想转变。也就是说，鉴于奥古斯丁所承认的初解《罗马书》与《致辛普里西安》之间的巨大差异，可能与《论自由决断》第3卷相矛盾的就不是《致辛普里西安》，而是初解《罗马书》的理论成果。在此基础之上，我们以下

---

① James Wetzel, *Augustine and the Limits of Virtue*, Cambridge: Cambridge University Press, 1992, pp. 86-87.

② James Wetzel, *Augustine and the Limits of Virtue*, Cambridge: Cambridge University Press, 1992, pp. 90-95.

③ Philip Cary, *Inner Grace: Augustine in the Traditions of Plato and Paul*, New York: Oxford University Press, 2008, pp. 36-37.

需要论证第 1 卷与第 3 卷之间的关系,而只要论证出二者的内在统一性,奥古斯丁自己对《论自由决断》的反思就能够得到有效辩护。

传统解释认为,第 1 卷与第 3 卷在风格和内容上都是彼此对立的,反映了奥古斯丁在 4 世纪 90 年代中期的思想转变。对此,卡罗尔·哈里森甚至总结说:"几乎没有学者感觉到,自己能够把《论自由决断》解读为一部连贯的著作。"① 然而,这一看法并非不可挑战。首先,在幸福问题上,奥古斯丁承认,加西齐亚根对话还带着"学校的傲慢气息"(*superbiae scholam*)(《忏悔录》9.4.7),认为人类在今生之中就能够获得幸福,但他在 90 年代中期仍然认为,借助基督的救赎,圣徒们在"恩典之下"时就获得了幸福。由此,在幸福问题上,奥古斯丁此时并没有真正改变自己的观点,而只有等到他把《罗马书》第 7 章看作描述"在恩典之下"的境况时,幸福才被延迟到"在平安之中"的阶段,即在死后复活的永生之中。

其次,即使第 1 卷旨在论证意志的绝对自由,可以行善或作恶,但基于第 3 卷明确划分出意志的两个阶段,那么第 1 卷的论证恰恰对应着意志的第一阶段,即亚当初罪之前的意志,这一意志显然是绝对自由的,其行善和避免作恶都是可以轻易(*facilitas*)做到的②;只有到了第二阶段,意志才陷入无知(*ignorantia*)和困难(*difficultas*),不再能够行善,但作恶仍然出于自由决断,不是被强迫的③。

---

① Carol Harrison, *Rethinking Augustine's Early Theology: An Argument for Continuity*, Oxford: Oxford University Press, 2006, p. 203.

② 与此对应,在答复马科林的《论罪的惩罚和赦免与婴儿的洗礼》2.6.7-16.25 中,奥古斯丁仍然强调,人类原本可以借助最初被造的意志而不犯罪,就不成为罪人,但因为亚当的初罪,人类在过去、现在和将来都只会是罪人,《旧约》中的义人也同时是有罪的人。

③ Simon Harrison, *Augustine's Way into the Will: The Theological and Philosophical Significance of De Libero Arbitrio*, Oxford: Oxford University Press, 2006, pp. 21-24.

最后，在与福图纳图斯的辩论中，针对保罗书信中的论断，特别是《罗马书》7：23-25 和《加拉太书》5：17，奥古斯丁的回应不是进退失据，从乐观变为悲观，反而恰恰反映了对意志的两个阶段的连续论证，即第一天论证了恶和初罪起源于意志的自由决断，第二天论证了意志在初罪之后就陷入犯罪的必然性和习惯中，承继且预演了《论自由决断》从第 1 卷到第 3 卷的论证策略。由此，虽然《论自由决断》还没有解决其中所引发的诸多问题，例如灵魂的起源、初罪的发生机制和婴儿的自然等，但三卷都旨在论证人类以意志的自由决断造成了自身的堕落和下降，主题的连续性和论证的阶段性也表明，这部作品是内在统一的，其中并不明显存在着新旧两个奥古斯丁。

只要论证了《论自由决断》的内在统一，佩拉纠派对前一部分的引用就失去了效力，不能表明奥古斯丁早期和晚期在意志学说上出现了根本转折。特塞勒就看到，奥古斯丁的早期意志学说包含前后连续的两个部分，与其晚期思想一脉相承，并不支持佩拉纠派寻章摘句式的错误引用。① 对于从 3.18.50 开始的第二部分，基本上可以认定，这是在初解《罗马书》之后写成的。特塞勒就此认为，奥古斯丁或者满意于自己的探究，或者试图将初解《罗马书》的理论成果应用到意志的讨论中。然而，这种体裁转换说不仅不符合《致辛普里西安》1.0 对之的评价，也削弱了他在奥古斯丁意志学说前后一致性上的正确识见。②

对于摩尼教的决定论和宿命论，奥古斯丁和佩拉纠都极力驳斥，但二者的论证进路却大相径庭。玛丽安娜·朱思(Marianne Djuth)就

---

① Eugène TeSelle, *Augustine the Theologian*, Eugene：Wipf and Stock Publishers, 1970, p. 159.

② Eugène TeSelle, *Augustine the Theologian*, Eugene：Wipf and Stock Publishers, 1970, p. 156.

分析说，对于奥古斯丁来说，意志是存在的，有着自身的能力（potestas），初人的堕落就出于这一能力，继续犯罪是这种能力的不断延续，虽然总是使用自由决断去作恶，但意志也同时总在人类的能力之内，即方向的单一性和作恶的必然性并不表明意志是不自由的；而对于佩拉纠来说，人类的被造自然包含着"向善的可能"（possibilitas boni），初人的堕落没有摧毁人类的自然，而只有在选择作恶时仍然存在着行善的可能，人类才需要为意志的自由决断承担责任，即方向的双重性和作恶的不必然性才表明意志是自由的。①

简言之，对于意志的自由，奥古斯丁以是否在人类的能力之内来衡量，佩拉纠则以是否存在两种不同的选择来衡量，而当把"向善的可能"看作意志的能力的必然部分时，他就误读了《论自由决断》第3卷的论证进路，从而才引发奥古斯丁的澄清和反驳。相对于摩尼教的恶的自然与佩拉纠的善的自然，奥古斯丁论证了一条中间道路，即意志的自由决断仍然可以与堕落的自然兼容。由此，朱思认为，从《论自由决断》开始，这一论证进路就是一贯的，只存在一个奥古斯丁，即作为基督徒的奥古斯丁。②

二、《论自由决断》的内在统一

为了驳斥摩尼教的恶论和决定论，从加西齐亚根对话起，奥古斯丁就经常使用"意志"概念，相信人类借助意志的自由决断而作恶

---

① Marianne Djuth, "The Hermeneutics of *De Libero Arbitrio* III: Are There Two Augustines", *Studia Patristica*, Vol. 27, 1993, p. 285. 《论自由决断》甚至没有提及"向善的可能"的观念，而只有等到《论自然与恩典》，奥古斯丁才开始使用这一观念以驳斥佩拉纠对自己的误读（同上文，p. 286）。关于佩拉纠对摩尼教的驳斥，参见 Robert Evans, *Pelagius: Inquiries and Reappraisals*, New York: Seabury, 1968, p. 22。

② Marianne Djuth, "The Hermeneutics of *De Libero Arbitrio* III: Are There Two Augustines", *Studia Patristica*, Vol. 27, 1993, p. 289.

和犯罪，背离了上帝。然而，信仰不等于理解①，要认可这一信仰还必须追问"意志"概念中所包含的秘密，而《论自由决断》就旨在阐明这些秘密。

对于前后三卷的划分，西蒙·哈里森认为，奥古斯丁在其中精心编织了次第演进的行文架构，构成了一段拾级而上的阶梯。第1—2卷的结尾都提及下一卷的讨论内容，例如1.16.35说，第2卷将讨论意志的自由决断是否出于上帝，而2.20.54说，第3卷将讨论罪的起源。相应地，第2—3卷的开头都回顾了上一卷的讨论成果，随后展开先前所提出的论证目标。第1卷证明，人类作恶出于意志，意志存在并具有自己的作用机制；第2卷证明，上帝存在，一切善都来自上帝，而自由意志也是善的；第3卷则证明，上帝的预知并不决定人类的意志，初人的堕落使意志陷入了作恶的必然性。在这一行文架构中，奥古斯丁论证了上帝的至善和人类的意志的主动堕落，而后者正是恶的起源，应该承受作为上帝的公义惩罚的恶，呼应着1.1.1对两种恶的划分。西蒙·哈里森还重点分析了第1卷与第3卷之间的问答对应关系，比较了贪心(libido)和神意(providentia)在其中的含义连贯性，认为从第1卷的"轻易"(facilitas)到第3卷的"困难"(difficultas)并不表明存在着新旧两个奥古斯丁，而只是论证策略(argumentative strategy)上的转换，共同服务于恶、意志与上帝之间的关系主题。②

写作时间上的跨度似乎没有影响到奥古斯丁的论证逻辑，反而使

---

① 在《论自由决断》(1.11.23、2.2.6)中，艾弗迪和奥古斯丁都表达了这一看法，还引用《以赛亚书》7：9，"除非相信，否则不能理解"。

② Simon Harrison, *Augustine's Way into the Will: The Theological and Philosophical Significance of De Libero Arbitrio*, Oxford: Oxford University Press, 2006, pp. 28-31, 50-62.

第二章 两个奥古斯丁？

这一逻辑得以在长时间的思考中臻于完善。对于其中论证策略的转换，我们尝试将之划分为形而上学论证（metaphysical argument）和历史神学论证（historical-theological argument）①，以 3.9.28 中引入初人亚当为过渡，但从 3.18.50 之后才从意志的第一阶段进入第二阶段，开始论证意志在堕落后所遭受的公义惩罚。虽然初人的堕落比天使的堕落更为复杂②，但其关键点仍然是意志主动开启了背离上帝的转向，密切关联着之后的原罪论和恩典论，由此我们就把分析重点放在初人的初罪上③。

基于大公信仰和哲学认识，奥古斯丁在论证之前就设定了诸多前提，比如上帝是全善、全能和全知的，不会受到任何侵袭，世界和人类是上帝所创造的，分属于不同的善的等级。在第 1 卷中，奥古斯丁借助世俗事例比如奸淫、谋杀和渎神论证了，恶出于贪心（libido）和贪念（cupiditas），而在上帝与流变事物的等级秩序中，恶就是意志借助其自由决断背离了上帝，转向了不断流变的世俗事物。在第 2 卷中，奥古斯丁把存在的等级、善的等级和认识的等级对等起来，以从世俗事物到外感官，从外感官到内感官，再从内感官到理性的认识过程论证了真理、智慧与上帝的对等存在，以体、魂和灵的创造等级论证了所有的善都来自上帝，再以作为德性的大善与作为事物的小善论证了意志从属于中等的善（medium bonum），其主动的转向就是恶的

---

① 韦策尔已经看出了这种论证策略的转换，但他却将之看作第 1 卷与第 3 卷存在断裂的根据。James Wetzel, *Augustine and the Limits of Virtue*, Cambridge: Cambridge University Press, 1992, p. 95. 而这一分析手法也出现在《忏悔录》第 8 卷对意志的分析中。Judith Stark, "The Pauline Influence on Augustine's Notion of the Will", *Vigiliae Christianae*, Vol. 43, No. 4, 1989, pp. 352–357.

② 关于天使的堕落，参见《论自由决断》3.11.34–12.35。

③ Scott MacDonald, "Primal Sin", in Gareth Matthews ed., *The Augustinian Tradition*, Berkeley: University of California Press, 1999, p. 114.

起源。在第 3 卷中,奥古斯丁区分发生的必然性与强迫的必然性,以意志不能受强迫论证了上帝的预知可以与人类的自由意志兼容。由此,在 3.9.28 引入初人亚当之前,奥古斯丁已经完成了对意志的存在、善性和自由的形而上学论证,主要依循的是逻辑推理,所引用的少量《圣经》经文(主要是《诗篇》)只是作为辅证。

从 3.9.28 开始,以亚当的初罪为突破口,奥古斯丁进入了历史神学论证,意志的存在、善性和自由恰恰为初罪的发生提供了前提;又以 3.18.50 为分界,初罪的发生把意志划分为前后两个阶段,即亚当被造时的意志与作为其后裔的人类的意志。在初罪之前,亚当的意志有着选择善或恶的绝对自由,能够意愿善且实际行出来善;而在初罪之后,这一意志就从此陷入了无知和困难,只有选择恶的相对自由,不再能够行出来善,必须等待上帝的恩典。① 在 3.18.50 以下,论证的对象就从第 1—2 卷中的原初被造的完美意志,转变为 3.18.50 之后的当下的堕落意志。这使得,奥古斯丁改变了先前的论调和论证风格,开始试图以灵魂的起源来论证亚当的初罪如何造成其后裔被继续归罪,虽然他最后并没有完成这一任务。

以上两种论证并不是彼此割裂或前后相继的,因为人类从不是形而上学上的抽象存在,而总是作为上帝的造物的亚当及其后裔,形而上学论证实际上寓于历史神学论证之中,表现为对意志的第一阶段的论证。对于形而上学论证,弗雷德里克·桑塔格(Frederick Sontag)梳理了知识、恶、理性、善、幸福生活、智慧和永恒等概念在其中的建构作用,认为自由意志不同于许多其他概念,必须有形

---

① 在梳理《论自由决断》的论证结构时,卡罗尔·哈里森就明确把 3.18.52 对意志的两个阶段的区分作为主标题。Carol Harrison, *Rethinking Augustine's Early Theology: An Argument for Continuity*, Oxford: Oxford University Press, 2006, p.204.

而上学作为支撑。① 如果仅仅论证亚当被造时的意志，上述分析并无不妥，但在开始论证意志的堕落时，其局限性就凸显出来。初人亚当的堕落首先是意志的转向，即从高于自己的上帝转向低于自己的流变事物，打破了之前的形而上学建构，而对于意志为什么会突然或偶然地发生这一转向，形而上学论证却给不出合理的回答。一旦将转向的原因归诸意志自身被造时的中等的善，那么堕落的责任就等同于被归咎于作为创造者的上帝；而一旦将这一原因归诸意志自身的主动运动，那么堕落的原因就等同于堕落的运动。而在把创造的善分为一般的善（commune bonum）和个别的善（proprium bonum）时，约瑟夫·托尔奇亚（Joseph Torchia）就犯了与桑塔格类似的错误，即把意志的堕落归咎于上帝的创造。②

在进入历史神学论证之后，奥古斯丁依然面临这一难题，而他在3.17.48-49中诚实地承认了，意志堕落的原因只能是意志，继续追问只会造成逻辑上的无穷后退。③ 直到在《上帝之城》12.1、12.6-7中，奥古斯丁试图给出某些解释，即意志的堕落在于它自身是"从无中生有的"（creatio ex nihilo）、骄傲是初罪的起源或这一原因超出了人类的理解能力。然而，正如罗伯特·布朗（Robert Brown）所看到的，这三种解释并没有说服力，因为骄傲只是初罪的结果或初罪本身，但绝不是其原因；不能理解却肯定这一原因存在已经自相矛盾；

---

① Frederick Sontag, "Augustine's Metaphysics and Free Will", *The Harvard Theological Review*, Vol. 60, No. 3, 1967, pp. 303-306.

② Joseph Torchia, "The Commune/Proprium Distinction in St. Augustine Early Moral Theology", *Studia Patristica*, Vol. 20, 1989, pp. 356-360.

③ 在《回顾篇》1.9[8].2中，奥古斯丁就承认《论自由决断》没有解决自身所论及的诸多问题。

无中生有说只会把意志的堕落归咎于上帝的创造。① 由此,在意志的堕落上,形而上学论证并不能提供任何可靠的洞见,而这一理论上的裂隙也被存留在历史神学论证中,最终形成了奥古斯丁整个学说中的第一个不可知论,即可以相信,但不能够理解。

第三节 《与福图纳图斯的辩论》的是与非

在迦太基求学和教书期间,奥古斯丁就认识了福图纳图斯,两者当时为摩尼教的听教同伴(《忏悔录》4.8.13)。当奥古斯丁在391年出任希波大公教会的司铎时,福图纳图斯恰恰是同城摩尼教的司铎,并因为摩尼教在当地的流传广布而颇为自得。② 基于这一现实而急迫的威胁,受大公教徒和多纳图派的联合力邀,奥古斯丁同意与之进行教义辩论,而福图纳图斯在迟疑之后也应允出战(《奥古斯丁生平》6)。在392年8月28—29日,双方在希波公共浴室进行了两天的公开辩论,以理论推理和《圣经》经文论证了各自在上帝的自然、灵魂的下降和恶的起源问题上的立场,并由速记员记录在案。

基于阿尔弗莱特的开创性研究,《与福图纳图斯的辩论》逐渐成为讨论奥古斯丁意志学说演变的关键文本。而争论的焦点是:奥古斯丁是否在第二天放弃了第一天的立场,不再把意志的自由决断作为罪的前提?他是否不仅没有驳倒摩尼教的教义立场,却以灵魂和肉体的内在冲突转而认可了这一立场?以阿尔弗莱特和巴布科克为代表的解释流派认为,《与福图纳图斯的辩论》和《论两个灵魂》具体表现了《论自由决

---

① Robert Brown, "The First Evil Will Must Be Incomprehensible: A Critique of Augustine", *Journal of the American Academy of Religion*, Vol. 46, No. 3, 1978, pp. 315-324.
② 《与福图纳图斯的辩论》1—2、《回顾篇》1.16[15].1、《奥古斯丁生平》6。

断》从第 1 卷到第 3 卷的转变，其中扩展了对罪的定义，从意愿的罪扩展到非意愿的罪，对应着从第一天的辩论到第二天的辩论，使得奥古斯丁实际上不仅没有赢得这场公开辩论，反而认可了摩尼教的某些教义。

在以下，我们尝试重新梳理这三部作品之间的思想演变，以其中的内在统一性来论证，奥古斯丁并没有实质性地扩展对罪的定义，也不认为所谓"非意愿的罪"不基于意志，虽然没有驳倒摩尼教的宇宙论神话，但已经展现出了摩尼教信仰与大公信仰之间的根本差异。

一、非意愿的罪？

在《论自由决断》3.18.52 中，奥古斯丁明确把意志划分为两个阶段，即亚当被造时的自由意志（libera voluntas）和他堕落之后的意志，前者可以在善恶之间进行自由决断（liberum arbitrium），后者虽然仍然具有自由决断的能力，但陷入了必然性，只会去作恶和犯罪，亚当的所有后裔就承继了这样的意志。与此相对应，3.19.54 划分了两种罪——"出于自由意志而明知故犯的罪"和"作为对这一罪的惩罚而必然继续犯的罪"。

对于这两种意志和罪，阿尔弗莱特将"必然继续犯的罪"称为非意愿的罪，即意志陷入必然性之中而犯的罪，并认为必然性使得犯罪成为不可避免的，那么这种罪就超出了《论两个灵魂》11.15 对罪的定义，而对必然性的论述最早可以追溯到 392 年的《与福图纳图斯的辩论》22，由此《与福图纳图斯的辩论》就成为《论自由决断》发生前后转折的策源地。① 在阿尔弗莱特看来，在第一天的辩论中，奥古斯丁

---

① Malcolm Alflatt, "The Development of the Idea of Involuntary Sin in St. Augustine", *Revue des Etudes Augustiniennes*, Vol. 20, 1974, pp. 113-118. 基于假设《回顾篇》给出了可靠的编年顺序，传统编年就认定《论两个灵魂》的成书时间早于 392 年 8 月的《与福图纳图斯的辩论》。

坚持认为只有出于意志而犯的才是罪,并不理会福图纳图斯引用《马太福音》3:10、15:13 和《以弗所书》2:1-18;在第二天的辩论中,奥古斯丁最初还是坚持,"不出于意志(voluntate)而犯的,就不是罪"(《与福图纳图斯的辩论》20),但因为福图纳图斯引用了《罗马书》7:23-25、8:7 和《加拉太书》5:7、6:14,以身体中的恶抵挡灵魂中的善来论证善恶两种自然在人类之中的斗争,奥古斯丁就"被迫"承认,只有初人亚当才具有完全的自由决断,"在他以自由意志犯罪之后,生于亚当的血脉的我们就被抛入到必然性之中(in necessitatem)"(《与福图纳图斯的辩论》22),而罪行中的"危险的甘甜和快乐"(perniciosa dulcedo et voluptas)就俘虏了人类的灵魂,使之陷入犯罪的习惯中不能自拔。①

接续阿尔弗莱特的研究,巴布科克也认为,《与福图纳图斯的辩论》中第二天的辩论体现了奥古斯丁在意志观上的根本转变,但他继续将之追溯到《论自由决断》第 1 卷和《论两个灵魂》。② 其中,《论自由决断》1.12.25-13.29 充分论证了意志自身的主动能力,人类可以"非常轻易地"(tanta facilitate)获得"善好意志",因为"去拥有所意愿的不过就是去意愿它"(《论自由决断》1.13.29),并借此正当地生活。而在 391 年成为司铎之后,奥古斯丁改变了论证风格,从新柏拉

---

① Malcolm Alflatt, "The Development of the Idea of Involuntary Sin in St. Augustine", *Revue des Etudes Augustiniennes*, Vol. 20, 1974, pp. 124-134;吴天岳:《意愿与自由:奥古斯丁意愿概念的道德心理学解读》,北京:北京大学出版社,2010 年,第 270—273 页。

② 在对罪与道德主体性的分析中,巴布科克一开始就预设了两个条件,即必须有其他的选择存在,而道德主体可以决定选择哪一个、是否行动和行动的方式,不受内在的或外在的强迫,并由此断言奥古斯丁最初的"自由决断"概念满足这两个条件,但到了 4 世纪 90 年代则认识到只有初人亚当才具有意志的自由决断。William Babcock, "Augustine on Sin and Moral Agency", *The Journal of Religious Ethics*, Vol. 16, No. 1, 1988, pp. 28-30. 对此,T. 查普尔(T. Chappell)给予了积极认可。T. Chappell, *Aristotle and Augustine on Freedom: Two Theories of Freedom, Voluntary Action and Akrasia*, New York: St. Martin's Press, 1995, pp. 125-126.

图主义式的哲学话语转而使用日常话语和事例。《论两个灵魂》10.12 讨论了，在外在"强迫"（被缚）下，只要意志不主动顺服，人类就不需要为自己的行为负责，从而 11.15 就把罪定义为："获得或追求正义所禁止（*iustitia vetat*）但可以自由地禁绝（*liberum est abstinere*）的东西的意志。"不过，13.19 则描述了"出于对罪的过犯的惩罚"（*in subplicio peccato transgressionis*），人类就"难以禁绝肉体的东西"（*difficile a carnalibus abstinere*），以致养成了不断作恶的习惯，14.23 甚至悲叹习惯的强大力量。与此相应，《与福图纳图斯的辩论》22 论证说，意志在亚当的初罪之后就陷入了"必然性"，使得灵魂出于习惯而必然地作恶。与《论两个灵魂》11.15 对罪的定义相比较，巴布科克就追问说：既然意志不能"自由地禁绝"已经成为必然性的"习惯"，那么作为亚当的后裔，人类为什么需要为当下所犯的罪负责？有鉴于此，他甚至认为，奥古斯丁最终没有驳倒摩尼教的恶的灵魂学说，只是用习惯代替了恶的自然，把摩尼教的善恶的宇宙性争战转化为道德领域内的罪与罚的争战。① 在随后对《与福图纳图斯的辩论》的评述中，巴布科克也明确认为，奥古斯丁在第二天认可了非意愿的罪，并由此更难以回答早先提出的"我们为何会作恶"（*unde male faciamus*）的问题。②

在此之后，韦策尔的研究重申和强化了巴布科克的立场，其中认为，非意愿的罪恰恰是摩尼教的立场，但他们没有看到，即使这种罪也发源于意志。基于福图纳图斯列举了保罗书信作为支持，奥古斯丁

---

① William Babcock, "Augustine on Sin and Moral Agency", *The Journal of Religious Ethics*, Vol. 16, No. 1, 1988, pp. 30–41；吴天岳：《意愿与自由：奥古斯丁意愿概念的道德心理学解读》，北京：北京大学出版社，2010 年，第 273 页。

② William Babcock, "Comment: Augustine, Paul, and the Question of Moral Evil", in William Babcock ed., *Paul and the Legacy of Paul*, Dallas: Southern Methodist University Press, 1990, p. 260.

就公开认可了非意愿的罪这一观念,用来指意志在亚当的初罪之后陷入必然性而继续犯的罪。① 卡罗尔·哈里森则认为,奥古斯丁使用这一观念来反驳摩尼教的两个灵魂学说,就把意愿与非意愿都限制在同一个灵魂中,作为意志自身的内在冲突。②

对于阿尔弗莱特的研究,奥康奈尔主要批评了他对《论自由决断》3.18.50-19.54 的错误解读,认为其中并不存在着截然的转折,也没有把罪的定义扩大到非意愿的罪。在奥康奈尔看来,奥古斯丁在这里对初人的堕落进行了"灵性的"(spiritual)解释,作为亚当的后裔,人类"同时等同于我们的初人父母",都在亚当和夏娃的初罪中出于意愿地犯了罪,分有"起因上的意愿性"(voluntary in causa),而罪人和承受惩罚的人是同一的,由此人类才继承了意志的无知和困难,陷入必然性,但他们继续犯罪不是出于原初被造的自然,而是出于已经被败坏的自然。③

要评判以上关于非意愿的罪的论争,我们就必须追问:在《论自由决断》《论两个灵魂》和《与福图纳图斯的辩论》之间到底存在着怎样的思想演进关系?奥古斯丁对意志两个阶段的划分是否等同于承认了"非意愿的罪"这一概念?而非意愿的罪是否与他之前对意志和罪的定义相互矛盾?是否能够以"起因上的意愿性"论证亚当的后裔也参与了初人的初罪?

对于《论自由决断》第 1 卷与第 3 卷的关系,巴布科克已经看到,

---

① James Wetzel, *Augustine and the Limits of Virtue*, Cambridge: Cambridge University Press, 1992, pp. 86-98, esp. pp. 95-97.

② Carol Harrison, *Rethinking Augustine's Early Theology: An Argument for Continuity*, Oxford: Oxford University Press, 2006, p. 193.

③ Robert O'Connell, "Involuntary Sin in the *De Libero Arbitrio*", *Revue des Etudes Augustiniennes*, Vol. 37, 1991, pp. 23-36, esp. pp. 30-35; 吴天岳:《意愿与自由:奥古斯丁意愿概念的道德心理学解读》,北京:北京大学出版社,2010 年,第 274—278 页。

奥古斯丁在 1.11.22 中论及了罪自身具有的惩罚特征:"与此同时,各种贪念残暴地施行着自己的统治,以各样变换而背谬的诱惑搅扰着人类的整个心灵和生命。"① 显然,这种境况是在亚当的初罪之后才会发生的,意志所能控制的只有意志自身,但已经不能完全自主地意志善和行善了。借助这一分析和奥康奈尔对 3.18.50-19.54 的梳理,我们可以看到,第 1 卷与第 3 卷并不是布朗所说的从"积极"到"消极"的转变,其间也不存在着截然的对立,而是在前后连贯地论证了意志的堕落下降一线,即从亚当被造时的意志到初罪之后的意志,只是在论证策略上由形而上学论证转换到了历史神学论证。

基于这一连贯性,我们可以认定,《论两个灵魂》和《与福图纳图斯的辩论》不是在填充《论自由决断》第 1 卷与第 3 卷之间的所谓"理论空隙",而是在论证意志的两个阶段。其中,第一天的辩论论证了恶出于意志的自由决断,对应着形而上学论证;第二天的辩论论证了意志的自由决断在亚当的初罪之后陷入了必然性,顺服于习惯而继续犯罪,对应着历史神学论证。有鉴于第 2、3 卷在成书时间上的不确定,《论两个灵魂》和《与福图纳图斯的辩论》更多地应该是促进和配合了《论自由决断》中逐步推进的论证过程,而第 2 卷对意志的善性的论证和第 3 卷对意志与预知的关系的论证,恰恰反过来为前两书驳斥摩尼教提供了坚实的理论基础。也就是说,在思想的前后演进关系上,我们可以把这三部作品看成是彼此勾连和相互呼应的。

对于非意愿的罪,阿尔弗莱特的研究只是重述了《与福图纳图斯的辩论》的基本内容,提出了这一问题,而巴布科克则精准地抓住了《论两个灵魂》11.15 在定义罪时的别样之处。奥古斯丁始终认定,只

---

① 具体分析参见 William Babcock, "Augustine on Sin and Moral Agency", *The Journal of Religious Ethics*, Vol. 16, No. 1, 1988, pp. 38-39。

有出于意志的行为才可能是罪,而意志本身是不能被强迫的,被迫犯罪本身就自相矛盾,但 11.15 对罪的定义却附加了一个条件,即"可以自由地禁绝"。对于这一附加条件,奥古斯丁在《回顾篇》1.15[14].4 中明确说,这里只是在定义亚当的初罪,而不是在定义对初罪的惩罚,因为亚当被造时的自由意志可以自由地禁绝他去犯罪,而这一意志在初罪之后就被贪念所掌控,失去了原初的能力,只会继续犯罪,最多能够去祈求帮助。在《驳朱利安未完成》1.104-105 中,朱利安也利用这一定义来否认出于必然性而犯的罪,奥古斯丁的回答仍然是,这里只是在定义"可以自由地禁绝"的初罪,而不是在惩罚后失去了自由意志所犯的罪。由此,11.15 的定义不涉及初罪之后的罪,巴布科克借此解读出非意愿的罪其实并没有文本依据,但他可能被这里的含糊行文所误导。对于普遍的罪,奥古斯丁仍然将之定义为出于意志的行为,罪与意志之间的本质关联得到了一贯的坚持。

当然,以上关于非意愿的罪的讨论不只建基于《论两个灵魂》11.15 对罪的定义上,而更建基于对《与福图纳图斯的辩论》和《论自由决断》的总体理解上。这里就要分析:什么是非意愿的罪,这种罪是否与意志完全无关?阿尔弗莱特和巴布科克显然认为,意志在亚当的初罪之后陷入了必然性,而出于必然性所犯的罪肯定不是出于意志,那么作为亚当的后裔的人类所继续犯的罪就是非意愿的罪;奥康奈尔的批评则试图把继续犯罪的后裔纳入亚当的初罪中,以"起因上的意愿性"来证明后裔也出于意志地参与了这桩初罪,从而所承受的对继续犯罪的惩罚就是公义的。然而,这种同一性理论不仅没有解决问题,反而凸显了其中的矛盾。在《论自由决断》3.19.53 中,奥古斯丁已经明确区分了亚当的初罪及其后裔的罪,后者没有参与到亚当的初罪之中,也不需要为初罪负责,而只需要为他们自己所犯的罪负责，虽然这些罪是出于必然性而犯的。在发展出完整的原罪观之后，奥古斯丁在《驳朱利安未完成》1.57 中仍然强调："原罪（originalia peccata）是其他人的罪，因为其中没有我们的意志的决断，即使因为出生的沾染，它们也被发现是我们的。"也就是说，亚当的后裔只承受了原罪的后果，但并不在起因上为原罪负责，因为其中并不包含其意志的自由决断。①

现在的问题是：出于必然性而犯的罪是否就不出于意志，意志与必然性是否可以兼容？在《论自由决断》3.2.4-18.50 中，奥古斯丁都在试图论证，上帝的预知并不决定意志的自由决断，区分了发生的必然性和强迫的必然性，即上帝预知亚当犯罪，其必然性只是发生的必然性，指上帝预知的事情必然发生，但并不强迫亚当去犯罪，初罪仍然是出于亚当的原初被造的自由意志。在 3.18.50 之后，奥古斯丁论述了意志自身在初罪之后陷入犯罪的必然性，但对于出于这种必然性而犯罪是否也完全出于意志，还没有给出充分论证。

不过，在《忏悔录》8.5.10 中，奥古斯丁论证了败坏的意志、贪念与习惯之间的次第生成关系，即犯罪的必然性表现为人类无法抵抗自己的习惯，但习惯恰恰是意志的自由决断不断累积的结果，而不是决定意志的方向的原因。在早期著作中，奥古斯丁多次提到习惯的作用，但直到《论真宗教》3、6、64、65 和 88 才开始集中论述习惯在人类行为中所具有的某种强制性力量。之后，《论两个灵魂》14.23 就悲叹，罪形成了难以打破的习惯，而《与福图纳图斯的辩论》22 则以北非信众经常发誓来说明习惯的力量。但很显然，依从习惯而犯罪仍然

---

① 吴天岳：《意愿与自由：奥古斯丁意愿概念的道德心理学解读》，北京：北京大学出版社，2010 年，第 276—277 页。

是出于人类意志的自由决断,不是被强迫的。①

借助对奥古斯丁成熟思想的细致分析,吴天岳令人信服地证明了,意志可以与犯罪的必然性兼容,对于体现这一必然性的"肉体的贪欲"(concupiscentia carnis),未受洗的成人是出于自己的意志而继续服侍它,而受洗者即使在睡梦中也仍然是得到了意志的"一点认可"(ullus assensus)(《驳佩拉纠派的朱利安》4.2.10),二者在必然性之下所犯的罪并不就是非意愿的罪,反而都是意愿的罪,由此必须为之担负道德责任。②

不过,非意愿的罪并非完全没有自己的存在空间。基于习惯的束缚力量和意志的软弱无力,人的确会不直接地或当下地出于意志去作恶或犯罪,比如在毒瘾发作时,吸毒者虽然在意志上试图拒斥毒品,但在行为上仍然会主动寻求毒品以满足肉体的欲求。要看到的是,虽然这一行为在当下不直接出于意志,但其开启仍然出于意志最初的自由决断,并不是被强迫的,只是现在积习成癖,不能自拔。而如果最初的行为是被强迫的,那么这就不算行为者所犯的罪,因为其失去了决断的自主性;其后出于习惯而继续行为,其罪责也会大大消减。在亚当的初罪语境中,虽然其后裔失去了最初被造的完美意志,总是出于无知和困难而继续犯罪,但在方向的单一性和犯罪的必然性之下,这仍然是出于意志的自由决断,并不是被强迫的,因为被强迫的都不是罪。

正如韦策尔所看到的,非意愿的罪最终也是出于意志的。③ 既然

---

① John Prendiville, "The Development of the Idea of Habit in the Thought of Saint Augustine", *Traditio*, Vol. 28, 1972, pp. 29–83.

② 吴天岳:《意愿与自由:奥古斯丁意愿概念的道德心理学解读》,北京:北京大学出版社,2010年,第279—306页,尤其第301—305页。

③ James Wetzel, *Augustine and the Limits of Virtue*, Cambridge: Cambridge University Press, 1992, pp. 95–97.

如此，阿尔弗莱特对《与福图纳图斯的辩论》的截然划分就失去了必要的依据，即奥古斯丁的第二天辩论并不反对第一天辩论，其中两个奥古斯丁并存。与《论自由决断》第1卷与第3卷的转变相似，第一天的论证是形而上学论证，只存在着两个恶，即罪和对罪的惩罚，而罪出于意志的自由决断，并不出于摩尼教所谓的"恶的自然"，因为后者代表着强迫的必然性，而出于强迫的行为都不是罪①；第二天的论证则进入到历史神学论证，在亚当的初罪之后，意志陷入必然性，灵魂形成了犯罪的习惯，而出于习惯的必然性只是发生的必然性，不是强迫的必然性，人类仍然需要为此负责（《与福图纳图斯的辩论》22）。由此，从第一天到第二天的过渡，并不是奥古斯丁屈服于福图纳图斯所引用的保罗书信②，而是在论证意志的两个阶段，即亚当被造时的意志和初罪后陷入必然性的意志，这一论证模式在《论自由决断》第3卷中就得到了明确说明，表现为3.18.50论述完美意志可以抵挡罪，到3.19.54区分两种罪，其中既没有扩大对罪的定义，也没有承认存在非意愿的罪。

二、辩论的胜负

在关于《与福图纳图斯的辩论》的研究中，学者们虽然对双方的论证策略多有辩难，但总体上认定奥古斯丁赢得了辩论③，而这也是奥古斯丁自己的看法（《奥古斯丁生平》6）：

---

① 参见《与福图纳图斯的辩论》15、17；需要注意的是，17中所提及的必然性显然是指出于恶的自然的必然性，即被强迫的必然性。

② 布朗认为，受迫于福图纳图斯，奥古斯丁才改换了论证策略，引入了习惯的强制性力量。Peter Brown, *Augustine of Hippo: A Biography*, Berkeley: University of California Press, 2000, p.142. 不过，他似乎没有认为，在习惯之下所犯的罪就是非意愿的罪。

③ John Coyle, "*Acta Contra Fortunatum*", in Allan Fitzgerald ed., *Augustine Through the Ages: An Encyclopedia*, Grand Rapids: William B. Eerdmans Publishing Company, 1999, p.371; Gary Wills, *Saint Augustine*, New York: Viking, 1999.

这里所讨论的问题是：恶来自哪里？我就认定，人的恶来自意志的自由决断，而他（福图纳图斯）努力游说说，恶的自然与上帝一样永恒。但在第二天，他最终承认，自己找不出什么来反驳我们。他并没有成为大公教徒，而是离开了希波。(《回顾篇》1.16［15］.1，亦参见《与福图纳图斯的辩论》37)

不过，也有研究试图重估双方论证得失的比重，挑战传统评价。弗朗索瓦·德克雷（François Decret）最先研究了奥古斯丁的反驳，认为虽然福图纳图斯败于修辞技艺和未能回答对自己的诘问，但摩尼教的理论内核和思想连贯性并没有受到实质性损害。[1] 对传统评价的真正挑战开始于阿尔弗莱特的大胆研究，其中认为，第二天的辩论表明了，奥古斯丁其实深受摩尼教论证的影响，抛弃了之前对自由意志的论证，转而肯定非意愿的罪，完成自己的转向[2]；而巴布科克就进一步说，奥古斯丁实际上回到了早年相信的摩尼教立场[3]。不同于阿尔弗莱特的研究，弗雷德里克森认为，意志在初罪后陷入必然性并不表明存在着非意愿的罪，而福图纳图斯对宇宙性的恶（cosmic evil）的理解更贴近于保罗，其中引用的《罗马书》和《加拉太书》的经文也成为奥古斯丁日后最经常引用的经文；但他当时还不能充分解释恶的意志

---

[1] Jason BeDuhn, "Did Augustine Win His Debate with Fortunatus", in Jacob Van Den Berg ed., *In Search of Truth: Augustine, Manichaeism and Other Gnosticism*, Leiden: Brill, 2011, p. 464.

[2] Malcolm Alflatt, "The Development of the Idea of Involuntary Sin in St. Augustine", *Revue des Etudes Augustiniennes*, Vol. 20, 1974, pp. 113-134; Malcolm Alflatt, "The Responsibility for Involuntary Sin in Saint Augustine", *Recherches Augustiniennes*, Vol. 10, 1975, pp. 171-186.

[3] William Babcock, "Comment: Augustine, Paul, and the Question of Moral Evil", in William Babcock ed., *Paul and the Legacy of Paul*, Dallas: Southern Methodist University Press, 1990, p. 261.

的起源及其与上帝的关系，其胜利只是形式上的①，而引入亚当的堕落作为破坏人类道德自主性的历史事件，是他在理解保罗书信上的转折点②。随后，埃尔克·鲁岑霍费尔(Elke Rutzenhöfer)的分析也从属于以上思路。③

从20世纪50年代起，伴随着对摩尼教文献的整理和研究，学者们开始重新评估朱利安对奥古斯丁的指责，而越来越多的学者倾向于认定，奥古斯丁深受摩尼教学说的影响，只是在影响的具体方面和程度上不能达成一致。④ 在新近的研究中，范奥特细致检索了《与福图纳图斯的辩论》中所使用的术语，认为奥古斯丁非常熟悉摩尼教的基要文献，甚至主动借用了其术语系统，如能力(*virtus*)、世界(*mundus*)和必然性(*necessitas*)等。⑤

而最新的挑战来自贝杜恩，在《奥古斯丁赢了与福图纳图斯的辩论吗?》一文中，他梳理了福图纳图斯对奥古斯丁的诘问的六次回答，认为其中已经充分阐述了摩尼教在恶的起源和灵魂的下降上的立场，奥古斯丁对此却置若罔闻，反而提出过分的理论要求，不断追问上帝为何差派灵魂降世，实际上在强迫福图纳图斯解释上帝的"心灵"，最终使得后者不得不放弃这场已经有失理论严肃性的辩论；对于

---

① Paula Fredriksen, *Augustine's Early Interpretation of Paul*, Ph. D Dissertation of Princeton University, 1979, pp. 88-102.

② Paula Fredriksen, "Paul", in Allan Fitzgerald ed. , *Augustine Through the Ages: An Encyclopedia*, Grand Rapids: William B. Eerdmans Publishing Company, 1999, p. 622.

③ Elke Rutzenhöfer, "Contra Fortunatum Disputatio: Die Debatte mit Fortunatus", *Augustiniana*, Vol. 42, 1992, pp. 5-72.

④ Paul Eddy, "Can A Leopard Change Its Spots? Augustine and the Crypto-Manichaeism Question", *Scottish Journal of Theology*, Vol. 62, No. 3, 2009, pp. 330-332.

⑤ Johannes Van Oort, "Heeding and Hiding Their Particular Knowledge? An Analysis of Augustine's Dispute with Fortunatus", in Herausgegeben von Fuhrer ed. , *Die Christlich-Philosophischen Diskurse der Spätantike: Texte, Personen, Institutionen*, Stuttgart: Franz Steiner Verlag, 2008, pp. 115-121.

"内布利提难题",摩尼教其实只认为,上帝是不受侵袭的,但他的光明王国却可以受到恶和黑暗王国的侵袭,并不会影响到上帝,上帝仍然是主动地差派基督和灵魂降世,展开对光明王国的救赎进程,这一上帝观上的差异使得奥古斯丁的反驳失去了标靶;而引入"意志"概念来解释恶的起源,奥古斯丁却无法解释恶的意志如何起源,也没有论证恶的意志如何与全善的创造相互兼容,就在第二天的辩论中被迫承认了习惯对意志的必然束缚。[1]

对于4世纪90年代早期的思想变化,贝杜恩总结说,奥古斯丁最初偏重于从第一原理出发进行逻辑演绎,还不具备必要的释经技艺,不能有效回应福图纳图斯对经文的解释,从而最终放弃了对自由意志的论证,但得益于摩尼教的保罗书信释经,他开始认识到恩典高于自由意志,就在《与福图纳图斯的辩论》中完成了自己的思想转变,而《论自由决断》第2—3卷对上帝预知的论证只是对此略做修补。[2]

奥古斯丁是否赢得了这场辩论,不仅关涉如何评判他的论证得失,如何理解从第一天到第二天的转变,也关涉如何把握摩尼教与大公信仰之间的根本差异。鉴于上文已经批判了阿尔弗莱特和巴布科克对非意愿的罪的错误解读,而弗雷德里克森关于宇宙性的恶的论断从属于《罗马书》研究的领域,我们在这里就主要回应贝杜恩的批评和论证。

---

[1] Jason BeDuhn, "Did Augustine Win His Debate with Fortunatus", in Jacob Van Den Berg ed., *In Search of Truth: Augustine, Manichaeism and Other Gnosticism*, Leiden: Brill, 2011, pp. 466-472.

[2] Jason BeDuhn, "Did Augustine Win His Debate with Fortunatus", in Jacob Van Den Berg ed., *In Search of Truth: Augustine, Manichaeism and Other Gnosticism*, Leiden: Brill, 2011, pp. 470, 473-479; Paul Eddy, "Can A Leopard Change Its Spots? Augustine and the Crypto-Manichaeism Question", *Scottish Journal of Theology*, Vol. 62, No. 3, 2009, pp. 343-345.

摩尼教的宇宙论神话认为，上帝是全善的物质大块，是"不可败坏的"(incorruptibilem)、"绝对不可侵袭的"(omni modo inviolabilem)和"不可亵渎的"(incoinquinabilem)(《与福图纳图斯的辩论》1)；从他出的都是不可败坏的，他并不创造恶，善的灵魂也不会作恶，恶只能来自黑暗王国的主动侵袭；而在侵袭发生后，上帝借助预知就主动差派基督和善的灵魂来施行对光明元素的救赎。对于初人亚当为何堕落，摩尼教的解释是，亚当为黑暗之子所创造，但"有着最大部分的光明元素在灵魂中，而只有很小部分的对立元素"(《论大公教会的生活之道与摩尼教的生活之道》2.73)，可以过着圣洁的生活。在吃了知识之树的果子之后，亚当知道了拯救自己的知识，虽然其身体中的黑暗元素使得他与夏娃同房而生育后裔，但这一知识却使他在犯罪之后过着更为圣洁的生活，成为人类灵魂救赎历程中的"第一位英雄"(primus heros)。① 由此，堕落是指亚当与夏娃生育后裔，把光明元素继续囚禁在身体中，延缓了它们重返上帝的时间；但堕落的原因不在于亚当的灵魂，而在于其身体中的黑暗势力，亚当无须为此负责。在这一理论框架中，最为核心的是上帝论，其次是灵魂起源论，我们以下的分析就从这两方面展开。

虽然《与福图纳图斯的辩论》3 的信仰宣言没有把"不可侵袭"作为上帝的属性，但福图纳图斯在 19 中仍然把上帝称为"不可侵袭的源泉"(fonte inuiolabili)，明确认同了这一属性。在辩论伊始，奥古斯丁就把矛头指向这一上帝论：既然上帝是"不可侵袭的"，那么为什么会遭受黑暗王国的主动侵袭，以致需要分出自己的一部分即基督与恶斗争，又差派人类的灵魂下降与恶混杂交战？这一反驳是内布

---

① 《论大公教会的生活之道与摩尼教的生活之道》2.72、《与福图纳图斯的辩论》16。

利提在迦太基时就提出的,虽然他当时与奥古斯丁还一起沉迷于摩尼教(《忏悔录》7.2.3)。

针对这一难题,贝杜恩分析说,奥古斯丁其实扩大了摩尼教的说法,把上帝不可侵袭等同于光明王国也不可侵袭,并引用《论大公教会的生活之道与摩尼教的生活之道》2.12.26来证明:"他敢于说,(光明)王国当然有自己的边界,且能够被对立的王国所侵袭,因为上帝本身绝对不能被侵袭。"在同一段中,奥古斯丁说,这是他在迦太基时听一个摩尼教徒说的,但认为这会表明存在着三个自然,"不可侵袭的、可侵袭的、侵袭者",与摩尼教的两个自然学说相互矛盾,即使摩尼本人也不会认同这一说法。贝杜恩还看到,在《驳摩尼教基础书信》13.16中,奥古斯丁明确记述摩尼教的教义说,光明王国建立于光明的至福之地,永远不可被移动或动摇。比较这两则引文,显然后者的可信度更高,如果不是如此,作为司铎的福图纳图斯也肯定知晓本教教义中的这一重要区分,就会向奥古斯丁做出澄清,而不致屡被追问同一问题;同样地,曾经沉迷其中九年之久的奥古斯丁也肯定知晓,不会如此提出这一问题。① 对此,贝杜恩给出的两个理由,或者奥古斯丁没有看出2.12.26可以消解自己现在追问的难题,或者福图纳图斯在情急之下没有想出这条对策。② 显然,以上理

---

① 绝大多数学者认为,除去其中的论战性修辞,奥古斯丁对北非地区摩尼教教义的呈现和记述是"总体上相当精确的"。Paul Eddy, "Can A Leopard Change Its Spots? Augustine and the Crypto-Manichaeism Question", *Scottish Journal of Theology*, Vol. 62, No. 3, 2009, p. 322 note 15; John Coyle, "What Did Augustine Know about Manichaeism When He Wrote His Two Treatises *De Moribus*", in Johannes Van Oort ed., *Augustine and Manichaeism in the Latin West: Proceedings of the Fribourg-Utrecht Symposium of the International Association of Manichaean Studies* (IAMS), Leiden: Brill, 2001, pp. 43-56.

② Jason BeDuhn, "Did Augustine Win His Debate with Fortunatus", in Jacob Van Den Berg ed., *In Search of Truth: Augustine, Manichaeism and Other Gnosticism*, Leiden: Brill, 2011, p. 471.

由都没有可靠的文本证据来支持，而更有可能的是，福图纳图斯在这里的确看到了摩尼教的上帝论可能遭受到如此反驳，以致在《与福图纳图斯的辩论》37 中说，自己要去请教教中圣人以寻求答案。

正如贝杜恩所看到的，奥古斯丁与福图纳图斯的辩论代表着古代晚期两种主流神义论之间的竞争，即如何协调上帝的全善和全能。① 显然，对于摩尼教来说，首要的是维护上帝的全善，从不可败坏的上帝所生出或差派出的不仅是善的，也是不可败坏的。这就使得，善的灵魂只是遭受到宇宙性的恶的辖制或搅扰，却绝不会行恶，即只存在自然的恶，不存在道德的恶。但是，以划分空间范围的方式来区分作为物质大块的善与恶，就必然需要恶首先发动侵袭来作为善恶交战和世界创造的开端，即使上帝不能遭受到这一侵袭，但这仍然表明了，他只是有能力（potens），但并不全能（omnipotens），即不能在侵袭之前就预知和消除恶对自己领地的威胁，反而在之后遭受某种必然性，"被迫"随即差派灵魂和基督来施行拯救（《论真宗教》9.16）。对于大公信仰来说，上帝的全善和全能必须同时得到维护，奥古斯丁在《与福图纳图斯的辩论》1 中就把上帝定义为全能，他不是物质大块，而是精神实体，创造和统管着整个善的宇宙。这一上帝论前提就使得，奥古斯丁只能把恶的起源归咎于人类，以《创世记》第 3 章的堕落故事作为这一起源的历史呈现，并以上帝白白赐予恩典作为开启救赎的动力因。然而，以意志的转向来界定恶的起源，就无法解释善的意志为何会偶然或必然发生转向，奥古斯丁在《与福图纳图斯的辩论》21 中也坦陈了自己的理论困境。

---

① Jason BeDuhn, "Did Augustine Win His Debate with Fortunatus", in Jacob Van Den Berg ed., *In Search of Truth: Augustine, Manichaeism and Other Gnosticism*, Leiden: Brill, 2011, p. 465.

除了不能维护上帝的全能，摩尼教还面临着来自同时代星象学的严峻挑战，这可以被称为"奥古斯丁难题"(Augustinian Conundrum)。在宇宙论神话中，摩尼教构造了一整套天体运行理论，从月亮盈亏、太阳升落到众星旋转，都服务于光明元素的传输和拯救，光、火、水、风也参与到宇宙征战之中(《忏悔录》3.6.11、《驳福斯图斯》2.3)，甚至认为基督的能力(virtus)居住在月亮上，而他的智慧(sapientia)居住在太阳上，但这些明显不敌基于精确的数学计算的星象学。①

在沉迷摩尼教期间，奥古斯丁对此已经积存疑惑，而作为摩尼教主教的福斯图斯却直言自己不能回答一二，这让他大为失望，随即出离了长达九年的异端信仰(《忏悔录》5.7.12)。又过九年之后，在与当年的同伴福图纳图斯的辩论中，奥古斯丁并非不可以再次提出这一难题，现在的司铎显然不能给出比福斯图斯更好的回答，也只会回去请教教中圣人(《奥古斯丁生平》6)。即使他们会给出新的回答，但可以看到，单单在创造论上，其上帝也只是占据宇宙的一隅，创造了世界的一部分，这已经与大公信仰的上帝论和创造论有着绝然的差异，使得摩尼教几乎滑入异教边缘，二者的论战并不在同一信仰基础之上。② 不过，星象学毕竟是异教科学，不能用以论断教派信仰，而大

---

① 《忏悔录》5.3.6；Paul Eddy, "Can A Leopard Change Its Spots? Augustine and the Crypto-Manichaeism Question", *Scottish Journal of Theology*, Vol. 62, No. 3, 2009, p. 320。

② 对于摩尼教与奥古斯丁思想的关系，约翰·穆朗(John Mourant)则认为，摩尼教对之的积极影响要"远为持久稳固"(far more persistent)，多于传统上所认可的。John Mourant, "Augustine and the Academics", *Recherches Augustiniennes*, Vol. 4, 1966, p. 95. 虽然越来越多的研究者努力证明，奥古斯丁思想中残留着摩尼教的深刻痕迹(Paul Eddy, "Can A Leopard Change Its Spots? Augustine and the Crypto-Manichaeism Question", *Scottish Journal of Theology*, Vol. 62, No. 3, 2009, pp. 330-341)，但至少在上帝论和创造论上，我们已经看到二者之间存在着实质性差异，以至于某些主题上的相似性或同构性也不会表明，奥古斯丁对摩尼教信仰还肯定保留着乡愁般的依恋。

公信仰在理论层面上不关涉星象问题，就不需要为此特别担忧。① 正是基于以上的绝然差异，当摩尼教徒称大公教徒等是"半基督徒"(semichristianos)时，奥古斯丁反过来直接称他们是"伪基督徒"(pseudochristianos)。② 对此，让-皮埃尔·韦斯(Jean-Pierre Weiss)就直接评论说："摩尼教中没有基督教信仰。"③

在灵魂的起源上，摩尼教认为，恶是异在于上帝的物质大块，不是灵魂转向的结果，灵魂起源于上帝的创造，被差派到世界上参与对光明元素的拯救，并进入人类的物质性身体与恶争战。也就是说，灵魂自身并不堕落，反而是受上帝的差派，主动来拯救光明元素。在辩论一开始，奥古斯丁试图只集中攻击摩尼教在上帝论上的致命缺陷，以使对手认识到其中的教义错误，但福图纳图斯却极力将论题引至灵魂起源论。

在《与福图纳图斯的辩论》7-8中，福图纳图斯就利用《腓利比书》2：5-8来论证，既然基督是"自己卑微，存心顺服，以至于死"（《腓利比书》2：8），完全听命于父上帝的意志(voluntate patris)④，那么灵魂也是如此，进入完全恶的身体（《与福图纳图斯的辩论》14），像基督一样遭受今生的苦难与死亡。而到了《与福图纳图斯的辩论》16，福图纳图斯引用《以弗所书》2：1-18来论证上帝在整个拯救进程

---

① 在《创世记字解》中，奥古斯丁尽可能引入当时的星象学知识来解释宇宙的结构、星体的位置和地球的转动等问题，以证实大公信仰的可靠性，但这不同于摩尼教出于教义信仰来解释各种自然现象。

② 《驳福斯图斯》1.3；亦参见 John Coyle, "Foreign and Insane: Labelling Manichaeism in the Roman Empire", *Studies in Religion/Sciences Religieuses*, Vol. 33, No. 2, 2004, pp. 223-226，其中认为摩尼教是异端，但不是基督教异端。

③ John Coyle, "Foreign and Insane: Labelling Manichaeism in the Roman Empire", *Studies in Religion/Sciences Religieuses*, Vol. 33, No. 2, 2004, p. 225.

④ 对于人类来说，意志是灵魂的组成部分，指人类的一种心理能力，但奥古斯丁也经常将之用于上帝，指上帝的神圣命令。

中的预知和能力，即上帝的全能不在于他能否预先消除黑暗王国的侵袭，而在于他完全掌控着对光明元素的拯救，并最终会取得胜利。① 在第二天的《与福图纳图斯的辩论》21 中，福图纳图斯还引用了《罗马书》7：23-25、8：7 和《加拉太书》5：17，以表明自己的灵魂学说可以得到保罗书信的支持，即灵魂（anima）或灵（spiritus）与肉体（caro）之间的对立是善与恶之间的二元争斗②，并不出于自己的意志（non sua sponte），肉体所代表的恶也不起源于灵魂，而是宇宙性的恶的一小块（portiuncula mali）。可以看到，在出于肉体的恶而作恶和出于上帝的预知而救世上，摩尼教坚持着双重的决定论。③

与摩尼教简洁而明了的灵魂论相比，奥古斯丁在《与福图纳图斯的辩论》中对灵魂的阐述显然过于细密和复杂。通过在灵魂中划分出意志的领域，在第一天的辩论中，奥古斯丁以上帝的创造来论证意志的本然善性和完美自由，表现为初人亚当在犯罪之前的意志；在第二天的辩论中，他再以自由意志（libera voluntas）的转向来解释灵魂的堕落，而作为亚当后裔的人类就被抛入必然性，所保有的意志的自由决断只会在习惯的挟裹下继续犯罪，但由于这仍然出于意志的自主性，人类就仍然需要为此承担道德责任。基于以上对《论自由决断》的内在统一性的分析，可以看到，《与福图纳图斯的辩论》中第二天的辩论不是放弃或改变了第一天的立场，反而是构成辩论整体的有机部分，首次展现了意志的两个阶段，但其中的概念关系要等到《论自由

---

① Jason BeDuhn, "Did Augustine Win His Debate with Fortunatus", in Jacob Van Den Berg ed., *In Search of Truth: Augustine, Manichaeism and Other Gnosticism*, Leiden: Brill, 2011, pp. 467-468.

② John Coyle, *Augustine's "De Moribus Eccesiae Catholicae": A Study of the Work, Its Composition and Its Sources*, Fribourg: The University Press, 1978, p. 148.

③ Paul Eddy, "Can A Leopard Change Its Spots? Augustine and the Crypto-Manichaeism Question", *Scottish Journal of Theology*, Vol. 62, No. 3, 2009, p. 320.

决断》第2—3卷才得到可能的论证，二者在论证结构上有着明显的相似性。

由此，在4世纪90年代早期，奥古斯丁的确还不具备必要的释经技艺，对经文的把握也没有福图纳图斯娴熟，甚至后者对保罗书信的密集引用可能使他认识到自己的释经不足。正如弗雷德里克森所看到的，这应该实际地促使了奥古斯丁开始关注《罗马书》和《加拉太书》，并在随后几年内尝试注释这两封书信。① 然而，鉴于以上对《论自由决断》和《致辛普里西安》的解读，我们不应该高估福图纳图斯所可能带来的正面影响，讨论意志的两个阶段并不表明奥古斯丁的思想转折，讨论意志与必然性的关系也不表明存在着非意愿的罪，90年代中期的保罗释经更多地是接续和配合着同时期对《创世记》《诗篇》和登山宝训的注释，寓于北非教会当时的保罗热和4世纪下半叶开始的"保罗的世纪"之中。

在福图纳图斯之后，奥古斯丁还多次驳斥了摩尼教的教义领袖，例如阿迪玛图斯（Adimantus）、福斯图斯和菲利克斯（Felix），直到约404年写成的《驳摩尼教徒塞孔狄》才暂告一段落。② 对于奥古斯丁与摩尼教的关系，保罗·埃迪（Paul Eddy）还提醒说，现有的研究并没有彻底反思其中的方法论，即是奥古斯丁的思想深受摩尼教的影响，还是二者都受到同一思想来源（例如保罗）的影响，也没有深入考察影响的具体方式，研究界的通行看法尚不是最终有效的结论。③ 由此，在这一问题上，我们仍然持开放态度。

---

① Paula Fredriksen, "Paul", in Allan Fitzgerald ed., *Augustine Through the Ages: An Encyclopedia*, Grand Rapids: William B. Eerdmans Publishing Company, 1999, p. 622.

② Johannes Van Oort, *Mani, Manichaeism & Augustine: The Rediscovery of Manichaeism & Its Influence on Western Christianity*, Tbilisi: Georgian Academy of Sciences, 2001, p. 40.

③ Paul Eddy, "Can A Leopard Change Its Spots? Augustine and the Crypto-Manichaeism Question", *Scottish Journal of Theology*, Vol. 62, No. 3, 2009, pp. 341–346.

在自己的皈依经历和早期著作中，奥古斯丁一直强调上帝的恩典的必要性，从未怀疑恩典在人类的信仰开端中的关键作用。基于这一自我反思，90年代中期的思想发展主要表现为，在信仰的开端上，奥古斯丁最初认为，人类的意志先于上帝的恩典，可以借助自由决断而主动回应或拒斥呼召，对应着《罗马书章句》和《罗马书断评》；但通过再次注释《罗马书》第9章，他转而认定，陷入作恶的必然性的意志并不能主动回应上帝的呼召，上帝的恩典先于人类的意志，就以合宜的呼召来主动拣选人类，使之必然会以意志加以回应，对应着《致辛普里西安》1.2。由此，在这一转变中，与《致辛普里西安》发生直接冲突的是初解《罗马书》的理论成果，而不是《论自由决断》和《与福图纳图斯的辩论》，后二者都借助划分出意志的两个阶段，论证亚当如何以被造时的自由意志而堕落下降，而他的所有后裔又如何以意志的自由决断而继续犯罪，其自身都是内在统一的。

当然，在《论自由决断》中，奥古斯丁虽然多次提到了恩典在信仰动力学中的重要地位，但仍然没有认识到恩典先于意志，甚至暗含了意志在先的痕迹或可能，直到很晚才被完全消除，展现了90年代中期思想发展中的摇摆性和复杂性。在《与福图纳图斯的辩论》中，非意愿的罪并没有夸大对罪的定义，也不表明奥古斯丁的立场变化，其胜利与否都没有认可摩尼教教义，反而凸显了大公信仰与摩尼教之间的绝然差异。基于这种内在统一性和对堕落下降一线的论证，《论自由决断》和《与福图纳图斯的辩论》都表明，其中只存在着一个奥古斯丁，虽然没有达到《致辛普里西安》的理论高度，但并不与之直接冲突。而从初解《罗马书》到《致辛普里西安》，从意志在先到恩典在先，奥古斯丁的确转变了在信仰开端上的关键立场，表现出自己思想的急剧变革，可以被看作"两个奥古斯丁"，正如他自己的反思所证明的。

不过，我们以下会看到，这种急剧变革不是突如其来的，而是深刻寓于在评估堕落后的意志的能力时的摇摆性，即已经陷入无知和困难之中的意志如何能够不需要上帝的恩典，却独立而主动地回应他的呼召，这恰恰又表现为《论自由决断》和《与福图纳图斯的辩论》与初解《罗马书》之间的冲突，而《致辛普里西安》最终以恩典先于意志开启信仰化解了这一冲突，整合了早期作品中所发掘出的理论洞见，重新排列了以上各个要素在信仰动力学中的先后位置，从而形成基本完整的理论架构，只等待到驳斥佩拉纠派时期才有越发绵密的阐释和论证。

第三章
初罪、必然性与恩典

如果第二章正确梳理了奥古斯丁意志学说的发展脉络,那么我们以下就来考察他在初解《罗马书》之前所达到的理论认识。其中,《忏悔录》记叙了奥古斯丁早年对恶的理解过程,从摩尼教的作为物质大块到新柏拉图主义的作为善的缺乏,恶就被从宇宙论领域赶到了道德心理学领域;早期的灵魂研究展示了灵魂的内在结构和所处的善的等级;《论自由决断》论证了作为灵魂的主要官能的意志的存在,这一被造的中等的善最初拥有朝向更高或更低的善的绝对自由,而它自主地转向更低的善就造成了亚当的初罪,意志在随后陷入作恶的必然性,失去了转回更高的善的可能;《论两个灵魂》明确定义了意志和初罪,罪被还原为意志的运动,肯定了意志不能受到任何外在的或内在的强迫;《与福图纳图斯的辩论》则论述了,陷入作恶的必然性的意志只能盼望上帝的恩典,反驳了摩尼教的恶论和灵魂受上帝差派的学说。

为了证明大公信仰的立场,奥古斯丁从形而上学论证转到历史神学论证,划分了意志的两个阶段和两种罪,显明了上帝的恩典的必要性。然而,由于不具备充足的释经技艺,奥古斯丁对摩尼教恶论和灵魂论的反驳仍然不能够触其本根,这就要求他必须开始注释保罗书信,而以下的理论认识就是他注释《罗马书》的基础。

第一节　从初罪到必然性

以亚当的初罪为分界线，意志被划分为两个阶段，即之前被造的完美意志与之后陷入犯罪必然性的意志。在《论自由决断》第1—2卷中，奥古斯丁证明了，意志来自上帝，在最初被造时是善好的，其论证方式是形而上学的，更多地是借助证明上帝的属性来证明上帝的存在，进而证明上帝的善好创造。① 以3.18.50为界，《论自由决断》第3卷可以划分为前后两个部分。在前一部分，奥古斯丁延续之前的形而上学论证，力图论证出上帝的预知与意志的自主相互兼容，只涉及亚当最初被造时的完美意志②；在后一部分，奥古斯丁进入历史神学论证，以说明完美意志在亚当犯了初罪之后堕落为缺损的意志，造成了人类的无知与困难，意志陷入了犯罪的必然性，只能等待上帝的恩典。

在本节中，我们将先分析上帝的预知如何与意志的自由决断相容，之后再分析意志在初罪之后所陷入的必然性，区分必然与强迫，

---

① 罗兰·特斯克(Roland Teske)认为，这一证明更多地是依赖描述心灵朝向上帝的"神秘上升"(anagogical raising)，而不是依赖严格的逻辑论证。Roland Teske,"*De libero arbitrio*", in Allan Fitzgerald ed., *Augustine Through the Ages: An Encyclopedia*, Grand Rapids: William B. Eerdmans Publishing Company, 1999, p.494. 对于上帝的存在，奥古斯丁从未有过怀疑。这不仅在于他的基督教信仰，也在于罗马帝国晚期普遍的敬虔气氛，与共和国晚期的怀疑主义氛围截然不同。Gerald Bonner, *Freedom and Necessity: St. Augustine's Teaching on Divine Power and Human Freedom*, Washington, DC.: The Catholic University of America Press, 2007, p.51.

② 关于《论自由决断》中对上帝的论证，古尔文·马德克(Goulven Madec)总结说，奥古斯丁证明了"人类自己为道德的恶负责(第1卷)；上帝是至善，是所有善的事物的创造者(第2卷)；上帝因自己所做的事功应该得到赞美(第3卷)"。Carol Harrison, *Rethinking Augustine's Early Theology: An Argument for Continuity*, Oxford: Oxford University Press, 2006, p.204. 也就是说，在上帝论题上，《论自由决断》的三卷次第论证是统一的和连贯的。

最后分析亚当的后裔为何和如何因其初罪而被继续归罪。

一、意志的自由决断

在《论自由决断》第 3 卷开始，对话者艾弗迪很快就提出了更为棘手的问题：既然意志在最初被造时是善好的，那么亚当的初罪是如何发生的？既然上帝预知的事情必然发生，那么这一预知如何不会决定或强迫亚当犯下初罪，又恰恰使其后裔都陷入继续犯罪的必然性之中？

> 即便如此，以难言的方式困扰我的还有：怎么会上帝预知（praescius sit）一切将来之事，而我们却不出于必然性（necessitate）犯罪？因为谁要说，某事会不按照上帝先前所预知的那样发生，他就在力图以最疯狂的不敬虔来摧毁上帝的预知（praescientiam Dei）。如果上帝预知了一个良善的人将犯罪——承认上帝预知一切将来之事的人必然在这一点上同意我——如果是这样，我就不会说上帝没有造他——因为上帝造他为良善的，他所犯的任何罪都不能伤害这造他为良善的上帝，上帝在造他时彰显了自己的善好，在惩罚他时彰显了自己的公义，而在释放他时彰显了自己的仁慈——由此，我不会说，上帝没有造他，而会说，因为上帝预知了他将来犯罪，那么上帝所预知的将来之事会必然发生。然而，当必然性明显不可避免时，哪里会有自由意志（voluntas libera）呢？(《论自由决断》3.2.4)

虽然上帝是永恒的，不在时间之中，但他的预知仍然可以说在人类行事之前，即预知了人类将来所行的一切事情。依据大公信仰，上帝所预知的事情会必然发生，那么现在要追问的是：这种发生的必然性是否取消了意志的自由决断，即意志是否由此失去了自身的自主性，而沦为这一必然性的奴隶？显然，形而上学的追问现在必须下降到作为个体的人身上，需要考察他在最初犯罪的时候是否仍然掌控着意志的自主性。

在这段诘问中，艾弗迪主动把对意志的原初善性的讨论固定到"一个善好的人"，而这个人就是亚当，因为他第一个被造，具有原初被造时的完美意志。这里没有疑问的是，上帝创造了亚当，且把他造为善好的，亚当犯下了人类的第一桩罪，而上帝在永恒中已经预知他会犯下这一桩罪。现在的问题是：如果上帝预知的犯罪必然会发生，那么具有完美意志的亚当是否已经被决定了将要犯罪？而如果完美的意志已经被决定了，那么第1—2卷关于意志的自主性和善好性的形而上学论证是否失去了解释效力？

从《论自由决断》3.2.4 到 3.18.50，奥古斯丁都在试图论证，上帝的预知与人类意志的自主可以兼容。首先，奥古斯丁区分了亚当在初罪之前的意志与之后的意志，只有亚当拥有前者，但也在犯下初罪之后失去了，而作为亚当后裔的人类整体则只拥有初罪之后的意志，不能够恢复到之前的意志：

> 当谈及借着自由意志（libera voluntate）正确地（recte）行事时，我们当然是在谈及人类被造时（in qua homo factus est）的意志。（《论自由决断》3.18.52）

然而，要论证人类被造时的自由意志可以正确地行事，就必须论证出，上帝对初罪的预知并不决定着亚当的初罪，即初罪不是出于某种强迫,而是出于意志的绝对自由。

对于艾弗迪的诘问,奥古斯丁将之归纳为两个命题:

(1)上帝预知一切将来之事。

(2)我们犯罪不是出于必然性(necessitate),而是出于意志(voluntate)。(《论自由决断》3.3.6)

显然,对意志的自主性的讨论是在上帝论下进行的。上帝有着预知的能力,所预知的将来之事必然发生,那么这里所说的必然性就不是指发生的必然性,而是指强迫的必然性,即亚当不是出于被强迫而犯下初罪。对此,奥古斯丁的第一个论证是,上帝的预知与上帝的意志不会相互冲突,即上帝预知自己会做某事,他也会出于其意志来做,上帝的意志与能力合一,而不是出于必然性。但艾弗迪很快提出,上帝处于永恒之中,"他一劳永逸地命令了,他所坚立的宇宙秩序要如何运行,并不以新的意志(nova voluntate)来管理任何事物"(《论自由意志》3.3.6)。上帝在永恒中没有"新"的意志,使得他的预知与意志总是相互兼容的,而人类却在时间中不断生发新的意志。这一绝对差异就使得,人类不能证明上帝的预知肯定不会决定自己的意志。

第二个论证是,上帝预知某人在一年之后幸福,他就在一年之后获得了幸福,而获得幸福总是出于自己的意志,否则一个不意志幸福的人获得了幸福就违背了自己的意志,反而应该是不幸的。这一自相矛盾就表明:"当你开始幸福时,上帝对你将来的幸福(就是今天)的预知并不夺走你对幸福的意志。"(《论自由意志》3.3.7)然而,基于先前的论证,在善的等级中,上帝是最高的善,是人类获得幸福的来源，恶并不存在，人类的意志就总是对某种善的意志，总是在正确或错误地意志幸福，而错误的意志就是罪。那么这里的问题是：首先，意志总是对某种幸福的意志，并不存在不意志幸福的人，这一反证法的前提并不存在；其次，只有意志上帝才能够获得真正的幸福，这一意志总是与上帝对人类获得幸福的预知相合，因为他不会预知一个不意志自己的人会幸福，那么在预知幸福上，上帝的预知与人类的意志总是内在统一的，仍然不能证明上帝的预知肯定不会决定人类的意志。

在第三个论证中，奥古斯丁对比了人类的预知与上帝的预知。如果一个人预知到另一个人会犯罪，且这必然会发生，那么犯罪的人也不会是被强迫的，而是出于自己的意志，发生的必然性并不表明其强迫性。然而，对必然与强迫的区分在这里没有多大功效，因为创造主与被造物的绝对差异不可能使他们拥有相同的预知。人类只能预测，而不能预知，不能保证事情的必然发生；而如果人类可以预知，这一预知也只能来自上帝的启示，不是出于自己的能力。由此，这一论证仍然不能证明，上帝的预知不会内在地决定人类的意志，却使其具有免于强迫的自主性和独立性。[①]

可以看到，以上三重论证都没有达成目标，反而像在第1—2卷中，奥古斯丁再次开始在形而上学论证中引入信仰的信条。信仰不是理解的结果，反而是理解的前提，前者总是主导着后者。在《论自由决断》3.4.11中，他提出了所应该相信的两点，即上帝预知的将来之事必然发生，同时上帝会公义地惩罚罪，再加上先前所认定的公义原则：

[①] 相关分析参见吴天岳：《意愿与自由：奥古斯丁意愿概念的道德心理学解读》，北京：北京大学出版社，2010年，第312—321页。

如果它(自由意志)被如此赐予，以致有这样的运动作为某种自然(naturalem)，且出于必然性(necessitate)而转向这些(低级的善)，那么在自然(natura)和必然性(necessitas)主导的地方，就不能够归咎任何罪责。(《论自由决断》3.1.1)①

从这三个前提出发，就初人亚当而言，可以推论出：上帝是公义的，亚当犯了初罪，上帝对初罪的惩罚也是公义的，初罪只能被归咎在亚当身上，而他只能是出于自己的意志去犯罪，由此罪的起源在于意志，而不会在于任何自然或必然性，否则上帝的惩罚就是不公义的了。要特别注意的是，奥古斯丁在讨论亚当被造时的自由意志如何犯下初罪，其中就严格区分了发生的必然性和强迫的必然性。上帝预知的事情必然发生，只是出于发生的必然性，但不是出于强迫的必然性，上帝并不强迫亚当犯罪，否则这就等同于被造时的"某种自然"，而亚当的初罪仍是他出于其自由意志而"自由地"犯下的。在亚当之中，发生的必然性显然可以与自由意志相互兼容。②

此外，在之前论证自由意志的善性时，奥古斯丁还提出过反证推理。"对你来说，自由意志不是某种善(nullum bonum)，没有它就无人会正确地生活?"(《论自由决断》2.18.49)在论证出意志的存在之后，奥古斯丁就把古典四大德性，即审慎(prudentia)、勇敢(fortitudo)、节制(temperantia)和正义(iustitia)，都化约为善好意志在正确方向上的追求(《论自由决断》1.13.27)。而艾弗迪的困惑是：既然德性永远不能被错误使用，即不可能出于德性而作恶或犯罪，那么上帝为

---

① 对于公义原则的反向表述，亦参见《论自由决断》1.1.1、3.15.42 和 3.16.46。
② William Babcock, "Augustine on Sin and Moral Agency", *The Journal of Religious Ethics*, Vol. 16, No. 1, 1988, p. 35.

什么不以赋予德性的方式赋予人类以自由意志，反而使其有可能被错误使用呢(《论自由决断》2.18.47)？

对于这一质疑，奥古斯丁诉诸善的等级说，意志高于头发、身体等，但低于灵魂或理性，处在被造物的中间等级，因为低级被造物都是善的，那么意志也就是善的。然而，与其他被造物和四种德性不同的是，上帝赋予自由意志不是要使人类陷入必然性，反而是使其脱离任何必然性，即不是出于必然性而行善。因为使人类出于必然性而行善，不仅不符合恶与罪当下存在的现实，也恰恰剥夺了人类得以"正确生活"的能力，使其既不应该受到惩罚，也不应该得到奖赏，而堕落和救赎就不再可能了。由此反推回去，上帝预知亚当的初罪就肯定不会强迫他去犯罪，却恰恰旨在使他有着不被任何强迫的能力，自由意志总在人类的能力范围之内(《论自由决断》3.3.8)；预知不仅不取消自由意志，反而是自由意志得以展开自身的根本保证。

无独有偶，在《论自由决断》3.5.12-17.49 中，奥古斯丁再次诉诸善的等级说，就开始试图以堕落的现实性和救赎的必要性来补充之前并不牢靠的三重论证，为意志的自由找到现世的存在基础。在原初被造的世界之中，现有的善的等级是最好的，灵魂总是高于各种形体，万物各得其所，构成了美善的宇宙整体。在模仿保罗在《罗马书》第9章中所遭遇的诘问之后，奥古斯丁开始转而论述灵魂犯罪之后的当前世界。在从灵魂、意志、初罪到不幸的犯罪发生学中，初罪和不幸得以进入宇宙，打破了宇宙原初的美善秩序，但因为上帝的公义惩罚，罪人都归在魔鬼的辖管之下，整个宇宙随即形成了新的美善秩序，其间没有任何时间间隔(*puncto temporis*)。① 但

---

① 亦参见《论真宗教》40.76-41.77。

为了彰显自己的仁慈，上帝仍然差派基督依据公义原则来战胜魔鬼，以自己的无辜受难来救赎愿意皈依向善的人，从而分开了义人和罪人，并在将来的审判中把这一新秩序永远固定下来。受限于当下的论证目标，奥古斯丁在这里没有论及意志与恩典之间的互动关系，即在人类的信仰动力学中，究竟是意志的转向在先，还是恩典的赐予在先。

基于以上历史进程的当下性，奥古斯丁就实际地回应了之前出于信仰的信条而做的反向推理论证，得出了初人所犯的初罪只能出于其原本完美的自由意志，而不是出于任何被造的自然或上帝的预知。这不仅维护了上帝的全善、全能和全知，还有效驳斥了摩尼教的善恶二元论和道德决定论。罪不是不可避免的，而是意志主动做出的。[1] 就《论自由决断》而言，奥古斯丁对预知与意志自由的兼容性的哲学论证可能还不完备，至少还要等到其发展出成熟的原罪学说，但不完备不代表着不可靠。[2] 基于对两种必然性的区分，奥古斯丁至少表明了，人类的自由意志可以与上帝的预知相互兼容，而在后来与佩拉纠派的论战中，他把兼容性证明进一步扩展到了恩典和预定，即对于亚当的后裔来说，恩典和预定并不强迫意志的自由决断，反而准备和真正实现了其原本的自由。[3]

---

[1] Gerald Bonner, *Freedom and Necessity: St. Augustine's Teaching on Divine Power and Human Freedom*, Washington, DC.: The Catholic University of America Press, 2007, p. 39.

[2] 参见《上帝之城》5.10.2。"因此，我们无论如何不能认为，或者为了维护上帝的预知而取消意志的决断，或者为了维护意志的决断而否认（这是不敬虔的）上帝对未来之事的预知；但我们拥抱这二者，忠信而真实地认可它们；上帝的预知，使我们好好相信；意志的决断，使我们好好生活。"

[3] 参见《论自然与恩典》46.54-47.55、《驳朱利安未完成》5.53；亦参见 Marianne Djuth, "The Hermeneutics of *De Libero Arbitrio* III: Are There Two Augustines", *Studia Patristica*, Vol. 27, 1993, p. 284 note 17。

二、意志、罪与两种强迫

在早期作品中,与《论自由决断》的形而上学论证最为相近的是《论两个灵魂》。这部作品写于奥古斯丁出任司铎之后,且在392年的《与福图纳图斯的辩论》之前。其中,奥古斯丁主要反驳摩尼教的两个灵魂学说,以善的等级和认识的等级论证灵魂的单一性和善好性,明确定义了意志和罪,即罪只来自作为灵魂的主动官能的意志。在论证意志与罪的关系时,以故意醉酒的人为例,"罪只存在于意志之中"(《论两个灵魂》10.12)①,只要意志罪就已经犯了罪,而无论犯罪的行为是否外显出来,或是否被别人所觉察。这凸显了罪的心理学维度。

对于灵魂与意志的本源关系,奥古斯丁首先定义说:"意志是灵魂的一种运动(animi motus),没有什么会强迫(cogente nullo)它失去某种东西或获得某种东西。"(《论两个灵魂》10.14)基于这一定义,意志是灵魂的本然能力,也总是行为主体的意志,不意志某种行为也是在意志不去做它,不会存在着绝对没有意志参与的行为。在这里,奥古斯丁还区分了行为上的强迫和意志上的强迫。行为上的强迫总是可能存在的,例如被迫签下誓约;但意志上的强迫必然是不存在的,因为即使被强迫签字,意志仍然在意志不去签字,在反抗这种强迫。就其自身的能力而言,意志一直有着免于任何强迫的自主性和独立性:

> 依然如此,意志的人就脱离了强迫,即使有人认为他被强迫。同样地,每个意志做的人都不被强迫,而每个不被强迫的人或意志做,或意志不做。(《论两个灵魂》10.14)

---

① 亦参见《论两个灵魂》10.14。

在行为上被强迫,不代表在意志上被强迫,因为意志总是有意不的能力,其自身不可能被强迫。对意志来说,也就不存在着强迫的必然性。以签订誓约为例,如果在意志上并不意愿,而只是在行为上被强迫,那么人类就不需要为这一行为负责;但如果在意志上意愿,而在行为上假装被强迫,那么他仍然要为这一行为负责(《论两个灵魂》10.12)。由此,在初人的初罪上,亚当需要为出于自身意志而做的行为负责,没有意志就没有罪,而罪就是"获得或追求正义所禁止(iustitia vetat)且可以自由地禁绝(liberum est abstinere)的东西的意志"(《论两个灵魂》11.15)。在对罪的定义中,罪被还原为意志,而犯罪就在于意志出于自己的自由而指向了正义所禁止的事情。借助上一章的分析,我们知道,"自由地禁绝"的能力只属于被造时的自由意志,这里也就只是在定义亚当的初罪;但在初罪之后,亚当及其后裔必须承受对初罪的惩罚,就会必然继续犯罪,即第二种罪或初罪的继续归罪。

与签订誓约不同的是,罪在根本上违背了上帝的正义,而对于某一行为是否经过了意志的批准,是被强迫还是假装被强迫,最终的监察者不是作为行为主体的人类,而是上帝,因为只有上帝才能监察人类的内在意志。从行为与意志的区分可以看出,上帝所预知的只是亚当犯下初罪这一行为的必然发生,并不是强迫他在意志上的决定,即决定了他当时的意志的自由决断,否则罪就不是违背上帝的正义,反而是成全了这一正义。行为与意志的区分还会深化到以下对亚当在初罪之后所陷入的必然性的讨论。

三、初罪与必然性

在《论自由决断》3.17.47-49 中,奥古斯丁坚决否认意志还有别的原因:一方面,这是要避免陷入无穷倒退的追问中;另一方面,在把意志看作灵魂的独立官能之后,某一意志的原因就只能是另一意志,而不能受到意志之外的任何强迫。但现在的问题是:在初人的初罪之后,他的意志究竟受到了怎样的影响,其所陷入的必然性是否使其不能再进行自由决断?而作为亚当的后裔,人类为何也承受着这一必然性,是否使得人类犯罪不是出于自己的意志,也就不应该受到上帝的公义惩罚?

与先前的形而上学论证不同,随着亚当的堕落,奥古斯丁就要把意志问题放回到整个历史神学之中。虽然时间在创世之初就已经开始,但人类的历史要等到亚当的堕落才真正开始,也才得以当下地展开到当前的时代,使人类不仅是亚当在肉身上的后裔,也在整个历史神学中与他连为一体,承受着其堕落所带来的一切后果。由此,历史神学论证的任务不是论证意志的原初善性和独立性,而主要是探讨原本的自由意志在堕落之后所遭受的惩罚,分析意志当下的自由决断所陷入的困境,以及这一困境如何现实地临到了亚当的后裔。

从《论自由决断》3.18.51 到 3.20.55,奥古斯丁集中讨论了以上难题。在初罪之前,亚当的意志是完美的,具有愿善而行善的能力;但因为意志的骄傲,在初罪之后,就受到上帝的惩罚,以致意志与能力的合一被彻底割断,失去实际向善的可能,沦为了愿善而行恶或愿恶而行恶。[①]"当一个人意愿(*vult*)正确地去做却不能够(*non potest*)时,其出于必然性(*necessitate*)而做的也要被谴责。"(《论自由决断》

[①] 关于"骄傲"观念在早期思想中的发展,参见 Carol Harrison, *Rethinking Augustine's Early Theology: An Argument for Continuity*, Oxford: Oxford University Press, 2006, pp. 173-177。但我们要看到,虽然奥古斯丁认可《便西拉智训》10:15,"一切罪的起头是骄傲"(*initium omnis peccati superbia*),但骄傲、意志的转向与初罪其实是内在贯通的,罪的起源的内在化使得我们无法严格区分开这三者。Robert Brown, "The First Evil Will Must Be Incomprehensible: A Critique of Augustine", *Journal of the American Academy of Religion*, Vol. 46, No. 3, 1978, pp. 315-324.

3.18.51)要看到,这里的必然性只是发生的必然性,不等于《论两个灵魂》中所谈及的强迫。在初罪之后,亚当陷入了意志和行为上的必然性,但这并不表明他的行为就是被强迫的,反而仍然是出于自己的自由决断而做出的。也就是说,虽然亚当只剩下作恶的方向或选项,但这一决断总是他自主地做出的,方向的单一性和作恶的必然性并不表明他的意志受到了强迫,而只是表明意志陷入了源于上帝的公义惩罚的必然性。

关于初罪对亚当及其后裔的影响,奥古斯丁区分了人类的自然的两个阶段:

> 由此,在说到自然本身(*ipsam naturam*)时,我们一方面是严格地说人类的自然(*naturam hominis*),即人类最初被造时在其自类上不被归罪的自然;另一方面是说,因着那被定罪的惩罚,我们生而必死(*mortales*)、无知(*ignari*)且顺服于肉体(*carni subditi*)的自然。(《论自由决断》3.19.54)

这两个阶段的划分以初罪作为分界线。在初罪之前,亚当在被造时的自然是善好的和完美的,也没有犯罪,当然"在其自类上不被归罪";但在初罪之后,因着上帝对这一堕落的定罪和惩罚,其后裔的自然就受到了缺损,从此陷入死亡、无知与肉体的辖制之中。对于死亡,奥古斯丁之前就认为,上帝是"至高的存在"(*summa essentia*),死亡是存在的减损,表现为身体变得虚弱,最终与灵魂分离,即第一次的死亡。由此,死亡"并不来自上帝"(*ex Deo non est*),只会来自亚当的初罪,是初罪所带来的公义惩罚(*iusta vindicta*)(《论真宗教》11.22、15.29)。从根本上说,人类的自然是指亚当在被造时的自然,而现在所有的"自然"只是上帝对初罪的惩罚。亚当的初罪以一个人的偶然犯罪导致了人类整体的必然犯罪，成为整个历史神学的第一个分界点，造成了亚当与其后裔在诸多人类学主题上的前后转折。

需要进一步追问的是：初罪的归罪过程是如何发生的？是否使意志失去了自由决断？这一归罪过程为何会影响到亚当的所有后裔？其途径是如何进行的？对于归罪过程的发生机制，奥古斯丁在《论自由决断》3.18.52 中详细论述说：

> 不应该感到惊奇，或者因着无知（*ignorando*），他没有了意志的自由决断（*arbitrium liberum voluntatis*），去选择自己会正确地去做的事；或者因着肉体的习惯的抵挡，这是由致死继承的强力（*violentia mortalis successionis*）近乎自然地滋生的，他会看到且意愿去做所应该正确地去做的事，但却不能做成。对罪的这一惩罚是至为公义的，使得有人失去了他不意愿恰当使用的东西，而如果他意愿，他就能没有任何困难地（*sine ulla difficultate*）恰当使用；即是说，知道却不正确地去做的人，就失去了对正确之事的知识（*scire*），而能够去做却不意愿正确地去做的人，就失去了在意愿去做时的能力（*posse*）。由此，对犯罪的每个灵魂都施行了两种惩罚，即无知（*ignorantia*）和困难（*difficultas*）。因着无知，谬误羞辱他；因着困难，痛苦折磨他。然而，把虚假视为真理就使得他不意愿地陷入了谬误，因着肉体束缚的抵挡和折磨的苦痛，他就不能摆脱贪欲的辖制，但这不是人类被造时的自然（*natura*），而是被定罪时的惩罚。

为了清晰说明初罪前后的差异，这里需要再解释一下上文所引用的 3.1.1 的公义原则。可以看到，在公义原则中，奥古斯丁使用了反证法，以说明初罪并不出于亚当被造时的自然或必然性，因为如果上帝赐予亚当的自由意志包含着某种自然，使他出于必然性而去犯罪，那么这个罪就不能被归咎于亚当，而只能被归咎于上帝。不过，基于对自然的两个阶段的区分，亚当被造时的自然是第一阶段的自然，是善好的，并不会从中产生某种必然性使他被强迫去犯罪，而他犯罪恰恰是因为错误使用了自由意志，从而败坏了自身原初被造的自然，才使得意志陷入犯罪的必然性之中。显然，引文中的必然性是指在初罪之前的强迫的必然性，奥古斯丁否认存在这种必然性，而自由意志在初罪之后继续犯罪的必然性只是发生的必然性，出于上帝对初罪的公义惩罚，并不受到任何强迫。

　　大致可以说，上帝对初罪的惩罚表现在理智（intellectus）和意志两个方面。正如《创世记》第 2—3 章的堕落故事所表明的，在理智上，亚当被造时知道什么是善，具有"对正确之事的知识"，但他却没有依循这一知识去行正确之事，反而明知故犯地违背上帝的诫命，去追求低于上帝的流变事物；在意志上，亚当能够主动意愿善，且具有实际行出来善的能力，意志与能力有着共同指向善的合一，但他却主动意愿了恶，并以原有被造的完美能力只作出了恶。对此，上帝的惩罚就是使理智陷入无知，使意志陷入困难或无力，亚当从此不仅不再知道善和正确之事，也不再能够主动地意愿善和实际地行出善。洛斯尔就看到，因为这一惩罚表现在理智与意志上，理智就成为救赎过程中不可或缺的环节，在上帝的恩典增加意志的力量的同时，也必然会除去理智上的无知。[1]

---

[1] Josef Lössl, "Intellect with A (Divine) Purpose: Augustine on the Will", in Thomas Pink, M. Stone eds., *The Will and Human Action: From Antiquity to the Present Day*, London: Routledge, 2004, pp. 56-57.

不过，虽然意志的重新转向伴随着理智在知识上的增长，但在其自由决断中，奥古斯丁并没有特别划分出一个理智的领域，意志的意愿行为不必然依赖于理智，甚至可以违抗理智的指导作用。对于亚当被造时的理智和意志，奥古斯丁肯定，二者都是善好的和完美的，可以理解并遵行上帝的命令。与此相反，摩尼教认为，虽然其灵魂由光明元素组成，但亚当在被造时是无知无觉的，并没有知识，基督才化身为蛇的形象出现，告诉他自己被造的境况和救赎的知识(gnosis)，并教导他吃了善恶树的果子，他就有了知识。① 有鉴于此，对于奥古斯丁来说，初罪的动力因不是理智在知识上的缺乏，而是意志自身的自主且自由的背谬转向，亚当甚至多少知道自己意志转向之后的可能结果，"你吃的日子必定死"(《创世记》2：17)，羞感的产生也不是知识的增加，反而是失落了对至善的原初知识。随着恩典观在4世纪90年代中期的不断发展，在救赎中，意志开启自身的重新转向并不以重新获得对善或至善的知识为前提或必要条件，而是以上帝恩典的绝对先在和白白赐予为前提；恩典更多地作用在爱和信仰上，而不是在理智上，前两者更多地从属于意志的领域。②

四、初罪的继续归罪

基于初罪的发生机制，对初罪的归罪就首先会临到亚当，之后才会临到"每个灵魂"，使之也陷入无知和困难。具体表现为，原初的自由意志现在只剩下意志的自由决断，而这一决断的自由还陷入了发

---

① Gerald Bonner, *St. Augustine of Hippo: Life and Controversies*, Norwich: The Canterbury Press, 1986, pp.162-168.

② Philip Cary, *Inner Grace: Augustine in the Traditions of Plato and Paul*, New York: Oxford University Press, 2008, p.34.

生的必然性，不再会去做正确之事，反而被谬误引诱而不断去作恶和犯罪。在无知和困难之中，犯罪的决断仍然是亚当的自主选择，是出于意志的自由决断而做出的，但不断重复的犯罪就形成了"肉体的习惯"，所具有的强制力量会使得人类依从其败坏的意志而继续犯罪。

对于"习惯"概念，韦策尔就评论说：

> 奥古斯丁几乎总是把习惯作为获得至福的障碍，欲求与行为之间的类似模式通常只是塑造了错误的品格，他没有相应地讨论，对于在恩典之下的人，习惯可能对他持守德性发挥着怎样的积极作用。①

的确，在亚里士多德看来，习惯有下降和上升两条线，人类可以不断作恶而养成坏的习惯，也可以主动开启和重复向善的行为，养成持守德性的习惯，这种转换是可以借助教育和练习完成的。② 对于奥古斯丁来说，在亚当的初罪之后，习惯就只有下降一条线，教育和练习都借由意志才能改过迁善，但意志自身却陷入了无知和困难，在借由上帝白白赐予的恩典而进入信仰之后，肉体的贪欲也在今生中一直搅扰人类，使之仍然不能形成行善的习惯，反而只会随时作恶和犯罪。③ 在习惯论题上，我们可以看到古典伦理学与奥古斯丁伦理学的

---

① James Wetzel, "The Rediscovery of Free Agency in the Theology of St. Augustine", *The Harvard Theological Review*, Vol. 80, 1987, pp. 119-120.
② 亚里士多德：《尼各马可伦理学》，廖申白译注，北京：商务印书馆，2003年，第313页。
③ 对于习惯的产生，奥古斯丁分成四个步骤：内心的愉悦（*delectationis in corde*）、同意（*consensio*）、行为（*factum*）和习惯（*consuetudo*）。参见《布道》98.6、《忏悔录》8.5.10。

基本分野。① 而从"被造时的自然"到出于自由意志而犯的初罪,再从对初罪的惩罚到出于无知和困难而继续犯罪②,意志的两个阶段和两种罪就构成了一个封闭的循环系统,是亚当自己所无法打破的。

对于这样的"意志"概念,卡里就评论说:

> 奥古斯丁的意志可以被束缚或释放、生病或痊愈、被削弱或增强。它可以被罪的各种病理学所传染,但这些病理学不会还原为某种无知(就如在斯多亚学派中)或身体不受控制的欲求(就如在摩尼教中)。意志有自己的疾病,即指向错误方向的爱的病理学,而这些病理学就积为习惯,生成一种独特的、不可想象的内在束缚(inner bondage)。奥古斯丁所讨论的意志是亚里士多德、西塞罗或塞涅卡所从未认识到的,佩拉纠也似乎从未理解。③

初罪是亚当犯下的,将初罪和因惩罚而继续犯的罪归给他就是正当的,但这一切为何可以继续归给亚当的所有后裔,以致人类生来就处在无知和困难之中呢?而因着无知和困难,在出生之后,人类既不

---

① "作为第二自然的习惯"(consuetudo secunda natura)的说法可以追溯到西塞罗和亚里士多德,但其间的含义演变却差之毫厘,去之千里。John Prendiville, "The Development of the Idea of Habit in the Thought of Saint Augustine", *Traditio*, Vol. 28, 1972, pp. 74–81. 基于意志的绝对无力和恩典的不断内在化,奥古斯丁逐渐贬低了对古典德性的评价,将之归为对"荣誉"和"霸权"的欲求,最终否认了人类可以独立地意志善并形成新的向善的习惯。参见《上帝之城》5.12.1–26.2;亦参见 Allan Fitzgerald, "Habit (consuetudo)", in Allan Fitzgerald ed., *Augustine Through the Ages: An Encyclopedia*, Grand Rapids: William B. Eerdmans Publishing Company, 1999, pp. 409–410。

② 参见《论自由决断》3.19.54。在《论罪的惩罚和赦免与婴儿的洗礼》10.12–15.20中,奥古斯丁就把第一种罪称为"原罪"(originale peccatum),把第二种罪称为"个体的罪"(proprium peccatum)或"意愿的罪"(voluntarium peccatum),而上帝的恩典可以赦免这两种罪。

③ Philip Cary, *Inner Grace: Augustine in the Traditions of Plato and Paul*, New York: Oxford University Press, 2008, p. 42.

知道选择正确的事,也更不能够做成,那么人类为什么也要受到上帝的公义惩罚呢? 为什么不可以说上帝在前者不是全善的,在后者不是公义的? 由此,初罪是否会影响人类整体,是否会传续(transmission),而又如何传续? 这不仅是奥古斯丁与佩拉纠派论战的核心主题,也是他在4世纪90年代亟需处理的棘手问题。

在《论自由决断》3.19.53中,奥古斯丁再次模仿保罗在《罗马书》第9章中所遭遇的诘问,从而引入对这些问题的探讨。对于初罪的归罪是否和如何影响了人类整体,奥古斯丁给出了一个后验证明,即初罪在当下的呈现方式是人类不能以追求和忏悔来回应基督:

> 归给你的过错不是你不意愿地(*inuitus*)无知的东西,而是你不去寻求你无知的东西;不是你不去包扎你受伤的肢体,而是你唾弃那意愿(*volentem*)治愈你的人,这些才是你的罪(*tua propria peccata*)。因为没有人被剥夺以致不知道,如何去积极寻求他不应无知的东西,如何去谦卑地忏悔自己的软弱(*inbecillitatem*),以使他(基督)来帮助正在寻求并忏悔的人,而他的帮助是无误且轻省的。

在3.19.53稍前对基督的论述中,奥古斯丁把基督作为三位一体中的上帝,是在创世之先就已经存在的,万物借着他才得以被造,又以多种方式呼召那些因初罪而背离上帝的人类。对亚当的初罪的惩罚是无知和困难,这些都不是人类所意愿的,也不是人类自主去接受的,但作为惩罚的无知不是绝对的无知,无力也不是绝对的无力。对于人类来说,虽然不知道选择正确的事,也不能够做成,但先去寻求"不应无知的东西"和去忏悔"自己的软弱"仍然是随时可能的,一直在人类的意志和能力的范围之内。由此，归给人类的罪不是亚当的初罪，他们并没有参与到初罪，也并不为之承负道德责任，但人类的确从他那里继承来了无知和困难；归给他们的罪是不以自己缺损的现有意志和能力去寻求和忏悔，以回应基督的呼召，反而主动地依从无知和困难而习惯于犯罪。

奥古斯丁区分了初罪和重复的罪，这就使得，上帝仍然是全善的，他不是人类继续犯罪的原因，反而可以公义地惩罚现在所犯下的罪。朱利安没有认清这两种罪的区分，就引用《论两个灵魂》中对初罪的定义来否定重复的罪，认为奥古斯丁对之的强调带有着摩尼教色彩，而奥古斯丁的反驳则重申了对两种罪和罪责的区分。①

基于以上的论证逻辑，还必须说明的是，从亚当的初罪到人类继续犯罪的归罪原因和归罪路径。奥古斯丁对此继续论述说：

> 然而，我们都生于那带着无知、困难和必死性的初对夫妻，因为在犯罪时，他们就被抛入谬误、困苦和死亡之中。这至为公义地满足了掌管万物的上帝，使他惩罚的公义最初彰显在人类的出生(ortu hominis)中，继而他释放的仁慈彰显在人类的传承(provectu)中。被定罪的初人并没有被完全夺去幸福，以致他繁衍后代的能力也被夺去，虽然他的后裔是属肉体的和必死的，但由之也能够各从其类地为大地增添荣美。要是他能生出比自己更善好的后裔(meliores)，这就的确是不公平的(non erat aequitatis)。然而，如果有人要转回上帝，以战胜自己的起源(origo eius)转离上帝而应得的惩罚，这一意愿不仅不会被禁止，还会

---

① 参见《驳朱利安未完成》5.59、6.17；John Burnaby, *Amor Dei: A Study of the Religion of St. Augustine*, London: Canterbury Press, 1938, p. 188。

得到帮助。由此,万物的创造者展示了,只要意愿,初人能够多么轻易地维持自己被造时的样子,因为他的后裔都能够克服自己出生时的样子。(《论自由决断》3.20.55)

奥古斯丁区分了被造和出生,这里的"起源"指初对夫妻亚当和夏娃,只有他们是被造的,而所有后裔都是从他们所出生的。正是基于这一身体上的传承关系,亚当的初罪不仅使得自己陷入"谬误、困苦和死亡"之中,也使得这些公义的惩罚临到他的所有后裔,因为比照上帝的创造等级秩序,已经败坏的亚当就不可能生出比自己更善好的子孙,孩子在受生的自然上肯定不能高过其父亲,但婚姻和生育并不由此是恶的,而仍然是善好的,依从其自类为创造界增添了被造的丰富性,实现了上帝的祝福,"要生养众多,遍满地面"(《创世记》1:28)。① 在这里,奥古斯丁把初罪的归罪看作创造等级的下降过程,表现为身体上的受生或延续。即使《致辛普里西安》1.1.10 提出了"原罪"(originale peccatum)概念,但奥古斯丁并没有将之与性和生育联系起来,这种关联要等到 411 年论证婴儿的洗礼时才会明确起来。

虽然奥古斯丁肯定了在亚当的初罪之后,人类仍然能够意愿善,并去寻求知识和忏悔软弱,但这一对善的意愿也可以完全来自上帝的帮助。初人可以"维持自己被造时的样子",其意志来自上帝的全善

---

① 与奥古斯丁相比,佩拉纠派并非像哈纳克所评论的"不信上帝",而只是不认同"初罪的继续归罪"。朱利安认为,亚当被造时就是必死的,初罪没有影响到亚当及其后裔的"自然"(natura)和"决断的自由"(libertas arbitrii),仍然有能力去禁绝犯罪,就如同之前有能力去犯罪一样。参见《驳朱利安未完成》1.79、1.96; Gerald Bonner, *Freedom and Necessity: St. Augustine's Teaching on Divine Power and Human Freedom*, Washington, DC.: The Catholic University of America Press, 2007, pp. 68–69. 正是基于堕落论上的关键差异,朱利安才会激烈批评奥古斯丁在婚姻、性和生育上的诸多看法,顽强抵制其原罪遗传说。

的创造,而亚当的后裔可以"克服自己出生时的样子",其意志来自上帝的全善的帮助,具体表现为耶稣基督:

> 但因为人类堕落了,就不能出于意愿地(sponte)起来,让我们以坚定的信心(firma fide)抓住上帝从上面伸给我们的右手,就是我们的主耶稣基督,以坚忍的盼望来等待他,以热烈的爱来欲求他。(《论自由决断》2.20.54)

与《论自由决断》3.19.53 和 3.20.55 的引文对观,奥古斯丁就会认为,人类在堕落之后"并不能出于意愿地"克服继续犯罪的习惯,而上帝就差派了基督来帮助,人类则以信、望和爱来等待和欲求他,抓住上帝首先伸出的"右手"。

在上述引文中,奥古斯丁再次论述了亚当的后裔的罪,即没有以未被禁止的意志重新转向上帝,也没有战胜从亚当的初罪开始的"起源"(origo),反而继续犯罪,并不回应基督的呼召。就堕落下降一线来说,亚当的后裔仍然是出于意志的自由决断,从承继的无知和困难过渡到自己所犯的罪;就救赎上升一线来说,奥古斯丁还没有明确论述上帝的帮助与意志的自主转向之间的先后关系,但这里似乎暗示了意志的转向在先,之后就会得到上帝的帮助,从而得以"克服自己出生时的样子",恰恰符合后来马赛派的解释思路。邦纳甚至认为,比起奥古斯丁,马赛派的卡森(John Cassian)其实更好地解释了《论自由决断》的立场。[1]

---

[1] Gerald Bonner, "The Desire for God and the Need for Grace in Augustine's Theology", in *Congresso Internazionale su S. Augustino nel XVI centenario della conversione Roma 15-20 settembre 1986*, I, *Studia Ephemeridis Augustinianum*, Rome: Institutum Patristicum Augustinianum, 1987, pp. 207, 215.

所引发争议的是，奥古斯丁在这里似乎肯定，堕落后的意志仍然可以"积极地寻求"和"谦卑地忏悔"，其转向上帝的意愿没有被完全禁止，即独立地保有着向善的意愿，就如同他在注释《罗马书》7：14-25时将之归在律法之下的阶段，以致尚未获得恩典的人却可以"意愿为善由得我"（《罗马书》7：18）。正如下文将论述的，对于后者，奥古斯丁后来承认自己释经犯了错误，并将《罗马书》第7章归于在恩典之下的阶段，以至于使徒保罗也经历着内省良心的冲突。

不过，这里要注意的是，承认人类在堕落后仍然可以生发出向善的意志，并不等于承认这一意志是人类"首先且独立地"生发的，否则作为惩罚的无知和困难就对意志没有多少实际功效了。也就是说，这里虽然提及上帝的恩典和呼召，但还没有给出"意愿为善"的动力传导机制，所暗示的意志在先并不像初解《罗马书》中如此明确，使得可以将意志堕落之后的寻求和忏悔看作上帝的外在恩典和合宜的呼召的结果，对应着《致辛普里西安》1.2的论证结论。确切地说，这一解决方案试图把《论自由决断》第3卷中模糊论及的人类的救赎上升一线看作《致辛普里西安》1.2的前奏，而不是与同时期初解《罗马书》所力图论证的意志先于恩典开启信仰形成应和，从而更为融贯地辩护奥古斯丁对自己早期思想演进路径的反思。既然奥古斯丁声称自己不认可马赛派的解释，那么他应该会认可我们上述对之的解释。

正如卡里所见，人类堕落后陷入无知和困难，是奥古斯丁后来驳斥佩拉纠派的核心武器[1]；而这反过来就说明，奥古斯丁此时会承

---

[1] Philip Cary, *Inner Grace: Augustine in the Traditions of Plato and Paul*, New York: Oxford University Press, 2008, p.41；亦参见《论罪的功德与赦免》1：68、2：26及《论自然与恩典》81。

认,初罪之后的意志不可能还会独立地意愿善,并独立地开启信仰。那么以上引文只会表明,在信仰的发生过程中,上帝的恩典仍然占据着主导地位;只有他赐予了恩典,人类的意志才能够实现自身,实际地开启信仰;人类的向善意志不是在律法之下,而是在恩典之下(《回顾篇》1.9[8].4)。

回到堕落下降一线,在赐予恩典之前,由于理智上的无知和意志上的困难,人类总是受到肉体贪欲的不断搅扰和习惯的强力束缚,就会拒斥上帝的呼召,继续陷在犯罪的必然性之中;虽然人类每一次都去犯罪,但犯罪仍然是人类借助意志的自由决断而自主地作出的,并不是被强迫的,即发生的必然性不等于强迫的必然性,人类仍然需要为之承负道德责任。对于这种有限意志和能力下的道德责任,巴布科克就评论说,"也许难以置信的是,在人类在初罪之后所遭受的巨大缺损中,奥古斯丁切分出了一块狭窄却关键的(narrow and yet crucial)道德主体性区域,用之来维护罪与惩罚的论证架构",但这一解决方式是"脆弱而不稳固的"。[①]诚如所言,这块道德主体性区域的确过于狭窄,甚至有些不合情理,但即使在提出"原罪"概念和论证原罪的遗传之后,奥古斯丁也未放弃或削弱自己的看法,反而将之固定化为原罪的作用方式。

五、灵魂的起源

在初代教会中,使徒们并未重点关注灵魂的起源问题。随着基督教教义的系统化和古希腊罗马哲学的影响,神学人类学明确把整全的

---

① William Babcock, "Sin, Penalty, and the Responsibility of the Soul: A Problem in Augustine's *De Libero Arbitrio III*", *Studia Patristica*, Vol. 27, 1993, p. 230;吴天岳:《意愿与自由:奥古斯丁意愿概念的道德心理学解读》,北京:北京大学出版社,2010年,第291页。

人划分为体、魂与灵或身体与灵魂等组成部分,教父们就必须在其中为初罪及其继续归罪找到具体载体,由此使得灵魂的起源问题变得愈发急迫。在身体与灵魂的关系中,灵魂高于身体,占据着主导地位,其中的意志部分是恶和罪的起源。人类是亚当在身体上的后裔,生育与受生是人类与初对夫妻的原始关联;但相较于灵魂,身体不是犯罪的原因,其受生显然不能承负起初罪的继续归罪,而继续归罪的实际载体就更应该体现为灵魂上的延续。

基于这一认识,要论证初罪的继续归罪,奥古斯丁就必须追问灵魂的起源:上帝从虚无中创造了万物,其中就包括亚当和夏娃的灵魂,但其后裔的灵魂从何而来,又为何承受着上帝对初罪的惩罚?在《论自由决断》3.20.56–21.59 中,奥古斯丁集中分析了当时流行的四种灵魂起源学说,但发现每种学说都有一定的解释空间,并不能断言人类的灵魂的具体起源方式。他对此总结说:

> 关于灵魂,存在着四种观点,它们或来自一个世系(*propagine*),或在每个个体出生时新造,或已经存在于某处,之后由上帝送入所出生的身体中,或之后因自愿(*sua sponte*)而下降到所出生的身体中,但不应该轻率地肯定某一观点。因其自身的模糊和艰深,这一问题还没有被大公教会的释经家们所揭示和阐明,或者已经有了这类著作,但还没有落到我们手上。让我们持守信仰,不要认为创造主的实体有什么谬误或失洽。(《论自由决断》3.21.59;亦参见《论自由决断》3.21.62)

灵魂最终肯定来自上帝的创造,但问题是,相较于亚当,其后裔是如何获得自己的灵魂的:或者如同身体的生育,人类的灵魂也是亚当的灵魂所生育的；或者在每个人出生时，上帝给他新造了一个灵魂；或者灵魂先行被造，之后被上帝送入新生育的身体中；或者自愿进入新生育的身体中。第一种起源说后来被称为"灵魂遗传说"（traducianist theory），第二种被称为"灵魂创造说"（creationist theory）。以德尔图良和西普里安为代表的北非教会支持遗传说，以朱利安为代表的佩拉纠派支持创造说，而以奥利金派为代表支持的先在说已经在论战中被大公教会所否定。① 在《论罪的惩罚与赦免和婴儿的洗礼》22.31-33 中，奥古斯丁也明确否认了灵魂先在说。对于这一难题，他直到后期也没有给出肯定回答，认为缺乏《圣经》经文上的确凿证据，但明确否认了灵魂先行犯罪才进入身体的堕落说（《书信》190.1.4）。在后期与佩拉纠派的论战中，依从《圣经》释经中的夏娃的灵魂的起源，且着眼于教会实践中的婴儿洗礼，奥古斯丁更倾向于认可灵魂遗传说。②

基于问题的"模糊和艰深"，奥古斯丁在《论自由决断》中并没有为初罪的继续归罪找到具体途径，其下对婴儿的灵魂的讨论也没有在这一主题上有更多推进，而第 3 卷最后仅仅重述了人类的犯罪在于意志的转向。由此，在初罪的继续归罪上，奥古斯丁在这里并没有完成对人类堕落下降一线的论证任务，只有等到他在《致辛普里西安》1.1 中提出"原罪"概念，并在与佩拉纠派论战中提出原罪遗传说，这一问题才能得到理论上的彻底阐明，在亚当的初罪到后裔的罪之间形

---

① Paula Fredriksen, "Beyond the Body/Soul Dichotomy: Augustine's Answer to Mani, Plotinus, and Julian", in William Babcock ed. , *Paul and the Legacy of Paul*, Dallas: Southern Methodist University Press, 1990, p. 245; Carol Harrison, *Rethinking Augustine's Early Theology: An Argument for Continuity*, Oxford: Oxford University Press, 2006, pp. 182-183.

② Paula Fredriksen, "Beyond the Body/Soul Dichotomy: Augustine's Answer to Mani, Plotinus, and Julian", in William Babcock ed. , *Paul and the Legacy of Paul*, Dallas: Southern Methodist University Press, 1990, p. 246.

成了严密的逻辑关联。要强调的是，即使灵魂起源于遗传，奥古斯丁也一直认定，后裔并没有在亚当里犯下作为原罪的初罪，无须为之承担道德责任；原罪只是后裔所承受的惩罚，他们只为自己由之所犯的罪负责，因为他们都生于亚当，其中没有作为个体的人类，而总是作为整体的人类。① 对于灵魂起源的论证，洛斯尔就认为，奥古斯丁这里还试图为之寻找形而上学基础，但在后期著作中就放弃了这一尝试，因为对于灵魂来说，救赎是最为重要的，其形而上学上的起源是次要的，并不参与到救赎的具体进程中。②

综上所述，为了反驳摩尼教的恶论和决定论，奥古斯丁论证说：人类的意志的自主转向是恶的起源，在最初被造时，亚当有着完美的自由意志，可以选择更高的善或低级的善；但因为他自主选择了低级的善，就违背了上帝的诫命，犯下人类的初罪，使自己陷入无知和困难之中，失去了选择更高的善的可能，而只会继续作恶和犯罪；亚当的后裔现实地承负着其初罪的后果，其意志陷入了发生的必然性，就只会像亚当那样继续作恶和犯罪，唯有盼望和等待上帝的恩典的帮助。显然，与摩尼教相比，奥古斯丁就从形而上学中把恶赶了出去，却将之赶入到人类的意志之中，善只来自上帝，而人类要为世界上所有的恶负责。③ 对于《论自由决断》在奥古斯丁早期思想发展中的地

---

① 对此，巴布科克却认为，奥古斯丁放弃了《论自由决断》中对道德主体性的论证，而不情愿地将之归咎为"众人都(在亚当里)犯了罪"(《罗马书》5：12)，转而以原罪及其遗传来论证灵魂在其当下的时间和历史中要为恶和罪负责。William Babcock, "Sin and Punishment: The Early Augustine on Evil", in Joseph Lienhard, Roland Teske eds., *Augustine: Presbyter factus sum*, New York: Peter Lang, 1993, p. 230.

② Josef Lössl, *Intellectus gratiae: die erkenntnistheoretishe und hermeneutishce Dimension der Gnadenlehre Augustinus von Hippo*, Leiden: Brill, 1997, pp. 421-424；亦参见《驳朱利安未完成》1.16。

③ Gerald Bostock, "Origen: The Alternative to Augustine", *The Expository Times*, Vol. 114, 2003, p. 328.

位，吉利安·埃文斯(Gillian Evans)正确地评价说：

> 作为一个转折点，他在其中最终且决定性地出离了摩尼教，进入既非摩尼教徒，又非哲学家所能持守的立场上：这一立场别具特色，不仅是他自己的，也同时是基督教的。①

第二节 《与福图纳图斯的辩论》再考察

正如奥古斯丁所说，《论自由决断》旨在论证恶起源于意志的自由决断，就没有具体论证上帝的恩典在人类救赎过程中的作用，而只是略略提及(《回顾篇》1.9[8].2)。与此不同，《与福图纳图斯的辩论》不仅要论证灵魂的堕落，也要论证灵魂的救赎，其中就明确论述了，只有上帝的恩典才能拯救人类脱离必然性和犯罪的习惯。

借助第一天的形而上学论证，奥古斯丁在第二天就进入历史神学论证，把焦点放到初人亚当身上，论证了从自由意志到初罪、从必然性到自由决断、从习惯到重复的罪的整个演进过程。《与福图纳图斯的辩论》22 就说道：

> 我说，意志的自由决断(liberum voluntatis arbitrium)存在于那个最先被造的人里面。他这样被造，以至于完全没有什么会抵挡他的意志，如果他意愿服侍上帝的诫命的话。然而，在他自己借着自由意志(libera voluntate)犯了罪之后，从他的血脉而出的我

---

① Gillian Evans, *Augustine on Evil*, Cambridge: Cambridge University Press, 1982, p. 114.

们就被抛到必然性之中(in necessitatem)。只要动脑子想想，我们每个人都能发现，我所说的是对的。但现在，在陷入某种习惯(consuetudine aliqua)之前，在我们的行为中，我们有自由决断(liberum arbitrium)，是做某事还是不做某事。而当我们以那自由(ista libertate)做了某事，其危险的甘甜和快乐就会俘获我们的灵魂，它就被这一习惯所束缚，之后不能战胜借着自己的犯罪而造就的习惯了。

可以看到，奥古斯丁在这里已经区分了自由意志和意志的自由决断。其中，自由意志可以选择善或者恶，自身并不受到任何外在的或内在的限制，意志的自由决断是其作用机制；但在初罪之后，亚当及其后裔就失去了自由意志，只保有遭受缺损的自由决断，不再能够选择善或者恶，而只会在各种恶中做出选择，之后因着重复选择恶，就陷入表现为必然性的习惯之中。也就是说，自由意志可以同时指向善或者恶，但自由决断可以只指向恶，方向的单一性并不妨碍这一决断是自由的，是道德主体所自主做出的。与《论自由决断》第3卷相比较，这里的论述实际上先行展示了后者的扩展论证，只是还没有提出意志堕落后的无知和困难这一说法。

不同于《论自由决断》第3卷的哲学论证，奥古斯丁随后引用《圣经》经文进行释经论证，只有借助上帝的恩典，人类才能打破"罪和死的律"，恢复原有的可以指向善的自由意志，开启称义和成圣的信仰旅程，并在死而复活中彻底摆脱肉体的贪欲的不断搅扰，进入"在平安之中"的阶段：

只要我们还承负着属土的人的形象，还依从肉体活着，即是

第三章　初罪、必然性与恩典

所谓的旧我(vetus homo)，我们就保有着我们的习惯的必然性(necessitatem consuetudinis)，不会做我们意愿做的。然而，当上帝的恩典(gratia Dei)把他的爱浇灌在我们里面，使我们顺服于他的意志，保罗就说，"你们蒙召是要得自由"(《加拉太书》5：13)，"上帝的恩典使我脱离罪和死的律了"(《罗马书》8：2)。罪的律就是，犯罪的都会死，而当我们开始称义时，我们就脱离了这律；死的律就是，对那人所说的，"你本是尘土，仍要归于尘土"(《创世记》3：19)，因为我们是属土的，我们所有人都生于他，而因为初人的罪，我们也将归于土。然而，因为上帝的恩典使我们脱离了罪和死的律，我们就被释放，得了称义。肉体曾经以惩罚折磨还在罪中的我们，现在就在复活中顺服于我们，而没有什么还会抵挡和搅扰，使我们不去服侍上帝的律法和诫命了。(《与福图纳图斯的辩论》22)

在这场辩论中，福图纳图斯主动把论题从上帝的创造引到了灵魂的下降，并多次援引保罗书信来支持自己的立场，其中以《罗马书》7：13-25与8：5-10、《哥林多前书》14：50和《加拉太书》5：17来证明，身体或肉体是恶的物质，与灵魂完全对立(《与福图纳图斯的辩论》19、21)；以《以弗所书》2：1-18和《腓立比书》2：5-8的基督奉差遣来论证，灵魂是完全善的，也奉上帝的差遣而下降，主动参与到对整个世界的救赎之中(《与福图纳图斯的辩论》7、16)。这些频繁引用显示了福图纳图斯对保罗书信的倚重和熟稔，也使得奥古斯丁必须重新解释相关经文才能反驳摩尼教的立场。

虽然在387—388年居停罗马期间，奥古斯丁写下了《论大公教会的生活之道与摩尼教的生活之道》，其中就多次引用保罗书信，但这些引用更多地是为了说明,自己对摩尼教的反驳符合《圣经》经文,并没有对大段引文加以注释来论证大公信仰(特别参见《论两个灵魂》2.14.31-34)。在399年,奥古斯丁回到北非地区之后首次注释了《创世记》前三章,试图以《圣经》注释的方式来论证上帝的全善创造,以反驳摩尼教的善恶混杂的创造说和对《旧约》的否弃(《回顾篇》1.10[9].1)。然而,释经论题上的狭窄和对寓意释经法的过度依赖显然满足不了现在的理论需要,要反驳摩尼教对保罗书信的错误亲睐,论证灵魂的下降在于意志自身的主动堕落,而灵魂的救赎必须等待上帝白白赐予的恩典,奥古斯丁就不得不开始注释保罗书信。其中,《与福图纳图斯的辩论》19引用《罗马书》1:1-4论证基督的神人二性,反驳摩尼教的幻影论;《与福图纳图斯的辩论》22则引用《罗马书》8:2论证上帝的恩典在灵魂救赎中的关键作用。从这些引用来看,奥古斯丁显然熟悉保罗书信,但熟悉并不代表通透的理解和把握,过于零散的释经论证此时还不足以有效地反驳福图纳图斯。

虽然没有看到早先对保罗书信的大量引用,但贝杜恩的确看到,与福图纳图斯的辩论使得,奥古斯丁认识到自己在通透理解和把握保罗书信上的极度不足,这就激发他在随后几年内集中注释了《罗马书》和《加拉太书》。① 与此同时,奥古斯丁也看到,在恶与罪的起源、意志与恩典的关系等问题上,包括形而上学论证和历史神学论证在内的哲学论证都需要释经论证作为其方法论支撑,即所有的理论构建都必须回到对《圣经》经文的注释上,最终以注释经文作为自己展开论证的基本策略;这才不仅会有效地反驳摩尼教的教义基础,也会系统

---

① Jason BeDuhn, "Did Augustine Win His Debate with Fortunatus", in Jacob Van Den Berg ed., *In Search of Truth: Augustine, Manichaeism and Other Gnosticism*, Leiden: Brill, 2011, p.476.

性地论证出大公教会的正统信仰。显然,在这一处境之下,急切的理论渴求促使奥古斯丁不断注释《圣经》书卷。从393年到396年,他注释了《诗篇》《创世记》《罗马书》《加拉太书》和"登山宝训",其中对《罗马书》的密集注释展现了他在意志学说演进中的关键变革。①

从恶起源于意志的转向,到初罪后的意志陷入必然性,再到上帝赐予恩典帮助意志,奥古斯丁论证了人类的堕落下降和救赎上升的具体路径。从形而上学论证,到历史神学论证,再到初步的释经论证,他不断探索自己在方法论上的突进。要论证人类的意志如何能够配合上帝的恩典,他还必须深入到《圣经》经文之中,考察信仰动力学的开启过程。然而,在与福图纳图斯的辩论中,奥古斯丁显然对释经论证的方法还力有不逮,贝杜恩对此评价说:

> 比起从经验出发的归纳推理,奥古斯丁更喜欢使用从第一原理出发的演绎推理,并不具有释经技艺和经验来应对立足于《圣经》的福图纳图斯。在其知识储备里,他只有逻辑、柏拉图主义的宇宙论和一些琐碎的基督教信条,这个工具箱实在是太简陋了。②

虽然这个评价过于刻薄,但也不无道理。恰恰是因为缺乏释经技艺,不能系统地阐释相关《圣经》经文,奥古斯丁才在辩论中重引了福图纳图斯首先引用的经文,例如《以弗所书》2:3,屡次遭到对手

---

① Paula Fredriksen, "Beyond the Body/Soul Dichotomy: Augustine's Answer to Mani, Plotinus, and Julian", in William Babcock ed., *Paul and the Legacy of Paul*, Dallas: Southern Methodist University Press, 1990, p. 229.

② Jason BeDuhn, "Did Augustine Win His Debate with Fortunatus", in Jacob Van Den Berg ed., *In Search of Truth: Augustine, Manichaeism and Other Gnosticism*, Leiden: Brill, 2011, p. 470.

的反诘(《与福图纳图斯的辩论》16、17),而引用《罗马书》8:2引入上帝的恩典,也不过是重复了对手首先引用的《罗马书》7:23-25(《与福图纳图斯的辩论》21、22),没有清晰论证出恩典与灵魂自身被救赎的关系,并不能反驳摩尼教的灵魂主动参与救赎的学说。奥古斯丁可能自知在释经技艺上的欠缺,才会不断回到上帝论和创造论,凭借演绎推理要求对手解释上帝的不受侵袭与恶的主动侵袭之间的逻辑矛盾(《与福图纳图斯的辩论》1、23、32-36)。

除此之外,在《论自由决断》《论两个灵魂》和《与福图纳图斯的辩论》中,奥古斯丁虽然明确提到上帝的恩典在灵魂的救赎、意志开启信仰中的关键作用,但还没有阐释其中的具体发生机制。已经陷入必然性而无力的意志如何能够自主地回应上帝的呼召?上帝主动赐予的恩典是否会取消意志的自由决断?在信仰的开端中,意志与恩典究竟孰先孰后?这些问题依然顽固地呈现在奥古斯丁的面前,迫使他给出更为明晰的回答和论证。

第四章
初解《罗马书》（一）

从374年初读《圣经》，到386年重拾《圣经》，再到391年被强举为司铎后退读《圣经》，奥古斯丁对《圣经》的认识已经有了长足进步。然而，要有效反驳摩尼教的恶的起源说，维护意志的自由决断，论证上帝的恩典在人类救赎中的关键作用，他就必须从偏逻辑性的理论推理下降到对具体《圣经》经文的字句注释，以经文注释的方式从内而外地推演出自己所持定的大公信仰。显然，初解《罗马书》就是此时的必要尝试。①

在早期作品中，奥古斯丁把人类历史和个体历史划分为四个阶段，即在律法之前、在律法之下、在恩典之下和在平安之中，这是他在4世纪90年代中期使用的释经框架，直到"过了很长时间之后"（《回顾篇》2.1.2），他才认识到其中的不足，把《罗马书》第7章看作也从属于"在恩典之下"的阶段。以之前的分析为参照，我们现在要来探讨奥古斯丁如何借助《罗马书》注释从正面论证大公信仰的发生机制，考察呼召、恩典、预知、预定、拣选、圣灵、意志在信仰开端中的先后顺序和可能关系，并评估这一从破到立的过程中所蕴含的内在冲突，以全面捕捉初解《罗马书》的成败得失。与以上论题密切

---

① Paula Fredriksen, *Augustine on Romans: Propositions from the Epistle to the Romans, Unfinished Commentary on the Epistle to the Romans*, Chico: Scholars Press, 1982, p. ix.

相关的文本包括《罗马书章句》55、60-65，《罗马书断评》14-23 和《八十三个问题》68，而我们的研究就依此展开，必要时旁涉其他文本。

第一节 奥古斯丁与《罗马书》

在 394—396 年，奥古斯丁密集注释了《罗马书》。这一切都处在《新约》的正典化和教父释经的代际延承之中，并非孤立的思想史事件。在以下，我们就追溯保罗书信的正典化过程，梳理早期教父对这些书信的注释，并集中关注所谓"保罗的世纪"，展示出注释《罗马书》在当时的盛况，最后具体分析奥古斯丁的注释是否明显受到其他教父的影响，以表明这些早期注释如何蕴含着他自己的理论认识和思想挣扎。

一、保罗书信的正典化

在五旬节的圣灵降临之后，耶稣基督的门徒开始把"福音"传讲到地中海东岸的广大地区。按照耶路撒冷会议（《使徒行传》15：1-31）上的分工，保罗主要向外邦人宣教，而其他使徒主要向犹太人宣教。在前后三次的旅行宣教中，保罗在多个城市（例如哥林多）和地区（例如加拉太）建立了教会，并在不能亲身前往时，借助书信不断阐释"福音的真理"（《加拉太书》2：5），劝勉和训诫信众，及时解决各地教会所面临的各种教义、教牧和伦理问题。

在处理教会事宜之外，保罗的书信写作还旨在处理第 1 世纪的文化冲突。在当时的古希腊罗马社会，荣耀（honor）和羞耻（shame）是区分门第、教育、地域、信仰甚或种族的标签，划分出"希腊人、化外人、聪明人、愚拙人"(《罗马书》1：14)、犹太人和外邦人、刚强的和软弱的等，并以之作为歧视其他个体或族群的理由。针对这种文化境况，保罗就宣扬基督的爱与宽恕的福音，以"接纳"和"问安"(《罗马书》14：1-15：7)来要求信众消弭各种歧视，自觉抵制其在初代教会中的渗透和蔓延，从而维护教会的合一，为罗马世界构建起新的道德预设。①

保罗的书信大部分是写给某一城市或地区的多个教会的，在其间可以相互誊抄传阅，《歌罗西书》4：16 就说："你们念了这书信，便交给老底嘉的教会，叫他们也念，你们也要念从老底嘉来的书信。"在初代教会中，保罗书信已经作为单封书信流传开来，甚至开始被收集编册。使徒彼得显然知道这些书信，并将之与"别的经书"(*tas loipas graphas*)相提并论，明确说："就如我们所亲爱的兄弟保罗，照着所赐给他的智慧写了信给你们。他一切的信上也都是讲论这事。"(《彼得后书》3：15-16)

在保罗殉道之后，罗马基督徒给哥林多教会写了《克莱门一书》(*1 Clement*)②，其中引用了《罗马书》和《希伯来书》(35：5、36：2)，并明确提到保罗当年写作《哥林多前书》的情景："要读蒙福的使徒保罗的书信。他在'开始传福音'时首先写给你们的是什么呢？诚然，他在圣灵里写信给你们，论到他自己、矶法以及亚波罗，因为甚至在

---

① 参见朱伟特：《〈罗马书〉：保罗致 21 世纪亚洲的信》，载杨克勤主编：《经宴：罗马书、论神意》，北京：宗教文化出版社，2010 年，第 3—9 页。在注释《罗马书》中，罗伯特·朱伟特(Robert Jewett)就倡导和践行了这一释经路径，展现了保罗书信在此方面的理论贡献。Robert Jewett, *Romans: A Commentary*, Minneapolis: Fortress, 2007, pp. 46-58.

② 对于这封书信的写作时间，传统上认为是公元 95—97 年，但新近研究认为，更可能是 1 世纪 60 年代末 70 年代初。Michael Holmes trans., *The Apostolic Fathers: Greek Texts and English Translations*, Grand Rapids: Baker Academic, 2007, pp. 35-36.

那时你们已经分裂结党。"(《克莱门一书》47：1-3)①最晚到 2 世纪初，保罗的大部分书信都已经被收集编册，在教会中宣读讲释，具有与七十士译本《圣经》类似的地位。书信的最初编本可能只包括 10 封书信，不包括 3 封教牧书信，即《提摩太前书》《提摩太后书》和《提多书》，也不包括《希伯来书》。② 这一收集编册的正典化尝试使得，基督徒可以由之建构自我身份，维护彼此之间的身份认同，也可以批判罗马世界对智慧和荣耀的片面追求，为之提供取代性的道德准则和社会规范。

受到灵知主义的影响，2 世纪的异端马克安(Marcion)否认《旧约》，其列出的正典目录只包括《路加福音》和 10 封保罗书信，并从中剔除了多处被认为是窜添的经文。③ 作为回应，大公教会就开始编排自己的正典目录，2 世纪末的穆拉托利残篇(*Muratorian Fragment*)就列出了四部福音书、《使徒行传》、13 封保罗书信(包括 3 封教牧书信)、《犹大书》、《约翰一书》、《约翰二书》、《约翰启示录》和《彼得启示录》，但没有提到《希伯来书》。此后，大公教会就一直把保罗的这 13 封书信确立为正典。对于《希伯来书》的作者，在 2—3 世纪，西方教父比如伊里奈乌(Irenaeus)、希坡律陀(Hippolytus of Rome)、德尔图良和西普里安等不认为它出自保罗，也不承认其正典地位；而东方教父克莱门则推定它出自保罗，奥利金则承认其正典地位，但最终又将之归为争议书信。到了 4 世纪，东方教父优西比乌(Eusebius of

---

① 克莱门等：《使徒教父著作》，黄锡木主编，高陈宝婵等译，北京：生活·读书·新知三联书店，2013 年，第 37 页。
② 现存最早的抄本是抄于 200 年左右的彻斯特·贝蒂抄本(Chester Beaty Papyrus) P46，其中不包括以上三封书信，但包括《希伯来书》，基本依从篇幅长短而降序编排。参见布鲁斯：《圣经正典》，刘平、刘友古译，上海：上海人民出版社，2008 年，第 118 页。
③ Henry Chadwick, *The Early Church*, London: Penguin Books, 1990, pp. 42-43；《八十三个问题》68.1。

Caesarea)和亚塔纳修就承认《希伯来书》出自保罗,后者还在367年的书信中明确列出了《新约》的27部正典目录;西方教父比如维克多瑞开始承认其正典地位,但对其作者仍然存疑;而奥古斯丁不怀疑其正典地位,最初承认其出自保罗,在引用时也明确提及,但到了晚期则倾向于认为其出自匿名作者。①

在保罗书信的正典化过程中,甄选的标准是正统性(orthodoxy)和使徒性(apostolicity),前10封书信最先被承认为正典,其次是3封教牧书信,而《希伯来书》最终被承认为正典,但不认为是保罗所写。

二、保罗书信的早期注释

鉴于初代教会中的派别纷争,可以想象,保罗所提倡的基督教教义在他殉道之后还会受到热衷律法的犹太基督徒的批评;但随着外邦教会的蓬勃兴起,这种声音肯定很快就被淹没了。在这一历史进程中,保罗书信被收集编册,获得了与七十士译本《圣经》同等的权威地位,成为《新约》中的正典。

在早期教父中,除了《克莱门一书》,波利卡普(Polycarp of Smyrna)也在自己的著作中引用过保罗书信。② 然而,对保罗书信进行解释却不开始于正统教会,而开始于灵知派和受此影响的异端马克安。虽然保罗在自己的多封书信中力图清除雏形灵知主义对初代教会的侵蚀,但灵知派在随后反而把这些书信作为立论依据,努力将保罗解释为灵知主义者,而写成于2世纪左右的《拿戈·哈玛迪文集》(*Nag Hammadi*

---

① 布鲁斯:《圣经正典》,刘平、刘友古译,上海:上海人民出版社,2008年,第105—224页;孙毅:《论新约正典的形成过程》,《基督教思想评论》2005年第2期,第85—97页;《论罪的惩罚和赦免与婴儿的洗礼》27.50。

② 例如《波利卡普致腓立比人书》第11章;亦参见 Peter Gorday, *Principles of Patristic Exegesis Romans 9-11 in Origen, John Chrysostom, and Augustine*, New York: The Edwin Mellen Press, 1983, p. 43。

Codices/Library)就是灵知派文献的汇总。① 在 2 世纪早期,叙利亚和小亚细亚流行着强烈的保罗主义(Paulism),马克安就在这种信仰氛围中成长,极力奉行保罗的学说,并对之进行了彻底的灵知主义解释。② 他认为,《旧约》的上帝是作为创造者的"忿怒的上帝",而《新约》中的上帝是作为救赎者的"爱的上帝",保罗书信尤其是《罗马书》则强调律法与恩典的对立③,这就否弃了《旧约》的上帝,只承认《新约》的上帝④。瓦伦廷派(Valentinians)也对保罗书信进行灵知主义式的解释,其中主要引用《罗马书》和《哥林多前书》,认为保罗把人类划分为"属魂的人"(psychics)和"属灵的人"(pneumatics),分别对应着尚未被拣选的犹太人和已经被拣选的外邦人,其间的界限是不可逾越的。⑤

---

① 在《哥林多前书》1-4 章以及 4:9-13、5:1-2、7:1-16 和 12:1-3 中,保罗就列举了雏形灵知主义对初代教会的侵蚀,比如追求知识(gnosis)、相信末世即临、接纳希腊罗马社会的道德标准、因轻视肉体而禁欲和诅咒肉身的基督等。具体分析参见杨克勤:《保罗与灵知——人论与性别论的神学交锋》,载《圣经文明导论:希伯来与基督教文化》,北京:宗教文化出版社,2011 年,第 162—195 页。关于灵知派对保罗书信的解释,参见 Elaine Pagels, *The Gnostic Paul: Gnostic Exegesis of the Pauline Letters*, Minneapolis: Fortress, 1992;而关于《拿戈·哈玛迪文集》的介绍和翻译,参见罗宾逊、史密斯:《灵知派经典》,杨克勤译,上海:华东师范大学出版社,2008 年。

② Peter Gorday, *Principles of Patristic Exegesis Romans 9-11 in Origen, John Chrysostom, and Augustine*, New York: The Edwin Mellen Press, 1983, p. 277 note 3;布鲁斯:《圣经正典》,刘平、刘友古译,上海:上海人民出版社,2008 年,第 121—123 页。灵知主义也恰恰在这一地区十分盛行。

③ 对于《罗马书》,马克安的编本没有 1:19-2:1、3:21-4:25、第 9 章、10:5-11:32、第 15 章和第 16 章,剔除了所有肯定律法的有限作用和犹太人的救赎地位的经文。参见布鲁斯:《圣经正典》,刘平、刘友古译,上海:上海人民出版社,2008 年,第 126 页。我们会看到,这种《圣经》观基本上与摩尼教如出一辙,只是在具体经文删减上有多少之差。

④ 由于马克安的著作全部遗失,我们只能从早期教父对灵知派的批判中钩辑重建,而对之的整理研究参见哈纳克:《论马克安:陌生上帝的福音》,朱雁冰译,北京:生活·读书·新知三联书店,2007 年;马克斯·文森:《保罗与马克安:一种思想史考察》,郑淑红译,北京:华夏出版社,2018 年。

⑤ Peter Gorday, *Principles of Patristic Exegesis Romans 9-11 in Origen, John Chrysostom, and Augustine*, New York: The Edwin Mellen Press, 1983, pp. 43-45.

正是面临着灵知主义释经的挑战,正统教会才"重新发现"保罗,开始解释和评注保罗书信作为回应。① 在克莱门的著作中,他大量引用保罗书信,其中引用《哥林多前书》约 400 次、《罗马书》约 300 次,其基督教伦理学说也深受保罗的影响。② 在 2 世纪上半叶,正统教会对保罗书信的解释大都只关涉个别经节,直到奥利金才第一次把评注体裁引入《新约》研究中,在 246 年前后写成 15 卷本的《罗马书评注》,逐节逐句地注释了整封书信。在其中,他驳斥了灵知派的解释,保罗并没有截然划分开犹太人和外邦人,人与人之间并不存在"自然的差异"(naturae diversitatem),而可以借助自己的"自由决断"(liberum arbitrium)进入基督教信仰之中。③ 随后,他还注释了保罗的其他多封书信,并使得评注成为系统研究保罗思想的标准体裁。④

在基本消除了灵知主义的侵蚀之后,正统教会内部却异端蜂起,彼此论战不断,甚至双方都会借助解释保罗书信来论证己方观点。到了 4 世纪初,为了驳斥阿里乌派(Arians),教父们开始集中关注保

---

① 汉斯·冯·坎彭豪森(Hans von Campenhausen)认为,正统教会在回应灵知派释经之前就重新发现了保罗书信。然而,彼得·戈迪(Peter Gorday)认为,虽然保罗派书信(比如《提摩太前书》)包含驳斥雏形灵知主义的要素,但上述说法高估了正统教会随后驳斥灵知派保罗释经的传统。Peter Gorday, *Principles of Patristic Exegesis Romans 9–11 in Origen, John Chrysostom, and Augustine*, New York: The Edwin Mellen Press, 1983, p. 278 note 5, 8.

② William Babcock, "Comment: Augustine, Paul, and the Question of Moral Evil", in William Babcock ed., *Paul and the Legacy of Paul*, Dallas: Southern Methodist University Press, 1990, p. 253, 埃里克·奥斯本(Eric Osborn)做了这一统计。

③ Peter Gorday, *Principles of Patristic Exegesis Romans 9–11 in Origen, John Chrysostom, and Augustine*, New York: The Edwin Mellen Press, 1983, pp. 45–48, 279 note 11.

④ 除了《哥林多前/后书》和《提摩太前/后书》,奥利金评注了保罗其他全部书信。Thomas Martin, "Pauline Commentaries in Augustine's Time", in Allan Fitzgerald ed., *Augustine Through the Ages: An Encyclopedia*, Grand Rapids: William B. Eerdmans Publishing Company, 1999, p. 625.

书信。阿里乌派不是一个有组织的分裂宗派,只包括一些松散的支持者,而司铎阿里乌(Arius)所提出的神学问题也寓于这一时期的整个神学论争的背景中,有着广泛的时代基础。在其中,阿里乌派否认基督的神性,将之看作上帝首先的和最高的被造者,并由之创造了世界万物。① 在 325 年,第一次大公会议即尼西亚大公会议(Council of Nicaea)肯定了上帝的统一性,坚持基督是上帝,与父一体(*homoousios*),并将阿里乌派定为异端。

对于当时解释保罗书信的情况,阿伦·菲茨杰拉德(Allan Fitzgerald)写道:

> 基于阿里乌派在解释基督与父神关系上所引发的争论,4 世纪的神学家非常自然地转向解读保罗,因为他关于基督的用语和识见可以厘清并巩固关于基督的神子身份的意义和真理。这并不是说保罗先前被忽视了,也不表明这一过程是一马平川的;而是要表明,到安布罗斯的时代,保罗书信中的一些篇章应该成为基督教关于基督的教导的主要资源。②

当时主要的东、西方教父,比如亚塔纳修、维克多瑞和安布罗斯,都参与到驳斥阿里乌派的教义和政治斗争中,维护尼西亚大公会

---

① Lewis Ayres, *Nicaea and Its Legacy: An Approach to Fourth Century Trinitarian Theology*, Oxford: Oxford University Press, 2006, pp. 11-20; Michel Barnes, "Arius, Arianism", in Allan Fitzgerald ed., *Augustine Through the Ages: An Encyclopedia*, Grand Rapids: William B. Eerdmans Publishing Company, 1999, pp. 59-60.

② Allan Fitzgerald, "Ambrose, Paul and Expositio Psalmi cxviii", *Augustinianum*, Vol. 54, 2004, p. 129; Carol Harrison, *Rethinking Augustine's Early Theology: An Argument for Continuity*, Oxford: Oxford University Press, 2006, pp. 119-121.

议所拟定的信经①,但直到 381 年召开的君士坦丁堡大公会议(Council of Constantinople)才正式确认了三位一体学说。

三、"保罗的世纪"

正是在这种驳斥异端、阐释教义的氛围中,在从 4 世纪 50 年代到 5 世纪 50 年代的整整一个世纪里,希腊教父和拉丁教父都不断注释保罗书信,可谓前所未有,却蔚然成风。对于其历史成因,研究界给出了多种解释,或者旨在驳斥异端宗派对保罗书信的悖谬解释,或者旨在回应因古代世界行将崩塌而带来的思想危机,或者旨在探求这一时期提出的救赎问题,例如"谁会被救赎,如何救赎"。这三种路向都明显表现在奥古斯丁的释经中,早期主要驳斥摩尼教对保罗书信的错误解释,中期驳斥多纳图派对教会、洗礼和救赎的偏差理解,晚期与佩拉纠派论战上帝的恩典与人类的意志在救赎过程中的关系,而《论罗马城的倾覆》与《上帝之城》则旨在回应罗马陷落对大公教会所带来的思想危机。

对于拉丁教会为何开始热衷于注释保罗书信,马拉(M. Mara)列出了四条相关背景:(1)大公教会正在形成成熟的教义体系,以致在驳斥异端的论战中诉诸保罗书信(corpus paulinum);(2)犹太人和基督徒开始明显感兴趣于相互改宗,再次重新解读保罗书信特别是《罗马书》,有助于澄清从这一境况生发出来的诸多问题;(3)政治环境的改变,即罗马帝国开始禁止异教信仰,使得大量异教徒皈依基督教,而对于那些强调信仰的充分性和从伦理角度

---

① 在 386 年,安布罗斯还防范了阿里乌派以武力占取米兰大公教会的教堂(《忏悔录》9.7.15)。关于安布罗斯驳斥阿里乌派的学说,参见 Daniel Williams, *Ambrose of Milan and the End of the Arian-Nicene Conflicts*, Oxford: Clarendon Press, 1995。

思考人类的罪与责任的教父来说,保罗书信就成为其参照点;(4)在新的历史处境中,修道院禁欲逐渐制度化,人们渴求生命的见证,而恩典或自由意志、仁慈或功德等主题都在保罗书信中得到过充分论述。①

相对来说,希腊教父偏重于哥林多书信,而拉丁教父偏重于《罗马书》,力图融合安提阿派的释经风格和拉丁的修辞方法。② 在其中,至少有 13 位希腊教父注释了保罗书信,但由于多数评注过多关注于驳斥当时的异端学说,例如阿里乌派、聂斯托利主义(Nestorianism)和奥利金主义(Origenism)③,它们没有被完整保存下来,而只有克里索斯托、居比路的西奥多特(Theodoret of Cyrrhus)和叙利亚人以法莲(Ephraem the Syrian)的评注得以完整保存。在这一时期,希腊教父的注释不断被引介和翻译到西方教会,使得拉丁教父也开始评注保罗书信。首先是维克多瑞,其次是匿名的所谓"安布罗斯阿斯特"(Ambrosiaster),之后还有哲罗姆(Jerome)、佩拉纠、朱利安和奥古斯丁④,最后是鲁菲努斯(Rufinus)在 407—408 年把奥利金的《罗马书评

---

① Eric Plumer, *Augustine's Commentary on Galatians: Introductions, Text, Translation, and Notes*, New York: Oxford University Press, 2003, p. 5 note 2.

② Thomas Martin, "Pauline Commentaries in Augustine's Time", in Allan Fitzgerald ed., *Augustine Through the Ages: An Encyclopedia*, Grand Rapids: William B. Eerdmans Publishing Company, 1999, pp. 626-627.

③ 对于奥利金主义,教宗阿纳斯塔斯(Anastasius)在 400 年正式发布谴责,达到这一事件的高潮,但东、西方众多教父仍然认可奥利金的神学贡献。在驳斥其灵魂论和普遍救赎(universal salvation)学说的同时,奥古斯丁称奥利金为"博学而有经验的"(*doctus et exercitatus*)。参见《上帝之城》11.23;Gerald Bonner, *Freedom and Necessity: St. Augustine's Teaching on Divine Power and Human Freedom*, Washington, DC.: The Catholic University of America Press, 2007, p. 38。

④ 虽然佩拉纠和朱利安最后被大公教会裁定为异端,但在评注保罗书信时,他们仍然算保有自己的教父身份。

注》译成拉丁文①。

对于拉丁教父注释保罗书信的盛况和奥古斯丁在其中的历史处境，布朗有着精彩的描述：

> 在转向注意保罗时，奥古斯丁进入了一个已经开始占据他同时代许多人的问题。对于拉丁教会来说，4世纪的最后几十年可以被恰当地称为"圣保罗的一代"：对保罗的兴趣广泛地吸引着不同的思想家，使得他们彼此之间的关系比与前辈的关系更为紧密。在意大利，对保罗的评注开始于作为基督徒的柏拉图主义者维克多瑞，也开始于一个匿名的平信徒，可能是退休的官员，以"安布罗斯阿斯特"之名为我们所知。在非洲，对保罗的兴趣使多纳图派的平信徒提康尼（Tyconius）更接近于奥古斯丁，而不是已派的主教们。而重要的是，奥古斯丁当时已经知道了最为极端和自信的保罗注释者，即摩尼教徒：正是主要针对他们提出的特定问题，奥古斯丁在迦太基时必须对他的同伴进行讲解。基于这一广泛兴趣，无须惊讶的是，当奥古斯丁在迦太基讲解保罗时，几乎同时，他将来的论敌佩拉纠正在罗马的一间修道院里为其同伴讲解一个截然不同的保罗。②

正是在这样一个"保罗的世纪"，阿里乌派、摩尼教、多纳图派

---

① Thomas Martin, "Pauline Commentaries in Augustine's Time", in Allan Fitzgerald ed., *Augustine Through the Ages: An Encyclopedia*, Grand Rapids: William B. Eerdmans Publishing Company, 1999, p. 626; Carol Harrison, *Rethinking Augustine's Early Theology: An Argument for Continuity*, Oxford: Oxford University Press, 2006, pp. 120–121.

② Peter Brown, *Augustine of Hippo: A Biography*, Berkeley: University of California Press, 2000, p. 144.

和大公教会都在注释保罗书信,以为自己的宗派教义进行辩护,而奥古斯丁的注释就延续了大公教会的释经传统。在稍前期间,奥利金的注释作品就被希拉里和安布罗斯译介到拉丁教会。到了奥古斯丁时代,这一工作主要由哲罗姆和鲁菲努斯来完成,但奥利金的《罗马书评注》原文15卷,其流传的拉丁译本只有10卷,已经残缺不全。①

在拉丁教父中,维克多瑞是注释保罗书信的第一人,现存有对《以弗所书》《加拉太书》和《腓利比书》的评注,但对《罗马书》和《哥林多前/后书》的评注早已遗失。② 紧随其后的是安布罗斯阿斯特,被伊拉斯谟认为是当时13封保罗书信(不包括《希伯来书》)注释的作者,其注释对佩拉纠的意志学说和奥古斯丁的原罪学说都有着深刻的影响。哲罗姆注释了《腓利门书》《加拉太书》《以弗所书》和《提多书》,其中完成于386年的《加拉太书评注》随后就流传到北非教会,使得奥古斯丁可以驳斥其中对《加拉太书》2:11—14的解释。提康尼是多纳图派的平信徒,在约382年写成《准则手册》(*Liber regularum*),其中论述了《圣经》的7种写作方式和对应的释经准则,使得奥古斯丁可以借此提出自己的释经准则。③ 像安布罗斯阿斯特一样,佩拉纠也全部注释了保罗的13封书信,其《罗马书评注》后来成为奥古斯丁驳斥佩拉纠派的主要标靶。④ 而直到394年,奥古斯丁在迦太基开始

---

① Thomas Scheck trans., *Origen: Commentary on the Epistle to the Romans: Book 1–5 & 6–10*, Washington, DC.: The Catholic University of America Press, 2001–2002.

② Alexander Souter, *Earliest Latin Commentaries on the Epistles of St. Paul*, Clarendon: Oxford University Press, 1927, pp. 8–38; Nello Cipriani, "Marius Victorinus", in Allan Fitzgerald ed., *Augustine Through the Ages: An Encyclopedia*, Grand Rapids: William B. Eerdmans Publishing Company, 1999, p. 534.

③ 关于提康尼的《准则手册》,参见 William Babcock, *Tyconius: The Book of Rules*, Atlanta: Sholars Press, 1989;在《论基督教教导》3.30–3.37中,奥古斯丁详细总结了这7条准则。

④ 关于佩拉纠的《罗马书评注》,参见 Theodore De Bruyn trans., *Pelagius's Commentary on St. Paul's Epistle to the Romans*, Oxford: Clarendon Press, 1993。

回答同伴关于《罗马书》的求教,才正式加入注解保罗书信的行列,并在其后两三年时间内完整注释了《加拉太书》,4次选注了《罗马书》,并借此完成自己的思想转变。

四、先行的注释家们

对保罗书信的注释正式开始于奥利金。在其后的注释过程中,希腊教父倾向于把保罗看作神秘的神学家(a mystical theologian);而拉丁教父则认为,保罗深受罪和罪责的搅扰,但发现了用以救治的恩典。[①] 基于这一释经传统,奥古斯丁在4世纪90年代集中注释了《罗马书》和《加拉太书》,我们以下有必要探究他的释经是否和如何受到了东、西方教父的可能影响。

由于不能流利阅读古希腊文,奥古斯丁只能阅读拉丁译本,而奥利金的《罗马书评注》要到407年后才被译成拉丁文,其对《加拉太书》的注释也早已经仅剩残篇,因此奥古斯丁只会从安布罗斯、哲罗姆等拉丁教父的著作中读到希腊释经的一鳞半爪,不会受到东方传统的明显影响。[②] 而在拉丁教父中,可能影响奥古斯丁的只有维克多瑞、安布罗斯阿斯特和哲罗姆,此外还有多纳图派的提康尼。

维克多瑞原来是罗马的演说家和学者,在约355年皈依大公信仰,奥古斯丁在米兰期间听说过这段旧事,还读到他所翻译的新柏拉图主义著作(《忏悔录》8.2.3—5)。然而,对于维克多瑞的释经作品是否影响了奥古斯丁注释《加拉太书》,研究界意见纷纭。阿多(Pierre

---

① Joseph Lienhard, "Augustine on Grace: The Early Years", in Fannie LeMoine ed., *Saint Augustine the Bishop: A Book of Essays*, New York: Garland Publishing, 1994, p.190.

② A. Bastiaensen, "Augustine's Pauline Exegesis and Ambrosiaster", in Frederick Van Fleteren, Joseph Schnaubelt eds., *Augustine: Biblical Exegete*, New York: Peter Lang, 2001, pp.33—34; Thomas Scheck, *Origen and the History of Justification: The Legacy of Origen's Commentary on Romans*, Notre Dame: University of Notre Dame Press, 2008, p.87.

Hadot)和巴斯蒂安森(A. Bastiaensen)否认存在着直接影响①,而埃里克·普卢默(Eric Plumer)则认为,虽然不能确凿地证明二者之间的承继关系,但这仍然是非常有可能的,甚至还可能和西普里安一起作为教会权威,支持了奥古斯丁对《加拉太书》2: 11-14 的解释②。

在《加拉太书评注》中,哲罗姆追随奥利金和其他希腊释经家认为,保罗公开责备彼得的安提阿事件(2: 11-14)只是虚构的或假装的,以防止外邦基督徒转而遵守犹太律法,同时维护彼得与犹太基督徒之间的和睦。③ 在 395 年左右致哲罗姆的《书信》28 中,奥古斯丁明确说,他已经读到这一评注,非常不满于将此事件解释为保罗的虚构或假装,认为这不仅会侵蚀《圣经》的可靠性,也会削弱使徒的权威:"用虚谎来赞美上帝不啻为一种罪,甚或是比责难他的真理的罪更大。"④ 在《加拉太书章句》15.6-14 中,奥古斯丁基于这一立场认为,彼得的确在律法与恩典的关系上犯了错误,但他很快以谦卑顺服保罗的责备,反而使其他信众得到了训诫和矫正(《书信》40.3-6)。在此之后,双方多有书信往来,讨论《旧约》的标准译本,继续分诉对安提阿事件的不同解释,其间误会丛生(《书信》71、72、73 和 75)。而在消除误会之后,奥古斯丁重申了自己的立场(《书信》81、82)。随

---

① Nello Cipriani, "Marius Victorinus", in Allan Fitzgerald ed., *Augustine Through the Ages: An Encyclopedia*, Grand Rapids: William B. Eerdmans Publishing Company, 1999, p. 534; A. Bastiaensen, "Augustine's Pauline Exegesis and Ambrosiaster", in Frederick Van Fleteren, Joseph Schnaubelt eds., *Augustine: Biblical Exegete*, New York: Peter Lang, 2001, pp. 38-45.

② Eric Plumer, *Augustine's Commentary on Galatians: Introductions, Text, Translation, and Notes*, New York: Oxford University Press, 2003, pp. 28-33.

③ Eric Plumer, *Augustine's Commentary on Galatians: Introductions, Text, Translation, and Notes*, New York: Oxford University Press, 2003, pp. 44-47.

④ 参见《书信》28.3.4。然而,这封书信辗转八九年才到达哲罗姆手中,使得奥古斯丁不得不在 395 年写成《论撒谎》,以尽快公开表明自己的态度。对于哲罗姆的回复,参见《书信》68。

着佩拉纠派异端的出现,双方还就灵魂的起源、罪的传递、善工与恩典的关系往来请教,哲罗姆最终认可了奥古斯丁在驳斥佩拉纠派上的立场,并称赞他为"古老信仰的第二建立者"(*conditorem antiquae rursum fidei*)(《书信》166、167、172 和 195)。①

不同于有关维克多瑞的争论,多数学者认为,安布罗斯阿斯特确实影响了奥古斯丁对《罗马书》的注释。其中,巴斯蒂安森细致比较了二者在注释《罗马书》具体经文上的相似处,如 1:17、2:5、2:8、8:15 和 9:28 等,认为奥古斯丁的《罗马书章句》基本遵循着安布罗斯阿斯特的思路。② 特塞勒注意到安布罗斯阿斯特对《罗马书》5:13-14 的注释,认为他区分了自然法和作为神法的律法,前者处理人与人之间的关系,而在律法之前,人类不因自己的行为而被归罪,律法的颁布就使人类认识到自己的罪,但只能等到基督赐下圣灵才能成全律法,这就为奥古斯丁提出四个阶段学说奠定了基础。③ 而从内洛·西普利亚尼(Nello Cipriani)的对勘中可以看到,安布罗斯阿斯特把信仰的开端(*initium fiedei*)看作人类的意志的主动行为,这显然只是奥古斯丁在初解《罗马书》时的观点,在《致辛普里西安》中就已经被扬弃掉了。④

---

① 有关安提阿事件引发的释经争论,参见花威:《安提阿事件与早期基督教中的释经纷争》,《基督教学术》2015 年第 12 辑,第 15—31 页;花威:《〈加拉太书〉2:11-14 与奥古斯丁与哲罗姆的释经辩论》,《道风:基督教文化评论》2015 年第 42 期,第 25—46 页。
② A. Bastiaensen, "Augustine's Pauline Exegesis and Ambrosiaster", in Frederick Van Fleteren, Joseph Schnaubelt eds., *Augustine: Biblical Exegete*, New York: Peter Lang, 2001, pp. 35-38.
③ Eugène TeSelle, *Augustine the Theologian*, Eugene: Wipf & Stock Publishers, 1970, p. 160.
④ Carol Harrison, *Rethinking Augustine's Early Theology: An Argument for Continuity*, Oxford: Oxford University Press, 2006, p. 120 note 23. 在注释《加拉太书》上,普卢默认为,没有明确证据可以判定安布罗斯阿斯特正面影响了奥古斯丁。Eric Plumer, *Augustine's Commentary on Galatians: Introductions, Text, Translation, and Notes*, New York: Oxford University Press, 2003, p. 55.

在后期与佩拉纠派论战期间,安布罗斯阿斯特明显影响了奥古斯丁对《罗马书》5:12 的解释:

> 众人都在他(亚当)里(in quo)犯了罪……很明显,众人都在亚当里(in Adam),就好像是一个团块(quasi in massa)。因他自己被罪所败坏,他的所有后裔就都生在罪之下(sub peccato)。由此,所有罪都是从他来的,因为众人都是从他生的。①

奥古斯丁认为,"在亚当里"这一拉丁译法最终为自己在《致辛普里西安》中提出原罪说找到坚实的经文依据。②

通过广泛考察当时的释经流变,阿尔贝托·平切尔(Alberto Pincherle)认为,更有可能正面影响奥古斯丁早期释经的不是安布罗斯阿斯特对《罗马书》的解释,而是提康尼的《准则手册》。③ 在 396 年左右,奥古斯丁写下《书信》41 给奥勒留,其中谈到自己阅读甚至应

---

① 转引自 Paula Fredriksen, "Beyond the Body/Soul Dichotomy: Augustine's Answer to Mani, Plotinus, and Julian", in William Babcock ed., *Paul and the Legacy of Paul*, Dallas: Southern Methodist University Press, 1990, pp. 238-239; 亦参见 David Hunter, "Ambrosiaster", in Allan Fitzgerald ed., *Augustine Through the Ages: An Encyclopedia*, Grand Rapids: William B. Eerdmans Publishing Company, 1999, p. 20。

② 参见《驳佩拉纠派的两封书信》4.4.7, 奥古斯丁在此明显引用了安布罗斯阿斯特的注释方式,但将之归诸希拉里。特塞勒认为,安布罗斯阿斯特的释经并不表明一种具有遗传特征的原罪论,而只是在论说具体的罪,亚当的罪只是带来了第一次的死,即身体的消解。Eugène TeSelle, *Augustine the Theologian*, Eugene: Wipf and Stock Publishers, 1970, p. 158.

③ Eugène TeSelle, *Augustine the Theologian*, Eugene: Wipf and Stock Publishers, 1970, pp. 157, 180. 关于提康尼的《准则手册》与奥古斯丁的释经理论的关系,参见 Pamela Bright, "The Preponderating Influence of Augustine: A Study of the Epitomes of the *Book of Rules* of the Donatist Tyconius", in Pamela Bright ed., trans., *Augustine and the Bible*, Notre Dame: University of Notre Dame, 1999, pp. 109-128。

用了提康尼的 7 种准则理论,并询问他的看法①,而几乎同时写成了《致辛普里西安》。接续平切尔的分析,特塞勒也重视提康尼的第三条准则,即应许与事工的关系(de promissis et lege),认为它深刻影响了奥古斯丁对《罗马书》的解释,特别是《致辛普里西安》中同样引用了《哥林多前书》1:31、4:7 和《以弗所书》2:8-9,作为推进奥古斯丁思想转变的关键经文。②

对于其间可能的理论沿袭关系,弗雷德里克森试图证明,提康尼已经提出,人类的信仰仅仅来自恩典,意志的自由因为上帝预知到被拣选者的意志而得到预定和保存,并"没有选择去拒斥上帝的呼召"(does not have the option to reject God's call),否则不符合上帝的预知和全知,而这些就细致而微地影响了奥古斯丁在《致辛普里西安》中完成其思想转变。③

对此,巴布科克提出不同看法:提康尼的确看到,没有人可以通过遵守律法来获得恩典,从而可以去除基督教中的精英主义思维④;

---

① 参见《书信》41.2:"我并没有轻视你所命令的事,而关于提康尼的 7 种准则或钥匙,就像我经常写作时那样,我期待知道你对此有何看法。"在 426 年写成的《论基督教教导》第 3 卷中,奥古斯丁还详细介绍了这一理论。

② Eugène TeSelle, *Augustine the Theologian*, Eugene: Wipf and Stock Publishers, 1970, pp. 180-181. 特塞勒还认为,在后期与佩拉纠派论战时,奥古斯丁谈及《哥林多前书》4:7 对自己思想转变的重要性,但没有提及提康尼的影响,而将之归诸西普里安,这是因为他试图借助早期教父的权威来证明自己的学说,而提康尼在北非地区之外很少有人耳闻。

③ Paula Fredriksen, "Beyond the Body/Soul Dichotomy: Augustine's Answer to Mani, Plotinus, and Julian", in William Babcock ed., *Paul and the Legacy of Paul*, Dallas: Southern Methodist University Press, 1990, pp. 239-240. 关于提康尼的末世论释经,参见 Paula Fredriksen, "Tyconius and the End of the World", *Revue des Etudes Augustiniennes*, Vol. 28, 1982, pp. 61-75。

④ William Babcock, "Augustine and Tyconius: A Study in the Latin Appropriation of Paul", *Studia Patristica*, Vol. 17, 1982, pp. 109-115; Carol Harrison, *Rethinking Augustine's Early Theology: An Argument for Continuity*, Oxford: Oxford University Press, 2006, p. 121 note 28.

但他并没有提出信仰仅仅来自恩典,而把上帝预知人类的自由选择作为他赐予应许的前提,恰恰违背了信仰仅仅来自恩典的说法;这也是奥古斯丁在《致辛普里西安》中所最终否弃的,由此提康尼并没有为这一思想转变提供直接动力。不过,奥古斯丁可能借助第三条准则确认了自己的理解,即人类只能借助恩典和信仰称义,道德努力并无功效,而个体的困境及救赎与人类整体密切关联。对于二者之间的关系,巴布科克总结说:

> 简而言之,奥古斯丁在提康尼中所发现的保罗和问题,明显类似于他在出任司铎的这几年里一直苦苦思考的保罗和问题。也就是说,他发现了正在思考同样问题的对话伙伴(虽然提康尼的回答不同于奥古斯丁在396年给出的),而这些问题及其对之的思考方式明显脱离了古典哲学传统。①

帕梅拉·布莱特(Pamela Bright)也认为,虽然在解释第三条准则时,提康尼论述了称义不来自事工,并引用《罗马书》和《加拉太书》的多处经文加以辅证,但这一《罗马书》释经并没有直接而持久地影响奥古斯丁。提康尼的影响主要体现在他的教会论上,即现实中的教会不是完全"圣洁没有瑕疵",而是圣徒与罪人的混杂,双方只有等到最后审判时才得以分开。这一论断恰恰使得奥古斯丁不断反思实际

---

① William Babcock, "Comment: Augustine, Paul, and the Question of Moral Evil", in William Babcock ed., *Paul and the Legacy of Paul*, Dallas: Southern Methodist University Press, 1990, pp. 255-256. 特塞勒也认为,提康尼并没有提供关键性帮助,奥古斯丁在386年所达到的理论突破主要来自他对先前理论的不断反思。Eugène TeSelle, *Augustine the Theologian*, Eugene: Wipf and Stock Publishers, 1970, p. 182. 像安布罗斯阿斯特一样,提康尼也提出了"信仰的开端"的说法。Carol Harrison, *Rethinking Augustine's Early Theology: An Argument for Continuity*, Oxford: Oxford University Press, 2006, p. 121 note 28.

的信仰生活，看到基督徒自身中存在的"内在冲突"（internal warfare），从而不断深入地阅读保罗书信和注释《罗马书》。①

对于佩拉纠的《罗马书》评注，奥古斯丁在411年左右才读到，就写成《论罪的惩罚和赦免与婴儿的洗礼》3.1.1加以反驳。哈蒙德·巴梅尔（Hammond Bammel）的研究表明，他在这一时期也很可能读到了鲁菲努斯翻译的奥利金《罗马书评注》，但对之有利用，也有反驳。在论证罪是因为人类的生育而非模仿亚当才传递时，奥古斯丁在《论罪的惩罚和赦免与婴儿的洗礼》1.9.9中的论证与奥利金对《罗马书》5：12的解释相同，而2.11.15和2.11.38也借用奥利金对《罗马书》6：6中的"罪身"的解释。②在随后写成的《论圣灵与仪文》29.50中，奥古斯丁却不认可奥利金区分"出于信仰"（ex fide）的拯救和"借由信仰"（per fide）的拯救，认为并不存在这一区分。③

综上所述，除了关于维克多瑞的争论，哲罗姆对《加拉太书》2：11-14的解释只是奥古斯丁所极力反对的，安布罗斯阿斯特对《罗马书》的解释更多影响了奥古斯丁后期对原罪论的发展，提康尼也仅仅使奥古斯丁注意到自己先前所遇到的困惑，而佩拉纠和奥利金的《罗

---

① Pamela Bright, "Augustine", in Jeffrey Greenman, Timothy Larsen eds., *Reading Romans Through the Centuries: From the Early Church to Karl Barth*, Grand Rapids: Brazos Press, 2005, pp. 66-67;《论基督教教导》3.32.45。

② Caroline Bammel, "Pauline Exegesis, Manichaeism and Philosophy in the Early Augustine", in Lionel Wickham, Caroline Bammel eds., *Christian Faith and Greek Philosophy in Late Antiquity: Essays in Tribute to George Christopher Stead*, Leiden: Brill, 1993, p. 359.

③ Caroline Bammel, "Pauline Exegesis, Manichaeism and Philosophy in the Early Augustine", in Lionel Wickham, Caroline Bammel eds., *Christian Faith and Greek Philosophy in Late Antiquity: Essays in Tribute to George Christopher Stead*, Leiden: Brill, 1993, pp. 367-368. 关于奥利金在称义问题上对奥古斯丁后期的影响，参见Thomas Scheck, *Origen and the History of Justification: The Legacy of Origen's Commentary on Romans*, Notre Dame: University of Notre Dame Press, 2008, pp. 88-103。

马书》评注更多只关涉奥古斯丁的后期思想。由此，虽然从属于"保罗的一代"，但奥古斯丁早期对保罗书信特别是《罗马书》的注释，并没有明显受到前辈和同辈释经的积极而关键的影响，他的思考和评注更多生发于自己对恶的起源、意志和上帝的自然等问题的长期关注。对此，托马斯·马丁(Thomas Martin)评论说：

> 对于奥古斯丁来说，这些释经家更多时候只是他与之对话或辩论的同伴，而不是自己思想得以生发的基础性源泉。他们提出了某些主题，突出了某些问题，使得奥古斯丁重新去直接阅读保罗，梳理和阐明他自己的理解，表达出他对保罗独特的整全解释。忠实地呈现出"使徒所说的"，奥古斯丁显然是如此来看待他自己的保罗立场的。[1]

而戈迪甚至认为，当《致辛普里西安》初步阐明上帝的恩典的绝对先在时，奥古斯丁就决定性地超越了他的前辈和同辈释经家们。[2]

第二节 《罗马书》注释四篇

以391年作为分界点，出于教会教牧和驳斥摩尼教、多纳图派的需要，奥古斯丁开始深入研读《圣经》，其论证方式已不再只是纯粹的哲学推理，例如《论自由决断》第1卷对恶与意志存在的论证，而

---

[1] Thomas Martin, "Pauline Commentaries in Augustine's Time", in Allan Fitzgerald ed., *Augustine Through the Ages: An Encyclopedia*, Grand Rapids: William B. Eerdmans Publishing Company, 1999, p. 627.

[2] Peter Gorday, *Principles of Patristic Exegesis Romans 9-11 in Origen, John Chrysostom, and Augustine*, New York: The Edwin Mellen Press, 1983, p. 146.

是逐渐转到引用和注释《圣经》经文，使之成为裁决各种理论探究和争论的核心证据，例如《忏悔录》前九卷的叙事就随处引用和化用经文。

在这一过程中，《罗马书》注释不仅标志着奥古斯丁思想的重要发展，也是其论证方式发生转换的集中表现。对于最早写成的《罗马书章句》，弗雷德里克森就评论说："这一早期著作的确标志着奥古斯丁在其驳摩尼教论战中所进行的持续转换，即开始从过多依赖哲学论证转到更多依赖《圣经》释经，特别是对保罗书信的注释。"①

鉴于注释《罗马书》的重要性，我们有必要先行叙述这四篇注释的成书背景和基本特征，作为早期思想演进的初步展示，并为随后的主体论证提供必要的理论准备。在成书时间上，依据《回顾篇》所给出的顺序，《罗马书章句》成书最早，是奥古斯丁在迦太基布道期间解答同伴疑问而写成的；《罗马书断评》次之，是他在第一次迦太基公会议期间（394年6月26日）的对话成果；《八十三个问题》又次之，汇编了388—395年的问答，其中66、67和68是对《罗马书》第7—9章的简要解释，在论证理路上接续着《罗马书章句》；而《致辛普里西安》则是奥古斯丁396年升任主教后的第一部著作，回答了在397年将出任米兰主教的辛普里西安关于《罗马书》第7章和第9章的两大疑问，其中改换了原有的论证理路，调整了多个关键概念的前后关系和理论比重，通常被研究界看作其成熟思想的初步形成。

---

① Paula Fredriksen, "*Expositio quarundam propositionum ex epistula apostolic ad Romanos*", in Allan Fitzgerald ed., *Augustine Through the Ages: An Encyclopedia*, Grand Rapids: William B. Eerdmans Publishing Company, 1999, p. 346.

一、《罗马书章句》

对于《罗马书章句》的写作缘起,奥古斯丁在《回顾篇》1.23[22].1中说:

> 当我还是司铎时,我们在迦太基的人恰好同时阅读使徒保罗的《罗马书》,随后我就尽我所能回答同伴请教的某些问题,他们想让我把回答记述下来,而不是仅仅口说。我就顺从了他们,由此在我先前的著作之外,又新添了一本。

显然,在4世纪90年代中期,奥古斯丁与同伴都开始阅读保罗书信,尤其是《罗马书》。而从希波到迦太基,从罗马到米兰,这不仅延续了从4世纪中期开始的注释保罗书信的风潮,也在当时的拉丁教会内部形成了新的注释高峰,甚至使得老前辈辛普里西安都要来请教《罗马书》中的疑难经文。由此可以间接反映出,《罗马书》注释必然代表着奥古斯丁在这一时期的思考成果,而与其他教父的注释相对比,这也会凸显他的思想特色。

在具体的释经中,奥古斯丁没有逐章逐节地加以解释,只是针对同伴提问的经文给予一定的回答,或引用其他经文加以辅证。在对同一节经文的解释中,他会同时穿插讨论多个相互勾连的主题。对于《罗马书》的要旨,奥古斯丁首先总结说,它论述了"律法与恩典的事工问题"(《罗马书章句》0),又依据律法与恩典所赐予的不同时间把人类历史或个体历史划分为四个阶段,随后论证了意志的自由决断、上帝的呼召、律法与恩典、创造与拣选、预知与预定在人的信仰历程中的作用方式,较为系统地展示了其初解《罗马书》时的思想特征。

二、《罗马书断评》

在《罗马书章句》的写作中，奥古斯丁没有打算逐章逐节注释整卷《罗马书》，而稍后却如此注释了《加拉太书》。① 受此鼓舞，他计划重新注释《罗马书》，但由于任务庞大和经文艰深，在仅仅注释了1：1-7的问安之后，就转而探讨《马太福音》12：32中"干犯圣灵"的问题。

对于这部著作的写作和终止，奥古斯丁在《回顾篇》1.25[24].1中写道：

> 就像《加拉太书》，我也注释了《罗马书》。如果完成的话，这部著作将会有许多卷。我完成了其中一卷，只探讨了书信的问安，就是从开头一直到"愿恩典、平安从我们的父上帝并主耶稣基督，归与你们"（《罗马书》1：7）。我们就停在那里，想去解决在我们的布道中碰到的一个难题，即干犯圣灵的罪，是在"今世来世总不得赦免"（《马太福音》12：32）。但之后，沮丧于整封书信的庞大和艰深（*magnitudine ac labore*），我就不再继续注释，而转到其他较为容易的书卷上去了。

与《加拉太书》相比，《罗马书》的篇幅当然算为庞大，奥古斯丁此时自觉没有透彻把握住这封书信的内涵（《致辛普里西安》1.1.0），也没有撰写长篇论著的思想准备②，就选择了暂时放弃。可惜的是，

---

① 《回顾篇》1.24[23].1:"在这本书之后，我注释了使徒保罗的《加拉太书》，不是零散的，即漏缺某些经文，而是连续而完整地注释了这封书信。"

② 《忏悔录》是奥古斯丁的第一部长篇作品，拉丁文共计8万多字，且恰恰是在其完成早期思想转变之后才写成的。

奥古斯丁此后虽然不断解读《罗马书》，但终其一生都没有完整注释过这封书信。

在迦太基的布道论及"干犯圣灵"的罪，而对之的探讨占据了原来旨在注释《罗马书》的《罗马书断评》的大部分篇幅。显然，奥古斯丁不是在故意变换到无关的主题，而恰恰在对"干犯圣灵"的解读中，他看到"绝望"是这个罪在"今世来世总不得赦免"的根本原因，紧密呼应了《罗马书章句》所论及的人类以自由决断来"回应"上帝的呼召，从而得以信仰上帝。正是在"回应"与"绝望"的解释范式中，奥古斯丁完成了对《罗马书》神学的初步解释。

三、《八十三个问题》66、67和68

《八十三个问题》是一部问题回答汇编，所收录的问题在时间跨度上是从388年奥古斯丁从意大利回到家乡塔格斯特，一直到395年被祝圣为同执主教。在396年升任主教之后，奥古斯丁命令把这些问题汇编成册，而其中《八十三个问题》66、67和68是对《罗马书》第7—9章的注释。

在《回顾篇》1.26[25].1中，奥古斯丁叙述了其成书过程：

> 这些问题散见于许多短篇，因为从我最初皈依，到我们回到非洲之后，在看到我空闲时，同伴们就来请教问题，我也就随机回答他们。在升任主教之后，我命令把这些问题收集起来，依序编纂成册，以便想查阅的人会容易找到。

汇编中的问题都回答于396年之前，涉及具体经文的问题则依照

《圣经》篇目的顺序排列。虽然无法确定每个回答的确切时间,但根据回答的内容,我们可以认定,《八十三个问题》66、67 和 68 的完成时间是在写成《罗马书章句》和《罗马书断评》稍后甚或期间。① 其中,《八十三个问题》66 处理了《罗马书》7:1-8:11,主要是引用经文继续阐述《罗马书章句》13-18 所提出的四个阶段学说。《八十三个问题》67 处理了《罗马书》8:18-24,用以反驳摩尼教的善恶二元论,重点分析了其中的"创造"概念。《八十三个问题》68 则处理了《罗马书》9:20,接续《罗马书章句》论证呼召、自由意志和信仰之间的演进关系,提出了"罪的团块"(massa peccati)和"普遍的罪"(generale peccatum)的概念,但并没有在意志论、罪论和恩典论上有任何实质性突破。

四、《致辛普里西安》

在 396 年,老主教瓦莱里去世,奥古斯丁正式出任希波大公教会主教,而《致辛普里西安》是他在出任主教之后的第一部作品。这是写给辛普里西安的回信,答复了所问及的《罗马书》与《旧约》中的相关问题。

辛普里西安是 4 世纪下半叶著名的信仰导师,在 50 年代促成维克多瑞皈依大公教会(《忏悔录》8.2.3-5),在 374 年为皈依的米兰主教安布罗斯施行洗礼(《书信》37、38、65、67),在 386 年间接引导了奥古斯丁完成自己的信仰皈依(《忏悔录》8.2.3)。在 397 年,安布罗斯去世,已是高龄的辛普里西安接任米兰大公教会主教②,直到在

---

① Philip Cary, *Inner Grace: Augustine in the Traditions of Plato and Paul*, New York: Oxford University Press, 2008, pp. 34-35.
② 作为安布罗斯的传记作者,米兰的保林(Paulinus of Milan)提到,辛普里西安是安布罗斯一手提拔到主教位置的,虽然前者更为年长(《圣安布罗斯传》46)。

约 400 年去世①。

关于《致辛普里西安》的写作境况，奥古斯丁在《回顾篇》2.1[28].1 中写道：

> 这两卷书是我出任主教后写给辛普里西安的，他已经接替至福的安布罗斯出任米兰教会的主教，其中就不同问题做了回答，并将两个出自使徒保罗的《罗马书》的问题集为第 1 卷。

《致辛普里西安》第 1 卷分别论及《罗马书》7：7-25 和 9：10-29 两段经文。在对《罗马书》第 7 章的分析中，奥古斯丁第一次提出"原罪"（originalis peccati）概念，为之前论述多次的罪论找到了坚实的基础，但尚未展开深入阐释。在对《罗马书》第 9 章的分析中，他看到拣选信仰实际上也是拣选事工，就舍弃了《罗马书章句》中的预知拣选论，提出两种呼召说，并最终使人类的意志的自由决断完全顺服在上帝的恩典之下，完成意志与恩典在信仰开端中的顺序倒转，确立了恩典的绝对主导地位。

第三节　四个阶段学说

在《旧约》和《新约》释经中，阶段说是经常使用的释经手法。对于 1 世纪的犹太人来说，亚伯拉罕和摩西是整个以色列民族的拣选和

---

① 除了《忏悔录》，《书信》37 是奥古斯丁 396 年写给辛普里西安的回信，其他提及之处包括《上帝之城》10.29、《回顾篇》2.1.1、《论圣徒的预定》4.8 和《论保守的恩赐》52。

救赎历史的关键点①；而对于基督徒来说，基督的降临就淡化或取代了亚伯拉罕和摩西，成为整个人类的救赎历史的转折点②。在《罗马书》第5—6章中，保罗把这一救赎历史划分为四个阶段："没有律法之先"（5：13）、"在律法之下"（6：14）、"在恩典之下"（6：14）和"因我们的主耶稣基督得永生"（5：21）。③ 这一划分是以摩西和基督为历史转折的关键节点，以律法和恩典的前后赐予为记号。

同样地，奥古斯丁也青睐于使用阶段说释经法。早在388—389年写成的第一部释经作品《论创世记：驳摩尼教徒》中，奥古斯丁就依据创世的七日而把人类历史划分为七个阶段④，即从亚当到挪亚，从挪亚到亚伯拉罕，从亚伯拉罕到大卫，从大卫到"巴比伦之囚"，从"巴比伦之囚"到基督降临，从基督降临到基督再临，最后进入永恒的安息，分别对应于个体成长的婴儿期、少年期、青年期、壮年期、中年期和老年期，最后获得基督的救赎。⑤ 可以看到，在奥古斯丁的七阶段划分中，在耶稣之前的关键转折点是亚伯拉罕，而在保罗的四个阶段中，这一关键转折点却是摩西。⑥ 七阶段划分模式再现于《论三位一体》第4卷，甚至主导了《上帝之城》中对从《旧约》创世到《新约》救赎的人类全部历史的解释。

---

① 《马太福音》19：8，《路加福音》24：27，《约翰福音》8：33、9：28，《使徒行传》6：14、7：8、15：21、21：21。
② 《路加福音》24：44，《约翰福音》1：17、1：45、5：46、8：58，《罗马书》4：12、5：14，《哥林多后书》3：15，《加拉太书》3：4、3：29。
③ 《罗马书》的四个阶段划分从属于保罗神学的研究课题，我们在此仅关注奥古斯丁的借用和理论化。
④ 奥古斯丁认为，数字7通常象征着整全，参见《加拉太书章句》13.6-7。
⑤ 参见《论创世记：驳摩尼教徒》1.23.35-25.43、《论真宗教》26.48-49；亦参见吴飞：《奥古斯丁与罗马的陷落》，《复旦学报》（社会科学版）2011年第4期，第72—74页。
⑥ 在保罗书信中，亚伯拉罕的地位仍然远远高过摩西，参见《加拉太书》第3—4章，《罗马书》第4、9、11章。

与首次提出的七阶段学说不同,在《罗马书章句》13-18 中,奥古斯丁遵循了保罗的四个阶段学说。在解释《罗马书》3:20 时,他依据律法和恩典的赐予先后,同样把人类历史或个体历史划分为四个阶段,并主要以《罗马书》第 3—8 章的经文发展来表现这一演进过程。四个阶段学说是对人类整体或个体实现皈依和救赎的整个过程的概括,涉及意志的自由决断、罪、律法和恩典的相互作用,可以看作奥古斯丁初解《罗马书》时所依循的理论框架:

> 由此,让我们区分人类的如下四个阶段:在律法之前(*ante legem*)、在律法之下(*sub lege*)、在恩典之下(*sub gratia*)和在平安之中(*in pace*)。在律法之前,我们追求肉体的贪欲(*concupiscentiam carnis*);在律法之下,我们为它所牵引;在恩典之下,我们既不追求它,也不为它所牵引;在平安之中,就没有了肉体的贪欲。(《罗马书章句》13-18.2)

这四个阶段分别是:(1)在律法之前,即从亚当到摩西;(2)在律法之下,即从摩西到基督;(3)在恩典之下,即从基督到末世;(4)在平安之中,即进入永恒的安息之后。这一划分适用于整个人类的历史,也适用于个体心灵的历史(《八十三个问题》66.3),而奥古斯丁在释经中更偏重于对后者的考察。①

从亚当被造到亚伯拉罕被拣选,从摩西领以色列人出埃及到上帝在西奈山上颁布十诫,整个人类的历史被逐渐化约为以色列民族的历

---

① Paula Fredriksen, "*Expsitio quarundam propositionum ex epistula apostolic ad Romanos*", in Allan Fitzgerald ed., *Augustine Through the Ages: An Encyclopedia*, Grand Rapids: William B. Eerdmans Publishing Company, 1999, p. 346. 在《上帝之城》中,奥古斯丁的阶段论显然旨在考察整个人类的历史。

史；而从基督的降临到他在十字架上的受难，从彼得"传福音给那受割礼的人"到保罗"传福音给那未受割礼的人"(《加拉太书》2：7)，以色列民族的历史被急剧地重新扩展为整个人类的历史。在初代基督徒看来，亚当是基督的预像，基督是新摩西，整个《旧约》都在预表着《新约》，《新约》与《旧约》的合一成为基督教的正统教义，《旧约》的历史也重新成为整个人类历史的前半部。① 在这种合一中，犹太人和外邦人的巨大差异被消融，《旧约》的律法也是基督的律法(《致辛普里西安》1.1.15-17)，罪人都在罪和死的律之下，只能等待独一上帝的恩典。基于这一历史观，摩西和基督都是整个人类历史中的关键人物，而律法的颁布和恩典的赐予也就成为划分整个人类历史的关键节点。

在初解《罗马书》时期，四个阶段学说主要出现在《罗马书章句》13-54、《八十三个问题》61.7 和《八十三个问题》66。其中，《八十三个问题》61.7 仅仅提及这一划分，没有任何解释；《八十三个问题》66 则处理《罗马书》7：1-8：11 的经文，但只是简略重述了《罗马书章句》中关于四个阶段的分析，更偏重于归纳相应经文来加以说明；《罗马书章句》13-54 则细致分析了四个阶段的各自特征和具体演进过程，最为详尽地解释了这一早期理论。②

在《罗马书章句》13-18.2 中，可以看到，划分这四个阶段的标准是人类与"肉体的贪欲"的关系。奥古斯丁相信，在最初被造时，初人亚当在灵、魂和体上都是善好的，贪欲不是从身体或肉体生的；而在初人犯罪之后，他的身体就陷入必死性，整个人类就继承了这种

---

① 参见《马太福音》5：1-7：28 论"新律法"、《罗马书》5：12-21 论亚当与基督的关系和《加拉太书》4：21-31 论两约的预表关系。

② 在《加拉太书章句》46.4-9 中，奥古斯丁简略重述了四个阶段学说，多次引用《罗马书》的经文。

必死性，恋慕肉体的贪欲，以致顺服这种贪欲而积习难返，继续犯罪。

一、在律法之前

从亚当犯罪到摩西领受十诫，在这一历史时期，人类都处于"在律法之前"的阶段：

> 在律法之前，我们不抗争，因为我们不仅心生贪欲和犯罪，甚至也喜欢罪。(《罗马书章句》13-18.3)

奥古斯丁认为，在亚当犯罪之后，整个人类都陷入罪之中，不仅不能与罪抗争，反而主动追求肉体的贪欲，继续犯罪，也喜欢别人犯罪。"没有律法，罪是死的。"(《罗马书》7∶8)这不是说在没有律法时罪不存在，而是说罪在这时隐藏起来，没有得到显明(《罗马书章句》37.4)。此外，奥古斯丁明确区分了灵魂和身体：在人类的堕落和信仰过程中，行为的主体只是灵魂，而不是身体，更不是略带消极含义的肉体。

二、在律法之下

律法是上帝借着摩西而赐下的。对于以色列民族来说，律法标志着上帝与他们所立定的盟约关系；而对于整个人类来说，这标志着上帝的救赎计划进入新的阶段。显然，奥古斯丁所关心的不是以色列民族，而是整个人类从主动犯罪到得蒙救赎的演进过程：

> 在律法之下，我们抗争，但为罪所胜。我们承认自己作恶，

并因着这承认，我们真的不愿去作，但因着缺乏恩典，就仍为罪所胜。在这一阶段，就显明了，我们所处是何等得低，而当想起来时，我们却又倒下，所受的苦痛就更重了。(《罗马书章句》13-18.3-4)

从"不抗争"到"抗争"，从主动追求肉体的贪欲到被动"为罪所胜"，律法虽然"本是良善的，因它禁戒所当禁戒的，命令所当命令的"(《罗马书章句》13-18.6)，但它的赐予"只会显明罪，而不会消除罪"(《罗马书章句》37.5)，使人类认识到是自己在犯罪，知道自己是死的。

律法和诫命是"圣洁、公义、良善的"(《罗马书》7：12)，其积极功用是使罪得以显明，但又仅限于此。即使认识到犯罪的主体是自己，人类会与肉体的贪欲抗争；但由于没有恩典，他们就只会被贪欲所牵引而继续犯罪，个体自身并不能改变无力抗争的窘况。造成这一窘况的原因是律法的消极功用，即律法没有消除罪，也没有消除肉体的贪欲，反而使罪开始被算为罪(《罗马书章句》27-28.2)；又因着律法的禁令，个体就故意打破这些禁令，追求诸般的贪欲，禁令反而使贪欲大大滋长。

在律法之前，人类自然地顺从肉体的贪欲去犯罪，但因为没有律法，罪就没有得到显明，他们也没有认识到自己在犯罪，是死的，在道德心理学层面并没有内在冲突。而在律法之下时，罪得到显明，人类却无力抵挡罪，更不能战胜罪，反而愈发地去违犯律法的禁令，更加主动地犯下更多的罪。在同一个人中，这种两极对立就开始造成了道德心理学上的内在冲突，而其中的发生机制是，"暗中所犯的罪是更甜的，虽然这甜是致死的"(《罗马书章句》39.2)。

奥古斯丁认为，意志仅仅完美地出现在初人那里，而在初人犯罪之后，其后裔就失去了完美意志，此后必然犯罪。在这一转换过程中，虽然行为主体"不赞成"（non approbo）自己犯罪，但意志的绝对无力和悖逆仍然使他们喜欢这"更甜的"罪，没有恩典的帮助，就只会故意继续犯罪。在论述四个阶段的先后演进时，奥古斯丁只是提醒，其中的经文并没有取消意志的自由决断（《罗马书章句》13-18.1、12，44.1、3），但并未深入论及意志在这一演进过程中的具体作用。只有等到分析《罗马书》第9章时，奥古斯丁才开始论证意志在从"在律法之下"到"在恩典之下"的信仰动力学中的关键作用。

在律法之下时，罪就得到显明，人类就看到自己被罪所缠绕，试图抗争却又无力抗争，反而是律法的禁令加添了人类犯罪的欲求，就继续犯罪（《八十三个问题》66.1）。这种冲突表现为保罗所说的两个律的交战，是单一灵魂中的内在冲突：

> 信上说："我觉得肢体中另有个律，和我心中的律交战，把我掳去叫我附从那肢体中犯罪的律。"（《罗马书》7：23）这里说到犯罪的律，有人就因着肉体的习惯而为之所捆绑辖制。保罗说，这律与心中的律交战，把他掳到犯罪的律之下，可以看到，这里所描述的那人还不在恩典之下（nondum sub gratia）。（《罗马书章句》45-46.1-2）

在律法之前时，人类失去了完美的意志而自然犯罪，而在律法之下时，他们的犯罪已经成为"肉体的习惯"，就积重难返而继续犯罪。"习惯"是奥古斯丁解释灵魂不断犯罪所经常使用的概念，灵魂无法借助缺损的意志克服习惯，因为犯罪的是灵魂，试图克服习惯的也是灵魂,其就无法克服自身之中的分裂和冲突了。在《与福图纳图斯的辩论》22 中,奥古斯丁就用灵魂无法克服发誓的习惯来说明其力量,甚至可以与灵魂相争(《论两个灵魂》14.23)。

三、在恩典之下

从在律法之下到在恩典之下,这是灵魂摆脱两律交战而进入信仰的开始,但主要不是灵魂自己完成的,而是上帝赐下恩典和爱所实现的,具体的时间起点是基督的降临(《罗马书章句》27-28.3):

> 当置身低处的人类认识到,仅凭己力不能起来时,就让他呼求释放者的帮助。一时,恩典就临到,赦免先前的罪,帮助抗争的人,赐下公义的爱,并驱走害怕。当这一切成就时,即使(只要在今生中)肉体的诸般欲求与我们的灵相互较量,引我们犯罪,然而借着与上帝的恩典和爱相联结,我们的灵就抵挡住这诸般欲求,不再犯罪。(《罗马书章句》13-18.7-8)

在律法之下,人类认识到罪,但不能克服罪,就会呼求上帝的帮助,而他所赐下的恩典和爱就使灵魂重新得力,可以成全律法,并抵挡得住罪,也不再犯罪。然而,在恩典之下,以前的贪欲并没有被完全消除,反而仍然在肉体中根深蒂固地存在着,可以不断搅扰,只是人类借助恩典可以不为之所胜。

其中,"初人的初罪"(*ex primo peccato primi hominis*)是指亚当犯下的偷吃禁果的罪,是人类始祖的首罪。奥古斯丁认为,亚当的身体在最初被造时是不死的或不朽的,但被初罪所彻底败坏,就成为必死的;而这一必死性(*mortalitas*)临到亚当的后裔,就使所有人都必须经历身体与灵魂分离的第一次的死（《加拉太书章句》22.7）。亚当的初罪不仅带来了死亡，也使得人类的身体（soma/corpus/body）为诸般贪欲所捆绑辖制而不得解脱，成为更具消极含义的肉体（sarx/caro/flesh）。这种人类学术语的变换旨在表明，初罪所带来的对人类的内在败坏凸显在外在层面，灵魂的堕落使原本被造为善好的身体变成陷入诸般贪欲的肉体，使人类一出生就是"属肉体的"（carnalis）。

"初人的初罪"是在律法之前，但却使亚当之后的人类都是必死的，无论是在律法之下，还是在恩典之下；无论是自己不犯罪而只继承亚当的必死性，还是自己也犯罪，且是在律法之下犯罪（《罗马书章句》29.1-2）。① 当然，在经历了第一次的必死之后，在恩典之下的人类将得以复活，从而进入在平安之中的阶段，就不再死。

虽然还受到肉体的贪欲的搅扰，但在恩典之下的人类就不再是"属肉体的"，而是"属灵的"（spiritualis），能够成全律法。人类借着恩典不仅不再犯罪，也不会故意违犯律法的禁令，反而能够抵挡"肉体的习惯"，不顺服肉体的欲求，也就不会被定罪。由此，在恩典之下，人类就完成了从不信仰到信仰的转变，而信仰的开端就伴随着恩典的赐予和律法的成全，也就不再害怕，而是活在上帝的爱之中。由此，律法不是恶的，也不是要被恩典所取代或消除，反而得到了真正的成全，是在恩典之下才能够成全的。

在律法之下时，人类看到自己在犯罪，却被罪所辖制而不能自拔，灵魂总是为肉体的习惯所胜。然而，这种灵肉彼此冲突对立的境况并没有因为赐予的恩典而得到消除，反而延续到在恩典之下的阶

---

① 与此不同，希腊教父奥利金和克里索斯托却认为，亚当最初被造的身体就是有朽的，死亡只是这一有朽身体的自然结果，并不是其犯罪的后果。这一差异可能最终促成了东、西方教会在意志学说、成圣学说和其他方面上的显著差异。

段,甚至延续在"这整个今生之中"(dum in hac vita sumus)(《罗马书章句》13-18.8)。具体表现为,在恩典之下时,人类的心灵顺服上帝的律法,而肉体却仍然顺服罪的律法(《罗马书》7:25b):

> 他说:"我真是苦啊,谁能救我脱离取这死的身体(de corpore mortis huius)呢?"并接着说:"靠着借我们的主耶稣基督而赐下的上帝的恩典(gratia Dei)。"随后,他开始描述已经在恩典之下的人,这是上文所划分出的那四个阶段中的第三个。在论及这一阶段时,他立即接着说:"这样看来,我以内心顺服上帝的律,我肉体却顺服罪的律了。"(《罗马书》7:25)就是说,肉体的欲求还存在,但他不再愿意顺服它们而去犯罪,就已经在恩典之下,以内心(mente)顺服上帝的律,虽然肉体(carne)还顺服罪的律。保罗把从亚当的过犯而起的罪的律说成是必死的境况,使得我们生来就是必死的。因着这一苦境,肉体的贪欲就不断侵扰,保罗在别处也说,我们"本为可怒之子,和别人一样"(《以弗所书》2:3)。(《罗马书章句》46.5-7)

可以看到,在《罗马书》7:24、25a、25b 和第 8 章的关系中,奥古斯丁把 7:24 看作在律法之下的最后境况,是灵魂与身体分裂而发出的痛苦呼求;而把 7:25a 看作在恩典之下的最初境况,是上帝赐下的恩典使人类得以"脱离取这死的身体"。然而随后,奥古斯丁把 7:25b 看作直接接续 7:25a,表明灵魂与身体在恩典之下仍然处在上述的分裂之中,恩典仅仅使人类可以不再顺服肉体的欲求,但根本没有改善肉体自身的苦情。

以经文的排列顺序作为《罗马书》第 7 章的论证顺序,就使得奥古斯丁认为，在恩典之下仍然是一个灵与肉冲突的阶段，得到改善的仅仅是，人类的内心开始顺服上帝的律法，并能够不犯罪。而如果看到，人类在律法之下时就已经试图抗争以不再犯罪，只是最终为罪所胜，那么恩典的赐予并没有带来彻底的更新，没有实现灵与肉的合一，也没有改变必死的境况。必死性来自"初人的初罪"，而其后裔今生不仅不能逃脱死亡，也不能在内心的安宁中直面死亡，反而只能在灵与肉的冲突中时刻直面着死亡的深渊。

四、在平安之中

恩典的临到并不消除肉体的贪欲，也不会使得灵魂不再经受其搅扰，而只是帮助它可以抵挡得住这些贪欲，不再继续犯罪。贪欲只有在身体的将来复活中才能被彻底消除，使人类得以进入第四个阶段，从而获得完全的平安：

> 直至我们借着身体的复活得到了应许给我们的变形（immuta-tionem），这诸般欲求才会完结，之后将有完全的平安（perfecta pax），我们进到了第四个阶段。这是完全的平安，因为我们不抵挡上帝，就没有什么会抵挡我们。（《罗马书章句》13-18.10-11）

在神学人类学上，奥古斯丁认为，创造包含着从高到低的等级秩序，人类由灵魂和身体构成，其中灵魂高于身体，在被造物中处于最高的等级。不同于古希腊罗马哲学，这种等级差异并不表明灵魂是善好的，只是堕落到身体中，而身体是恶的，将来应该被舍弃；反而二者都是上帝的善好的被造物，灵魂自身的堕落才使得身体受到罪与恶的习惯的捆绑，成为必死的，陷在律法之下，就使整全的人不断受到肉体的贪欲的辖制和搅扰。

到了恩典之下时，借着信仰和所做的善工，人类就可以与上帝重新和好，得到"儿子的心"（《罗马书》8：15），成为"上帝的后嗣"（《罗马书》8：17），以至于人类的灵转向上帝，成为"初结的果子"（《罗马书》8：23）。虽然这些在灵上的转变没有改变身体的必死性，但人类可以从此盼望身体将在基督再临时得以复活，完成从属世的肉体到属天的身体的变形，不再遭受肉体的贪欲的搅扰（《加拉太书章句》47.5），可以与心里的灵重新结合，就不会经历第二次的死，从而得享永生，进入平安之中。

《罗马书》第3—8章展示了这四个阶段的次第演进，其间明确的经节划分是：7：25之前是"在律法之下"，从7：25起进入"在恩典之下"，而8：11简略描述了"在平安之中"的情景，随后继续论述"在恩典之下"的阶段。这是因为，"在平安之中"是人类在今生所达不到的，是"那所不见的"（《罗马书》8：25），在身体复活之后才会实现，现在所能够做的只是在恩典之下不断盼望。

可以看出，在四个阶段的划分中，"在律法之前"是早已经过去的，"在平安之中"是将来才会临到的，而人类所实际经历的只是"在律法之下"和"在恩典之下"这两个阶段，其间的过渡就在于是否接受了上帝的恩典。在这两个阶段中，无论处于其中哪一个阶段，人类总是承载着自己所没有经历过的过去，是已经在罪之下的，也总是盼望着自己尚未经历到的将来，或者最终遭受惩罚而经历第二次的死，或者得享平安而进入永恒的安息。在过去、现在和将来的时间之内，人类总是会借由这三段维度进入超越时间的永恒之中，而在永恒之中的结局就取决于在当下时间中的意志决断。

似乎与《论自由决断》2.20.54相近，奥古斯丁在四个阶段的划分中，把《罗马书》7：14-25看作"在律法之下"的阶段，并依赖字义释经而实际上承认，尚未获得恩典的人可以"意愿为善由得我"（《罗马书》7：18），即自己独立地与肉体的贪欲抗争，呼求上帝的帮助，以至于形成了代表善好意志的"心中的律"与代表贪欲的"肢体中的律"交战。然而，不同的是，奥古斯丁并不承认《论自由决断》中存在任何错误，却明确承认初解《罗马书》的四个阶段学说存在错误，而把《罗马书》第7章最终归于在恩典之下的阶段。正如我们以下将论述的，这一思想纠葛肇始于《罗马书章句》，但更尖锐地表现为《致辛普里西安》1.1与1.2之间潜存的深刻矛盾。而对于人类的救赎上升一线，奥古斯丁虽然在《致辛普里西安》1.2把上帝的恩典提到人类的意志之前作为信仰的开端，但这一理论成果的实际效果其实直到后期才完全展现出来，"在律法之下"与"在恩典之下"这两个阶段的差别大部分消融，而人类的幸福也被绝对地延迟到今生之后。

第四节　人的受造：驳斥摩尼教

在稍前两次注释《创世记》前三章时，奥古斯丁力图驳斥摩尼教的创造论。摩尼教认为，草木山石等包含着更多的光明元素，这些受造之物可以帮助人类实现自己的救赎。而奥古斯丁认为，摩尼教恰恰误读了《罗马书》第8章中的"受造之物"（creatura）概念，与保罗的救赎学说实际上背道而驰。在《罗马书章句》53和《八十三个问题》67中，他注释《罗马书》8：18-24，集中分析这一概念，阐述了人类的灵、魂、体的三元构造。

在解释"受造之物"时，《罗马书章句》53的论证非常简短，仅旨在驳斥摩尼教的错误释经，没有完全阐明己方的立场；而《八十三个问题》67 则论证细密，使用三元结构对"创造"进行定义，重申并深度解读了其中所蕴含的神学人类学。首先，奥古斯丁认为，这里的"受造之物"既不是指植物、动物或无生命物，也不是指天使，而只能指人类：

> 这应该被理解为，我们既不可以猜测，悲伤和叹息之情生发自树木、菜蔬、石头或者其他诸如此类的受造之物，这其实是摩尼教的谬见；也不可以臆断，圣天使顺服于虚空，或者持有这样的看法，因为他们脱离了死的奴役，也将根本不会死；而要认为，一切受造之物(omnem creaturam)毫无疑问是指人类自己。受造之物所指的不过是：属灵的(spiritualis)，最佳展现在天使中；属魂的(animalis)，充分显现在野兽的生命中；属体的(corporalis)，可以被看见或触摸。然而，这一切都存在于人类里面，因为人类是由灵(spiritu)、魂(anima)和体(corpore)构成的。(《罗马书章句》53.2-4)

摩尼教认为，悲伤和叹息的受造之物是指树木和菜蔬等植物，因为比起其他被造物，它们包含着较多的光明元素，可以作为食物被人类消化吸收，从而加快人类灵魂完成自我救赎和宇宙救赎的进程。而有些大公教徒认为，这是指天使，因为天使不会死亡，是高于人类的受造之物，会以悲伤和叹息向上帝代为祈求，使人类最终得到救赎。

奥古斯丁承认这段经文的深奥难解，但对于这两种观点都不赞成。在早先对《创世记》的注释中，奥古斯丁就论证出，上帝的创造是善好的，人类在创造的等级上高于植物、动物和无生命物，后者对于人类的救赎没有任何帮助；天使处在较高的创造等级上，可以传达上帝的诫命,从而帮助人类顺服上帝,但他们不会悲伤和叹息,否则安息在亚伯拉罕怀里的拉撒路就应该被看作更为幸福了,而这显然是不可能的。此外,这里所说的"受造之物"还"顺服于虚空",只有将来才可能"脱离败坏的辖制",就不会是指"在天上过着至福生活"(《八十三个问题》67.7)的天使,而堕落的天使又显然不会为了人类而悲伤和叹息。由此,在整个创造等级的序列中,这里的"受造之物"就不会是指人类以外的任何被造物,而只会是指人类自身。①

在寻求自己的解释时,奥古斯丁遵循着信仰的原则,即对《圣经》的解释"不能诋毁或损害大公信仰",宁可不断言结论,也不能违背信仰。② 而依据大公教会的创造论,上帝是创造的主动发起者,因着自己的善好和爱而创造,包括天使、日月、众星、植物、动物、无生命物,最后依照自己的形象和样式创造了人类,从而完成整个创造,在第七日安息。在创造的等级上,奥古斯丁甚至认为,天使并不比人类更高,因为在上帝之下,人类的理性心灵(mentes rationales)最高,之上不再有任何被造物(《罗马书章句》58.9)。

上帝有三个位格,即圣父、圣子和圣灵,他的创造总是以这三个位格来展开的,即"上帝圣父借着他的独生子而在圣灵的合一中"(deus pater per unigenitum filium in unitate spiritus sancti)完成的(《八十三个问题》67.1)。在这一进程中,创造又是在三个向度上进行的,

---

① 杰拉德·邦纳认为,保罗使用"一切受造之物"旨在表达一种宇宙论上的苦难和对救赎的叹息呼求,而正是这种宏阔的使命感才使得他成为外邦人的使徒。不过,奥古斯丁对之的独特解释显然是要驳斥摩尼教的宇宙论神话。Gerald Bonner, *St. Augustine of Hippo: Life and Controversies*, Norwich: The Canterbury Press, 1986, p. 211.

② 参见《八十三个问题》67.7;亦参见《八十三个问题》59.4、《八十三个问题》64.1、《致辛普里西安》2.3.3。这一原则最后被确立为基本的释经原则,参见《论基督教教导》3.10.14。

即灵(spiritus)、魂(anima)和体(corpus),其中灵表现为天使,魂主要表现为动物,可以赋予体以生命,而体就表现为感官可以认知的事物。天使没有魂和体,动物没有灵,而各样没有生命的被造物没有灵和魂。在所有的被造物中,唯有人类才同时具有灵、魂和体三个向度,从而是最为整全的被造物。

在《八十三个问题》67.5中,奥古斯丁深化了《罗马书章句》中的三元创造说,而个体的人就依照这三元结构来生活:

> 一切受造之物(omnis creatura)都囊括在人类里面,不是因为所有天使、至高的能力和权柄都在其中,或天、地、海及其间的一切都在其中,而是因为一切受造之物部分上是属灵的,部分上是属魂的,部分上是属体的。让我们从较低等级算起,属体的受造之物占据空间,属魂的受造之物赋予体以生命,而属灵的受造之物统治属魂的受造之物,当自己顺服于上帝的统治时,它就统治得很好;但当上帝的命令被僭越时,借着那些它曾经能够统治的东西,它就被卷入劳苦和重担中。

"一切受造之物"是指创造中的灵、魂、体三元结构,天使、动植物或天、地、海等受造物都不能完全占有这三个向度,而唯有人类才是由灵、魂和体构成的,即它只能指人类。在所有受造物和个体的人中,这三元结构都表现为次第下降的创造等级,其中灵最高,可以统治魂和体,而魂赋予体以生命,可以统治体,但三者都在上帝的统治之下。如果灵不顺服上帝而转向了魂和体,那么它就顺服了更低等的需求,从而僭越了自然秩序即上帝的命令,最终出于其自身意愿而犯了罪,以致陷入上帝对罪的公义惩罚中。堕落起源于意志的自主转向,这不仅适用于天使的堕落,也适用于人类的堕落。在堕落之后,天使变成了魔鬼,其灵变成了恶灵或邪灵,甚至最低等的天使只能遵循魂活着,而人类也失去了上帝的形象和样式。①

在这里,奥古斯丁考察了经文中的具体用词,《罗马书》8:22说"一切受造之物"(*omnis creatura*),而不是说"全部受造之物"(*tota creatura*),即不是指上帝创造的所有受造物,而是指创造的全部向度。较高等级的天使和较低等级的动植物都不会悲伤和叹息,而只有包含灵、魂、体三元结构的人类才会。由此,虽然"受造之物"可以指涉各种各样的被造物,但在《罗马书》第8章的经文语境中,它只会指人类。

奥古斯丁还看到,在《罗马书》8:21-23中,受造之物总是与"我们"对举,以表示两种境况的对比(《八十三个问题》67.1)。依据《罗马书》8:17,"我们"现在以诸般的德性忍耐盼望,将来就可以与基督同得荣耀,不是变成别的受造之物,比如摩尼教的光明元素,而是作为整全的人变得更加荣美(《八十三个问题》67.2)。与"我们"相反,同为人类的这些"受造之物"出于自己的意愿而犯了罪,损害了自己受造的善性,虽然不意愿被定罪,但因为上帝的公义惩罚就顺服在虚空之下,受到败坏的辖制,不得成为上帝的儿女。依据人类从堕落到信仰的四个阶段,奥古斯丁认为,这里的"受造之物"是指还在律法之下、没有相信上帝的人,与已经相信上帝、在恩典之下的"我们"形成对比,但不应该对他们绝望,因为他们仍有可能相信上帝,从而脱离败坏的辖制,与"我们"一起成为上帝的儿女,在将来与基督同得荣耀(《八十三个问题》67.3-4)。

---

① 在《回顾篇》1.26.2中,奥古斯丁对此更正说,最低等级的天使遵循魂活着的说法没有经文和事实上的依据,而人类在堕落之后并没有完全失去上帝的形象和样式。

显然，尚未相信的"受造之物"会悲伤和叹息，是在盼望能够得到恩典，从而进入"在恩典之下"的阶段①；而已经相信、在恩典之下的人类也在悲伤和叹息，是在盼望自己的身体最终得到救赎：

> 就是说，受造之物只是指着人类说的，不仅那些还没有信，因此还没有被接纳为上帝的儿女的人在悲伤和叹息，就是我们这些已经信且有灵初结果子的人也在悲伤和叹息，因为我们借着信以灵亲近上帝，就不再被称为受造之物，而被称为上帝的儿女，但我们"也是里面叹息，等候得着儿子的名分，乃是我们的身体得赎"（《罗马书》8：23）。这儿子的名分已经赐给那些相信的人，但这是在灵上，不是在身体上。因为身体还没有被变形，成为那属天的形状，而灵就会借着相信的和好脱离了错谬，转向上帝。由此，这些相信的人也还在等候那明证，即显明为身体的复活，而这就进入第四个阶段，将有完全的平安和永恒的安息，我们就会抵挡住任何败坏，也没有烦恼侵扰。（《罗马书章句》53.18-21）

在人类的三元结构中，灵、魂和体相互依赖，彼此勾连，共同组成了完整的人。当相信上帝时，人类以信仰回应了上帝的呼召，作为灵魂（nos animae）就把灵"初结的果子"（《罗马书》8：23）献给了上帝，从而得以成为上帝的儿女。由于《罗马书》8：23只使用了"灵"（spiritus），而不是"圣灵"（sancti spiritus）②，奥古斯丁就认为，这里

---

① 在《加拉太书章句》63.5-9 中，奥古斯丁注释了《加拉太书》6：15，认为其中"新的受造之物"（nova creatura）是指"借着信仰而在耶稣基督里的新生活"。

② 在保罗书信中，单独使用的"灵"也经常指代"圣灵"，但有时在经文中无法确证其是否指代之。关于这一问题，参见 James Dunn, *The Theology of Paul the Apostle*, Grand Rapids: Wm. B. Eerdmans Publishing Company, 2006, pp. 76-78。

的灵不是指圣灵,而是指人类的灵,且可以等同于人类的"心灵"(*mens*)(《罗马书章句》53.16、《八十三个问题》67.6)。信仰使人类进入"在恩典之下",但"儿子的名分"只标识了人类在灵上的变化,还没有改变身体,而要完成身体的变形,成为"属灵的身体"(*corpus spiritale*,《哥林多前书》15:44),则还要必须等到身体的复活,最后得以进入"在平安之中"。也就是说,在人的灵、魂和体三元结构中,灵是最先完成朝向上帝的,而魂和体还要在今生受到肉体的贪欲的搅扰,只有借着第一次的死而进入平安之中,魂和体才能真正完成朝向上帝的旅程,最终得到安息。①

借助重新诠释"一切受造之物",奥古斯丁认为,人类的受造是灵、魂和体的三元合一,是最为整全的被造物,悲伤和叹息的主体是人类,以盼望进入信仰或身体得赎。由此,在创造论的议题上,奥古斯丁从人类的受造入手,驳斥摩尼教的物质主义的宇宙论神话,全面论证说,人类在创造等级上位居最高,其灵魂或心灵仅低于创造者上帝,灵、魂和体都高于草木山石等;人类的身体或肉体不是由黑暗元素组成,而是由上帝创造,在其自然上是善好的,只是因为灵魂的堕落才被牵累犯罪,从而受到惩罚。

在《罗马书章句》49.1-6 中,奥古斯丁继续论证灵魂的单一性和肉体的善好性。肉体不是由恶的黑暗元素构成,而是因为灵魂的犯罪才陷入罪的辖制之中,作为人类所承受的公义惩罚:

信上说,"肉体的智慧(*prudentia carnis*)与上帝为仇(*inimi-*

---

① Eric Plumer, *Augustine's Commentary on Galatians: Introductions, Text, Translation, and Notes*, New York: Oxford University Press, 2003, p. 173 note 124; James O'Donnell, *Augustine: Confessions III*, Oxford: Clarendon Press, 1992, pp. 131-133.

ca），不顺服上帝的律法，也是不能顺服"（《罗马书》8：7）。其下会表明为仇是什么，以免有人认为，存在某种出于对立原则（adverso principio）的自然，不是上帝所造，却力主与上帝为仇。由此，与上帝为仇被说成，不遵行他的律法，却随从肉体的智慧，即追求属世的善，害怕属世的恶，因为智慧的定义通常被解释为追求善且逃避恶。保罗恰当地称之为肉体的智慧，即追求较低的、不能长存的善，却害怕失去这些终将要失去的善。这样的智慧不能遵行上帝的律法，但当它被除尽，以至于为灵的智慧（prudentia spiritus）所胜过时，它就会遵行这些律法，因为我们的盼望不在于属世的善，我们的害怕也不在于属世的恶。灵魂的自然（animae natura）是单一的，在追求较低等级的东西时，它就有肉体的智慧，在选择较高等级的东西时，它就有灵的智慧，像水的自然也是单一的，因冷而凝，因热而融。由此，信上说，肉体的智慧"不顺服上帝的律法，也是不能顺服"；同样可以说，雪不能受热，而一旦受热，雪就会消融，水就会变热，没有人还能称它为雪。(《罗马书章句》49.1-6)

摩尼教经常引用《罗马书》的经文，以论证恩典与律法、灵魂与肉体之间的绝然对立。在《罗马书》8：7中，"肉体的智慧与上帝为仇"，这里的肉体（carno）是名词，指人类的活生生的物质实体，"为仇"一词似乎把它与上帝完全对立起来，证明了摩尼教徒所宣扬的善恶二元论。

在自己的释经中，奥古斯丁反驳说，肉体的确会具有某种消极含义，但它不是与上帝对立且能分庭抗礼的恶的物质，反而是上帝所创造的，原本是善好的，是整全的人的组成部分。"为仇"并不表明肉体在其自然上与上帝对立,只表示肉体的"智慧"背离了上帝,而这一智慧的主体是灵魂。灵魂在其自然上是单一的,个体的人只有一个灵魂,没有两个彼此冲突的灵魂,而个体的两种处境都起源于灵魂追求的两个方向,其具体执行者是意志。

在创造的等级序列中,意志如果一直追求最高的存在即上帝,人类就会持守其原初受造的善好,顺服上帝的律法,永远与之同在。当意志追求自身或上帝的其他被造物时,灵魂就背离了上帝,以致堕落犯罪而陷入属世的智慧,使原本善好的身体受到罪的辖制而不得解脱,因着欲念而生习惯,因着习惯而继续作恶,就成为具有某种消极含义的肉体(《忏悔录》8.5.10)。要开启灵魂的救赎,意志必须先行得到上帝的恩典的帮助,从而重新追求上帝,就有了灵的智慧,可以再次顺服上帝的律法,断绝肉体的习惯而使之恢复为善好的身体。在这一过程中,灵魂的自然和身体的自然都是单一的,只是进入或出离不同的表现形态,如同水的凝融总是水,只是在不同温度中冷而凝为雪,热而融为水。在《八十三个问题》66.6中,奥古斯丁基本重复了以上论证,没有明显的拓展或深化。

通过把恶的起源追溯到灵魂中的意志,奥古斯丁维护了肉体的善性,肉体不是堕落的主动肇始者,而只是其后果的被动承载者,在其后的犯罪和救赎过程中,肉体始终保持着这种被动性。然而,无论在律法之下,还是在恩典之下,无论在今生中,还是在得蒙救赎后的来生中,人类都只有一个肉体或身体,这是上帝的全善与全能的施展之地,是人类超越天使和魔鬼的优势所在,使得人类能够借助上帝的恩典而从死里复活。也就是说,在将来的复活中,肉体或身体不是要被抛弃掉,反而要变形为属灵的身体,再与灵魂一起构成整全的人,进入不朽,最终获致与上帝同在的永恒生命。

关于神学与人类学之间的紧密关联，鲁道夫·布尔特曼（Rudolf Bultmann）明确说："关于上帝的每一个观点都同时是关于人类的，反之亦然。"① 在三元结构的神学人类学中，奥古斯丁认为，*spiritus* 和 *mens* 最高，代表着人类受造的独特善性和尊严；*anima* 和 *animus* 次之，是人类在今生中回应上帝的呼召并进入其恩典之下的主体；而 *corpus* 和 *carno* 再次之，是人类在今生得生命和将来得复活与永生的具体载体。

正如以上所论，在古希腊罗马哲学的滋养下，奥古斯丁对人类学的各个概念进行了细致爬梳。这不仅促成了他的信仰皈依和4世纪90年代中期的思想转变，也贯穿在他对同时代摩尼教、多纳图派和佩拉纠派三大异端的批判中。在创造论上，奥古斯丁把人类的受造解释为灵、魂和体的三元统一，论证肉体或身体的善性，否定了摩尼教对之的极端拒斥和对日月星辰等物质实体的错误赞美，同时也显明了与贬低肉体的柏拉图主义传统的区别，使肉体或身体成为基督教哲学中的重要论题，深刻影响了中世纪哲学的发展和现代人对自身的认识。

---

① Rudolf Bultmann, *Theology of the New Testament*, Vol. 1, Kendrick Grobel trans., London: SCM Press Ltd., p. 191.

第五章
初解《罗马书》（二）

正如前文所论，奥古斯丁注释《罗马书》不仅没有受到先辈释经家的直接影响，而且寓于自己的理论处境之中，亟须回应摩尼教对大公信仰的激烈挑战。在摩尼教教义中，除了驳杂的宇宙论神话，其上帝论和救世论都是简洁明了的。灵魂的降世不是堕落，也无须救赎；像基督一样，它是受到上帝的差派，主动参与对整个世界的救赎，其中没有意志、初罪、必然性等深奥复杂的神学人类学理论。要以注释保罗书信来维护大公教会的信仰立场，奥古斯丁首先就要表明，《罗马书》的多处经文并没有取消意志及其自由决断，意志不仅是人类行事作为的实际发动者，也是借助上帝的恩典而完成灵魂皈依的最终执行者。①

第一节　《罗马书》与意志

在解释《罗马书》1：32时，奥古斯丁重申了意志在主动作恶中的作用：

---

① 对于奥古斯丁在这一时期的释经目标，卡罗尔·哈里森总结说，一是解释作为大公教徒的保罗，二是驳斥摩尼教。Carol Harrison, *Rethinking Augustine's Early Theology: An Argument for Continuity*, Oxford: Oxford University Press, 2006, pp. 129-130. 但结果却正如卡里所说，奥古斯丁既错失了保罗的论证要点，又在意志与恩典的前后关系上自相矛盾，削弱了其驳斥摩尼教的力量。Philip Cary, *Inner Grace: Augustine in the Traditions of Plato and Paul*, New York: Oxford University Press, 2008, p. 50.

"他们所作的，都不是不意愿(*non inuiti*)作的。"(《罗马书章句》7-8.1)而在解释3：20时，他就努力维护律法的有限功用和意志的自由决断：

> 信上说，"凡有肉体的，没有一个因行律法能在上帝面前称义，因为律法本是叫人知罪"(《罗马书》3：20)，又说了类似的话。有些人认为，这应该被看作对律法的攻击，但我们要小心解读，看起来律法并没有被使徒保罗谴责，人类的自由决断(*arbitrium liberum*)也没有被剥夺。(《罗马书章句》13-18.1)

显然，这里的"行律法"是指在律法之下的阶段，已经在亚当的初罪之后。自由决断是意志的作用机制，亚当在初罪之前也有自由决断，但它只表示意志的自主能力，并不表示意志必然指向善。但在初罪之后，人类的自由决断就只剩下指向恶的可能，但在选择恶的主动能力上仍然是自由的和自主的：

> 自由决断(*liberum arbitrium*)完美地存在于初人(*primo homine*)中，而在恩典之前(*ante gratiam*)，我们就没有自由决断，以不犯罪，但正是如此，我们才不意愿犯罪。然而，有了恩典，我们就不仅意愿正直行事，也能这样行，不是借着自己的气力，而是借着释放者的帮助，在从死里复活中，他将给我们带来完全的平安(*pax perfecta*)，这平安是从善好意志(*bonam uoluntatem*)来的。因为"在至高之处荣耀归于上帝，地上的平安归于心怀善好意志的人"(《路加福音》2：14)。(《罗马书章句》13-18.12-13)①

---

① 对于《路加福音》2：14，这里依循古抄本使用了"善好意志"，而拉丁标准译本与奥古斯丁的译本基本相同。

在讨论初人与其后裔的关系时,"我们就没有自由决断"只是说,后裔没有了初人在初罪前可以选择善的自由决断,但并非没有选择恶的自由决断,也没有取消广义上的自由决断,上下两段引文都可以表明这一点。① 在意志、恩典与善工之间,这里囊括了《论自由决断》第 1 卷和《与福图纳图斯的辩论》中的看法,认识到意志在初罪之后陷入了困难或无力,不能够依赖自身而实际地行出来善,从而肯定恩典和善好意志的必要性,即行善工是在人类获得恩典之后,是有意愿和能力行的。

然而,对于意志与恩典的前后关系,奥古斯丁还没有看到,受缚于作恶的必然性,意志并不能先于恩典而自主地开启信仰,以至于成为信仰开端中的肇始者:

> 信上说:"我所意愿的,我并不作;我所恨恶的,我倒去作。若我所作的,是我所不意愿的,我就应承律法是善的。"(《罗马书》7:15-16) 由此,律法就得到充分辩护,不受到任何谴责,但必须小心,以免有人认为,这些话剥夺了我们的意志的自由决断,其实并不然。这里所说的人是在律法之下,在恩典之前,而只要试图借着自己的气力去公义地生活,不得到上帝的使人得释放的恩典的帮助,他就会为罪所胜。然而,他有自由决断,就可以相信这释放者并得到恩典(ut credat liberatori et accipiat gratiam),且可以借着赐予恩典者的释放和帮助而不再犯罪,他就不在律法之下,而在律法之侧或之内,借着上帝的爱而成全律法,但借着害怕却不能成全。(《罗马书章句》44.1-3)

---

① 亦参见 Philip Cary, *Inner Grace: Augustine in the Traditions of Plato and Paul*, New York: Oxford University Press, 2008, pp. 46-47 的分析。

在肯定《罗马书》7：15-16 没有取消意志的自由决断的同时，以上还区分了意志的两个阶段和人生的两个阶段，人类"在律法之下"只保有意志的自由决断，在恩典之前没有能力"去公义地生活"，而只会为罪所胜（《加拉太书章句》32.13、46.1）。虽然意志不能实际地行出来善，但这里却认可了，意志能够先行生发向善的意愿，作恶的必然性只束缚了人类的行为，但没有束缚意志自身的双重指向。也就是说，在意志的第二个阶段或"在律法之下"，恩典所帮助的并不是意志自身去意愿善的能力，即意志的内生能力，而是意志实际地行出善的能力，即意志向行为转变的外化能力，初罪所败坏的只是后者。

如果说《与福图纳图斯的辩论》和《论自由决断》第 3 卷还没有明确论及恩典的具体作用，那么此处就开始直接阐发这一主题。基于对意志的两种能力的区分，奥古斯丁不仅肯定自由决断的普遍存在，还在信仰的开端中为之留下至关重要的位置。"他有自由决断，就（ut）可以相信这释放者并得到恩典。"这句话可以被看作初解《罗马书》中用以论证信仰动力学的总纲，使用 ut 与虚拟语气是在强调意志的潜在能力，自由决断在亚当的初罪之后仍然保留着意愿善的能力，而这一能力就是信仰的开端；只有在信仰之后，意志才会得到上帝赐予的恩典，并在其帮助下实际地行出来向善的潜在意愿。由此，在信仰的开端中，意志就在时间和逻辑上都先于恩典，成为信仰的先在动力，而恩典只是用以补充人类行善的外化能力，以做出来各种善工。

鉴于《与福图纳图斯的辩论》22 论证了，在初罪之后亚当及其后裔的意志就陷入了必然性（$in\ necessitatem$），即"罪和死的律"，是"已经卖给罪了"（《罗马书》7：14），那么我们就必须追问：奥古斯丁在《罗马书章句》44.1-3 中何以论证，意志自身仍然保有向善的意愿，且能够无须恩典的帮助而先行开启信仰？对于所说的必然性，以上论证已经显示，这不是指强迫的必然性，而是指发生的必然性。就发生的必然性来说，它或者指行为上陷入了恶，而意志仍然有善恶两种指向，或者指意志只有恶一种指向，而行为也由此陷入了恶。这是因为，意愿善且能够行出来善的可能肯定会被否定，否则即使信仰之后也不需要恩典，而可以出于意志地行出来善了。

《与福图纳图斯的辩论》22没有说明，这一必然性究竟是哪一种，但依据《论自由决断》1.1.1，"不是出于意志而做的，被惩罚就不是公义的"，那么就可以做出如下推论：首先，人类不能出于善的意志而作恶，而只会出于恶的意志而作恶，否则就是被强迫的，也不应该受到惩罚；其次，即使在某一自由决断中，既存在善的意志，也同时存在恶的意志，人类仍然是出于善的意志而行善，出于恶的意志而作恶，而不会出现交叉情况；再次，即使因为习惯的拖累，意志发生了分裂，其两部分都不完备，最终作出了恶，但作出恶的也只是习惯，不是善的意志，习惯只不过是恶的意志的重复累加，也并非不出于意志(忏悔录》8.9.21-10.22)；最后，如果初罪之后还存在着意愿善的方向，那么人类就可以借助德性训练而不断地意愿善，从而就可能战胜习惯和罪，却无须上帝白白的恩典的帮助，以至于会回到亚里士多德式的古典伦理学的理路上去，从而违背了《与福图纳图斯的辩论》22和《论自由决断》第3卷对必然性和意志堕落后的无知与困难的论断。由此观之，奥古斯丁所说的必然性只会是指，在亚当的初罪之后，人类总是意愿恶，且出于恶的意志而实际地作出来恶，所犯的罪就是人类的，应该遭受上帝的公义惩罚。

根据上述推论，奥古斯丁实际上已经否定了，意志在初罪之后还有意愿善的内生能力，那么这就与《罗马书章句》44.1-3对意志先于恩典而成为信仰的开端的解释发生了冲突。究其原因，奥古斯丁此时还没有开始反思自己已经获得的全部理论成果，系统性地考察各个概念之间的逻辑关系，以至于不能在释经论证中把形而上学论证和历史神学论证贯彻到初解《罗马书》中，反而试图以注释保罗书信的方式来反驳摩尼教的道德决定论，极力为意志留下可以选择善的余地，从而在"意志"概念之中和意志与恩典的关系上衍生出了不可调和的矛盾。对于这一矛盾，要等到《致辛普里西安》1.2 才会得到初步解决。

在本章以下，我们会展示奥古斯丁对信仰动力学的分析，梳理其中各个要素之间的前后排列，集中关注雅各何以被拣选和法老的心何以会刚硬，再考察对呼召的回应和绝望，表明他此时以人类意志的方向的多样性来界定上帝的公义，最后探讨他在公义和功德学说上的渐进转变。

第二节　信仰的动力要素

在 4 世纪 90 年代中期，四个阶段学说一直是奥古斯丁注释保罗书信时的解释框架，其中把《罗马书》第 7 章看作"在律法之下"，把第 8 章看作"在恩典之下"，而第 9 章就是人类如何在上帝的拣选中完成这一人生阶段的过渡。

在《罗马书章句》55 中，借助解释《罗马书》8：29-30，奥古斯丁论述了上帝在信仰动力学中的主动做工：

> 信上说，"他所呼召（*vocauit*）的人，又称他们为义（*iustificavit*）"（《罗马书》8：30），保罗能够认识到，并被追问，是否所有被呼召的人都被称为义。但我们在别处读到，"被呼召的人

多，被拣选(electi)的人少"(《马太福音》22：14)。不过，由于被拣选的人肯定被呼召了，这就表明，除非被呼召，否则不会被称为义；但不是所有被呼召的人都被称为义，而只是那些"按他旨意(secundum propositum)被呼召的人"，正如保罗刚才所说的(《罗马书》8：28)。必须认识到，这旨意是上帝的，不是他们的。至于什么是"按他旨意"，保罗就解释说，"因为他预知(praescivit)的人，就预定(praedestinavit)他们效法他儿子的形象"(《罗马书》8：29)。不是所有被呼召的人都是按他旨意被呼召的，因为这一旨意关涉到上帝的预知(praescientiam)和预定(praedestinationem)。上帝不会预定某个人，除非他预知这个人将会相信并追随他的呼召，保罗说，这样的人才是"被拣选的"。许多人没有来，虽然已经被呼召，但没被呼召的就没有人会来。(《罗马书章句》55.1-5)

与摩尼教的《圣经》观不同，奥古斯丁坚持《新约》与《旧约》的合一和不同经卷之间的合一。而这就使得，在解释某一节经文时，他可以引用其他经文加以辅证或说明，经文之间不应该存在任何矛盾(《论基督教教导》3.28.39)。基于这一以经解经的释经方法，在解释《罗马书》8：30时，奥古斯丁就引用《马太福音》22：14来论证呼召与拣选之间的关系，又依从《罗马书》8：28-29来论证拣选是出于上帝的预知和预定，表现为他的旨意。

在信仰的开启过程中，奥古斯丁强调上帝的主动介入，呼召(vocavit)、拣选、预知(praescivit)、预定(praedestinavit)和称义(iustificavit)等一系列动作都是上帝发出的，而人则更多是被动地承受，被预知、被预定、被呼召(vocati)、被拣选(electi)和被称义(iustificentur)，随后所主动回应的只是相信(*crediturum*)、追随(*secuturum*)和效法(*conformes*)。可以说,这一段梳理是完全按照保罗的论述展开的,从术语到其间的前后顺序也都是保罗的,而除了意志之外,奥古斯丁并没有添加任何新的动力要素。不过,在这一"救赎的次序"(*ordo salutis*)中,因信称义的学说被广泛接受,无条件拣选或绝对预定却多遭抵制,后二者似乎同样是来自保罗。①

依据《论两个灵魂》10.12-14 的分析,行为有出于意志或出于强迫之分,但只有出于意志的行为才可能是罪(《论两个灵魂》10.14),进而可以受到公义的惩罚。在从上帝到创造物的善的秩序中,信仰的开端就是意志重新指向至善的转向,只会出于意志的自由决断,因为人类不能被迫地意愿善或信仰。由此,在逻辑次序上,意志在信仰之前,意志转向上帝而成为信仰开端的前提。

虽然初解《罗马书》把《罗马书》10:14-18 看作在处理犹太人如何相信基督的问题(《罗马书章句》66-68),但奥古斯丁会认可其中所描述的信仰发生的历史处境和时间顺序,即从"基督的话"到先知或门徒"奉差遣",再从"传道"到"听道",最后从"信仰"到"呼求",《致辛普里西安》1.2.7 就表明了这一点。与此相对应,上帝已经在永恒中预知和预定了人类的信仰,并在时间中展现为对之的呼召和拣选。② 虽然从上帝的全然能力上说,拣选也在永恒之中,正如《以弗所书》1:4 所说,"就如上帝从创立世界以前,在基督里拣选了我们";但以下会看到,在论述雅各的信仰时,奥古斯丁主要把拣选

---

① Philip Cary, *Inner Grace: Augustine in the Traditions of Plato and Paul*, New York: Oxford University Press, 2008, pp.45, 47.

② Carol Harrison, *Rethinking Augustine's Early Theology: An Argument for Continuity*, Oxford: Oxford University Press, 2006, p.244;亦参见《论真宗教》38。

看作在信仰之前的具体时间中，并不认为人类在出生之前就可以信仰了。①

结合其他三节经文，奥古斯丁解释说，在逻辑次序上，上帝先行预知了某人将来会信仰，才会预定他将被呼召、拣选和称义；呼召并不都出于预知和预定，也不等同于恩典，但只有出于预知和预定，即出于上帝的旨意，呼召才会使得某人以信仰来回应，从而被拣选，之后再被称义。呼召可以是上帝直接发出的(《罗马书》8：30)，也可以是借由先知或使徒发出的(《罗马书》10：16、《哥林多前书》4：15)。它是拣选的必要条件，但不是充分条件。

在这一动力传导过程中，最为关键的是，上帝预知到某人将来会信仰。而依照《论自由决断》第 3 卷对预知与初罪的分析，预知只表示发生的必然性，并不会决定或强迫信仰，那么人类的信仰实际上就成为上帝施行预定和拣选的逻辑前提。虽然预定和拣选总是有效的，但这仍然是把上帝的主动介入建基在人类的主动回应上。如果没有恩典的前置，即恩典在意志转向信仰之前就促使它开启并完成其转向，那么这实际上限制了上帝作为全能者的绝对自由，使之依赖于人类意志的主动回应。当分析上帝为何拣选雅各时，这一逻辑上的矛盾就开始浮现出来，奥古斯丁应该很快就有所觉察，以至于才会不满意初解《罗马书》所取得的理论成果，但直到《致辛普里西安》1.2 才给出初步解决，即在信仰的开端中，上帝的恩典被设置在人类的意志之前。

---

① 对于"永恒-上帝"的观念，T. 莱西(T. Lacey)和埃德温·贝文(Edwyn Bevan)认为，这是从新柏拉图主义引入基督教哲学的，而奥古斯丁就是从普罗提诺的《九章集》3.7.3 中吸纳了这一观念。对此，邦纳并不赞同，认为奥古斯丁可以自我辩护说，《启示录》1：13 对上帝"昔在、今在、永在"的描述只是从上帝与世界的关系上说的，不是从上帝自身的永恒存在上说的。Gerald Bonner, *Freedom and Necessity: St. Augustine's Teaching on Divine Power and Human Freedom*, Washington, DC.: The Catholic University of America Press, 2007, p. 40.

总而言之，对于初解《罗马书》来说，上帝在永恒之中预知和预定，就主动进入了时间，以呼召指向所预知和预定的人，而人类就以相信来回应或追随这一呼召，进入信仰之中，上帝就称之为义。但现在的问题是：一旦把意志与恩典加入其中，这二者究竟处在什么位置，发挥何种作用，又如何完成了对信仰动力的有序传递呢？

第三节 "雅各是我所爱的"

在初解《罗马书》中，奥古斯丁认定，《罗马书》第 7 章是在描述"在律法之下"的人生阶段。在提出"原罪"概念之后，《致辛普里西安》1.1 也没有改变对第 7 章的界定，还在 1.1.15 之后论证了律法的善性，不存在犹太人的律法和基督的律法之分。正是基于这一界定，奥古斯丁在注释《罗马书》第 7 章时只是从古罪、初罪等提出了"原罪"概念，而他的思想变革却发生在对《罗马书》第 9 章的注释中，即如何理解雅各被拣选而以扫被摒弃，如何理解法老的心会"刚硬"。在以下，我们将首先探讨雅各为何被拣选、拣选的发生过程和意志与恩典的关系，以展示初解《罗马书》对雅各难题的处理和其中所蕴含的矛盾。

在整封书信的篇章结构上，《罗马书》第 9 章显然是与第 10—11 章来共同论证，"以色列全家"如何进入耶稣基督的救赎计划中，与外邦人一起领受基督信仰。[1] 然而，伴随着早期教会的急剧扩张，基督徒信众的主体很快从犹太人转到了外邦人，基督信仰成为独立的新

---

[1] Joseph Fitzmyer, *Romans*, New York: Doubleday, 1993, pp. 539-543; Robert Jewett, *Romans: A Commentary*, Minneapolis: Fortress, 2007, p. 557.

宗教。这就使得,"以色列问题"(Israel-question)①不再像保罗时代那样紧迫,反而逐渐成为无足轻重的问题。教父们虽然认可《罗马书》第9—11章中对恩典的强调,但不再像保罗那样关切犹太民族的拣选地位和他们最终如何加入基督信仰。

在这一思想史处境中,奥古斯丁虽然看到,《罗马书》第9—11章叙述了保罗对"以色列全家"的盼望,训诫外邦基督徒不应该为自己的信仰而骄傲(《罗马书章句》66),但在实际注释时,他并不关切犹太民族作为集体将如何承负上帝的救赎应许,而更多以雅各被拣选来论述个体信仰的动力学过程。接续着《罗马书章句》55所罗列的信仰要素,奥古斯丁从《罗马书章句》60开始分析,上帝拣选雅各并没有取消意志的自由决断,反而是依据其预知而行动的,他知道尚未出生的雅各将来会信仰:

> 信上说:"双子还没有生下来,善恶还没有作出来,只是上帝拣选的旨意(secundum electionem propositum Dei)坚立不移,不在乎事工(ex operibus),而在乎呼召(ex vocante)。就有话对利百加说,将来大的要服事小的,正如经上所记,雅各是我所爱的(Iacob dilexi),以扫是我所恨的(Esau odio habui)。"(《罗马书》9:11-13)这就使有些人认为,使徒保罗取消了意志的自由决断,即借着它,我们会以敬虔的善亲近上帝,而以不敬虔的恶冒犯上帝。因为他们说,双子还没有生下来,善恶还没有作出来,上帝

---

① 德国学者维利巴尔德·拜施拉格(Willibad Beyschlag)在1868年最先提出这一术语,旨在反驳以奥古斯丁为代表的对《罗马书》第9—11章的解释传统。Peter Gorday, *Principles of Patristic Exegesis Romans 9-11 in Origen, John Chrysostom, and Augustine*, New York: The Edwin Mellen Press, 1983, p. 245 note 2.

就爱这个,恨那个。但我们回答说,上帝这样做是借着他的预知(*praescientia*),他知道还没有生下来的人将来会是怎样的人。没有人会说:"上帝拣选了他爱的人的事工(*opera*),因为他预知了这将来的事工,虽然它们还没有做出来。"如果上帝拣选了事工,那么使徒怎么说拣选不在乎事工呢?由此,这应该理解为,善的事工(*opera bona*)是借着爱(*per dilectionem*)做出来的,而爱是借着圣灵的恩赐临到我们的,就如使徒自己说:"借着赐给我们的圣灵,上帝的爱被浇灌在我们心里。"(《罗马书》5:5)由此,没有人应该因自己的事工(*ex operibus suis*)得荣耀,因为这是借着上帝的恩赐才做出来的,而爱亲自在他里面做出善来。(《罗马书章句》60.1-6)

为了论证上帝对"以色列全家"的应许不会落空(《罗马书》9:6),在以撒出生的故事之后(《罗马书》9:9、《创世记》18:10),保罗就引入了雅各出生的故事。其中,如同对尚未怀孕的撒拉,上帝对尚在怀孕的利百加预言说,雅各已经得蒙拣选和应许,将来会成为大国和强族(《创世记》25:23)。而在与上帝的使者摔跤中,雅各被赐名为"以色列"(《创世记》32:28),其12个儿子发展为12个支派(《创世记》49:28),最终延续亚伯拉罕和以撒而成为"以色列全家"的祖宗(《出埃及记》3:15)。与出自以扫的以东人相比,上帝重申了对以色列人的拣选和应许,"我却爱雅各,恨以扫"(《玛拉基书》1:2-3、《罗马书》9:13)。对于《罗马书》9:12-13两节引文,保罗都引自七十士译本,其中的拣选指涉作为集体的以色列民族,而不是作为个体的人。[①]

[①] Joseph Fitzmyer, *Romans*, New York: Doubleday, 1993, p. 563.

然而，在对雅各和以扫故事的再解释中，奥古斯丁不是要论证以色列作为一个民族如何最终实现上帝的亘古应许，而是要论证上帝的应许和主动介入如何不取消人类的意志的自由决断，信仰究竟如何开端，而不在乎事工的拣选到底拣选了什么。这一论证目标可以划分为，同为没有出生、没有做出事工的胎儿，雅各为何被拣选，而以扫为何未被拣选。初解《罗马书》仅重点处理了雅各难题，即拣选是如何发生的，而对以扫难题的深度反思要等到《致辛普里西安》1.2，最终却反过来迫使奥古斯丁承认，上帝的拣选是人类不可测度的，是不可知的奥秘。

在《罗马书章句》60一开始，奥古斯丁否认了摩尼教的释经，为意志的自由决断辩护。① 可以看到，这里的意志还是在初罪之前的意志，完美地保存着指向"敬虔的善"和"不敬虔的恶"的两个方向，其自身能够亲近上帝或冒犯上帝。具体到雅各和以扫身上，二者都还没有出生，没有善行和恶行之分，但已经在初罪之后。对于上帝的拣选，奥古斯丁使用了《罗马书》8:29的预知说(《罗马书章句》55.3-4)，但所预知的不是事工，因为"善的事工"是借着"爱"做出来的，而"爱"是借着"圣灵""被浇灌在我们心里"。也就是说，在这一连续过程中，虽然事工是人类主动做出的，但这基于人类之前被动承受了爱，而爱又是上帝借着圣灵而主动赐予人类的，其中就存在着从上帝、圣灵、爱、人类到事工的动力传导，上帝绝对主动地提供了这一动力因。由此，对于已经出生的人类来说，即使做出了善的事

---

① 罗伯特·威尔肯(Robert Wilken)认为，这里对意志的能力的辩护遵循着早期教父的足迹。Robert Wilken, "Free Choice and the Divine Will in Greek Christian Commentaries on Paul", in William Babcock ed., *Paul and the Legacy of Paul*, Dallas: Southern Methodist University Press, 1990, pp. 123-140. 但我们会看到，初解《罗马书》的努力更多是为了敬斥摩尼教的道德决定论，但最终并没有取得预想的效果。

工,人类也不应该因此被拣选,更何况还没有出生的雅各。

接续以上论证,奥古斯丁就必须追问:既然拣选的对象不是善工,那么上帝到底拣选了什么,是什么造成了尚未出生的雅各和以扫的迥然差异?如果雅各和以扫绝对平等,那么上帝在拣选上的不平等是否违背了他的公义?既然意志的自由决断仍然存在,那么它究竟如何参与到上帝的拣选中,人类的意志的自主性与上帝的恩典的主动性如何促生了信仰的开端?① 在《罗马书》60.7-15 中,奥古斯丁就把预知说下降到对个体将来的信仰的预知,而上帝的拣选就是根据他的预知而随后施行,虽然这些都是在永恒之中进行的:

> 那么,上帝拣选了什么呢?因为如果他把圣灵(spiritum sanctum)赐给他所属意的人,爱就借此做出善来,那么他如何拣选呢?拣选他所恩赐的人吗?如果不是按着功德(merito),那就不是拣选,因为在功德之前(ante meritum),所有人都是平等的(aequales),在完全平等的东西中不能被称为拣选。但既然圣灵只被赐给相信的人(credentibus),上帝就的确没有拣选他自己所保证的事工,因为在他赐下圣灵时,我们就会借着爱(per caritatem)做出善来,但他却拣选了信仰(fidem)。因为除非某个人相信他,并出于意志而坚持去接受,否则就得不到上帝的恩赐,即圣灵;而借着圣灵所浇灌的爱,他就能行出善来。由此,上帝不是拣选他所预知的事工(opera),这事工是他将赐予的,而是拣选了他所预知的信仰,以至于会拣选他自己预知将来相信他的人,再赐予圣灵,使之借着做出来的善而得到永生。使徒保罗还

---

① 这一反向推理正是建基于赏善罚恶的公义观之上。Philip Cary, *Inner Grace: Augustine in the Traditions of Plato and Paul*, New York: Oxford University Press, 2008, p. 47.

说,"上帝却是一位,在众人里面作(*operatur*)一切的事"(《哥林多前书》12:6),但从未说,"上帝凡事相信"(《哥林多前书》13:7)。由此,我们相信,是我们的,而我们行出来的善,是他的,因为他赐圣灵给相信他的人。这些话可以驳斥某些犹太人,他们已经相信了基督,因在恩典之前(*ante gratiam*)所做的事工得了荣耀,就声称借着自己先前的善工而应当得到(*meruisse*)同样的福音的恩典,但没有人能够做出来善工,除非他得到了恩典。然而,恩典是,呼召临到罪人,而当时,他还没有任何功德,除了要被定罪。如果被呼召的人借着自由决断追随了呼召,那么他就将应当得到(*merebitur*)圣灵,并借此能够行出来善,而借着自由决断坚持在圣灵中,他将来还应当得到永生,这永生不能被任何瑕疵所败坏。

在初解《罗马书》中,奥古斯丁对拣选的阐释基于《论自由决断》1.1.1对公义的阐释。这就是说,上帝的公义是赏善罚恶(《论自由决断》1.1.1),而人类没有行出任何善,上帝就不会施予任何奖赏,无论是拣选、圣灵,还是恩典。然而,正如《与福图纳图斯的辩论》22所论证的,意志在初罪之后已经陷入了必然性,受习惯的强力束缚而不能意愿善和行善。由此,我们就会看到,《罗马书章句》60.7-15没有坚持住对意志的两个阶段的划分,在否定意志能够独立行善的同时,却肯定了它能够独立意愿善,以开启信仰。

基于认定拣选与公义之间存在平行关系,奥古斯丁就坚持说,在事工或功德之前,所有人都是平等的,在完全平等的东西中不能进行拣选(《罗马书章句》60.8),那么上帝只会拣选将来的信仰,而这是上帝借助其对信仰的预知所实现的(《罗马书章句》60.9)。在这一排除法中,《罗马书章句》60.9 实际上认定了,意志先于恩典所开启的信仰不是事工;但我们其下的分析反而会表明,仅仅出于意志而开启的信仰恰恰是人类自己行出来的善的事工。奥古斯丁应该很快就有所察觉,才促使他在《致辛普里西安》1.2.5 中放弃了以上区分。虽然《与福图纳图斯的辩论》22 已经认识到,只有恩典才能消除意志所陷入的必然性和习惯,使人类脱离罪和死的律,但耐人琢磨的是,对于"恩典"一词,《罗马书章句》在论述信仰的开端时只使用了 4 次,且集中在 60.13-14 两节,其中 60.13 把恩典置于善工之前,而 60.14 则把恩典看作呼召临到全然的罪人,隐约地认可了恩典先于信仰。[1]正如卡里所见,这一内在冲突还会延续到《八十三个问题》68 中,成为奥古斯丁不得不重新直面的难题。[2]

对于雅各被拣选,奥古斯丁解释说,上帝预知到雅各将来会相信,就拣选了他的信仰,或因着信仰才拣选了他。但信仰的开启过程是,雅各以其意志的自由决断主动回应了上帝的呼召,并出于这一意志而呼求上帝的恩赐即圣灵,以自由决断坚持在圣灵里,圣灵就将爱浇灌在雅各的心里,他就能够行出来善工,并最终得以承受永生。在其中,相信(credere)的行为是人类的,就开启了信仰(fides)。正如《罗马书章句》44.3 所表明的,奥古斯丁没有刻意模糊恩典与意志的先后关系,人类是先借着自由决断相信了上帝,之后才得到他的恩典,表现为圣灵所浇灌的爱,成为行善工的必要条件,但并不参与到信仰的开启中。随后,在解释《罗马书》1:7 时,《罗马书断评》11 说:"只有在圣灵之中,使我们从罪中得释放的恩典和使我们与上帝

---

[1] 这呼应着《八十三个问题》68.3,还关涉《致辛普里西安》1.2 中对两种呼召的区分,即合宜的呼召是不是恩典。

[2] Philip Cary, *Inner Grace: Augustine in the Traditions of Plato and Paul*, New York: Oxford University Press, 2008, p. 53.

和好的平安才被赐给众人。"这实际上肯定了，圣灵的赐下是在相信之后，而恩典又是在圣灵之后，且是借着圣灵才能赐下的。对于这一理论成果，邦纳评论说，除了恩典在信仰之后的说法，《罗马书章句》所取得的理论成果是奥古斯丁在驳斥佩拉纠派时期仍然坚持的。[①]

基于《论自由决断》3.18.50之前对意志与预知的论证，无论恩典是否在先，上帝的预知和呼召等都不会强迫雅各将来去相信，相信肯定是意志主动做出的，不能被迫相信，初罪的发生也并不妨碍意志仍然具有自主性。然而，不同于《与福图纳图斯的辩论》22 和《论自由决断》3.18.50之后所论证的必然性和意志堕落后的无知与困难，《罗马书章句》60.7-15却肯定了，相信是意志"独立"做出的，不需要上帝的任何帮助，呼召只是契机，而相信与否在于意志回应或拒斥这一呼召。究其原因，这出于奥古斯丁对意志的阶段的再次划分。依据先前的分析，《与福图纳图斯的辩论》和《论自由决断》划分出意志的两个阶段，即最初被造的完美意志和初罪后陷入必然性的意志；而对于已经陷入必然性的意志，奥古斯丁在这里又划分出两个阶段，即独立地做出决断去相信的意志和在相信之后去实际行善的意志，并以前者论证保罗没有取消意志的自由决断，而雅各就能够在初罪之后仅出于其意志就相信了上帝，同时以后者论证上帝在意志行出来善中只起到辅助作用。

显然，在初解《罗马书》中，奥古斯丁试图以意志的独立性来表征其自主性，甚或没有看到二者之间的差异，使得在论证信仰的开端

[①] Gerald Bonner, *Freedom and Necessity: St. Augustine's Teaching on Divine Power and Human Freedom*, Washington, DC.: The Catholic University of America Press, 2007, pp. 41-42. 可以说，这一评论接续了卡罗尔·哈里森对奥古斯丁早期恩典学说的考察，显示了"恩典"概念的演进过程。Carol Harrison, *Rethinking Augustine's Early Theology: An Argument for Continuity*, Oxford: Oxford University Press, 2006, pp. 238-265.

时，他实际上或者把必然性仅仅看作行为上必然作恶，或者认为初罪之后陷入必然性束缚的意志却可以独立地突破这一束缚。虽然《致辛普里西安》1.1.11还暗含着第一种可能，但《与福图纳图斯的辩论》22和《论自由决断》第3卷已经否证了，人类在初罪之后还能够不需要上帝的帮助而独立地意愿善，《致辛普里西安》1.2对恩典先在的最终认可也否证了这一点。这就是说，《罗马书章句》60.7-15所凸显出的矛盾可以在其理论自身中得到妥善解决，但为了以释经论证来尽力驳斥摩尼教的道德决定论和对人类意志的否定，奥古斯丁就不自知地暂时忽视或隐藏了这一矛盾，使得他在初解《罗马书》之后立即意识到其中的致命缺陷，从而才会在《致辛普里西安》开头就表达了对之前释经的不满意。

与初解《罗马书》相比，在分析善好行为的发生机制时，佩拉纠区分出可能性(possibility)、意志和行为三个组成部分，其中可能性是上帝赐予的，但意志和行为都是人类独立做出的。① 显然，奥古斯丁此时认可前两个部分，而只是认为，只有上帝在人类意愿善之后再赐予恩典作为帮助，人类才能做出来善好行为。就如马赛派一样，与《论自由决断》相比，佩拉纠更可以引用初解《罗马书》的理论成果来为意志的向善能力辩护(《书信》226、《论圣徒的预定》3.7)。

在以上论证中，奥古斯丁似乎既维护了意志的自由决断的当下存在，可以独立地开启信仰，又维护了上帝的公义，即上帝出于对雅各的将来信仰的预知而拣选他，且出于预知到以扫将来不会相信就不拣选他。这里暗含的理论前提是，和预知一样，拣选并不决定或强迫信

---

① 《论基督的恩典与原罪》1.3-4; Gerald Bonner, *Freedom and Necessity: St. Augustine's Teaching on Divine Power and Human Freedom*, Washington, DC.: The Catholic University of America Press, 2007, pp.66-67。

仰的发生。对于整个信仰进程来说,呼召虽然对不同的人表现为不同的形式,但没有合宜或不合宜之分,本身不是恩典,也没有吸引或转变意志的有效能力。其充其量是一个邀约,最终做出自由决断的还只是意志,上帝则保证他对信仰的预知必然发生,并随后赐予圣灵,借之赐下恩典和爱,使相信的人现在可以行出来善的事工,又以永生来报偿。①

基于这一论证框架,奥古斯丁接下来就解释《罗马书》9:15,划分了人类的意志与上帝的帮助在信仰而后成圣过程中的不同作用:

> 信上说:"我将来怜悯了(*misertus ero*)谁,就将怜悯(*miserebor*)谁;我将来恩待了(*misericors fuero*)谁,就将恩待(*misericordiam praestabo*)谁。"(《罗马书》9:15)这里表明,在上帝那里并没有不公正(*iniquitatem*),但当有些人听到,"双子还没有生下来,雅各是我所爱的,以扫是我所恨的",他们就能不这么说。他说:"我将来怜悯了谁,就将怜悯谁。"当我们还是罪人的时候,上帝首先(*primo*)怜悯了我们,就呼召我们。他还说,"我将来怜悯了谁","我"就呼召谁,而当他将来相信了,这时(*adhuc*)"我就将怜悯谁"。到这时(*adhuc*)会怎么样,除了上帝赐圣灵给那相信且呼求的人?借着所赐予的圣灵,上帝就将恩待他将来恩待了的人,使他会受恩待,而又借着爱,他就能够行出来善。由此,没有人把他借着这恩待而做的归功于自己,因为上帝已经借

---

① 在《罗马书评注》7.16.5 中,奥利金认为,自由决断(*liberum arbitrium*)是人类最本己的能力,而信仰历程就是人类的努力与上帝的帮助的结合,但"比起人,更多地归功于上帝"。虽然《与福图纳图斯的辩论》22 已经看到,自由意志(*libera voluntas*)在初罪后陷入了必然性和习惯,但在这里,奥古斯丁对信仰历程的分析却大致符合奥利金的释经思路。Thomas Scheck trans., *Origen: Commentary on the Epistle to the Romans: Book 6-10*, Washington, DC.: The Catholic University of America Press, 2002, p. 116.

着圣灵把爱赐给他了,而没有爱,就没有人能够受恩待。上帝不是拣选行善的人(bene operantes),而是拣选相信的人(credentes),使他们行出来善。是我们去相信(credere)和去意愿(velle),是上帝去把借着圣灵行善工的能力赐给相信的和意愿的人,而借着圣灵,上帝的爱就被浇灌在我们心里,使我们受恩待。(《罗马书章句》61.1-7)

《罗马书》9:15引自《出埃及记》33:19,其中15a与15b并列,但依从七十士译本的译文。不同于古希腊文原文和拉丁标准译本,奥古斯丁所使用的译文在时态上却是将来时与将来完成时的搭配,直译为"我将来怜悯了谁,就将怜悯谁;我将来恩待了谁,就将恩待谁"。弗雷德里克森看到,奥古斯丁的解释是依据这种时态变化而展开的。[①]

正如《罗马书章句》9对"上帝的忿怒"的分析,上帝是在永恒之中,没有变化,但他施行和多次介入救赎历史仍然可以用时间来衡量,就有了《罗马书》9:15中的时态差异。对于人类来说,整个信仰进程被划分为三个时间段,即信仰之前、意志开启信仰和信仰之后。利用以上的时态变化,奥古斯丁解释说,将来完成时的"我将来怜悯了谁"指上帝的呼召,对将来的这一应许在现在已经完成了,人类以意志独立地回应这一呼召,开启了自己的信仰;而将来时的"我就将怜悯谁",指上帝"到这时"拣选了相信的人,并赐下圣灵,使之借着爱行出来善的事工。对恩待的解释可以依此类推。时态的变化对应着上帝的两次介入,而意志的独立回应是其中的桥梁,这样就

[①] Paula Fredriksen, *Augustine on Romans: Propositions from the Epistle to the Romans, Unfinished Commentary on the Epistle to the Romans*, Chico: Scholars Press, 1982, p. 33 note 3.

既维护了人类意志的存在和能力,又为上帝的公义和拣选找到了合适的对象。

通过限制上帝的介入范围,奥古斯丁就把信仰的开端完全留给了意志的自由决断,而预知和拣选都建基在这一将来的意志上,使得尚未出生的雅各会被上帝所爱,只是因为他在出生之后将会"去相信和去意志"。具体来说,由于没有区分呼召的不同性质,上帝就没有实质性地参与到信仰的开端中,他的"首先"(*primo*)介入只是提供一个没有内在力量的呼召,其预知和拣选也在逻辑上依赖于意志的独立转向,即从变化的被造之物转到永恒的创造者上帝。在这一过程中,完全"是我们去相信和去意志",上帝随后提供外在性帮助,不是改变意志的方向,而是增加意志的力量,使之从独立地意愿善进而凭借圣灵和爱实际地行出来善;对于不回应呼召的人,上帝就会施加惩罚,使之因不相信和不意志而心被刚硬,从而不能得到圣灵和永生。这一奖赏与惩罚的对比就彰显了上帝的公义。

对于以上解释,卡罗尔·哈里森认为,奥古斯丁是为了驳斥摩尼教才极力论证意志的能力,以致"暂时地"压缩了恩典的作用范围,但这一做法并不与他此前和此后对恩典的积极论述相互贯通。[①] 对此,卡里也补充说,如果此时不把信仰排除在恩典的作用范围之外,就会削弱驳斥摩尼教的整个论证,但奥古斯丁最终还是放弃了这一努力。[②] 不论以上处理是否可以有效驳斥摩尼教,奥古斯丁把相信置于恩典之前,已经使之前的恩典说形同虚设;恩典不再是"白白赐予的",反而成为上帝对人类意志自主去相信的奖赏,他的拣选和呼召

---

① Carol Harrison, *Rethinking Augustine's Early Theology: An Argument for Continuity*, Oxford: Oxford University Press, 2006, pp. 136-142.

② Philip Cary, *Inner Grace: Augustine in the Traditions of Plato and Paul*, New York: Oxford University Press, 2008, p. 156 note 81.

也取决于人类的意志是否会去相信,而这就同样威胁到了上帝的全能。① 这种内在矛盾还延伸到对法老难题的解释上,使得奥古斯丁逐渐认识到其中的"错误"(error)。

第四节　神圣公义下的罪与罚

依循着相信与不信、奖赏与惩罚的二元解释模式,奥古斯丁把《罗马书》9：16看作对以上论证的总结,意志和奔跑都不足以行出来善,而必须有上帝的帮助;随即把《罗马书》9：17-18的法老看作与雅各相反的事例,因为不相信而受到心被刚硬的惩罚;而保罗对诘问者的回答表明了,上帝从"一团泥"里做出两种器皿的奥秘不是属肉体的人可以追问的;不过,只要以意志来相信,从顺从属土的人转到顺从属天的人,人类自己就成为属灵的人,从而可以知道这一奥秘,犹太人就不应该为来自律法的事工而骄傲。

一、"意愿叫谁刚硬,就叫谁刚硬"

与《致辛普里西安》1.2中的往复求证不同,基于意志独立地去相信与上帝预知和拣选信仰,《罗马书章句》62.1-13是依从这一论证而做出的推论,但主题则从雅各的相信转换到法老的不相信,从奖赏转换到惩罚,以表明上帝的公义的两面性,基本预演了《八十三个问题》68的解释：

> 信上说："据此看来,这不在乎那意愿的人(*volentis*),也不

---

① T. Scott, *Augustine: His Thought in Context*, New York: Paulist Press, 1995, pp. 178-179.

在乎那奔跑的人(currentis)，只在乎发怜悯的上帝。"(《罗马书》9：16)保罗没有取消意志的自由决断，但他说，我们的去意志(velle)并不足够，除非上帝帮助我们，使我们受恩待，以借着圣灵的恩赐而行出来善，正如上文所说："我将来怜悯了谁，就将怜悯谁；将来恩待了谁，就将恩待谁。"因为，除非被呼召(vocemur)，我们就不能去意志(velle)，而在呼召之后，我们将去意志，但我们的意志和我们的奔跑都不足够，除非上帝既添加气力给那奔跑的人，又引领他到自己的呼召之处。由此就显明，这不在乎那意志的人，也不在乎那奔跑的人，只在乎发怜悯的上帝，使我们行出来善，虽然我们的意志还在那儿，但它自己什么都不能够做。(《罗马书章句》62.1-4)

在《罗马书章句》62.1-4中，奥古斯丁认为，《罗马书》9：16总结了《罗马书章句》60、61的解释。基于把初罪之后的意志再划分为两个阶段，在对9：16的解释中，奥古斯丁就把"意愿"和"奔跑"限定为，意志在相信之后试图把自己原本所意愿的善实现出来，并予以否定。与此不同，《致辛普里西安》1.2.21放弃了对第二重的两个阶段的划分，重新将之看作初罪之后陷入必然性的意志，从而得以否定意志先于恩典的可能：

接下来是对法老所受惩罚(supplicio)的见证，经上记着说："我将你兴起来，特要在你身上彰显我的权能，并要使我的名传遍天下。"(《罗马书》9：17)就像在《出埃及记》中读到的，法老的心应该被刚硬(obduratum est cor Pharaonis)，以致甚至不为明明的神迹所打动(《出埃及记》10：1)。由此，法老没有顺从上帝的命令，而这就出于他所受的惩罚。然而，没有人能够说，心的刚硬不应当(*immerito*)临到法老，因为这是出于报偿人的上帝的审断而加给不信者的应得惩罚(*debitam poenam*)。这并不被归咎于上帝，即法老当时不顺服在于，他不能以被刚硬的心来顺服；反而是，他使自己当得如此(*dignum se*)，心被刚硬在于他先前的不信(*priore infidelitate*)。至于上帝拣选的人，不是事工，是信仰，开启了功德，使得他们借着上帝的恩赐而行出来善；而至于他所定罪的人，不信仰和不敬虔开启了惩罚的功德(*poenae meritum*)，使得他们借着这惩罚而作出来恶，就像使徒先前说的："他们既然故意不认识上帝，上帝就把他们交给邪僻的心，以致行那些不合理的事。"(《罗马书》1：28)他就总结说："如此看来，上帝意愿(*vult*)怜悯谁，就怜悯谁；意愿(*vult*)叫谁刚硬，就叫谁刚硬。"(《罗马书》9：18)对于所怜悯的人，上帝就使他行出来善；而对于所刚硬的人，上帝就任凭他作出来恶。不过，那恩待已经被给予基于信仰的先前功德(*praecedenti merito fidei*)，而那刚硬已经被给予基于不敬虔的先前功德，以至于我们就借着上帝的恩赐而行出来善，借着他的惩罚而作出来恶。然而，意志的自由决断并没有被从人类那里夺走，或以至于相信上帝，恩待就临到我们；或以至于不敬虔，惩罚就临到我们。(《罗马书章句》62.5-13)

在《出埃及记》第3—14章中，上帝晓谕摩西带领以色列人离开埃及，去往西奈旷野。在摩西与法老的多次交锋中，法老总是"心刚硬"，不允许以色列人离开。《罗马书》9：17引用了《出埃及记》9：16，是上帝在六灾之后让摩西告诉法老的话，而其下9：18则总结了

9∶15 和 9∶17，分别对应着雅各被怜悯和法老心刚硬，最终彰显了上帝的权能，传扬了他的名，证明他必将能够成就自己对亚伯拉罕的应许。对于心刚硬的肇始者，《出埃及记》有时将之归诸上帝的作为，如 4∶21、7∶3、9∶12 和 10∶20 等，有时将之归诸法老自己，如 7∶13、7∶22、8∶19 和 9∶35 等，《罗马书》9∶18 则借用了七十士译本的译词(sklerynei/hardens)，表示上帝的主动作为。①

与保罗的用法相对应，奥古斯丁解释说，法老的"心刚硬"是被动的，即因为他"先前的不信"，出于公义而赏善罚恶的上帝随后就惩罚了他，使之不能被神迹打动，而只会继续抵挡自己的命令，招致更多的灾祸。依循着意志对呼召的不同反应，《罗马书章句》62.9 划分出了两类人：第一类人出于意志独立地回应呼召，就开启了信仰，从而得到上帝的奖赏就行出来善，以雅各为代表；第二类人则出于意志独立地拒斥呼召，就开启了不信仰和不敬虔，从而得到上帝的惩罚就行出来恶，以法老为代表。随后，奥古斯丁引用《罗马书》1∶28 作为对第二类人的辅证，而最后肯定，意志的自由决断仍然存在，可以独立地使人类去相信或不相信，决断的自主性完全在于意志自身。

正如上文所说，对于初罪后的意志，奥古斯丁进一步划分出两个阶段，即意愿并相信的意志和在相信之后去行善的意志，人类可以独立地完成第一阶段，但只有借助上帝赐予的圣灵才能够完成第二阶段。配合着上帝预知说，这一划分的确可以解决雅各难题，既维护了意志的自由决断的存在，又维护了上帝的公义，使赏善罚恶都建基于意志对呼召的不同反应上。然而，我们很快发现，这一解释模式在解

---

① Joseph Fitzmyer, *Romans*, New York: Doubleday, 1993, p. 567.

决法老难题时将会产生矛盾。在奥古斯丁看来，上帝预知了法老的不信，就不会拣选他，而法老出于初罪后的意志拒斥了上帝的呼召，并因为不信而受到惩罚，使自己的"心被刚硬"(cor obduraretur)，从而继续犯罪。

在《罗马书章句》62.7-8中，奥古斯丁极力证明，上帝对法老所做的惩罚针对其"先前的不信"，是公义的，但这仍然不能避开其中所提到的反驳，"法老当时(tunc)不顺服在于，他不能够以被刚硬的心来顺服"。这一反驳显然意识到，作为历史事件，摩西与法老的交锋包含着时间的前后流逝和事件的次第发展，而上帝使心刚硬的命令或介入已经进入时间之中，即在与摩西的对话中，且在法老不顺服之前。无法否认的是，如果前五次不顺服是出于法老的不信的话，那么恰恰是由于"心被刚硬"，法老才会第六次不顺服于上帝的神迹，而奥古斯丁对相信与惩罚的区分只是强化了这一反驳。

基于形而上学论证和历史神学论证，意志在其自然上是自主的和主动的，不能被强迫，即使在初罪后陷入必然性、无知与困难，意志仍然是自己的主人，虽然总是选择了作恶。与此不同，在法老那里，"心被刚硬"是在他实际地作出来恶之前就完成的，而基于之前对灵魂的分析，这里的"心"只会指意志本身，那么其所受的惩罚就不是意志进行决断的必然结果，而是其原因了。依此推论，法老后来不相信神迹是出于上帝的第二次介入，使他的意志已经被刚硬，那么这就违背了意志在作恶中的主动性和独立性，即事先"被刚硬"的意志去作恶，已经不仅仅是出于发生的必然性，而更是出于强迫的必然性了，上帝在其中就难辞其咎。而基于奥古斯丁所一贯坚持的公义原则，出于强迫的必然性而作的恶不能被归咎任何罪责(ulla culpa)(《论自由决断》1.1.1、3.1.1)，也就不应该再受到惩罚，那么这实际上就与解释法老难题的初衷产生了矛盾。正是因为看到了以上矛盾，在重解法老难题时，《致辛普里西安》1.2.15 就认为，上帝的"刚硬"（obduratio）不是对法老不相信的进一步惩罚，也不是强迫其意志去继续犯罪，而只是"不意愿怜悯"（nolle misereri）他，从而不使他变得"更好"（melior）。

此外，比照对雅各难题的分析，上帝的呼召肯定也临到了法老，否则他不相信就不是他的过错，又由于没有像《致辛普里西安》1.2.13 那样区分出两种呼召，临到出生后的雅各和法老的呼召就是相同的。而如果将《罗马书章句》55、60 的论证引入《罗马书章句》62 中，我们就会发现，在维护人类的意志的自由决断时，奥古斯丁实际上限制了上帝的能力，使他在永恒中的预知、预定和拣选在逻辑上依赖于人类的意志在时间中对呼召的回应或拒斥，并在救赎历史中只充当法官的角色，即仅仅依照永恒法（aeterna lex）对人类的相信或不相信进行赏善罚恶（《论自由决断》1.15.31），以致真正开启救赎历史的不是上帝的呼召，而是人类的意志的自由决断。以意志作为信仰的唯一开端，这使得奥古斯丁难以解释使徒保罗自己的皈依经历，虽然这一皈依是借着意志而自主做出的，但显然不是意志独立做出的，而是"上帝的恩典占了上风"（《回顾篇》2.1.3、《致辛普里西安》1.2.22）。

二、相信与拣选

在三次旅行布道中，保罗多次因自己的福音受到各种非议，《罗马书》9:19 就是其中之一。[①] 不过，依照以上对初罪后的意志的两个阶段的划分，9:19 就没有表明，上帝所指责的是什么：是人类的不

[①] 亦参见《罗马书》3:7-8、15:31，《哥林多前书》9:1、16:9，《哥林多后书》10:10，《加拉太书》1:7。

相信，还是人类在不相信之后被惩罚而继续作恶？如果是后者，既然人类被怜悯和"心被刚硬"都出于上帝，那么作恶在出于人类的意志的同时，也部分出于上帝对意志的惩罚，这样奥古斯丁自己恰恰逃不出反对者对保罗提出的诘问；而如果是前者，那么人类现在要做的就不是继续停留在上帝的指责里，而是借着自己的意志去相信上帝，成为"属灵的人"，从而最终得以理解上帝的整全意志。

在对《罗马书》9：19以下的解释中，奥古斯丁就遵循了第二条路径：

> 对于所得出的结论，保罗就引入一个问题，如同是反对者提的。"这样，你必对我说，他为什么还指责人呢？有谁抗拒他的意志(*voluntati eius*)呢？"(《罗马书》9：19)他合理地回答了这一诘问，使得我们认识到，只有对属灵的人，而非依从那属土的人(*terrenum hominem*)生活的人，信仰和不敬虔的先前功德(*prima merita fidei et impietatis*)才能够显明起来，预知人的上帝就拣选将来相信的人，并定罪将来不相信的人。他拣选那些人不基于事工，定罪这些人也不基于事工，只是赋予那些人的信仰，以使他们行出来善，借着离弃而刚硬这些人的不敬虔，以使他们作出来恶。就像我说的，这一认识显明给那些属灵的人，却远离属肉体的智慧。这样，保罗就反驳了诘问的人，使他看到，自己应该先脱去泥做的人，以应得借着灵来考察这些事。由此，保罗说："你这个人哪，你是谁，竟敢向上帝强嘴呢？受造之物岂能对造他的说，你为什么这样造我呢？窑匠难道没有权柄，从一团泥里拿一块作成贵重的器皿，又拿一块作成卑贱的器皿吗？"(《罗马书》9：20-21)他说，只要你是受造之物，像一团泥(*massam lu-*

ti),就还没有被引到属灵之物,而等你成为属灵的,你就审判万事,却不被任何人审判,你应当约束自己不这样诘问或向上帝强嘴。相应地,任何人想知道上帝的旨意,就要先被接纳入他的友谊,而只有属灵的人才能带着那属天的人的形象。因为主说:"以后我不再称你们为仆人,我乃称你们为朋友,因我从我父所听见的,已经都告诉你们了。"(《约翰福音》15:15)因为只要你是窑匠的器皿,你就必然先被铁杖打破,就如经上记着说,"你必用铁杖打破他们,你必将他们如同窑匠的器皿摔碎"(《诗篇》2:9),以至于外面的人(*exteriore homine*)被打破了,里面的人(*interiore*)就得了新生,你就在爱里有根有基,明白上帝的爱何等长阔高深,晓得其至高知识(《以弗所书》3:17-19)。现在,从同一团泥里,上帝做出一些贵重的器皿,一些卑贱的器皿,这不是让你去品评,无论你是谁,只要仍然按着这团泥活着,你的聪明就在属土的心和肉体上。(《罗马书章句》62.14-23)

很明显,《罗马书》9:19 肯定是保罗在重述反对者所提出的诘问,但对于它与 9:14-18 的关系,早期释经家们却意见不同。为了维护人类的自由决断,奥利金认为,作为一个整体,9:14-19 都是反对者所提出的诘问,其中引用 9:15 和 9:17 来总结 9:16 和 9:18,而即使这一诘问可能危及作为本己能力的自由决断,这正是保罗所反驳的,但保罗对此并未表明态度。[①] 这一解释得到多位希腊教父

[①] Joseph Fitzmyer, *Romans*, New York: Doubleday, 1993, p. 566; Thomas Scheck trans., *Origen: Commentary on the Epistle to the Romans: Book 6-10*, Washington, DC.: The Catholic University of America Press, 2002, p. 113 note 371. 需要说明的是,奥利金的《罗马书评注》的希腊文原本遗失大部,只有鲁菲努斯的拉丁译本流传下来,其中的"自由决断"(*liberum arbitrium*)概念接近于奥古斯丁的"自由意志"(*libera voluntas*)概念,只是亚当的初罪并没有损害人类的自由决断。

的赞同，而克里索斯托就名列其中。① 奥古斯丁则一直认为，9：14-18 仍然是保罗的话，而只有 9：19 是反对者的诘问，使得保罗在下文中举窑匠制陶为例加以驳斥。②

即便对行文结构的分析不同于希腊教父，奥古斯丁此时对意志的维护却与之不谋而合。显然，反对者的诘问是在困惑于或质疑上帝的意志，即为什么他可以"意愿怜悯谁，就怜悯谁；意愿叫谁刚硬，就叫谁刚硬"，而如果这些都是上帝的一手作为，那么他就不应该指责人类去不相信了。与《致辛普里西安》1.2 不同，虽然奥古斯丁这里并不试图把上帝的预知和预定限定在时间中，但基于人类的相信或不相信而做出拣选与离弃，上帝的实际介入仍然是在人类的作为之后才发生的，其后才赐予的恩典并不促生或吸引意志，而只是从意志生发出行动的必要补充，信仰发生的必然性仅仅依赖于意志自身的独立行为。

基于之前的论证，《罗马书章句》62.16 再次总结意志的自由决断与上帝的赏善罚恶之间的对应关系，并在 62.17 中把 9：18 的诘问视为对从不相信到相信的鼓励，即只要完成了从泥做的人到属灵的人的转变，反对者就会认识到，"信仰与不信仰的先前功德"是造成 9：18 中被怜悯或被刚硬的原因，从而不再会像 9：19 那样追问了。在从不相信到相信的转变中，"属土的人"指被造和堕落的亚当，而其后裔也都生为"泥做的人"（*homo luti*）(《论自由决断》3.20.55)；"属天的人"指基督，而只要人类相信基督，就会得到圣灵，成为"属灵的人"。之所以一定要坚持"功德"概念，就在于这不仅可以

---

① Joseph Fitzmyer, *Romans*, New York: Doubleday, 1993, p. 566；克里索斯托：《罗马书布道集》16.7；Nicene and Post-Nicene Fathers 1-11。现代《罗马书》释经研究已经否定了希腊教父对这里的行文结构的划分，而认可了奥古斯丁的看法。

② 除了《罗马书章句》61-62，亦参见《驳朱利安未完成》1.141.1-5，但不同的是，后者旨在论证人类的意志开启信仰在于上帝白白赐予的恩典。

维护上帝的公义，也可以维护人类的意志自由，使上帝的惩罚和奖赏都有所凭依，不是随意妄为，同时使人类的意志保持意愿善的内在能力，不像摩尼教所论的必然作恶。① 正如下文所论，这一坚持还集中表现为《八十三个问题》68.4 提出"最隐秘的功德"概念，但《致辛普里西安》1.2 却完全放弃了以上的功德观，开始肯定拣选只在于恩典。

依从相信与不信的二元划分，奥古斯丁解释了保罗所举出的窑匠制陶的例子。在上帝与人类的关系上，上帝是创造者，人类是被造物，而在亚当堕落之后，人类都从属于"一团泥"（massa luti），彼此没有分别。在词义上，massa 是 9：21 的 conspersio 的同义词，但在 4 世纪 90 年代中期的《罗马书》注释中，massa 迅速获得了重要的神学意涵，成为原罪说的理论基础。② 在论述窑匠抟泥制作不同器皿时，奥古斯丁没有像《罗马书章句》61.7 那样明确区分人类与上帝的不同分工，即人类去意志和相信，上帝随后去赐予恩典，反而凸显了上帝作为创造者的优先"权柄"（potestatem），开始预示着《致辛普里西安》1.2 中的重新解释。反对者向上帝强嘴，在于不理解他的意志，而只要借助自己的意志进入信仰，所有人都可以"被接纳入他的友谊"，成为基督的朋友，明白上帝的爱的"长阔高深"（《以弗所书》3：18）③，而尚未信仰的人就不应该凭空质疑上帝的意志。

接续这一论证思路，《罗马书章句》63 解释了《罗马书》9：22。显然，"那可怒、预备遭毁灭的器皿"是指法老，因其"先前隐藏的不

---

① Philip Cary, *Inner Grace: Augustine in the Traditions of Plato and Paul*, New York: Oxford University Press, 2008, p. 47；亦参见《八十三个问题》24。

② Paula Fredriksen, "massa", in Allan Fitzgerald ed., *Augustine Through the Ages: An Encyclopedia*, Grand Rapids: William B. Eerdmans Publishing Company, 1999, p. 545.

③ 在初解《罗马书》中，奥古斯丁三次引用了这节经文；亦参见《罗马书章句》62.14-23、《八十三个问题》68.2。

敬虔"而遭受"心刚硬"的惩罚。而"那蒙怜悯、早预备得荣耀的器皿"是指将来相信的人,如雅各。上帝预知了他们的信仰,就施予第一次的怜悯即呼召(《罗马书章句》61.2-3),使他们脱离谬误(ab errore),并在他们相信后再施予援手(opem)(《罗马书章句》63.1-2)。正如先前所说,在驳斥摩尼教的同时,对《罗马书》的注释也涉及书信自身的关切,即驳斥犹太人对自己行律法的事工的夸口,奥古斯丁甚至把9:24-25看作以上"全部论证的意图",肯定了拣选在于信仰,不在于事工,从而在犹太人和外邦人之间为后者的信仰权利做出辩护(《罗马书章句》64.1-2)。

综上所论,在初解《罗马书》中,奥古斯丁以雅各的将来相信和法老的过去不相信来论证信仰的开端。针对上帝的先行呼召,相信在于人类以意志独立地进行回应,而不相信在于人类以意志独立地进行拒斥。前者使得,人类可以从"在律法之下"进入"在恩典之下",得到上帝随后赐予的恩典;后者使得,人类仍然在律法之下。而如果因着拒斥以致绝望于出于意志的悔改和出于恩典的救赎,那么这就是《罗马书断评》所着重解释的"干犯圣灵"的罪,在"今世来世总不得赦免"(《马太福音》12:23)。为了"努力维护人类的意志的自由决断"(《回顾篇》2.1.3),奥古斯丁把上帝的恩典和惩罚置于同一地位,作为对意志转向的公义报偿,在信仰的开端中排除了上帝的主动作为,而人类独立且自主的意志是信仰的唯一发动者。

第五节 "干犯圣灵"的绝望

在《罗马书章句》之后,《八十三个问题》68再次解释了《罗马书》9:18-23。虽然仍旧坚持前者的解释模式,但奥古斯丁提出了更为明确的罪论,把所有人都看作"罪的团块"(massa peccati),就为《致辛普里西安》1.1.10提出"原罪"概念铺平了道路。而在解释了《罗马书》1:1-7之后,《罗马书断评》转而解释"干犯圣灵"的罪,并将之解释为对救赎的绝望,从而肯定人类意志具有独立且自主地拒斥上帝呼召的能力,补充和完善了《罗马书章句》对堕落后的意志的双重方向的论证。

以下将梳理福音书中的说法,之后依从《罗马书断评》和晚期《布道》来解释这一释经问题,以显明"干犯圣灵"的含义如何从肯定人类意志主动拒斥的能力,转换为肯定上帝不主动赐予恩典的权能。

一、福音书中的"亵渎圣灵"

按照对观福音的成书关系,《马可福音》最先写成,而《马太福音》和《路加福音》是借用《马可福音》、Q本和其他素材写成的。①

在《马可福音》3:20-30中,耶稣施展治病赶鬼的大能,但犹太文士却质疑其权柄的来源,"他是被别西卜附着""他是靠鬼王赶鬼"。耶稣用比喻教导他们,若自己靠着鬼王赶鬼,则撒但就自我分裂相争而必要灭亡,并警告说:"我实在告诉你们,世人一切的罪,和一切亵渎的话,都可得赦免。凡亵渎(blasphemaverit in)圣灵的,却永不得赦免,乃要担当永远的罪。"(《马可福音》3:28-29)

除了重述上述情节,《马太福音》12:22-32还记叙,耶稣表明自己的权柄是"靠着上帝的灵(in Spiritu Dei)赶鬼",甚至宣布,"不与我相合的,就是敌我的;不同我收聚的,就是分散的",最后同样警告说:"所以我告诉你们:人一切的罪和亵渎的话,都可得赦免;唯

---

① Bart Ehrman, *The New Testament: A Historical Introduction to the Early Christian Writings*, New York: Oxford University Press, 2000, pp.76-83.

独亵渎(blasphemia)圣灵,总不得赦免。凡说话干犯人子的,还可得赦免;唯独说话干犯(verbum dixerit adversus)圣灵的,今世、来世总不得赦免。"(《马太福音》12:31-32)①相较于《马可福音》,《马太福音》将耶稣的言说演绎得更为丰富,"永不得赦免"被具体化为"今世、来世总不得赦免"。

《路加福音》11:14-23大致对等于《马太福音》12:22-30的治病赶鬼叙事,但"亵渎圣灵"却被置于别的对话场景中。在《路加福音》12:8-12中,耶稣告诫信众要在其他人面前承认自己,以致"凡说话干犯人子的,还可得赦免;唯独亵渎(blasphemaverit)圣灵的,总不得赦免"(《路加福音》12:10)。这显然是说,信众如果在其他人面前不承认基督,就是亵渎圣灵,其罪将永远不会得到赦免。

二、《罗马书断评》与"亵渎圣灵"的罪

对于《罗马书》1:1-7,奥古斯丁承认,其中没有直接论及圣灵,但把1:7看作"愿恩典、平安(gratia et pax)从我们的父上帝并主耶稣基督,归与你们"。其中,恩典和平安是上帝唯独借由圣灵赐予人类的,恩典使人类脱离罪,而平安使人类与上帝和好(《罗马书断评》11.2),由此使得父上帝、主耶稣基督和圣灵构成了三位一体。

然而,脱罪与和好的美好愿景却遭遇到对观福音中的耶稣声称,"亵渎圣灵"的罪"今世、来世总不得赦免"。正如弗雷德里克森所追问的:"如果上帝的爱是如此大,他的仁慈是如此丰盛,那么基督亲口所说的永不得赦免的亵渎圣灵的罪是指什么呢?"② 从《罗马书断

---

① 亦参见《罗马书断评》14。
② Paula Fredriksen, "*Epistula ad Romanos inchoata expositio*", in Allan Fitzgerald ed., *Augustine Through the Ages: An Encyclopedia*, Grand Rapids: William B. Eerdmans Publishing Company, 1999, p.297.

评》14 开始，奥古斯丁转而集中回答《马太福音》12：31-32 中的"亵渎圣灵"问题：

> 如果保罗使用恩典和平安来代表他祈祷三位一体时的圣灵，那么有人绝望于、嘲笑或蔑视有关恩典和平安的预言，恩典洗去各种罪，平安使我们与上帝和好，却拒绝忏悔他的罪，他就是犯了亵渎圣灵的罪。而他决定自己必要沉溺于罪的不敬虔和致死的甘甜中，就如此直到结束。(《罗马书断评》14.1)

可以看到，这里的关键是，有人听闻了有关恩典和平安的预言，却可以主动且自主地绝望、嘲笑和蔑视之，以致拒绝这一预言而至死继续犯罪，没有留任何机会给上帝的拯救大能。

不过，奥古斯丁并非简单地获得这一结论，反而是使用了释经排除法才得到的。在《罗马书断评》14-22 中，奥古斯丁列举出各色人等的各类犯罪，以分析这些罪是否干犯或亵渎了圣灵，且依据《圣经》经文是否可以得到赦免。如果无知于圣灵之名而被欺骗，说话干犯圣灵，则他不会被定为有罪；但如果得知了圣灵之名的含义却仍然说话干犯，则会被定为有罪。如果误把圣子当作圣灵而说话干犯，则只算作干犯圣子，不算作干犯圣灵，正如耶稣所做出的区分；但如果误把圣灵当作圣子而说话干犯，则就算作干犯圣灵而非圣子(《罗马书断评》14.3-8)。

在《罗马书断评》15 中，奥古斯丁集中列举出异教徒、犹太人、撒玛利亚人、行邪术的西门、各种异端派和分裂派亵渎圣灵的案例，分析他们的行为是否可以得到赦免。其中，异教徒干犯三位一体，嘲笑圣子和圣灵，崇拜偶像作为上帝，但如果他们皈依基督信仰，则之前的罪过可以得到赦免。犹太人"抗拒圣灵"(《使徒行传》7：51)，用石头打死被圣灵感动的司提反，见证此事且为这些人看守衣裳的扫罗后来忏悔此罪，在相信基督后被拣选为使徒保罗(《使徒行传》7：54-60)。撒玛利亚人只接受摩西五经为《圣经》正典，但在被治愈的十个大麻风病人中，却只有那个撒玛利亚人回来感谢耶稣(《路加福音》17：11-19)。西门试图拿钱买按手施与圣灵的权柄，在被彼得训诫后忏悔已罪(《使徒行传》8：9-24)。在三位一体论上，各种异端派和分裂派抵挡大公教会的教义权威，都亵渎了圣灵。其中，形态论派(Modalists)否定圣灵实际存在，认为上帝是一，父、子或灵是其不同标签；次位论派(Subordinationists)承认圣灵存在，但否认其是上帝或与子平等；摩尼教认为，圣灵不是在主复活后50天降下，而是在约300年后以人类的形状即摩尼降下；孟他努派(Montanists)否认圣灵降临，认为圣灵在弗吕家拣选先知并借之来言说；多纳图派不承认圣灵的仪式即洗礼，而给那些已经奉父、子和圣灵的名受过洗的人施行再洗礼。在罗列了上述群体在圣灵论上的谬误之后，奥古斯丁劝勉说，只要他们忏悔和改正这些谬误，大公教会就会重新接纳他们，上帝的仁慈也会临到之，即他们"亵渎圣灵"的罪将会被赦免。既然不是所有"亵渎圣灵"的罪都不会被赦免，那么《马太福音》12：31-32就不是泛指所有这类罪，而是特指这类罪中的某一种，奥古斯丁需要继续使用排除法来发现它。

对于受过洗的信徒，无论是出于无知而犯罪，例如童年受洗而不自持，还是明知而故意犯罪，例如西门亵渎圣灵，都可以被赦免，并非诺瓦提安派(Novationists)所认为的，受洗之后所犯的重罪不会被赦免，也不会重新被教会接纳(《罗马书断评》16)。并非出于无知所犯下的罪是干犯人子的，而明知故犯的罪是干犯圣灵的，因为没有什么罪是真正出于无知而犯下的(《罗马书断评》17)。亵渎圣灵的罪不关乎无知或自知，哥尼流在受洗之前就知道上帝的旨意(《使徒行传》10)，而许多人在受洗之后却仍然不知道，自知犯罪却不能自制，这样的信众在大公教会中也比比皆是，但这些罪都可以得到赦免。大卫私通拔示巴而陷害其丈夫，如此重罪却在忏悔和训诫之后得到赦免(《撒母耳记下》11-12)就是最好的例子，其所得的惩罚并非永罚(《罗马书断评》18)。与诺瓦提安派形成对比，多纳图派认为，受洗之后所犯的重罪比如背教可以得到赦免，其方法是重新接受洗礼即再洗礼。奥古斯丁反驳说，信众借助洗礼已经定立了真理的根基，在真理的获取上已然完备，之后犯罪只需要忏悔和训诫就可以得到赦免，而无须重立根基(《罗马书断评》19)。

既然无论哪个群体或何种教义谬误，只要忏悔其罪就可以得到赦免，那么反向推理，不能得到赦免的情形就是拒绝忏悔反而继续犯罪。奥古斯丁将之界定为，"不过是绝望于上帝的释放，继续沉浸在恶行和恶意之中"(《罗马书断评》22.3)，或"绝望于基督所赐予的恩典和平安"(《罗马书断评》23.12)。由此，"亵渎圣灵"且不可赦免的罪不是具体的罪行，而是心理动机上的绝望之罪，因为绝望而不会忏悔，因为继续犯罪而最终沉沦，之后就遭受永罚和永死。

针对《马太福音》12：22-32中的犹太人，奥古斯丁最后评论说：

> 如果他们自己这样行，谁现在还会惊讶于或没有认识到：主耶稣基督已经用这一威胁来呼召犹太人忏悔，从而他会赐予恩典和平安给那些相信他的人？而这些人却抗拒这一恩典和平安，由此亵渎了圣灵，带着绝望和心灵的不敬虔的顽固，毫无忏悔和悔

罪的谦卑，却骄傲地抗拒上帝，继续沉浸于自己的罪中，就在今世、来世不能得到赦免。(《罗马书断评》23.13)

从上述释经论证可以看出，奥古斯丁此时认为，基督呼召以犹太人为代表的整个人类忏悔，但人类可以回应这一呼召，从而相信基督，随即得到他所赐下的恩典和平安；与此同时，人类也可以抗拒这一呼召，绝望而不信仰基督，至死继续犯罪而不得赦免，以致犯下"亵渎圣灵"的罪。在《加拉太书章句》27.3中，奥古斯丁也把保罗对加拉太信众的劝勉解释为"不要绝望"。具体到信仰的开端上，奥古斯丁肯定，人类的相信在前，而基督赐予恩典在后；即使基督赐予恩典和平安，人类也有能力进行抗拒。对于《罗马书断评》的释经成果，弗雷德里克森就评论说：

> 这一解释模式强调了个体的道德自由，直面着上帝的呼召、赐予恩典、明示仁慈和基督之拯救神迹的见证，他的绝望是其自主性的尺度表征。在此意义上，这一评注可以与其不那么正式的同类评注《罗马书章句》相互融贯。①

三、《布道》71与重释"亵渎圣灵"

4世纪90年代中期的思想变革，使得"亵渎圣灵"问题被置于完全别样的理论框架中，而奥古斯丁在417—420年间再次讲授《马太福音》12：31-32，是为《布道》71。从时间上看，《布道》71应该可以

---

① Paula Fredriksen, "*Epistula ad Romanos inchoata expositio*", in Allan Fitzgerald ed., *Augustine Through the Ages: An Encyclopedia*, Grand Rapids：William B. Eerdmans Publishing Company, 1999, p. 297.

代表奥古斯丁之前的思想变革已经完全成熟,在与佩拉纠派的论战中发展出后世流传的原罪论、恩典论和预定论,甚至构建起了西方拉丁基督教的基本理论系统。

承接着《罗马书断评》中的分类,《布道》71.4-5 同样列举出"亵渎圣灵"的各个群体。除了异教徒和犹太人,他还列举出更多的异端派和分裂派,其中包括阿里乌派、弗提尼亚派(Photinians)、马克西米安派(Maximianists)、欧诺米派(Eunomians)、马其顿纽斯派(Macedonians)、撒伯流派(Sabellians)和圣父受苦派(Patripassians)等。这些派别自相纷争,都在圣灵论上偏离了大公教会所秉持的《尼西亚信经》。如果拒不改正教义谬误并重归大公信仰,它们就是"属撒但的国",其"亵渎圣灵"的罪将永远不会得到赦免;但如果忏悔改正,大公教会仍然可以接纳之,并非所有这类的罪都不会得到赦免,否则就没有人可以加入大公教会了,且在大公教会之外也没有赦罪的可能。这就能够推论出,永远不会得到赦免的"亵渎圣灵"的罪只是少许某些(《布道》71.7-10)。

在接下来的分析中,奥古斯丁点明,赦罪的权柄在于三位一体的上帝,而这种不可赦免的罪就是"不悔改"(impenitence),"赦免的这一恩赐仅仅抵挡那心被不悔改所刚硬的人"(《布道》71.20、71.35)。正如埃德蒙·希尔(Edmund Hill)所评论的,《布道》71 是奥古斯丁解释《马太福音》12:31-32 所得出的最终结论,也达到了后世历代释经相对普遍认可的结论,即"亵渎圣灵的罪就是至死不悔改的罪"[①]。早在 417 年左右写成的《书信》185.48 中,"干犯圣灵"也没有被解释为绝望,而是被解释为不相信基督以致第一次死亡。

---

① Edmund Hill trans., *Augustine: Sermons 51-94 on the New Testament*, New York: New City Press, 1991, p. 271 note 1.

虽然《回顾篇》中没有对《罗马书断评》进行实质性修订，但奥古斯丁实际上放弃了早期的绝望说，承认上帝的恩典是人类的意志所不可抗拒的，可以治疗任何作为心理动机的绝望。在《布道》71中，奥古斯丁将"亵渎圣灵"解释为"心被不悔改所刚硬"，不是指人类的意志可以主动抗拒上帝的恩典，而是指上帝并没有赐恩典给他，正如上帝对待法老那样，"使法老的心刚硬"（《出埃及记》7：3），甚至是"如此看来，上帝意愿怜悯谁，就怜悯谁；意愿叫谁刚硬，就叫谁刚硬"（《罗马书》9：18）。

对于法老的心刚硬，《罗马书章句》62.5-13解释说，这是加给不相信者的"应得惩罚"，即上帝主动使其心刚硬，从而惩罚他"先前的不信"。但奥古斯丁很快看到，这一解释不适用于以扫，因为他在被预言时"还没有生下来"，上帝的惩罚不会是出于以扫自己的不相信。相比之下，《致辛普里西安》1.2就肯定，上帝具有完全的主动权，可以进行合宜的呼召并赐予恩典，这一切只建基于其"拣选人的旨意"。对于法老和其他"心被不悔改所刚硬的人"来说，上帝的"神圣惩罚"不是主动地使其意志抵挡呼召，而是不以合宜的呼召和丰盛的恩典临到他，任由其心刚硬而不会相信，从而只能继续犯罪，以致"今世、来世总不得赦免"。这一切在于，人类都承继了亚当的堕落和原罪，上帝可以任凭或坐视他们继续犯罪，并不违背上帝进行对等惩罚的公义，反而是其公义的必要体现。正如《致辛普里西安》1.2.16所说："他使某些罪人心刚硬，虽然是因为他不怜悯他们，但不是因为他迫使他们去犯罪。"既然这样，也就没有任何罪人可以向上帝"强嘴"（《罗马书》9：20），不满于他的救赎计划。

从《罗马书断评》到《布道》71，"干犯圣灵"或"亵渎圣灵"的问题被纳入奥古斯丁逐步成熟起来的恩典论和预定论中。如果上帝的恩典是绝对不可抗拒的，他的预定是亘古不变的，那么他就完全有能力向任何人赐予恩典，使其完成意志的信仰皈依，从而赦免其各种罪，包括"干犯圣灵"的罪，就如同所列举出的异教徒、犹太人、各种异端派和分裂派，甚至是"在罪人中是个罪魁"（《提摩太前书》1：15）的保罗。寓于《致辛普里西安》所开启的思想变革，虽然人类不能以意志自主地绝望于"上帝的释放"，但可以"至死不悔改"而继续犯罪以致不得赦免。这在根本上都取决于，上帝没有赐予其恩典，也没有预定其得救。不过，这并非人类"傲慢地限制了上帝的爱"，而是出于上帝自主地施行惩罚和拯救的全权能力。正如《致辛普里西安》1.2中所论证的，惩罚是上帝对人类犯罪的公正报偿，而拯救是上帝的"最隐秘的公义"，人类作为普遍堕落的被造物无权去质疑自己的创造主。

前后历经20余年，在两次评注"干犯圣灵"问题时，奥古斯丁都肯定三位一体的基本教义，力图维护以《尼西亚信经》为核心的大公信仰，维护大公教会的合一和权威，呼吁各种异端派和分裂派放弃错误理解，回归大公教会。然而，对于上帝赐予恩典给谁或预定谁得救，却是人类因理智上的局限而不能参透和断言的，也就不能彼此论断，而只能自己在今世更加努力地去信仰，在实际的教会生活中更加勤勉地去行善，以之来显明和辅证上帝已经赐予自己恩典和预定。每个人只能相信或坦承自己的救赎，但不能评判别人是否将会被定罪，因为只有上帝才拥有最终的审判权。

第六节　《八十三个问题》68

《八十三个问题》中的诸问题成文于388—395年之间（《回顾篇》

1.26[25].1),其编排也依循着大致的顺序,从哲学探究到《圣经》注释,从《旧约》到《新约》,从福音书到使徒书信。对此,大卫·莫舍(David Mosher)认为:

> 问题的编排依循着一定的顺序,如果不是作者特意想用这一顺序,那就是各个问题的写作处境将之多少强加给他的。因为在返回非洲后,他最初都是在反驳摩尼教;而在出任司铎期间,《圣经》越来越多地占据了他的生活;最后,保罗书信一度成为他每日的精神食粮。在表面的无序中,问题的前后编排大致追寻了奥古斯丁的思想脚踪。①

对于《八十三个问题》66-68 的写作,卡里认为,其在内容上与《罗马书章句》有很多共通之处,很可能是写于几乎同时的。② 我们认同上述看法,其中《八十三个问题》66 对《罗马书》第 7—8 章的分析对应于《罗马书章句》36-52,基本重述了四个阶段的释经学说;《八十三个问题》67 对《罗马书》第 8 章的分析对应于《罗马书章句》53,更为具体地分析了"创造"概念,进而驳斥摩尼教的宇宙论神话;而《八十三个问题》68 对《罗马书》第 9 章的分析对应于《罗马书章句》60-65,再次解释法老难题和窑匠制陶的比喻。

依从上述看法,大卫·罗奇(David Roach)也认为,《八十三个问题》68 与《罗马书章句》59-65 写于同一时期,即在 394—395 年间;

---

① David Mosher trans., *Augustine: Eighty-Three Different Questions*, Washington, DC.: Catholic University of America Press, 2002, p. 11; Pamela Bright, "Augustine", in Jeffrey Greenman, Timothy Larsen eds., *Reading Romans Through the Centuries: From the Early Church to Karl Barth*, Grand Rapids: Brazos Press, 2005, pp. 68-69.

② Philip Cary, *Inner Grace: Augustine in the Traditions of Plato and Paul*, New York: Oxford University Press, 2008, pp. 34-35.

但在具体分析中，他把《八十三个问题》68 置于《罗马书章句》59-65 之前，并认为，相较于前者，后者是对《罗马书》第 9 章的"全景式"（a full-orbed picture）考察。① 然而，罗奇没有看到，《八十三个问题》68 所暗含的思想摇摆恰恰在动摇着《罗马书章句》59-65 的预知论解释，其罪论与意志学说之间的张力被拉到极致，最终才造成了《致辛普里西安》1.1 与 1.2 中的变革和冲突。由此，《八十三个问题》68 更可能成书于《罗马书章句》59-65 之后，而不是之前。

在以下的分析中，我们将会看到，《八十三个问题》68 明确论述了初罪之后的人类境况，梳理了罪、意志与恩典的关系，并提出"罪的团块"（massa peccati）和"普遍的罪"（generale peccatum）等概念，对《罗马书章句》中的解释有明显的发展和突破，基本上可以看作通向《致辛普里西安》的过渡阶段。

在《八十三个问题》68.1 中，奥古斯丁以解释《罗马书》9：20 开始，认为反对者的诘问出于不应该有的"好奇"（curiositas）②，但保罗并非不能给出合理的回答，摩尼教（包括马克安派）也不能认为，这一诘问是其他人所窜添的，而不是保罗所说的。基于对《新约》与《旧约》合一和经文无误的认信，奥古斯丁在这里确立了使徒的权威（auctoritas apostolicae）和《圣经》（libri）的权威，成为大公教会的双重基石。而由之要认识到，在尚不理解这些"神圣奥秘"（divina secreta）时，人类要相信它们能够被理解，因为"除非相信，否则不能理

---

① David Roach, "From Free Choice to God's Choice: Augustine's Exegesis of Romans 9", EQ, Vol. 80, No. 2, 2008, pp. 130-134.
② 在《罗马书评注》7.16.1-8 中，奥利金也批评了反对者的好奇。Thomas Scheck trans., Origen: Commentary on the Epistle to the Romans: Book 6-10, Washington, DC.: The Catholic University of America Press, 2002, pp. 113-118.

解"(《以赛亚书》7：9)①，而不能去轻视或质疑使徒的权威和上帝的旨意。

与《罗马书章句》62 相对比，《八十三个问题》68.2 引用《以弗所书》3：17-18，论证上帝的爱是何等长阔高深；引用《创世记》3：19 和《约翰福音》15：15，论证如何从罪的奴仆转变为基督的朋友，如何从生而有"属土的人"的形象转变为披戴"属天的人"的形象；又引用《哥林多前书》2：12 和 2：15，论证如何成为"属灵的人"。在这一对比中，《八十三个问题》68.2 不仅重述了《罗马书章句》62.14-23 的论证思路，甚至引用了两处相同的经文，可以表明二者之间存在着承继关系。

在解释窑匠制陶的比喻时，《罗马书章句》62 使用"一团泥"来描述人类在亚当初罪之后的处境，《八十三个问题》68.3 沿用了这一说法，首次将之等同和深化为"罪的团块"②，之后论述如何进入信仰，但依然强调恩典在信仰之后，是因为信仰而赐下的：

> 由于我们的自然在乐园里犯了罪，借着同样的神圣旨意，我们就借由必死的代际(*martali generatione*)而被抟塑，不是属天的，而是属土的，即不是属灵的，而是属肉体的，我们都被抟成一团泥(*una massa luti*)，就是罪的团块(*massa peccati*)。借着犯罪，我们失去了所应当得的，上帝的恩待也远离，而除了永恒定罪，没有什么应该临到罪人，出于这一团块的人意愿什么，会向

---

① 这句经文出自七十士译本，奥古斯丁多次引用，以表明信仰在理解之先。参见《论自由决断》1.2.4、2.2.6。

② 《八十三个问题》68.4 使用了"众罪的团块"(*massa peccatorum*)和"一个团块"(*una massa*)等说法，亦参见《致辛普里西安》1.2.16、1.2.17 和 1.2.19 等。

上帝强嘴说:"你为什么造我呢?"如果你意愿知道,就别意愿还是泥(lutum),反而借着上帝的恩待而成为他的儿女,因为他赐权柄给相信他名的人,做自己的儿女,但不给(你所愿意的)那些在相信之前(antequam credant)就想知道神圣之事的人。因为知识的报偿是偿付给应当得的人(meritis),但功德是赐给相信的人。然而,恩典自身是因着信仰才被赐下的(ipsa gratia, quae data est per fidem),我们在恩典之前没有任何功德。因为罪人和不敬虔的人的功德是什么呢?基督已经为不敬虔的人和罪人死了,以使我们被呼召而去相信,不是借着功德,而是借着恩典(sed gratia),但因着相信,我们就会得到功德。由此,罪人就被命令去相信(credere iubentur),使他们因着相信而被洗净诸般的罪。因为他们不知道,借着正直地生活,他们将会看到什么。

在论述信仰的开端时,《八十三个问题》68 延续了《罗马书章句》60-61 中的释经,但多次使用"恩典"一词,明确论证了恩典与意志的前后关系。如同《与福图纳图斯的辩论》22 和《论自由决断》3.18.51-52,《八十三个问题》68.3 肯定,在亚当犯下初罪之后,"我们的自然"(nostra natura)就遭到缺损,在身体上成为必死的,而生于亚当的后裔都低于被造时的亚当,彼此是相同的[①],因为亚当是从土中造的(《八十三个问题》68.2),"我们"也就是"一团泥",又因为亚当的罪而成为"罪的团块"。显然,"罪的团块"这一说法突出了所有人在罪上的平等,虽然这罪不是亚当的后裔所犯下的,而是生而就处在其中的存在境况,但他们受其影响,只会出于发生的必然性而继续

---

① 参见《论自由决断》3.20.55。这里使用"我们的自然",但并不表明"我们"实际参与了亚当的初罪或原罪。

犯罪，最后得到"永恒定罪"。①

不过，为了驳斥摩尼教的决定论和对《罗马书》9：19 的质疑，奥古斯丁在这里试图既维护意志的自由决断，又同时维护上帝的公义，从而把人与人之间的差异锚定在意志回应或拒斥上帝的呼召上，使得信仰是意志独立开启的，而回应与否的差异是上帝以其公义施行赏罚的基础。显然，这里的潜在矛盾是：在罪上的平等如何使人在意志的自由决断上产生差异，陷入相同的必然性的意志如何做出不相同的自由决断？而如果不出现差异，那么上帝的拣选是否是公义的？

正是在这一矛盾之下，奥古斯丁先是肯定，意志先行独立地回应呼召，相信上帝，之后上帝拣选了信仰，并赐予恩典，"恩典自身是因着信仰才被赐下的"。然而，在其下引入基督受难时，奥古斯丁对信仰的动力要素做了关键的倒置。因为所有人都是平等的罪人，那么"去相信，不是借着功德，而是借着恩典"。这就等于承认，恩典应该在"去相信"之前，即在意志之前；人类得到功德，也不是直接因着恩典，而是"因着相信"，功德直接来自他们的相信。基于此，作为"罪的团块"中的一员，人类现在不是独立地去相信，反而是"被（上帝）命令去相信"。命令只能作用在意志上，那么虽然相信是意志主动做出的，但不是独立做出的，这一切都出于上帝的命令，上帝才是人类信仰的真正开启者。前后相较之下，奥古斯丁表面上仍然坚持意志在恩典之前，但已经潜在地认可了恩典的先在，《罗马书章

---

① Paula Fredriksen, "*massa*", in Allan Fitzgerald ed., *Augustine Through the Ages: An Encyclopedia*, Grand Rapids: William B. Eerdmans Publishing Company, 1999, p.546. 根据埃内斯托·布奥纳尤蒂（Ernesto Buonaiuti）考证，奥古斯丁将《罗马书》9：21 中的希腊词 *phrama* 解释为拉丁词 *massa*，但赋予了摩尼教所使用的 *bolos* 的含义，又把保罗这里所使用的隐喻解释为实在，从而"复活了摩尼教的消极主义和极端二元论的人类学"。Ernesto Buonaiuti, "Manichaeism and Augustine's Idea of 'Massa Perditionis'", *The Harvard Theological Review*, Vol.20, No.2, 1927, pp.123-124.

句》60-61 中的释经结论开始被动摇。我们会看到，理论内部的这些冲突还延续到《八十三个问题》68.4-5 中，上帝在信仰开端中的作用开始变得越来越关键。

对于信仰的开端，奥古斯丁没有放弃为意志辩护，但开始承认罪的普遍性，弱化或模糊化了自己的具体论证：

> 也许你对此有所困惑，就回到以上问题：如果他意愿谁，他就怜悯谁；他意愿谁，他就刚硬谁。那他还抱怨什么呢？有谁抗拒他的意志呢？的确，他意愿谁，他就怜悯谁；他意愿谁，他就刚硬谁；但上帝的这一意志不能是不公义的。因为这源自最隐秘的功德（occultissimis meritis），因为那些罪人由于普遍的罪（generale peccatum）而形成一个团块，但他们之间不是没有任何差异（nulla diuersitas）。有某种东西（aliquid）先行（praecedit）在一些罪人中，使他们借此应当得以称义，虽然还没有称义；同样，有某种东西先行在其他罪人中，使他们借此应当得到惩罚。（《八十三个问题》68.4）

出于信仰，上帝的公义必须得到维护。但奥古斯丁现在还把公义界定为赏善罚恶，就使得他不得不在"一个团块"的绝对平等中找出"差异"（diversitas）。这里提出的"普遍的罪"（generale peccatum）发展了"罪的团块"观念，成为罪人之间绝对平等的根基。依据《论自由决断》3.19.54 对两种罪的区分，"普遍的罪"是指从初人亚当那里继承来的罪，但不是每个人实际所犯下的"重复的罪"，即"普遍的罪"只表示初罪对亚当的自然和身体的败坏。这种败坏又借助生育而传递给他的所有后裔，其内涵基本等同于《致辛普里西安》

1.1.10提出的"原初的罪",即"原罪"(originale peccatum)。①

在《八十三个问题》68.4中,为了找出这一"差异化问题"(question of differentiation)②的根源,奥古斯丁提出了"最隐秘的功德"概念,认为它们"先行"存在于"一个团块"中的每个罪人里,成为上帝施予怜悯或刚硬的依据,即包含着善的功德和恶的功德。然而,这一解释方案没有说明:"最隐秘的功德"是什么,它如何可以"先行"进入罪人中?是从亚当的初罪继承的,还是人类的意志独立做出来的?在前者如何产生差别,而在后者又如何产生善?认识到上帝的行事依据却又给不出具体回答,这反而更无法抵挡《罗马书》9:19的诘问,还不如《罗马书章句》62将之诉诸意志的自由决断,上帝依据信仰与否而赏善罚恶。可以猜测,奥古斯丁很可能看到,"普遍的罪"其实破坏了意志的能力,使之不能独立地和自主地意愿善和相信,但他又必须为上帝的公义找出理由,才会提出"最隐秘的功德"这个内涵模糊的概念,却又不能使之融入到《罗马书章句》的信仰动力学中,从而牺牲了先前论证的逻辑连贯性(logical consistency)。③

对于"最隐秘的功德"所体现出的思想摇摆,布莱特恰当地评论说:

《八十三个问题》68特别重要,因为在评论《罗马书》9:20中,奥古斯丁谈及灵魂的"最隐秘的功德",这一论断见证了其

---

① 《致辛普里西安》1.1.10就明确区分了"原初的罪"和"重复的罪"。
② Philip Cary, *Inner Grace: Augustine in the Traditions of Plato and Paul*, New York: Oxford University Press, 2008, p.49.
③ Philip Cary, *Inner Grace: Augustine in the Traditions of Plato and Paul*, New York: Oxford University Press, 2008, p.49.

早期在处理信仰与事工问题上的内在辩驳(interior debate)。①

正是在这种思想摇摆中,奥古斯丁选择了模棱两可的立场,试图把上帝与人类、恩典与意志同时融合进信仰的开端中。在《八十三个问题》68.5中,他重新解释《罗马书》9:16说:

> 的确,"这不在乎那意愿的人(*volentis*),也不在乎那奔跑的人(*currentis*),只在乎发怜悯的上帝"(《罗马书》9:16)。因为即使某个人有较轻的罪甚或有许多较重的罪,尽管借着深长的叹息和忏悔的伤痛,他已经应当得到上帝的恩待,但这不在于他自己,因为如果被遗弃,他就会灭亡,而在于上帝的怜悯,因为他帮助那呼求和伤痛的人。除非上帝去怜悯,那才足以去意志(*velle*),但除非意志已经先在了(*praecesserit*),否则呼召人类进到平安中的上帝就不去怜悯,因为"地上的平安归于心怀善好意志的人"(《路加福音》2:14)。因为没有人能够去意志(*velle potest*),除非已经被劝诫和呼召,或是内在地(*intrinsecus*),没有人看到;或是外在地(*extrinsecus*),借由可听见的话语或其他可看见的记号。就这样,上帝在我们里面做工,使之去意志(*ipsum velle Deus operetur in nobis*)。不是所有被呼召的人都意愿来到主在福音里说的已经预备好了的宴席,而除非被呼召,否则那些来的人就不能来。这样,那些来的人不应该将之归诸自己,因为被呼召了,他们才来;那些不意愿来的人也不应该将之归诸别人,而

---

① Pamela Bright, "Augustine", in Jeffrey Greenman, Timothy Larsen eds. , *Reading Romans Through the Centuries: From the Early Church to Karl Barth*, Grand Rapids: Brazos Press, 2005, p. 68.

应该归诸自己，因为他们被呼召借着自由意志而来。呼召发生在意志应当得到之前。由此，即使有人将因被呼召而来归诸自己，他也不能将被呼召归诸自己。被呼召却没有来的人，并没有应得奖赏的功德(meritum praemii)以被呼召，但当被呼召却漠然不来时，他就开始有应得惩罚的功德(meritum supplicii)。

与《罗马书章句》62.1-4不同，"除非上帝去怜悯，那才足以去意志"表明，奥古斯丁在这里改变了对《罗马书》9：16的解释，不再将之看作初罪后的意志的第二个阶段，配合对9：15的解释，即意志可以独立地意愿善，但需要上帝的怜悯才能实际地行出来善；而是更贴近于字义解释，与其下所论的"劝诫和呼召"形成对照，9：16的意志就不会是相信后去行善的意志，而只是初罪后去相信的意志。由此，在从相信到行善的演进过程中，上帝的怜悯的功用就被前移，不是如何帮助意志去行出来善，而是如何帮助意志去相信，怜悯被前移到了信仰的开端中。这一不显眼的改变预示着，奥古斯丁开始突破《罗马书章句》60对雅各难题的解释，而开始认为，相信的确是出于意志的，是亚当的后裔的(《罗马书章句》60.12、61.7)，但上帝的怜悯也参与其中，且在意志之前。

依据《论自由决断》3.19.54对两种罪的区分，即使亚当的后裔也并不为亚当的初罪负责，但其意志却"平等地"陷入无知和困难之中。在《八十三个问题》68.5中，奥古斯丁坚持了这一区分，"较轻的罪"和"许多较重的罪"不是指亚当的初罪或罪人都分有的相同的"普遍的罪"，而是指罪人自己所犯的不同的"重复的罪"，每个人必须为之承负道德责任。不过，"重复的罪"只有"惩罚的功德"，没有"奖赏的功德"，其轻重多少都应当得到惩罚，而不应当得到上帝的怜悯和呼召，后者只出于上帝，并不出于人类在罪或意志上的差异，即"呼召发生在意志应当得到之前"。需要注意的是，《罗马书》9：18 的"怜悯"不同于 8：30 的"呼召"，虽然二者都是上帝主动发出的。但正如《马太福音》22：14 所示，呼召可以被人类的意志拒斥，而怜悯却不能被同样拒斥，反而总会执行和实现上帝的旨意。在这一意义上，上帝的怜悯就基本等同于他的恩典。

在对信仰开端的分析中，奥古斯丁的思想摇摆现在表现得更为清楚。人类的意志必须先在，上帝的呼召才有施予和作用的对象，但只有有了上帝的怜悯，意志才能去意愿善，从而开启信仰。具体来说，在意志能够意愿善之前，它已经被上帝所内在地或外在地"劝诫和呼召"了，其中外在的方式表现为布道和神迹，而内在的方式表现为上帝"在我们里面作工，使之去意志"。在论述这一内在方式时，奥古斯丁化用了《腓立比书》2：13，肯定上帝可以开启或吸引人类的意志。而这句经文却再次出现于《致辛普里西安》1.2.12 中，作为恩典先于意志开启信仰的证据。① 显然，无论对于相信或不相信的人，上帝的外在呼召和内在做工都必然先于人类的意志去相信。如果说呼召可以被拒斥，不等同于恩典，那么上帝的内在做工就肯定不能被拒斥，而可以等同于恩典了，且还是内在恩典（inner grace）。与《罗马书章句》60-65 相比，虽然《八十三个问题》68.3 还继续强调信仰在恩典之前，但其后 68.5 对意志与呼召的分析却潜在地肯定了恩典的先

---

① 在和合本《圣经》中，"做工"（operatur）被译为"运行"。卡里认为，这一"核心动词"（key verb）使得奥古斯丁最终在《致辛普里西安》1.2.12 中承认，上帝先行赐予恩典，促使人类的意志去相信，而信仰、善好意志和善工都发源于上帝的"做工"。Philip Cary, *Inner Grace: Augustine in the Traditions of Plato and Paul*, New York: Oxford University Press, 2008, p. 158 note 123.

在,已经接近于《致辛普里西安》1.2中的恩典学说。①

基于对外在呼召和内在呼召的讨论,正如布莱特所见,"最隐秘的功德"这一观念越发凸显出,奥古斯丁此时在解释《罗马书》第9章中态度摇摆,还不能理顺信仰的各个动力要素之间的交互作用。在《八十三个问题》68.4中,提出"最隐秘的功德"是要标识出罪人之间的"差异",即雅各将来会相信,而法老已经不相信,以证明上帝怜悯或使之心刚硬都是公义的,从而进行拣选,即使两人都生而处在"普遍的罪"中。但到了68.5中,意志的先在并不独立地开启信仰,必须在上帝的呼召之后,又因为怜悯在意志去相信之前,那么根据《罗马书》9:18所示,虽然相信是意志自身完成的,但雅各的相信只会是出于上帝的怜悯,而不仅仅是出于意志自身。如此,"最隐秘的功德"就发生在呼召和怜悯之后,相信出于上帝的怜悯,不相信出于人类意志的自由决断;与此同时,"赢得奖赏的功德"被归于上帝,而"赢得惩罚的功德"被归于罪人自己,这些都不是罪人被怜悯或被刚硬的先行理由,反而是其后的结果。

与《罗马书章句》62.19-20相近,《八十三个问题》68.6认定,只有先进入信仰,相信上帝并爱邻如己,人类才能理解上帝的"崇高而深奥的计划",领会到他的爱的"长阔高深",同时"以最坚定的信仰"持守"上帝不会做任何不公义的事"。

以下,我们稍微总结奥古斯丁初解《罗马书》的基本论证思路,从而为理解《致辛普里西安》中的思想变革预备道路。在《论自由决断》和《与福图纳图斯的辩论》中,奥古斯丁已经论证,意志是恶和罪的起源,亚当借助自由意志而犯了初罪,使所有后裔都陷在重复犯罪

---

① Philip Cary, *Inner Grace: Augustine in the Traditions of Plato and Paul*, New York: Oxford University Press, 2008, p. 54.

的必然性之中,即完美论证了人类的堕落下降一线。在初解《罗马书》中,奥古斯丁就开始试图论证人类的救赎上升一线,从"在律法之下"到"在恩典之下",从而为意志的向善能力辩护,突破摩尼教的道德决定论。但由于坚持信仰在恩典之前,这一辩护不仅与四个阶段学说相冲突①,也无法与早期著作中对恩典的强调相融贯②。对于后者,卡罗尔·哈里森称之为奥古斯丁的"私人困境"(personal dilemma),并试图将早期的恩典学说与《致辛普里西安》的恩典学说连贯起来,寻求奥古斯丁思想发展的连续性。③ 不过,以下对《致辛普里西安》1.1 的分析将使我们看到,奥古斯丁的"困境"既不是暂时的,也不是不情愿的,他的确如后来自己所说的那样,即犯了理论上的"错误"(errarem)(《论圣徒的预定》3.7)。

在初解《罗马书》中,奥古斯丁已经提及了以后所使用的几乎全部概念,且都直接或间接来源于《罗马书》自身,为随后的注释和理论阐发提供了必要的术语系统。不足的是,虽然《八十三个问题》68 明确提出了"罪的团块"和"普遍的罪",但奥古斯丁还没有深刻认识到其理论意义,以致和"最隐秘的功德"概念发生了根本冲突。在《致辛普里西安》1.2.16、17、19、20 中,奥古斯丁四次使用"罪的团块"一词,作为提出恩典学说的理论基础,即因为人人都是同等的罪人,所以拣选只能出于上帝白白的恩典,而人类的"最隐秘的功德"被转换为上帝的"最隐秘的公义"(aequitate occultissima),肯定了上帝在预定和拣选上的奥秘不可以被人类完全认识到。

---

① Philip Cary, *Inner Grace: Augustine in the Traditions of Plato and Paul*, New York: Oxford University Press, 2008, p. 45.
② Carol Harrison, *Rethinking Augustine's Early Theology: An Argument for Continuity*, Oxford: Oxford University Press, 2006, pp. 240-248.
③ Carol Harrison, *Rethinking Augustine's Early Theology: An Argument for Continuity*, Oxford: Oxford University Press, 2006, p. 130.

至于上帝的公义，初解《罗马书》一直把公义视为对差异的不同回应，表现为赏善罚恶，即上帝的怜悯和刚硬必然是基于人类的意志做出了善恶两种决断。虽然肯定了意志不能实际地做出来善，但这一公义观仍然迫使奥古斯丁为意志意愿善的能力辩护，即意志首先独立地开启信仰，之后才得到恩典的帮助。然而，由之所引发的理论冲突使得奥古斯丁缠身其中。要重新肯定陷入必然性的意志不能独立地开启信仰，他就必须重新考察上帝的公义。在《致辛普里西安》1.2中，奥古斯丁就放弃了赏善罚恶的公义观，把怜悯看作上帝的恩典，而刚硬只是上帝不赐予恩典，惩罚是上帝对"罪的团块"施展公义，而拣选是上帝白白赐予恩典，初罪之后的人类在意志和信仰上都依赖于上帝的"最隐秘的公义"。

第六章
《致辛普里西安》(一)

在4世纪90年代中期的《罗马书》注释中,《罗马书》第7章和第9章是最为关键的经文。在初解《罗马书》中,奥古斯丁把第7章视为"在律法之下"的阶段,其中的"我"是保罗假借尚未得到恩典之人的口吻,悲叹自己的意志为罪所束缚而不能脱离。然而,在具体的释经中,奥古斯丁却借由对第9章的注释,肯定人类的意志首先开启了信仰,随即才得到上帝的恩典,这恰恰是为意志主动脱离罪的束缚的能力进行辩护,压低了7:24的"上帝的恩典"(*gratia Dei*)在信仰开端中的地位。由于直到《致辛普里西安》1.1中,奥古斯丁仍然把第7章归为在律法之下的阶段,却又认可7:18中向善的意志在人类的权能之内,这就延续了初解《罗马书》的结论,导致了与《致辛普里西安》1.2最终认可恩典先于意志相冲突。

第一节 "原罪"概念的提出

在词源上,拉丁词 *peccatum* 最初只是指"绊倒""失足",随后衍生出"错误""犯过错"的含义,对应于认识层面和道德层面,而直至引入到基督教哲学中才有了"违背上帝的命令"的神学含义。在以下,我们会考察"罪"的概念在奥古斯丁早期作品中的延承,关注从古罪、初罪到原罪的表述转换，梳理研究界关于其原罪观的争论，但认为其中的"原罪"概念并不代表其原罪学说的成熟，反而只是一个萌芽。

在加西齐亚根对话中，奥古斯丁驳斥了怀疑派的真理学说，区分 peccatum/peccare 与 error/errare（错误），认为 peccatum 总是源自认识层面的某种 error，但 error 并不必然是 peccatum，从而将 peccatum 看作道德实践上的缺陷（《驳学园派》3.16.35）。此外，他还直接把 peccatum 与 vitium 并举，其中 peccatum 可以与 virtus（德性）对立，更为根本，成为对这一缺陷的理论描述。① 到了《论灵魂的宏量》，奥古斯丁使用 peccatum 的前两重含义（《论灵魂的宏量》24.46、25.49），但更明确论述了其神学含义，其中灵魂在被造时被赋予了意志的自由决断，可以不违背"神圣秩序和律法的任一部分"，因为罪而非自然，灵魂背离了上帝，而真宗教就是要使灵魂重新与上帝和好（《论灵魂的宏量》34.78、36.80 和 36.81）。

在此之后，奥古斯丁在神学层面大量使用 peccatum，指意志背离了上帝。其中，《论自由决断》第 1 卷就区分两种恶，论证意志的存在，把罪界定为意志从不变的上帝转向可变的被造物，即是第一种恶。② 在《论创世记：驳摩尼教徒》中，peccatum 出现达 80 次之多，已经成为核心术语。在《论大公教会的生活之道与摩尼教的生活之道》中，奥古斯丁开始区分亚当及其所有后裔，区分亚当犯的第一桩罪和之后犯的所有罪，把亚当称为"初人"（primum hominem）（《论大公教会的生活之道与摩尼教的生活之道》1.19.36），把第一桩罪称为"古

---

① 参见《论幸福生活》3.18；《论秩序》1.4、1.30、2.25；亦参见《论灵魂的宏量》34.78、36.81。

② 参见《论自由决断》1.1.1、1.16.35；亦参见《创世记字解未完成》1.3，其中明确说，"罪不过是自由意志的背谬的同意。"

罪"(antiquum peccatum),认为这造成了身体的必死,使人类从此承负了"最沉重的锁链"(gravissimum vinculum)(《论大公教会的生活之道与摩尼教的生活之道》1.22.40)。到了《论真宗教》25,奥古斯丁把第一桩罪称为"初罪"(primo peccato),指涉亚当是整个人类的罪的肇始者,表征时间上的首先性(《论信仰与信经》23)。

在《论自由决断》3.19.54 中,奥古斯丁明确把罪划分为两个阶段,即借助自由意志而犯的罪和之后作为惩罚而必然(necesse est)犯的罪。前者指亚当的初罪,而后者指亚当在初罪之后所犯的罪和其后裔犯的所有罪,对应着从能够行善或犯罪的自由意志到只能够犯罪的自由决断的转换。到了《罗马书章句》,奥古斯丁论述了两种罪,使用"初人的初罪"(primo peccato primi hominis)指亚当的第一桩罪,造成了自己与后裔的身体的必死(《罗马书章句》13-18);又借用《罗马书》9:19-21 的窑匠制陶比喻,把包括亚当在内的整个人类称为"泥的团块",表示初罪所造成的共同的犯罪处境(《罗马书章句》62.19)。《八十三个问题》68 继续解释这段经文,提出了"罪的团块"和"普遍的罪"(generale peccatum)概念,与初罪相呼应,基本完成了早期对罪的两个阶段的论证(《八十三个问题》68.3、68.4)。

在《致辛普里西安》1.1.9-11 中,奥古斯丁解释《罗马书》7:16-18,重申了罪的两个阶段的划分,并明确把初罪界定为原罪(originalis peccati),把基于对初罪的惩罚而犯的罪界定为重复的罪(frequentati peccati),第一次提出了"原罪"概念:

> 他说,"我也知道在我里头,就是我肉体之中,没有良善"(《罗马书》7:18)。至于他所知道的,他应承律法,但至于他所做的,他认可罪。如果有人问:"这起源于何处,他说没有良善

在他肉体之中，是指罪在其中吗？"除了起源于必死性的传递和快乐的再现，还有什么呢？前者出于对原罪（originalis peccati）的惩罚，后者出于对重复的罪（frequentati peccati）的惩罚。借着前者，我们出生在今生今世；借着后者，我们徒增在世的年日。正是自然与习惯的结合，它们才造就了最为有力而不可战胜的欲求，保罗称之为罪，并说是在他肉体之中，成为某种辖制，就好像抓到了统治权。（《致辛普里西安》1.1.10）

在《论自由决断》3.18.50-20.55 中，奥古斯丁就划分了人类的自然和意志的两个阶段。亚当被造时的自然是完美的，其意志有着朝向上帝或被造物的双重能力。而由于意志自主地背离上帝，朝向被造物，就成为恶的起源，是亚当的第一桩罪，即整个人类的初罪。这使得亚当的自然受到损害，身体从不死陷入必死，意志从绝对自由陷入无知和困难，失去了自主朝向上帝的能力，而只会继续犯罪，以致形成习惯，流连于肉体的肤浅的快乐和"危险的甘甜"（perniciosa dulcedo）。借着代际生育，整个人类就继承了身体的必死性与意志堕落后的无知和困难。

与此相对应，在《罗马书章句》和《八十三个问题》66 中，对《罗马书》第 7 章的解释主要寓于四个阶段学说之下，表现为在律法之下的不幸境况，但还没有展现出更复杂的理论意涵，无法与晚期在驳斥佩拉纠派过程中的频繁引用相提并论。① 虽然《致辛普里西安》1.1.10 提出了"原罪"概念，但可以看到，这更多是指甚或只是指亚当的

---

① 正因为如此，在分析奥古斯丁对保罗书信的初次注释时，弗雷德里克森直接将初解《罗马书》三篇都放在四个阶段学说的框架下进行分析，使之与《致辛普里西安》的解释相对照。Paula Fredriksen, *Augustine's Early Interpretation of Paul*, Ph.D Dissertation of Princeton University, 1979, pp. 119-173.

初罪,标识着罪在时间上的起源,没有增加任何实质性的意涵,反而只是重申了《与福图纳图斯的辩论》和《论自由决断》的理论成果,并将之贯彻到具体的释经之中。①"原罪"概念表征着,人类生而继承了亚当的身体的必死性和意志的绝对无力,这一自然形成后天的习惯,使人沉溺于强有力的欲求而不能自拔,以致保罗称之为肉体中的罪,辖制着人类的身体和意志(《致辛普里西安》1.1.11-12)。

借助"原罪"概念的提出,奥古斯丁论及,亚当的初罪肇始了原罪,使得每个人都因为代际生育而继承了这一种罪,继而才行出来重复的罪。虽然这一概念发源于奥古斯丁,但绝大部分学者认为,他可能受到了奥利金、德尔图良、西普里安、安布罗斯或希腊教父的影响②,奥古斯丁后来也把这一学说追溯到西普里安和安布罗斯,不认为自己是完全新造的(《论罪的惩罚和赦免与婴儿的洗礼》3.5.10、《驳朱利安未完成》6.21)。但很显然,这是在注释《罗马书》第7章时提出的,后来才借用《圣经》经文来加以论证。③

研究界争论颇多的是:《致辛普里西安》提出"原罪"概念是否标志着奥古斯丁原罪学说的成熟?传统上认为,《致辛普里西安》提

---

① Carol Harrison, *Rethinking Augustine's Early Theology: An Argument for Continuity*, Oxford: Oxford University Press, 2006, p.143; Paula Fredriksen, *Augustine's Early Interpretation of Paul*, Ph.D Dissertation of Princeton University, 1979, p.193 note 73。

② 参见西普里安《书信》64;德尔图良《论灵魂》41; Carol Harrison, *Augustine: Christian Truth and Fractured Humanity*, Oxford: Oxford University Press, 2000, p.89 note 18; Paul Rigby, "Original Sin", in Allan Fitzgerald ed., *Augustine Through the Ages: An Encyclopedia*, Grand Rapids: William B. Eerdmans Publishing Company, 1999, p.607;周伟驰:《奥古斯丁的基督教思想》,北京:中国社会科学出版社,2005年,第207—209页。

③ 对于支持经文,大卫·韦弗(David Weaver)和克里斯托弗·柯万(Christopher Kirwan)列出了五处,即《罗马书》5:12、《诗篇》51:5、《约伯记》14:4-5、《约翰福音》3:5和《以弗所书》2:3。David Weaver, "From Paul to Augustine: Romans 5:12 in Early Christian Exegesis", *St. Vladimir's Theological Quarterly*, Vol.27, 1983, pp.187-206, 202; Christopher Kirwan, *Augustine*, London: Routledge, 1989, pp.131-132. 而柯万的分析认为,其中三处(例如《罗马书》5:12)是误译,其他两处是错误解释出来的。

出了成熟的原罪学说,但在 1967 年的论文《原罪教义的诞生》中,艾坦斯·萨热(Ahtanse Sage)第一次区分了《致辛普里西安》中的"原罪"概念与驳斥佩拉纠派时期的原罪学说,认为后者才代表着这一学说的成熟。① 随后,萨热的研究得到广泛认可,但有学者将之追溯到《创世记字解》《忏悔录》和驳斥多纳图派的著作,也有学者坚持传统看法。②

要对以上争论做出评判,我们必须首先概览一下奥古斯丁晚期成熟的原罪学说。从 411—412 年写成《论罪的惩罚和赦免与婴儿的洗礼》开始,奥古斯丁正式论证自己在 396 年提出的"原罪"概念。保罗·里格比(Paul Rigby)总结说,奥古斯丁主要从五条路径入手,"《圣经》(主要是保罗书信)、传统、仪式(特别是婴儿的洗礼)、奥古斯丁对自己经历的反思和儿童受苦"③;而成熟的原罪学说主要包

---

① Paul Rigby, "Original Sin", in Allan Fitzgerald ed., *Augustine Through the Ages: An Encyclopedia*, Grand Rapids: William B. Eerdmans Publishing Company, 1999, p. 608; 吴天岳:《意愿与自由:奥古斯丁意愿概念的道德心理学解读》,北京:北京大学出版社, 2010 年,第 292 页注释 2。

② Eugène TeSelle, *Augustine the Theologian*, Eugene: Wipf and Stock Publishers, 1970, pp. 265, 316; V. Grossi, "Il peccato originale nelle catechesi di S. Agostino prima della polemica pelagiana", *Augustinianum*, Vol. 10, 1970, pp. 325-359, 458-492; Paul Rigby, *Original Sin in Augustine's Confessions*, Ottawa: University of Ottawa Press, 1987; William Babcock, "Augustine's Interpretation of Romans (AD. 394-396)", *Augustinian Studies*, Vol. 10, 1979, pp. 55-74; William Babcock, "Augustine and Paul: The Case of Romans IX", *Studia Patristica*, Vol. 16, 1985, pp. 473-479; Paul Rigby, "Original Sin", in Allan Fitzgerald ed., *Augustine Through the Ages: An Encyclopedia*, Grand Rapids: William B. Eerdmans Publishing Company, 1999, p. 608; 吴天岳:《意愿与自由:奥古斯丁意愿概念的道德心理学解读》,北京:北京大学出版社, 2010 年,第 292 页注释 2。其中,邦纳也坚持传统看法,认为从《致辛普里西安》,经 411—412 年的《论罪的惩罚和赦免与婴儿的洗礼》,到 429 年的《论圣徒的预定》和《论保守的恩赐》,存在着"显著的教义连续性"(a remarkable doctrinal continuity)。Gerald Bonner, "Augustine, the Bible and the Pelagians", in Pamela Bright ed., trans., *Augustine and the Bible*, Notre Dame: University of Notre Dame, 1999, p. 237.

③ Paul Rigby, "Original Sin", in Allan Fitzgerald ed., *Augustine Through the Ages: An Encyclopedia*, Grand Rapids: William B. Eerdmans Publishing Company, 1999, p. 608.

括四个方面,"亚当的罪及其惩罚(贪欲)是遗传的;婴儿的灵魂是有罪的;婴儿的罪是真实的(不是类比的罪)和严重的,借助生育而遗传;洗礼是所有人得到救赎所必须领受的,包括婴儿"①。显然,如何界定婴儿出生时的自然,如何为婴儿受苦和洗礼找到神学依据,这是原罪学说的核心内容,而对性贪欲的论证只是为原罪的遗传找寻路径。

与此相比,在《论自由决断》3.23.66-68 中,奥古斯丁在早期同样论述了婴儿问题,但结论却大相径庭。在描述了灵魂的四种可能起源之后,奥古斯丁认定,灵魂的堕落在于意志的背谬,意志只是中等的善,而婴儿在出生时处在愚蠢和智慧之间;婴儿自己并不会作恶和犯罪,不能理解洗礼的含义,其洗礼只是在于坚定施行洗礼者的信心,其夭折在于训诫其父母的信心,上帝在审判时也会眷顾,因为"他们虽然没有正直地行事,但遭受这些也不是出于犯罪(*peccantes*)"(《论自由决断》3.23.68),甚至希律当年所屠杀的婴儿都"荣耀地列在殉道者中"(*in honore martyrum*)。虽然上承着《论自由决断》3.18.51-20.55 的论断,要探究亚当的初罪如何继续归罪给他的后裔,却又没有将之直接归罪给婴儿,就完全不同于与佩拉纠派论战时期的原罪学说。

在《致辛普里西安》1.1.10-11 中,"原罪"概念仅仅出现过两次,与"重复的罪"相对应。其间,奥古斯丁承认原罪的遗传,但根本没有论及婴儿问题,也不认为这一遗传使得婴儿已经是有罪的(guilty)。即使在原罪遗传问题上,他也只会罗列出灵魂的四种起源,并不会找到具体路径,"性贪欲"(sexual concupiscence)概念对他来说还相当

---

① Paul Rigby, "Original Sin", in Allan Fitzgerald ed., *Augustine Through the Ages: An Encyclopedia*, Grand Rapids: William B. Eerdmans Publishing Company, 1999, p.608.

陌生。而到了《致辛普里西安》1.2，在论证意志必然顺服于恩典时，奥古斯丁也没有借用稍前提出的"原罪"概念，却只是回到了《论自由决断》3.18.52 对意志堕落后的无知和困难的论证。即使在《忏悔录》中，"原罪"概念也仅仅出现在 5.9.16 中一次，表示由亚当的初罪所产生的犯罪锁链，与人类个体所犯的罪相对应（《忏悔录》5.9.16）。在具体分析中，泰莎·薇莉（Tatha Wiley）列出了原罪的三重含义：原罪带来死亡，原罪与个体的罪带来指向上帝的"恶意倾向"（hostile disposition），二者都需要基督的宽恕。① 之前的行文使我们看到，这仍然不过是重述《论自由决断》3.18.52-19.54 中对两种意志和两种罪的论证，并无更多新意。由此，《致辛普里西安》1.1 提出"原罪"概念并不代表着原罪学说的成熟，甚或在其前期思想的自相矛盾中，"原罪"概念虽然开始承载着意志的绝对无力，但在信仰动力学中还没有自己的明确位置。②

第二节 "意志为善由得我"

《罗马书》第 7 章中的"我"究竟指代谁，这是保罗研究中的核心难题之一：是指保罗自己，还是指人类整体？是指已经信仰的基督徒，例如现在的保罗，还是指尚未或正在寻求信仰的非基督徒，例如皈依之前逼迫教会的保罗？对上述可能选项的争论几乎贯穿整个基督教思想史，形成了两条泾渭分明的解释路径：晚期奥古斯丁、阿奎

---

① Tatha Wiley, *Original Sin: Origins, Developments, Contemporary Meanings*, New York: Paulist Press, 2002, p. 58.
② 对此，卡罗尔·哈里森甚至评论说："奥古斯丁没有处理我们到底如何继承了亚当的罪，直到这一问题被朱利安提出来。" Carol Harrison, *Rethinking Augustine's Early Theology: An Argument for Continuity*, Oxford: Oxford University Press, 2006, p. 185.

那、路德、加尔文和巴特所代表的传统一线认为,这段经文表现了基督徒的信仰境况,即虽然得到了上帝的恩典,但内心里仍然倾向于罪,时刻处在意志无力的挣扎之中;而大部分现当代释经家则认为,这段经文是尚未进入信仰之人的写照,皈依后的保罗并不受到罪和意志无力的继续搅扰。①

对于这一问题,奥古斯丁早期一直把《罗马书》第7章划归于"在律法之下"的阶段,与"在恩典之下"的阶段截然对立,而直到与佩拉纠派论战时才改变看法。在本节中,我们首先考察《致辛普里西安》1.1中对如此划归的具体阐述,继而分析这一划归给奥古斯丁早期思想所造成的不良影响,使得其中暗含的理论冲突没有得到及时解决。

在《罗马书章句》44.2中,奥古斯丁认为,《罗马书》第7章所描述的人还是在律法之下,保罗只是借其口吻而言说,不是指已经在恩典之下的自己。在《致辛普里西安》1.1.1中,奥古斯丁重复了这一观点。"在这里,在我看来,使徒是把自己化身为在律法之下的人,以他的口吻说话。"基于四个阶段的划分,"在律法之下"与"在恩典之下"有着根本差异,是整个人类在世的非此即彼的现实处境,而只有借助上帝的恩典,人类才能够进入死后的"在平安之中"的阶段,否则只会遭受第二次的死。

接下来,奥古斯丁论述律法与罪的关系,重述了《罗马书章句》27-28.2-3的观点,即律法并不带来罪,而只是使罪得以显明。初人亚当最初得到来自上帝的命令,但偷吃禁果而犯了初罪,之后就重复犯罪。由此,"在律法之前"时,罪已经存在,但"是死的"(*mortu-*

---

① A. Van Den Beld, "Romans 7: 14-25 and the Problem of Akrasia", *Religious Studies*, Vol. 21, No. 4, 1985, pp. 495-515.

um est），即没有得到显明，而借由摩西赐予律法才使得之前的罪得以显明。在这一互动关系中，律法的作用是消极的，并不开启罪，也不消除罪，而仅仅让人类知道自己犯了罪。因为意志的无力和习惯的辖制，人类也认识到，自己仍然在"故意"（ab sciente）犯罪（《罗马书章句》36.2-3、《致辛普里西安》1.1.4）。这种道德心理学就更加凸显了人类所置身其中的悲惨处境，使之发出"我真是苦啊"（《罗马书》7：24）的悲叹。

在《致辛普里西安》1.1.5-9 中，奥古斯丁解释"重复的罪"的发生机制，基本重述了《罗马书章句》36-43 的解释。律法和诫命是"圣洁、公义、良善的"（《罗马书》7：12），但由于没有得到恩典，"我"的意志仍然受到罪的辖制。即使"不知道"（ignoro）或"不赞同"（non adprobo）（《致辛普里西安》1.1.8），"我"仍然会不断作恶和犯罪，意志的自由决断只会自主地选择恶，而只有得到恩典的、属灵的人才可以脱离。不同的是，《罗马书》7：14 说"我是属乎肉体的"，而奥古斯丁就将之联系到《哥林多前书》3：1-2，即已经得到恩典的哥林多信众仍然被保罗说成，"不能把你们当作属灵的，只得把你们当作属肉体、在基督里为婴孩的"（《哥林多前书》3：1、《致辛普里西安》1.1.7）。在其下的阐释中，奥古斯丁却没有反思，已经得到恩典的信众如何还是"属肉体的"，而不是"属灵的"。因为如果赞同保罗对哥林多信众的论断，那么"属肉体的"就也可以指在恩典之下的人，这里对属灵与属肉体、"在律法之下"与"在恩典之下"的截然二分就失去了以上经文的支持。相反，保罗恰恰认识到，虽然已经得到恩典和领受圣灵，但信众仍然会遭遇意志的无力和摇摆，从而陷入"我真是苦啊"的境地。

如果说以上只是小有瑕疵，那么《致辛普里西安》1.1.11 就充分暴露出早期在解释《罗马书》第 7 章时一直暗藏的理论矛盾，即如果把第 7 章仍然划归于"在律法之下"的阶段，那么 7：18 就表明，意愿善的能力总是在堕落之后的"我"之内，而上帝的恩典只是赋予"我"实际行出来善的能力而已：

> 他说，"意愿 (velle) 为善由得我，只是行出来由不得我"（《罗马书》7：18）。对于那些不正确地理解的人，他说这些话好像取消了自由决断。但当他说，"意愿为善由得我"，又如何取消了呢？显然，去意愿自身在我们的权能之中，因为它由得我们，但去行善却不在我们的权能之中，这出于原罪的报偿。因为人类的第一自然 (prima natura) 没有留下别的，只留下对过错的惩罚，借此，必死性自身就像是人类的第二自然 (secunda natura)，而创造主的恩典就解救了借着信仰而顺服于他的我们。但那些话是在律法之下却还不在恩典之下的人说的，因为由于贪欲掌了权，还得到必死性的束缚和习惯的重担的助力，还不在恩典之下的人就不会行他所意愿的善，而只会行他所不意愿的恶。如果他行了所不意愿的，那就不是他自己行的，而是住在他里面的罪行的，就像之前所说的和所解释的。（《致辛普里西安》1.1.11）

仅从《罗马书》7：18 的经文来看，保罗的确肯定了，虽然不能实际地行出来善，但人类在堕落之后仍然保有意愿善的能力。基于对意志的独立性的论证，即使上帝的预知也不会且不能强迫意志，那么在强调 7：18 并不取消自由决断之外，其中指向善的意志就是人类自主做出的，而"借着信仰而顺服于他（上帝）"的意志也是如此，其自由决断就没有被取消，意志总是"在我们的权能之内"。同时，基于对意志和罪的两个阶段的划分,因为亚当的初罪或原罪,被造时的自由意志受到上帝的公义惩罚,人类的身体陷入必死性,而意志陷入无知和困难,从而不能实际地行出来善。奥古斯丁甚至把被造时的完美意志和身体称为"第一自然",而把受惩罚的意志和身体称为"第二自然",后者使得贪欲借助习惯而辖制了每个个体的人,总是陷在作恶的必然性之中。①

乍看起来,以上论述并不违背《与福图纳图斯的辩论》22和《论自由决断》第3卷的相关论证。但问题是,之下从字义上解释7:17,"(所恨恶的)就不是我作的,乃是住在我里头的罪作的",行不意愿的恶不是自己行的,而是其里面的罪行的,那么就必须解释,行恶如果不是出于意志,那么就或者不关乎意志,或者是被强迫的,而基于《论自由决断》3.1.1重申的公义原则,不出于意志或被强迫的行为不应该受到上帝的惩罚。由此推论,虽然继承着亚当的初罪或原罪,但只要不意愿作恶,人类就不应该为实际所作出来的恶承担道德责任,而"我真是苦啊"的悲叹恰恰表征了这种不意愿。显然,如果把"住在我里头的罪"仅仅看作异在于"我"的,是"我"所不意愿的,那么"我"就不应该为其外化的实际恶行负责,但这一结论实际上与摩尼教的善恶二元论和道德决定论别无二致。如果承认意志受到罪的辖制,进而取消意志的绝对自主性,这就为人类的恶行找到了道德出口,将之简单地归咎为"住在我里头的罪"。但问题是:这个罪究竟指什么,是否真的不用"我"来承负道德责任?

---

① 对于这种犯罪的道德心理学,桑德拉·迪克森(Sandra Dixon)认为,奥古斯丁是在以古代哲学中的身体奴役灵魂的观念来解释保罗书信,即身体的欲求和愉悦可以成为愚人的奴隶主。Sandra Dixon, *Augustine: The Scattered and Gathered Self*, St. Louis: Chalice Press, 1999, p. 183. 但这种解释显然是不恰当的,没有认识到奥古斯丁独特的灵魂学说,即没有灵魂的同意,身体自身的任何欲求和愉悦都绝然不能影响或辖制灵魂。

基于对两种必然性的区分，这一使人类意愿善却行恶的"罪"就不仅表征着发生的必然性，而更表征着强迫的必然性了。要避免倒向摩尼教的谬误，奥古斯丁就必须解释"住在我里头的罪"究竟起源于何处，它如何能够强迫"我"去行所不意愿的恶。在《致辛普里西安》1.1.12-14中，奥古斯丁开始解释《罗马书》7：21-23中的"肢体中另有个律"，与"上帝的律"相对立，将之看作人类意愿善却行出来恶的原因：

> 对于在律法之下的人，还有什么比起去意愿善（velle bonum）和去行恶（facere malum）更容易呢？一方面，他去意愿是毫无困难的，虽然他不能容易地去行自己所容易地去意愿的；另一方面，他容易去行自己所恨恶的，虽然他不去意愿，就像有人被推倒，他就毫无困难地向下倒去，虽然他不意愿却恨恶这样。（《致辛普里西安》1.1.12）

在这段解释中，奥古斯丁继续区分意愿善的能力和行善的能力，认为亚当的初罪或原罪并不损害人类的前一种能力，而只损害后一种能力。在维护意志的自主性时，奥古斯丁这里故意扩大了自己的论题，把意愿"善"的能力当作自主性的一部分，仍然从选项的双向性来论证决断的自主性，从而试图在信仰的开端中为意志留下少许却十分关键的地盘，使之成为信仰的实际肇始者。在"有人被推倒"的事例中，奥古斯丁显然模糊了上述两种必然性，这要么取消了人类去行恶的道德责任，要么造成了"被强迫的罪"的悖论，而以上两个推论都将与之前对意志和罪的定义发生冲突。

然而，为了"努力维护人类的意志的自由决断"（《回顾篇》

2.1.3),奥古斯丁暂时压制了这些潜在冲突,仍然声称,初罪之后的意志有着独立向善的内在能力。虽然上帝的律法借由摩西而颁布于世,但这一律法只是显明了罪,使人类意识到自己仍然不断违犯律法的现实境况,从而呼求上帝的帮助:

> 对于被打败、被定罪和被俘虏的人,接受了律法并不就是胜利者,反而是过犯者,必须谦卑地说,谦卑地悲叹,"我真是苦啊,谁能救我脱离取这死的身体(*de corpore mortis huius*)呢?靠着借我们的主耶稣基督而赐下的上帝的恩典(*gratia Dei*)就能脱离了"(《罗马书》7:24-25a)。在这必死的今生中,留给自由决断的不是一个人在意愿(*voluerit*)时就会成就义,而是借着哀求的敬虔,他会转向上帝,而借着上帝的恩赐,他就能够成就义。(《致辛普里西安》1.1.14)

对于这里的经文引用,需要说明的是,《罗马书》7:24 中的希腊文是 *ek tou sōmatos tou thanatou toutou*,都是属格单数,按照语法和词序,既可以译成"这取死的身体",也可译成"取这死的身体"。在古意大利译本和拉丁标准译本中,这一片语都被译成 *de corpore mortis huius*,即"取这死的身体"。但在现代释经中,学者们更多倾向于把 *toutou* 直接与 *tou sōmatos* 连接起来,译成"这取死的身体",从而可以与 7:23 关于"肢体"(*in membris meis*)的论述对应起来。①

更为关键的是《罗马书》7:25a 的经文,在 7:24 的苦求之后,保罗迅速给出了回答。但在众多希腊文抄本中,7:25a 有三种抄传

---

① Robert Jewett, *Romans: A Commentary*, Minneapolis: Fortress, 2007, p.472.

形式，分别是 *charis de to theo*（感谢上帝）、*he charis tou theou/he charis Kyriou*（靠着上帝/主的恩典）和 *eucharisto to theo*（我感谢上帝）。其中，第三种形式是第一种形式的变化。现代学者倾向于使用抄传最多的第一种形式①，仅仅将 7：24-25a 看作插入语，表达对上帝主动介入的赞美②。然而，古意大利译本和拉丁标准译本都使用了第二种形式，译为 *gratia Dei*（靠着上帝的恩典），奥古斯丁就遵循了这一文本传统（《忏悔录》8.5.12）。在此后的释经和论战中，他频繁使用 7：24-25a，突出恩典的绝对主动地位，不断阐释其在信仰发生过程中的先在性和主导性。③

然而，在《致辛普里西安》1.1.14 中，奥古斯丁还在努力限制恩典的作用，试图为意志先行开启信仰留下地盘，即信仰的开端仍然是意志，而不是恩典。④ 借助 1.1.15-17 的论述，奥古斯丁批驳了摩尼教把律法划分为犹太人的律法和基督的律法，而认为这只是同一个律法，是借着摩西而传下的，但只能借由基督才能得到成全。之所以善的律法会促生"罪的激情"（*passiones peccatorum*），是因为"禁令带来了贪欲的增加，而过犯带来了惩罚的指控"（《致辛普里西安》1.1.17），再加上必死性和习惯，人类就会继续犯罪，而只能呼求和等待上帝的恩典。

以上努力并没有消除其中的明显矛盾。一方面，从初罪到原罪的

---

① Joseph Fitzmyer, *Romans*, New York: Doubleday, 1993, pp. 476-477.

② 又例如《哥林多前书》15：57，《哥林多后书》2：14、8：16、9：15，这样《罗马书》7：24-25a 就应该接在 7：25b 之后和第 8 章之前。具体的释经分析参见 Robert Jewett, *Romans: A Commentary*, Minneapolis: Fortress, 2007, pp. 456-458, 471-473。

③ 托马斯·马丁考察了 7：24-25a 在奥古斯丁著作中的不同出现情境和相应内涵，将之看作其思想发展的一条主要引线。Thomas Martin, *Rhetoric and Exegesis in Augustine's Interpretation of Romans 7: 24-25A*, Lewiston: The Edwin Mellen Press, 2001.

④ 吴天岳：《意愿与自由：奥古斯丁意愿概念的道德心理学解读》，北京：北京大学出版社，2010 年，第 349 页注释 1。

概念转化只是重申了初罪的含义，奥古斯丁必须论证原罪的遗传路径和作用机制，还必须解释"住在我里头的罪"或"肢体中另有个律"和人类当下所犯的罪的关系。如果它们不出于人类的意志，人类是否是被强迫去行恶？而如果出于人类的意志，这先在的罪和律又如何得以肇始，使人类需要一直为之承负道德责任？另一方面，他必须解释"创造主的恩典"与人类的信仰开端的关系。虽然意志总是独立的，但在亚当的初罪之后，意志就陷入习惯的重负和犯罪的必然性之中。它如何能够先行开启信仰，随后才去呼求上帝的恩典呢？

虽然许诺要"更为细心和谨慎地"(《致辛普里西安》1.1.0)考察《罗马书》第7章的经文，但奥古斯丁在《致辛普里西安》1.1中甚至还没有意识到早期注释中的诸多矛盾，更没有打算做出彻底的清理和解决。对于这些矛盾的缘起，我们可以归纳为以下两个方面：一是，在四个阶段的划分中，第7章究竟是在律法之下，还是在恩典之下；二是，在信仰的开端中，究竟人类的意志在先，还是上帝的恩典在先。我们以下会看到，在《致辛普里西安》1.2中，奥古斯丁就反思之前对信仰开端的解释，最终承认了人类的意志的绝对无力和上帝的恩典的必然先在。但对于四个阶段的划分，奥古斯丁此时仍然没有清晰认识到其中的失洽之处，而只有到了写作《驳佩拉纠派的两封书信》1.8.13-14时才将第7章划归于"在恩典之下"的阶段，认定其中的"我"可以指使徒保罗自己，并驳斥佩拉纠还坚持自己之前的看法(《驳佩拉纠派的两封书信》1.8.14)。对于这一点，虽然《致辛普里西安》1.2可以反推出这个结论，但奥古斯丁很长时间都没有觉察到，韦策尔对此评论说：

> 按照奥古斯丁的说法，这(《罗马书》第7章)是(保罗化身

为)被束缚在律法之下的人说的,所留给他的自由只是转向上帝,并寻求解救。而在重读《罗马书》第9章时,奥古斯丁就很难再坚持这一化身(persona)说。当他承认,上帝的呼召在被呼召的人心里促生了朝向上帝的欲求,并认同之,他就抹去了在律法之下的生活与在恩典之下的律法之间的界限。①

由于还坚持在律法之下与在恩典之下的截然二分,《罗马书章句》中所暗藏的矛盾就延续到《致辛普里西安》1.1中,即人类的意志可以先行开启信仰,之后才"借着信仰"(per fidem)得到上帝的恩典,而已经信仰上帝的人却还停留于在律法之下的阶段。在《致辛普里西安》1.2中,奥古斯丁最终承认了,人类的意志是"已经被卖在罪之下"(in venundatis sub peccato)(《致辛普里西安》1.2.21、《罗马书》7:14),没有能力先行意愿善和开启信仰,重申了《论自由决断》第3卷的意志学说。② 而这就使得,要解释《罗马书》7:18的"意愿为善由得我",认可"我"当下有"意愿为善"的能力,就必须将之划归于在恩典之下的阶段,并将7:17的"住在我里面的罪"追溯到贪欲对信仰之人的持续搅扰,进而化解与《致辛普里西安》1.2的冲突。虽然在这一理论点上奥古斯丁进展缓慢,但他的确在沿着如此路向不断前进(《回顾篇》1.23[22].1、2.1.2)。

---

① James Wetzel, "Snares of Truth: Augustine on Free Will and Predestination", in Robert Dodaro, George Lawless eds., *Augustine and His Critics: Essays in Honor of Gerald Bonner*, London: Routledge, 2000, pp. 129-130; Augustine, *Responses to Miscellaneous Questions: Miscellany of Eighty-Three Questions, Miscellany of Questions in Response to Simplician, Eight Questions of Dulcitius*, WSA 1/12, Boniface Ramsey trans., New York: New City Press, 2008, p. 163.

② James Wetzel, "Ad Simplicianum", in Allan Fitzgerald ed., *Augustine Through the Ages: An Encyclopedia*, Grand Rapids: William B. Eerdmans Publishing Company, 1999, p. 798.

由此，在分析《致辛普里西安》1 时，我们必须清楚地认识到 1.1 与 1.2 之间的理论差异。对此，邦纳似乎没有注意到，就不无偏颇地直接认为："在《致辛普里西安》中，人类独立于上帝推动的丝毫主动权都被一扫而空，留下的堕落的人类意志只会去作恶。"① 与此相对，韦策尔则略带夸张地评论说："在所有要点上(in all essentials)，《致辛普里西安》1.1 只是重复了他两年前在《罗马书章句》37-46 中所得到的结论。"② 而与上述分析相比较，我们可以看到，奥古斯丁在其间的思想变化既有进展突破，又有徘徊摇摆。

第三节　幸福及其延迟

在早期对话中，奥古斯丁把幸福定义为"拥有上帝"(《论幸福生活》1.11)，认为在今生中就可以获得这种幸福，正如同时代的某些哲学家所已经做到的。然而，接续上文所论，奥古斯丁在初解《罗马书》和《致辛普里西安》1.1 中把《罗马书》第 7 章划归于"在律法之下"的阶段，而这与《罗马书》7：18 形成的潜在矛盾就使得他不得不修正上述看法，以致在后期转而认为，第 7 章中的"我"最终包括基督徒保罗在内，人生的四个阶段可以融合为三个阶段，甚至圣徒也仍然经历着内心冲突，在犯罪堕落的确定性与预定救赎的不确定性中时刻体验着良心的不安。基于《罗马书》释经的理论成果，从肯定今

---

① Gerald Bonner, *Freedom and Necessity: St. Augustine's Teaching on Divine Power and Human Freedom*, Washington, DC.: The Catholic University of America Press, 2007, p. 44.

② James Wetzel, "*Ad Simplicianum*", in Allan Fitzgerald ed., *Augustine Through the Ages: An Encyclopedia*, Grand Rapids: William B. Eerdmans Publishing Company, 1999, p. 798; Paula Fredriksen, *Augustine's Early Interpretation of Paul*, Ph. D Dissertation of Princeton University, 1979, p. 192.

生可以获得幸福,到将之彻底延迟到今生之后,奥古斯丁就把古代哲学中的幸福学说纳入到了基督教的理论框架之中。

一、"这是你已经达到的"

幸福生活(*beata vita*)一直是奥古斯丁的基本关切。在19岁读到西塞罗的《致荷尔顿西》之后,他就放弃了世俗的"一切虚浮的希望",开始阅读异教哲学,渴求"智慧的不朽",相信可以借之达到幸福生活(《忏悔录》3.4.7)。虽然有如此的心志,但奥古斯丁仍然努力追逐世俗事业,前往米兰担任帝国宫廷的修辞学教授,谋划娶进大富之家的女子,以家资来出任某个小行省的总督。在386年米兰花园的信仰皈依之后,他才真正放弃成家、积财和做官等通常所认为的世俗幸福,甚至辞去公职,以退隐读书、沉思真理为生活模式,其纯粹的哲学探究也开始辅以阅读《圣经》和赞美上帝。

从加西齐亚根对话到《论真宗教》,在皈依大公信仰后的最初几年,奥古斯丁还"牢固植根于"新柏拉图主义的思想传统[①],著书题献给米兰朋友西奥多(Manlius Theodore)和同乡罗曼尼安,与米兰朋友赫墨根尼(Hermogenian)、佐诺比(Zenobius)和同乡内布利提通信往来,讨论学园派的怀疑论、灵魂与身体、理智与感官、灵魂的上升等哲学问题,还涉及基督的人性等信仰问题,把基督教称为真哲学和真宗教。对于这一时期的通信,内布利提甚至说,"它们向我论及基督、柏拉图和普罗提诺"(《书信》6.1),把基督信仰与新柏拉图主义相提并论。在考辨异教哲学、著述博雅六艺的过程中,奥古斯丁更像是古代晚期的退隐哲学家之一,对在今生获得幸福充满着自觉和自信。

---

① Peter Brown, *Augustine of Hippo: A Biography*, Berkeley: University of California Press, 2000, p. 139.

在早期著作中，奥古斯丁认为，"幸福就是拥有自己所意愿的（vult）"（《论幸福生活》1.10），而意愿的对象可以分为善的或恶的，从可失去的事物，到心灵的德性，再到永恒的上帝，唯独意愿和"拥有上帝的人是幸福的"（《论幸福生活》1.11）。上帝是最高的善，"安享最高的善的人是幸福的"（《论自由决断》2.13.36）。对于意愿和安享的主体，应该区分身体、灵魂（anima）和心灵（animus），幸福生活只建基于灵魂或心灵之上，与身体无关。"就像灵魂是身体的整个生命，上帝是灵魂的幸福生活。"（《论自由决断》2.16.41）在人类这里，灵魂与心灵可以相互等同，在存在层级上高于身体。"没有人怀疑，有缺乏的人都是不幸的，而智慧者在身体上的缺乏不会使我们担心。因为心灵自身并不缺乏这些，幸福生活就置于其中。"（《论幸福生活》4.25）

虽然否认自己已经获得幸福，但奥古斯丁相信，延循着理智上升的路径，脱离感性实体（身体）而上升到理智实体（灵魂），获得有关最高的理智实体即上帝的知识，智慧者就可以"在今生中"（in hac vita）实现幸福生活，而这种知识和幸福甚至"在今生之后"（post hanc vitam）也不能被超越（《论秩序》2.9.26、《书信》3.4）。在自己的朋友圈中，奥古斯丁相信，研习新柏拉图主义哲学的基督徒学者西奥多已经达到了幸福生活。"如果得了这个恩惠，我会不费什么力气就达到幸福生活，而我相信，这是你已经达到的。"（《论幸福生活》1.5）

在出任圣职之后，幸福生活的实现方式开始发生变化，从最初隐修式的哲学思考逐渐转变为具体教会生活中的信仰实践，而所模仿的对象也从古典哲学家普罗提诺转变为沙漠修士安东尼，再转变为使徒保罗。在394年左右写成的《论登山宝训》中，奥古斯丁把八福（虚心、哀恸、温柔、饥渴慕义、怜恤人、清心、使人和睦和为义受逼迫)看作人类达到完善所要经历的八个阶段,而前七福可以在今生中实现,"所有这些阶段甚至能够在今生中(in hac vita)实现,就像我们相信,它们已经在使徒们那里实现了"(《论登山宝训》1.4.12)。

虽然奥古斯丁承认,加西齐亚根对话还带着"学校的傲慢气息"(*superbiae scholam*)(《忏悔录》9.4.7),但可以看到,在皈依之后的最初几年,他在幸福问题上仍然洋溢着新柏拉图主义哲学的乐观精神,即只要以使徒保罗为榜样,在理智和意志上都努力朝向上帝,人类就可以在今生中获得幸福。然而,4世纪90年代中期密集注释《罗马书》,使得奥古斯丁的幸福学说开始孕育出悲观主义的种子。

二、圣徒的个体心灵

按照四个阶段的划分,圣徒在身体复活后进入"在平安之中",自然就获得了幸福生活。与此对比,对于当前生存在世的人类来说,非基督徒还没有得到恩典,"仍为罪所胜",肯定没有获得幸福生活;基督徒已经得到恩典,能够"不再犯罪"。而依循奥古斯丁的说法,继续存在的境况是,"只要在今生中,肉体的诸般欲求就与我们的灵相互较量,引我们犯罪"(《罗马书章句》13-18.8),而这种"相互较量"难道是基督徒的幸福生活吗?伴随着对《罗马书》7:14-25的主语"我"的持续分析,原本清晰划分出的第二、三阶段开始变得界限模糊,个体心灵在恩典之下仍然可以受到罪的引诱和搅扰,幸福生活作为追求目标就显得越发遥远起来。

在《罗马书》第7章中,经文的叙述口吻从"我们"突然转变成了"我",并在7:14从过去时态转变为现在时态。现代学者所激烈争论的是:第一,保罗为何会转变叙事的主体,不再使用先前一直使用的复数"我们",而使用了单数"我",也不再延续先前的历史性叙事,而直接描述当下某一状态的不断持续?第二,作为叙事的主体,"我"仅仅是保罗个人的自传性剖白①,还是作为范型对人类整体进行普遍性描述②?第三,"我"是指尚未皈依基督的、仍然属世的(*temporalis*)人,例如皈依之前的保罗,还是指已经皈依基督的、属灵的(*spiritalis*)人,例如现在皈依后的保罗?

正如《罗马书章句》45-46.2 和《致辛普里西安》1.1.1 所论,奥古斯丁最初认为,《罗马书》7:25a 之前的"我"并不是指皈依后的保罗,而仅仅是指在律法之下、尚未皈依而仍然属世的人,而 7:25a 就可以指皈依后的保罗,因为他已经得到上帝的恩典,是在恩典之下的、属灵的人。也就是说,保罗这里只是借"在律法之下"的人的口吻来论述这一阶段的情形,试图标识出"在恩典之下"与"在律法之下"这两个阶段之间的截然分别。

然而,基于以上对"在恩典之下"的阶段的分析,早先"在律法之下"所经历的内心与肉体的冲突,并没有因为恩典的降临而自动消失,肉体的贪欲始终搅扰着"在恩典之下"的灵魂,直到这一灵魂经历第一次的死且进入"在平安之中"才会止息。虽然最理想的情况是,"在恩典之下"的人可以抵挡罪,也可以不再犯罪,但奥古斯丁认识到,在实际的信仰生活和教会管理中,受洗归入基督的大公教徒仍然不断在犯罪,甚至杜绝发誓都非易事,恩典的降临并没有彻底改变这一境况,"不再犯罪"的乐观精神和理想状态从来没有实

---

① 朱伟特认为,《罗马书》第 7 章中的"我"是指,保罗在反思自己先前热心律法而逼迫教会。Robert Jewett, *Romans: A Commentary*, Minneapolis: Fortress, 2007, pp. 454-473.
② 杨克勤认为,以古典修辞学为借镜,"我"只会是保罗所使用的修辞手法,是一个范型或角色言说(speech-in-character),不是指某一单独的个体,而是指一种整体性的人类倾向,即未在"基督里"时所面临着的意志与罪的斗争。杨克勤:《圣经修辞学:希罗文化与新约诠释》,北京:宗教文化出版社,2007 年,第 265—292 页。

现。如果是这样，我们就会看到，《罗马书》7：14-25 所描述的个体心灵的冲突绝非不可以指着"在恩典之下"的人说。反而是，这段经文可以指着使徒保罗说，也可以指着整个人类中的每个个体说，无论是处于"在律法之下"，还是处于"在恩典之下"，后二者的差异更多体现在经历第一次的死之后，而不应该是"在今生中"（《罗马书章句》13-18.8）。

在《致辛普里西安》1.1 中，奥古斯丁重新解释《罗马书》第 7 章，仍然遵循着《罗马书章句》中的四个阶段学说，但看到了"属乎肉体"可以指在恩典之下的人。不过，他此时还没有意识到这一问题的严重性，随即又回到了原有的论证思路上去：

> 保罗的确说，"但我是属乎肉体的"（《罗马书》7：14），还要说明，这是什么样的肉体。因为有些人已经活在恩典之下，被主的血所救赎，借着信仰得了重生，但还在某种程度上被称为属乎肉体的。（《致辛普里西安》1.1.7）

《致辛普里西安》1.1 在处理"在律法之前"和"在律法之下"两个阶段，而 1.2 开始处理如何从"在律法之下"过渡到"在恩典之下"。[①] 对照《罗马书章句》13-18.7-8 的说法，这一过渡只是从"不能不犯罪"（non potest non peccare）到"能够不犯罪"（potest non peccare），但犯罪仍然是时刻可能的。个体心灵的内在冲突并没有因为恩典的降临而缓解，反而被加剧了，完全失去了"在今生中"脱

[①] Paula Fredriksen, "Beyond the Body/Soul Dichotomy: Augustine's Answer to Mani, Plotinus, and Julian", in William Babcock ed., *Paul and the Legacy of Paul*, Dallas: Southern Methodist University Press, 1990, p. 384 note 13.

离贪欲的搅扰的可能。由此可以推论出,《罗马书》7：14 既可以指"在律法之下"的人,也可以指"在恩典之下"的人。在晚期作品《论训诫与恩典》12.33 中,奥古斯丁比较了犯罪前的初人亚当和最终得到保守的圣徒,认为前者是"能够不犯罪",而后者则是"不能够犯罪"(non potest peccare)。除去预定论的因素,对于基督徒和非基督徒来说,他们就只能在"不能不犯罪"和"能够不犯罪"之间摇摆。

伴随着其他教父释经的影响(安布罗斯《论悔罪》1.3.13),为了理顺《论自由决断》第 3 卷中的意志堕落、《致辛普里西安》1.1 对《罗马书》第 7 章中"我"的界定和 1.2 关于信仰开端的重大变革,奥古斯丁逐渐认识到,其中仍然潜伏着重大理论危机,但直到驳斥佩拉纠派的时期,他才做出彻底的修正。在回顾《罗马书章句》和《致辛普里西安》时,他反思说,对于《罗马书》7：14:

> 我当然不愿意认可,这话是出自已经属乎灵的使徒保罗,而认为,是出自在律法之下却还不在恩典之下的人。这是我之前对这句经文的理解,但后来,在读了一些《圣经》评注之后,其权威影响了我,我就更加深入地思考这句经文,看出所说的,"我们原晓得律法是属乎灵的,但我是属乎肉体的",可以被理解为指着使徒说的。在最近写的驳斥佩拉纠派的书中,我就非常细致地阐明了这一点。(《回顾篇》1.23.1)

与此对应,在《回顾篇》2.1.2 中,奥古斯丁继续说:

> 这话显明了肉体与灵相争,我就解释说,这里所描述的人仍

在律法之下,还不在恩典之下。但过了很长时间之后(longe postea),我才认识到,这话也可以甚至更可能适用于属乎灵的人。

正如韦策尔所见,为了解决上述三份文本之间的深层矛盾,奥古斯丁不得不"抹去了在律法之下与在恩典之下之间的界限"①。这就使得,以《罗马书》7:25a 来严格划分这两个阶段就不再必要,整个《罗马书》第 7 章可以指基督徒和非基督徒,包括使徒保罗自己,人生的四个阶段也可以融合为三个阶段,即"在律法之前""在个体心灵的持续冲突之中"和"在平安之中"。历经长久之后,《致辛普里西安》1.2 的思想变革,使得奥古斯丁最终取消了意志在堕落之后自行意愿善的可能。没有上帝的恩典,人类就只会在各种恶的意愿之间经历冲突;而有了上帝的恩典,人类则会在恶习的束缚与善的意愿之间经历冲突,以致发出"我真是苦啊"(《罗马书》7:24)的悲叹(《忏悔录》8.5.10)。因为基督已经降临,生存在世的人类就都处于第二个阶段,只能等待第一次的死亡才能暂告结束。显然,这样的持续冲突不会是人类所要追求的幸福生活,奥古斯丁早期的乐观精神在持续的《罗马书》释经中被大大消解,其幸福主题开始渲染上悲观主义的色彩。

三、幸福的绝对延迟

在探究幸福生活的过程中,奥古斯丁受到古希腊罗马哲学的影响,重视灵魂,轻视身体,放弃了世俗的幸福观,也首先排除了伊壁

---

① James Wetzel, "Snares of Truth: Augustine on Free Will and Predestination", in Robert Dodaro, Lawless George eds., *Augustine and His Critics: Essays in Honor of Gerald Bonner*, London: Routledge, 2000, pp. 129-130.

鸠鲁的原子论及其快乐学说。① 在397年开始写作《忏悔录》时，借助解释自己过往的皈依经历，奥古斯丁否定了当时三种主流的幸福学说。其中，以理智上升的失败否定了新柏拉图主义的"获取善的知识"，替代以毫无学识的母亲莫妮卡在奥斯蒂亚的信仰上升②；以阿利比的公义、节制德性却深陷于罗马角斗场的眼目之欲，否定了亚里士多德主义的"依据德性而生活"，替代以恩典之下的意志仍然受到罪与恶习之束缚的心灵忏悔③；以莫妮卡之死中理智与情感的决断纠葛，否定了斯多亚主义的"抑制情感的波动"，替代以肯定人类基于亲情的自然情感，"我任凭我抑制已久的眼泪尽量倾泻，让我的心躺在泪水的床上，得到安息"④。既然知识的对象是上帝，意志的方向也是上帝，在信仰的上升中，理论沉思和道德实践都需要上帝的主动护佑，古典幸福论者所推崇的教育训练和习惯养成必须让位于上帝借由基督的启示，作为中保的基督成为通达真正的幸福生活的唯一路径。⑤

既然幸福最终被延迟到复活后的"在平安之中"的阶段，即在死后复活的永生中，奥古斯丁在回顾《论幸福生活》时就承认了自己

---

① 参见《书信》3.2。在《上帝之城》19.4.1（吴飞译本，下同）中，奥古斯丁评价说："哲学家们的虚妄真是惊人，他们竟然认为幸福在此生，要凭自己寻求幸福。"
② 陈斯一：《从"柏拉图上升"到"奥斯蒂亚异象"》，载李猛编：《奥古斯丁的新世界》，上海：上海三联书店，2016年，第109—162页；陈斯一：《存在与试探：奥古斯丁的〈忏悔录〉》，新北：台湾基督教文艺出版社，2021年。
③ 花威：《德性与信仰：论奥古斯丁〈忏悔录〉中的阿利比》，《伦理学研究》2016年第2期，第35—39页。
④ 《忏悔录》9.12.33，参见奥古斯丁：《忏悔录》，周士良译，北京：商务印书馆，1963年，以下皆使用周士良译文。对于这一主题的精彩分析，参见吴飞：《属灵的劬劳：莫妮卡与奥古斯丁的生命交响曲》，载《尘世的惶恐与安慰》，北京：北京大学出版社，2009年，第143—194页。
⑤ 《上帝之城》9.15。"耶稣作为我们和上帝之间的中保，他的必朽只是暂时的，而他的幸福是永恒的。"

早年的盲目乐观：

> 我还说，在今生（vitae huius）的时间中，幸福生活只存在于智慧者的心灵中，而无论他的身体会怎样，虽然使徒盼望在来生（futura vita）得到人类所能得到的最好的、关于上帝的完美知识，只有这才应该被称为幸福生活，即不败坏且不死的身体顺服于它的灵，而没有任何搅扰或不情愿。（《回顾篇》1.2）

伴随着《罗马书》释经的重大变革，奥古斯丁否定了古代幸福学说，在晚期越发认识到，即使上帝赐予了恩典，人类仍然受到肉体的贪欲的搅扰，在理智上无法获得对至善上帝的完美知识，在意志上无法完全指向上帝，使得今生不能实现个体心灵的安宁，幸福生活成为生存在世的可望却不可及的目标，而只能被延迟到未来，延迟到末世之后。"这样的救赎会发生在未来的世代，本身就是终极的幸福。而这些哲学家没有看到这一幸福，所以不愿相信，于是试图为自己编织最虚假的幸福。"[①] 虽然如此评价异教哲学家，但正如约翰·布萨尼希（John Bussanich）所见，奥古斯丁实际上也借用了柏拉图—亚里士多德的以沉思为目的的幸福学说，只是转而以恩典和基督中保为推动力，配合其爱的心理学（psychology of love），使幸福成为圆满的、纯粹属灵的永恒状态。[②]

对于奥古斯丁后期是否发展出一种幸福主义（eudaimonism），玛莎·努斯鲍姆（Martha Nussbaum）与尼古拉斯·沃尔特斯朵夫（Nicolas

---

① 《上帝之城》19.4。
② John Bussanich, "Happiness, Eudaimonism," in Allan Fitzgerald ed., *Augustine Through the Ages: An Encyclopedia*, Grand Rapids: William B. Eerdmans Publishing Company, 1999, p. 414；亦参见《上帝之城》19.10。

Wolterstorff)持有相反的看法：前者认为，奥古斯丁提出了新型的幸福主义，"将上升置于人性之中并拒绝试图脱离我们人类的处境"①；而后者认为，他完全拒斥古代幸福学说的"行动原则"(the activity principle)和"情感超然原则"(the principle of emotional detachment)，也拒斥成为圣人(sage)的可能性，而肯定了基督教信、望、爱之中的行动与情感②。

在"失落的未来"一章中，布朗就洞察到，从加西齐亚根对话到写作《忏悔录》之间，奥古斯丁逐渐出离了近十年的基督教柏拉图主义(a Christian Platonism)，进入更加细密的《圣经》释经论证。在4世纪90年代中期的思想变革中，他越发扩大恩典的作用范围，放弃了之前在今生获得幸福的自我许诺，终结了长久以来的追求完美的古典理想，把救赎与幸福都完全放回到上帝的预知和预定中，使得人类只能在勤勉的道德努力中顺服地等待着上帝的最终审判，等待着永恒的安息。③

由于律法和恩典没有改变人类在世的生存状态，人生的四个阶段实际上就融合成了三个阶段，即人类当前总是处于"在个体心灵的持续冲突之中"。作为基督教教父，奥古斯丁把幸福等同于"拥有上帝"，以朝向上帝和安享上帝为真正的幸福。④ 作为基督教哲学家，奥古斯丁发明了"内在自我"(inner self)，使得整个人类都俯伏在初

---

① Martha Nussbaum, *Upheavals of Thought: The Intelligence of Emotions*, Cambridge: Cambridge University Press, 2001, p. 547.
② Nicolas Wolterstorff, "Augustine's Rejection of Eudaimonism", in James Wetzel ed., *Augustine's City of God: A Critical Guide*, Cambridge: Cambridge University Press, 2012, pp. 149-166.
③ Peter Brown, *Augustine of Hippo: A Biography*, Berkeley: University of California Press, 2000, pp. 140-150.
④ 张荣:《奥古斯丁的基督教幸福观辩证》,《哲学研究》2003 年第 5 期, 第 76—82 页。

人亚当的堕落与上帝的恩典之下,信仰的历程时刻充满着内在的心灵冲突,罪与罚的痛苦交织在今生中不得止息,而从称义到成圣,幸福被预定论的不确定性所取代,人类唯有不断地忏悔己罪和赞美上帝。在时间与永恒的对照下,幸福被绝对地延迟到了复活之后的永恒中。

不过,我们还要清醒地认识到,在对《罗马书》第 7 章的解释中,与重复的罪相对应,《致辛普里西安》1.1.10 提出了"原罪"概念,指给亚当的身体带来必死性的最初的罪,并不等同于在与佩拉纠派论战中逐渐成熟起来的、借助性行为而代代遗传的原罪。这一概念的提出尚不构成奥古斯丁在《致辛普里西安》中的关键思想发展或变革,而只是延续了《论自由决断》第 2—3 卷和《八十三个问题》68 中的罪论,即初罪和重复的罪这两个阶段。

第七章
《致辛普里西安》(二)

在对《罗马书》第 7 章的解释中,虽然引入了"原罪"概念,但《致辛普里西安》1.1 主要还在延续初解《罗马书》时的观点,甚至不惜牺牲整个理论的内在连贯,以意志首先开启信仰来维护人类的意志的自由决断。然而,当奥古斯丁再次遭遇《罗马书》第 9 章中的具体事例时,特别是雅各和以扫难题,《致辛普里西安》1.2 就不得不反思初解《罗马书》中的主要矛盾,更为贴近经文"字面地"理解保罗的用意[①],从而在肯定上帝的预知时,就否定了拣选出于对将来信仰的预知和人类的任何"最隐秘的功德"。

在对《罗马书》第 9 章的解释中,奥古斯丁反思了之前的释经方法,更为字面地解释了 9:11—12。对于雅各和以扫的差异,他最终把事工或信仰都排除在上帝的拣选之外,承认了意志在罪面前的绝对无力,从而把上帝的恩典置于人类的意志之前作为信仰的开端。在这一艰难的变革中,奥古斯丁的确是"在努力维护人类的意志的自由决断,但上帝的恩典占了上风"(《回顾篇》2.1.3)。然而,不仅《致辛普里西安》1.2 与 1.1 在对意志的能力的分析上已然暗含抵牾,且 1.2 中的恩典学

---

① Paula Fredriksen, "massa", in Allan Fitzgerald ed., *Augustine Through the Ages: An Encyclopedia*, Grand Rapids: William B. Eerdmans Publishing Company, 1999, p.546. 在释经方法上,奥古斯丁逐渐从早期深受安布罗斯影响的寓意释经转变到中晚期的字义释经,着重表现为从 388—389 年写成的《论创世记:驳摩尼教徒》到 401—405 年写成的《创世记字解》。

说也还不是内在恩典,而只是外在恩典,表现为上帝的合宜的呼召,其中也没有论及这一呼召作用于人类意志的具体方式。

第一节 事工抑或信仰?

再次面对《罗马书》9:10-29 的经文,奥古斯丁承认其中"有些艰深"(*latebrosior*),并首先重申了保罗的写作用心(*intentionem*),即"无人应该夸口其事工的功德"(《致辛普里西安》1.2.2),以此反驳犹太人在"名分、荣耀、诸约、律法、礼仪、应许"(《罗马书》9:4)上的可能夸口,坚称"福音的恩典并不依赖于事工"(《致辛普里西安》1.2.2),否则"恩典就不是恩典了"(《罗马书》11:6),以防止他们把恩典视为对自己事工的奖赏,并以此来轻视或排斥没有以上事工的外邦人。在《罗马书章句》60.5-6 中,奥古斯丁已经划分开事工与恩典,并将事工置于信仰和恩典之后。但因为抄本的差异,他在《致辛普里西安》1.2.2 中留下了一个瑕疵:

> 以使人不会认为,因为做了善工,自己才得到恩典;反而是,除非借着信仰(*per fidem*)得到了恩典,他就不能做善工。由此,当借着内在的或外在的训导而进入信仰并开始相信上帝时,他才开始得到恩典。

这段解释化用了《罗马书》5:2 的经文,但在众多抄本中,"借着信仰"(*tē pistei/per fidem*)时常出现或不出现[①],而奥古斯丁就使用了

[①] 《新约》学者欧内斯特·卡斯曼(Ernst Kässmann)将之看作《罗马书》"第 3 章和第 4 章的提示词"。Joseph Fitzmyer, *Romans*, New York: Doubleday, 1993, p.396.

前者。所造成的潜在困难是，似乎在时间上，信仰的开启应该早于恩典的赐予，是后者得以实现的具体路径。要解决这一难题，奥古斯丁就不再把恩典的赐予看作在具体时间（例如皈依）或仪式（例如洗礼、祈祷和圣餐）中完成的，而将之逐渐提前到不晚于或早于"相信"（credere）的节点上。以外邦基督徒哥尼流（Cornelius）为例，他的善工肯定在他相信上帝之后，而相信肯定是在上帝以外在的或内在的方式呼召他之后。由此，奥古斯丁就区分了"信仰的恩典"（gratia fidei）和"借助信仰"（per fidem）而得到的恩典，前者用以开启信仰，而后者用以行善工，以最终获得永生；但对于其他人，开启信仰的恩典也足够使之行善工（《致辛普里西安》1.2.2）。

要坚持"信仰的恩典"的洞见，奥古斯丁就要进入雅各和以扫难题，重新解释二者被拣选和不被拣选的原因，从而为论证意志与恩典在信仰开端中的动力学位置做好铺垫。作为最佳范例，在雅各和以扫难题中，奥古斯丁所面临的是：为何孪生兄弟会有着截然相反的命运？为何同样尚未出生、没有任何事工和信仰却被上帝亲口定下"将来大的要服侍小的"（《创世记》25：23、《罗马书》9：12）？要分析这一难题，奥古斯丁就驳斥了星象学的可能解释，以原本迫害教会的保罗皈依基督为例，再次确认恩典先于善工的原则（《致辛普里西安》1.2.3），上帝的拣选肯定不是出于对事工的预知，而只出于自己的旨意（propositum Dei）。

在《致辛普里西安》1.2.4中，奥古斯丁回到了《罗马书章句》60.7-8关于上帝的公义的疑问：对于成胎和出生于同一时间的孪生兄弟，上帝如何能够从"没有差异"（nulla distantia est）的二者中拣选一个，而不拣选另一个呢？上帝不拣选以扫的公义何在？不同于《罗马书章句》中的论证，奥古斯丁越发字义地解释了，"双子还没有生下来，善恶还没有作出来"(《罗马书》9：11)，就从拣选的理由中把上帝对信仰与否的预知排除出去了，因为还没有出生，就既无善工，也无信仰。基于永恒的上帝不在时间之中，他所说的"雅各是我所爱的，以扫是我所恨的"(《罗马书》9：13)，就是对在时间之中的流变事态的预言。对于这种上帝与人类的绝然差异，虽然尚未出生，但上帝仍然可以在永恒中预知雅各将来的信仰和以扫将来的不信，并在永恒中做出拣选，那么仅仅引入时间与永恒的差异，奥古斯丁还不能完全排除上帝预知信仰而进行拣选。

对于这一理论困难，奥古斯丁引入双重可能的世俗判断，借此否定了初解《罗马书》中的预知信仰的解释路径：

> 按着拣选，预知一切的上帝会看到尚未出生的雅各的将来信仰(*futuram fidem*)，而人类并不借着自己的事工就应当被称义，因为除非被称义，他就不能行善工；上帝使外邦人借着信仰(*ex fide*)而称义，但除非借着自由意志，没有人会相信；上帝预见这相信的将来意志(*fidei uoluntatem futuram*)，并借着预知而拣选尚未出生的人，以使他称义吗？如果拣选是借着预知，上帝预知到雅各的信仰，那你怎么证明，上帝拣选他不是出于他的事工呢？那么，如果他们尚未出生，也还没有作出善恶，他们中就没有一个已经相信(*crediderat*)。然而，预知看到了谁将来会相信(*crediturum*)。预知能看到谁将来行事工(*operaturum*)，那么，就像有人被说成，其被拣选是出于上帝预知了其将来的信仰(*fidem futuram*)；而有人能够说，他自己被拣选是出于上帝同样预知了其将来的事工(*opera futura*)。然而，保罗怎么表明，说"大的将服侍小的"并不出于事工呢？因为如果他们尚未出生，那么说这

话就既不出于事工，也不出于信仰，因为尚未出生的人缺乏这两者。(《致辛普里西安》1.2.5)

在起源上，信仰肯定出于人类的意志的自由决断，上帝的预知并不会强迫意志去作恶，也不会强迫意志去信仰，而善工必然是在信仰之后的。在能力上，全能的上帝既可以预知人类将来的信仰(*fidem futuram*)，也可以预知人类将来的事工(*opera futura*)。而在这种双重可能下，奥古斯丁就需要反驳，犹太人可能夸口他们遵行律法的事工，外邦人也可能夸口他们不关乎律法的信仰。这里的难题就是，如果上帝的拣选出于他的预知，而预知的对象是将来的信仰或将来的事工，那么在时间之中的人类就只能判定，上帝在永恒中肯定预知了这两者。依据恩典先于善工的原则，要论证拣选是基于对将来的信仰的预知，就必须排除拣选也可能基于对将来的事工的预知。而这一论证是难以做到的，因为在时间之中的人类无法完全认识在永恒之中的上帝。对于同样被拣选的人，无法判定上帝的拣选究竟出于预知了他将来的信仰，还是预知了他将来的事工，而这恰恰给犹太人或其他人夸口自己的事工留下了可能空间，从而否弃了上帝的恩典先于人类的事工这一根本原则。

由此，在雅各和以扫难题上，奥古斯丁就不得不放弃预知信仰而拣选的论证，重新回到保罗所强调的拣选处境，从字面上理解经文，即拣选不仅不出于事工，也不出于信仰，"因为尚未出生的人缺乏这两者"。对此，克米特·斯科特(Kermit Scott)就评论说，如果是因为人类开启了信仰，上帝才在永恒中拣选他，那么这就把恩典看成上帝对人类某种行为的回应(a reaction)，使得在逻辑上，人类的意志先行主动地开启信仰，而上帝却是"消极地"(passively)在永恒中等待这一信仰,并在随后决定是否赐下恩典,但这显然侵犯了上帝的全能,将其能力排斥在信仰皈依的进程之外了。① 这一处理方式延续了《罗马书章句》60.7-11 的推理,把上帝的公义建基于人类的差异之上,将之限制为"赏善罚恶"的公义,从而在赏善上依赖于人类的作为,同时为犹太人或其他人提供了可能的借口,以夸口自己所行的事工,作为自己得到恩典的前提。面对以上解释困境,为了维护上帝的全能,消除夸口事工的任何可能,奥古斯丁就必须改变之前对上帝的公义的界定,并继续追问上帝拣选的根据和恩典与意志的关系。

第二节 呼召与恩典

一旦去除了信仰上的差异,雅各和以扫就是完全相同的,而《罗马书章句》60.8 所坚持的,"在完全平等的东西中不能被称为拣选"(《罗马书章句》60.8),就被上帝自己打破了。现在的问题是:如何为上帝的拣选与否寻找充分理由?既然孪生兄弟都没有出生,没有任何功德,包括事工和信仰,那么上帝为何拣选雅各而不拣选以扫?如果拣选雅各是出于恩典,那么恩典为何独独不临到以扫,上帝的拣选和赐予恩典是否就是"武断的"?

一、"以扫是我所恨的"

既然是在完全平等的孪生兄弟之间做出拣选,而保罗明确说,"只因要显明上帝拣选人的旨意,不在乎人的行为,乃在乎召人的主"(《罗马书》9:11),奥古斯丁就把拣选的主动权完全放回到上帝那里。同时,拣选又出于上帝的旨意(《致辛普里西安》1.2.6),不出

---

① T. Scott, *Augustine: His Thought in Context*, New York: Paulist Press, 1995, p. 180.

于上帝的预知，也不出于人类的信仰和事工，因为这二者都还没有做出来。

在这一结论之下，奥古斯丁重申了《罗马书章句》55.1—5中的信仰动力学，强调呼召的先在性和必要性，"信仰的功德"（merita fidei）是在呼召之后，也就在恩典之后，但对于恩典与信仰的关系，他此时却问而不答：

> 但问题是，信仰是否使人类应当被称义，或不是信仰的功德（merita fidei）先于上帝的恩待，而是信仰自身（fides ipsa）就列于恩典的恩赐之中（inter dona gratiae），因为保罗这里说，"不在乎人的行为"，没有说，"出于信仰（ex fide），上帝才对利百加说，将来大的要服侍小的"，而是说，"乃在乎召人的主"。没有被呼召，就没有人相信，但仁慈的上帝就呼召，在没有信仰的功德时赐予了，因为信仰的功德接续着呼召，而不是先于呼召……恩典在任何一种功德之前，因为基督已经为罪人死了。不出于他自己的事工的任何功德，而出于呼召人类的上帝，小的才得以被大的所服侍，所以经上记着说，"雅各是我所爱的"，这不是出于雅各的事工，而是出于呼召的上帝。（《致辛普里西安》1.2.7）

基于"信仰的功德"与"事工的任何功德"相对照，奥古斯丁已经潜在地把信仰看作一种事工，肯定信仰是在呼召之后，而呼召完全出于上帝自身的主动性，事工只有在呼召之后才得以做出，人类不能为此而夸口自己。对于功德在恩典之后，而是否信仰也在恩典之后，甚或算作恩典的恩赐之一，奥古斯丁仍然不情愿做出断言；既然信仰总是出于意志的自由决断，那么如何既维护作为动力中枢的意志的自主性，又肯定信仰的功德在恩典之后，这就成为他此时迫切要回答的问题。在认可上帝的主动性和呼召的先在性之外，奥古斯丁还不愿意让信仰和意志完全顺服在恩典之下，但以扫难题开始迫使他反思呼召的不同性质，从而认可了意志在信仰过程中的有限作用。

排除了"预知信仰而拣选"的解释路径，奥古斯丁就需要追问：同为没有信仰和事工的孪生兄弟，以扫为何在出生之前就被上帝所恨，上帝"预定"（*praedestinavit*）他将来去服侍弟弟雅各，而"爱"与"恨"是否是上帝的不同情感？之下引入《罗马书》9：15，"我将来怜悯了谁，就将怜悯谁；我将来恩待了谁，就将恩待谁"，再次肯定上帝的主动性，但这却使得以扫难题变得更为"棘手"（*artius conligavit*）。上帝先行呼召，且恰恰是"借助激发信仰"（*inspirando fidem*）（《致辛普里西安》1.2.9）而彰显怜悯，使没有信仰的人得以生发信仰。奥古斯丁在这里首次引用了《哥林多前书》4：7，"使你与人不同的是谁呢？你有什么不是领受的呢？若是领受的，为何自夸，仿佛不是领受的呢"，从而完全确认了上帝在信仰开端中的绝对主动权，从呼召、怜悯、恩待和激发信仰，到赐予恩典、称义和救赎，上帝掌管着信仰的开端和进程。但问题是：这一切为何没有临到以扫，上帝的公义到底是什么（《致辛普里西安》1.2.10）？

在《致辛普里西安》1.2.10中，奥古斯丁重申人类的意志在信仰开端中的自主性，试图调和与上帝的主动性的关系，上帝不会强迫意志去行恶或信仰，但却可以帮助或呼召意志去开启信仰，并使之得以实现：

> 一则，上帝赋予，以至于我们会意愿；二则，上帝赋予我们已经意愿的。这就使得，我们会意愿和他意愿就既是他的，也是

我们的，即呼召是他的，跟随是我们的。然而，只有他自己才赋予我们已经意愿的，即能够行善和一直幸福地生活。

在信仰的开端中，上帝的呼召肯定先于人类意志的转向，为之提供了契机和方向，并由此激发（inspirare）意志去开启转向；意志在转向中是自主行事的，不受到任何的强迫，但不是孤立的，可以为上帝的呼召所吸引，从而实际地完成转向。然而，在认识到这一点之后，奥古斯丁依然不能解决以扫难题，即以扫是否被呼召，而如果被呼召，他的意志为何没有开启并完成自身的转向，从而实现信仰；为何"被呼召的人多，被拣选的人少"（《马太福音》22∶14）。在否定了"预知—拣选"的模式之后（《致辛普里西安》1.2.11），奥古斯丁就要分析：上帝的主动权和呼召的激发作用如何与"以扫是我所恨的"相调和？尚在母腹中的以扫为何会遭遇如此命运？上帝的呼召和恩典究竟是如何运行的？

二、两种呼召：合宜的与不合宜的

延续以上解释思路，奥古斯丁开始把上帝在信仰开端中的作用深化到意志的生发过程中。不同于《八十三个问题》68.5 的引而不用，《致辛普里西安》1.2.12 明确引用了《腓立比书》2∶12-13，"当恐惧战兢，作成你们得救的工夫；因为为了善好意志（pro bona voluntate），上帝在你们里面（in vobis）作工，使你们去意志和行事（et velle et operari）"，并将之贯彻到具体的释经中，承认了"我们里面的善好意志是借着上帝的作工才成就"（《致辛普里西安》1.2.12），由此呼应《罗马书》9∶16，"这不在乎那意愿的人，也不在乎那奔跑的人，只在乎发怜悯的上帝"。

在信仰的开端中，所生发的意志是向善意志，不同于向恶意志，只有前者才得到上帝的仁慈的帮助，从而能够生发出自身，实际地开启信仰。在这一交互作用中，意志肯定是人类自身的，如果意志不同意，信仰就不可能开启，否则就是被强迫的。而同时，意志所得到的帮助却是来自上帝的。如果没有这一帮助，意志因为初罪就是无力的，不能自行完成向善的转向，"善好意志是上帝的恩赐"(《致辛普里西安》1.2.12)。在意志的生发过程中，上帝的帮助体现为他的呼召，并划分为两种呼召，即"合宜的呼召"和"不合宜的呼召"，分别对应着被呼召且被拣选的人和仅被呼召却未被拣选的人，意志的自主性仍然存在，但进一步顺服在呼召的效力(effectus)之下：

> 因为上帝的恩待的效力不能是在人类的权能之中，这就使得，如果人类不意愿(nolit)，他的仁慈就完全无用，因为如果他意愿去怜悯那些人，他就能以合宜于他们的方式(quomodo illis aptum esset)呼召他们，以使他们会被推动、理解并跟随。由此，真的是，"被呼召的人多，被拣选的人少"(《马太福音》22：14)。那些被拣选的都是被合宜地(congruenter)呼召的，而那些不应和(congruebant)也不顺服呼召的都是不被拣选的，因为尽管被呼召，他们却没有跟随。(《致辛普里西安》1.2.13)

在初解《罗马书》时，奥古斯丁认为，人类的意志可以决断跟随上帝的呼召而开启信仰，此后的善工则出于上帝的帮助(《罗马书章句》62.1-4)；也可以决断拒绝这一呼召，甚至产生"对上帝的良善的绝望"(desperatione indulgentiae Dei)，导致干犯圣灵(adversus spiritum)的罪(《罗马书断评》22.3)。而到了《致辛普里西安》

1.2.13 中，上帝的呼召可以是合宜的，使得一些人出于发生的必然性会以意志来回应和跟随，从而实现上帝的拣选；也可以故意是不合宜的，使得其他人不会回应和跟随，从而不被拣选。上帝决定着呼召的有效性，也就决定了拣选或不拣选某人，以至于可以调和《马太福音》20：16、《腓立比书》2：12-13 和《罗马书》9：16 的各自表述，但奥古斯丁还试图坚持，合宜的呼召不等于恩典，意志是自主地回应合宜的呼召。

对于两种呼召说，里斯特就批评说："这一论证并不令人满意，因为它似乎表明，合宜性(suitability)是在人类的自然之中，而不是在上帝的恩典之中。"[1] 而弗雷德里克森也批评说，拣选与合宜的呼召不过是"同义反复"(tautological)，尚还缺乏有效的论证。[2] 不过，相较于《罗马书章句》中的呼召说，即基于对将来的信仰的预知，上帝才会决定进行合宜或不合宜的呼召，《致辛普里西安》1.2 则颠倒了这一顺序，即正是出于上帝的合宜呼召，意志才会生发出来信仰，合宜性虽然在人类的自然中，但也为上帝的恩典所完全掌控，意志并不能抵挡合宜的呼召。正基于这种互动关系，《致辛普里西安》1.2.21 提出的恩典说最终还是"外在恩典"，表现为合宜的呼召。

三、"最隐秘的公义"

当再次回到以扫难题时，就会追问：既然合宜的呼召是开启信仰

---

[1] John Rist, "Augustine on Free Will and Predestination", *Journal of Theological Studies*, Vol. 20, No. 2, 1969, pp. 436. 针对本文的批评，参见 Jasper Hopkins, *Philosophical Criticism: Essays and Reviews*, Minneapolis: The Arthur J. Banning Press, 1994, pp. 41-73。

[2] Paula Fredriksen, *Augustine's Early Interpretation of Paul*, Ph. D Dissertation of Princeton University, 1979, p. 202.

的直接动力，那么这一呼召为何没有临到以扫，以扫不信的原因是否不在于他自己，而只在于呼召的不合宜（unsuitability），甚或上帝缺乏合宜呼召以扫的能力（《致辛普里西安》1.2.14）？显然，这些可能解释是渎神的和推卸道德责任的，奥古斯丁并不会接受。

对于法老的心刚硬，《罗马书章句》62.5-13解释说，这是加给不信者的"应得惩罚"（debitam poenam），即上帝任凭其心刚硬，从而惩罚他"先前的不信"（priore infidelitate）。不过，这一解释并不适用于以扫，因为他在被预言时"还没有生下来"，上帝的惩罚就不出于以扫自己的不信。对此，《八十三个问题》68.3-4就重新解释说，尚未出生的以扫和先前不信的法老都是亚当的后裔，因其初罪而同属于"罪的团块"，在恩典之前没有任何功德。但为了坚持上帝的所谓在差异中拣选的公义，奥古斯丁就硬生生地造出了"最隐秘的功德"（occultissimis meritis）的理由，却使自己的解释陷入"知其有而不能言"的困境，展示了其早期思想中的严重危机。

相比之下，《致辛普里西安》1.2肯定了，上帝具有完全的主动权和进行合宜呼召的权能。这就使得，上帝的呼召并不建基于人类的任何"最隐秘的功德"，而只建基于上帝的"拣选人的旨意"（electionem propositum Dei）。而要为这一旨意寻找理论依据，奥古斯丁重申了《八十三个问题》68.3的"罪的团块"说，从而在"初罪"概念上重新界定了上帝的公义，即上帝的"神圣惩罚"（divina poena）不是主动地使人类的意志抵挡呼召，而是不以合宜的方式呼召他，任凭其心刚硬或不会转而相信。同时，合宜的呼召也不出于人类的任何功德而临到，而只出于上帝的仁慈和恩待（《致辛普里西安》1.2.14-15）：

> 由此，所有的人——因为就如使徒所说，"在亚当里众人都

死了"(《哥林多前书》15：22)，从他起，冒犯上帝的源头就渗透进整个人类种群——都从属于一个罪的团块，应当承受来自神圣且最高的正义的惩罚，不管这一惩罚是被执行，还是被免除，都没有不公平(iniquitas)。他们都是欠了债的，却骄傲地判断应该对谁执行，对谁免除，就像那些被雇到葡萄园干活的工人，当付给别的工人与他们同样的工钱时，就不公义地(iniuste)生气埋怨(《马太福音》20：1-14)。而使徒就驳斥这一无理的质问说："你这个人哪，你是谁，竟敢向上帝强嘴呢?"(《罗马书》9：20)因为上帝控告罪人使他不快，就这样向上帝强嘴，好像上帝迫使某人去犯罪，虽然他自己其实并不迫使人类去犯罪，而只是不赐予使之得以称义的恩待给某些罪人，但却由此被说成，他使某些罪人心刚硬，虽然是因为他不怜悯他们，而不是因为他迫使他们去犯罪。然而，对于那些他不怜悯的人，就是出于最隐秘且最远离人类的感知的公义(*aequitate occultissima et ab humanis sensibus remotissima*)而不应该被赐予恩待的人，他就审判他们。因为，"他的判断何其难测！他的踪迹何其难寻！"(《罗马书》11：33)上帝公正地(iuste)控告罪人，而他自己并不迫使他们去犯罪。同样地，对于上帝所怜悯的人，他们就会有呼召临到，而当上帝控告罪人时，他们的心就会被刺透，从而转向他的恩典。因此，上帝的控告是公正的和满有怜悯的。(《致辛普里西安》1.2.16)

在这一段解释中，奥古斯丁把罪和死的起源追溯到了初人亚当的初罪。初罪导致了"整个人类种群"都继续陷在罪里，成为同一个"罪的团块"，而每个人在罪上都是平等的，应该受到继续犯罪、遭受各种恶并最终死亡的惩罚。这一在罪上平等的境况是上帝施展自己救赎的舞台，人类"都是欠了债的"。对于上帝的救与不救，人类就失去了质问的权力，上帝具有着完全的主动和必要的权能。而从"泥的团块"到"罪的团块"，massa一词既展现了初罪的直接后果，又为"原罪"概念的提出和恩典观上的突进奠定了基础。对此，弗雷德里克森甚至评论说：

> 对 massa 的使用标示着，在4世纪90年代反复阅读、注释保罗时，奥古斯丁关于自由与恩典、公义与拣选的思考经历着怎样的内在发展。就像后期与佩拉纠论战时一样，诸多神学主题的布列都以这里对 massa 的理解为其解释学上的北极星(its hermeneutical North Star)。①

在具体的救赎过程中，上帝的作为表现为消极和积极两个方面。在消极方面，上帝可以任凭或坐视某些罪人继续犯罪，这是他们从初罪继承而来的惩罚，是其意志的自由决断所自主认可的，并不是出于上帝的强迫。在法老难题上，"使心刚硬"不是上帝对其"先前的不信"的再次惩罚，而是任凭其先前的不信继续存在，不赐予合宜的呼召，法老就会继续犯罪，直至死亡后受到公义的审判。在积极方面，上帝可以主动介入到"罪的团块"中，以合宜的呼召来拣选某些罪人，并赐予恩典，使他们的意志会自主地转向自己，从而完成信仰皈依，成为"按他旨意被召的人"(《罗马书》8：28)。在雅各难题上，雅各并不比以扫有任何将来的功德，而和以扫一样是完全的罪人，他的信仰开端只在于上帝从这一"罪的团块"中主动拣选了他，

---

① Paula Fredriksen, "*massa*", in Allan Fitzgerald ed., *Augustine Through the Ages: An Encyclopedia*, Grand Rapids: William B. Eerdmans Publishing Company, 1999, p. 546.

赐予合宜的呼召，而雅各就相信了，成为上帝所爱的人。

在这一拣选与不拣选、合宜呼召与不合宜呼召的两可选择中，上帝所做出的旨意并不出于人类的任何"最隐秘的功德"，而是出于他自己的"最隐秘的公义"，因为同为亚当后裔的罪人没有任何功德，意志堕落后的无知和困难也使得他们不可能自行做出任何功德，除非上帝主动合宜地呼召某些罪人，使他们得以信仰而行善，否则他们就只能继续不信而作恶。这一解释转换表征着，相较于初解《罗马书》时的信仰动力学，奥古斯丁此时提升了呼召的功效，使得呼召不仅是信仰的发生契机，其是否合宜更是促发信仰是否开启的唯一因素。上帝可以预知和预定某个罪人的信仰和功德，但在永恒中的预知和预定必须显示为在时间中的具体呼召，是上帝亲自临在于时间中的自我来做工。而这一做工就以发生的必然性促发了人类的意志自主地转向上帝，从而开启信仰，成为信仰动力学的第一推动者和实际肇始者。

当把恩典再次引入到信仰动力学之中时，奥古斯丁虽然还没有明确其位置，但实际上已经将之对等于促发信仰的合宜的呼召了。呼召不再是被动地等待着人类意志的自由决断去回应或拒斥，而是已经带有上帝拣选人类的旨意，其有效与否并不由人类的意志来决断，而是由上帝的旨意促发这一意志来实现。对于完全失去了向善可能的意志，信仰的开端就只在于上帝的恩典，表现为对某些罪人实际有效的合宜呼召。然而，对于意志和恩典的如此关系，奥古斯丁仍然在极力避免直接论及，继续隐而不彰。

像《致辛普里西安》1.1.7一样，1.2.17再次引用了《哥林多前书》3：1-2，但论证目标却大相径庭。在前者，奥古斯丁用这两节经文来论证《罗马书》7：14，"在律法之下"的"我"是属肉体的，还没有进入"在恩典之下"的阶段;而在后者,奥古斯丁则用之来论证《罗马书》9:20-21,被上帝"从同一团泥里"(*luti ex eadem consparsione*)拣选的罪人,虽然已经在基督里得了重生,即"在恩典之下",但仍然可以是"属肉体和魂的",只是能够借助恩典而不断改过迁善,成为"预备得荣耀的器皿"。

四、上帝的爱与恨

在拣选和呼召上,上帝有完全的主动权和实现其旨意的绝对权能。但问题是:上帝的爱雅各和恨以扫是否表明,他的旨意受到某种情感的影响?而如果他先行有恨恶以扫个人的情感,才进行不合宜的呼召,那么这如何表明他的呼召仍然是公义的?要回答这一难题,奥古斯丁就需要分析上帝的有情与无情、爱与恨。

对于上帝是否具有情感,摩尼教认为,《旧约》中的上帝经常受到各种情感的搅扰,会高兴、懊悔或忿怒,可能突然改变已经做出的决定,甚至随意击杀人类,根本不是至善的,由此也就不是上帝,而只会是魔鬼;《新约》中的上帝总是处在平静之中,充满着爱,不会受到任何情感的搅扰,也不会更改自己的决定,而其中涉及上帝的情感的经文都是后来窜添的,应该予以删除(《忏悔录》3.7.12、5.11.21、5.14.24)。奥古斯丁也不认为,上帝会受到情感的搅扰,会发生情感波动或初动(*propatheia*),这种情况只会表现在人类那里。

然而,《旧约》中的确多次提到上帝的情感变化,最为经常的是"忿怒"和"后悔"。[①] 对于忿怒,奥古斯丁在《罗马书章句》9:1-3

[①] 例如《创世记》6:6-7,《出埃及记》32:14,《士师记》2:18,《撒母耳记上》15:11、15:35,《撒母耳记下》24:16。

中解释说,"忿怒"不是指某种情感,而只是指上帝所施行的对等惩罚,他并不是像人类那样受到情感的搅扰。"律法是惹动忿怒的"(《罗马书》4:5)正是如此(《罗马书章句》23)。对于"后悔",奥古斯丁在《致辛普里西安》2.2.1-5 中解释了《撒母耳记上》15:11,"我立扫罗为王,我后悔了",认为上帝的永恒存在和大能实际上绝对地超越了人类语言的描述范围,而《圣经》使用人类语言只是为了适应人类低下的理解能力,帮助其理解上帝的神圣和至高(《致辛普里西安》2.2.1)。《圣经》语言的素朴和描述上帝时的拟人化只是在适应普罗大众的理解能力,这成为奥古斯丁此后所认定的释经思路。

在《致辛普里西安》1.2.8 中,奥古斯丁就将以扫放入到整个创造秩序中,试图解释上帝恨他的原因,引用《所罗门智训》11.24 说:"你并不以恨(odio habens)来创造,你也不恨你所创造的一切。"虽然全部被造物"被置于不同的存在等级",但就其被创造来说,它们都是为上帝所爱的,上帝不会爱太阳而恨月亮,由此也不会恨作为被造者的以扫。虽然菲茨迈尔考证说,根据古代近东的夸张修辞,"恨"(odium)只表示"爱得少",而不是严厉的恨恶,比如《创世记》29:30-31 和《申命记》21:15-17,也可以比较《路加福音》14:26 和《马太福音》10:37。[①] 不过,奥古斯丁这里是要避免把恨解释为搅扰性的情感,并没有将之视为爱的亏缺,爱与恨都是上帝对待其创造物的态度,表征着他在平静中的不同审判,并不为之而搅扰。

当再次回到这一问题时,奥古斯丁明确肯定被造物的自然善性,区分被造的善与意志的自由决断的恶,在从身体到灵魂的存在等级中,上帝恨的只是罪和罪人:

---

① Joseph Fitzmyer, *Romans*, New York: Doubleday, 1993, p. 563.

除了罪(*peccatum*)，上帝并不恨(*odit*)人类中的什么。而罪是人中的无序与背谬，是转离更高等的创造主，而转向更低等的被造物。因此，上帝并不恨作为人(*hominem*)的以扫，但恨作为罪人(*peccatorem*)的以扫……同一个人既是人，又是罪人，但作为人是出于上帝的创造，作为罪人是出于自己的意志。至于上帝爱雅各，难道雅各不是罪人吗？但上帝爱的不是他所除去的罪责，而是他所赐予的恩典。因为基督已经为罪人死了。(《致辛普里西安》1.2.18)

依据《论自由决断》第 2 卷对意志的善性的论证，上帝创造了善的意志，使之成为人类灵魂的核心官能之一。虽然只是中等的善，但意志可以独立地朝向更高的善即上帝，并持存在这一向善的指向中，使得人类与上帝处在原初的被造与创造的合一中。然而，由于亚当初次以意志背离了上帝并转向自身，就造成了初罪，意志堕落后陷入无知和困难，而亚当的后裔也从此深受初罪的影响，继续作恶和犯罪而不能自拔。在意志的以上两个阶段中，亚当以降的整个人类就既是被造的人，又同时是背离上帝的罪人。要从"在律法之下"进到"在恩典之下"，人类只能被动地等待上帝赐予恩典以除去罪责，使意志可以重新指向善而实际地行出来善。在整个救赎过程中，上帝所恨的就是人类的罪，所爱的就是人类自身和他赐予人类的恩典，这恩典是借着耶稣基督的受难而赐下的。

在区分了人与罪人、恩典与罪责之后，奥古斯丁坚持认为，恩典的赐予并不基于任何先行的功德，且赐给雅各或以扫都出于上帝"拣选人的旨意"，同为罪人的他们对此无从申辩或强嘴。由此，在信仰的开端中，上帝的公义不是赏善罚恶，因为没有任何善可以赏，而只是惩罚人类出于自由决断而犯的罪；他的仁慈和恩待就是完全主动地赐予恩典，而其中拣选和称义外邦人或犹太人、这个人或那个人的判断是"何其难测"（inscrutabile），是人类所不能参透的。惩罚和称义都在于上帝，归于人类自己的只有罪责和害怕，归于上帝的只有赞美和惊叹（《致辛普里西安》1.2.18）。在如此的进程中，救赎的不可知论就呼之欲出了。

第三节 "恩典占了上风"

从《致辛普里西安》1.2.19以下，奥古斯丁继续论证"罪的团块"学说，在信仰开端中更为明确地引入恩典的作用，并以《便西拉智训》33:10-15重新论证人类处身于罪中的境况，提出"罪的传递"（traduce peccati）和"原责"（originali reatu）概念，并最终明确承认，"已经卖给罪了"的意志并不能先行独立地开启信仰，而必须有上帝的恩典在先，借由恩典的推动和促发，意志才得以实现信仰的开端。

一、"已经卖给罪了"

从上文论述可以看到，《论自由决断》第3卷基本奠定了奥古斯丁早期对罪的分析，《致辛普里西安》1.1.10的"原罪"概念不过指代着初罪，而1.2.20的"罪的传递"也不过是初罪的代际遗传。就其发生过程来说，初罪构成了原罪的起源，其所引发的惩罚是身体的必死（mortalitas）和意志堕落后的无知无力，从而使亚当在身体上的后裔不断犯罪，成为同一个"罪的团块"，使得每个人都承担了"原责"。但正如弗雷德里克森所见，"罪的传递"和"原责"这两个首次使用的概念尚没有在与佩拉纠派论战时所被赋予的丰富含义，也与性贪欲和婴儿的洗礼没有任何理论瓜葛。①

当回到信仰的开端问题上时,奥古斯丁重新反思了意志的能力和信仰的动力系统,把保罗的意图(intentio apostoli)总结为,夸口只能指着"主"夸口,而"罪的团块"的被称义或惩罚都只在于"主的作工"(opera domini),因为"意志的自由决断的确举足轻重,但在已经被卖在罪之下的人中(in venundatis sub peccato),它还算什么呢?"(《致辛普里西安》1.2.21)这句反问成为奥古斯丁真正转变和明确立场的节点。在信仰的开端中,初罪后的意志已经陷在罪的辖制之下,不能够意愿善和行出来善,更无法凭借自身先行开启信仰而之后再得到恩典;上帝的恩典不是辅助性的、锦上添花的后行力量,而是根本上促发意志得以重新意愿善的先行力量,没有恩典,意志只会继续意愿恶和行恶。对于二者之间的新关系,奥古斯丁论述说:

> 由此,当有什么吸引我们,使我们会转向上帝,这是由上帝的恩典(gratia Dei)所促发和提供,而不是由我们的认可、努力或事工的功德而获得,因为无论是意志的认可(nutus voluntatis),还是不懈的努力,还是出于炽热的爱而行的事工,这都是他所赋予的,是他所恩赐的。我们被命令(iubemur)去祈求,使我们会得到;被命令去寻找,使我们会寻见;被命令去叩门,使门会向我们打开(《马太福音》7:7)……还向我们展示了,除非因为他允许(concedit)我们去祈求、寻找和叩门,否则他不会命令(iubet)我们去这样做。"据此看来,这不在乎那意愿的人,也不在乎那奔跑的人,只在乎发怜悯的上帝。"(《罗马书》9:16)因为除非借着他

---

① Paula Fredriksen, *Augustine's Early Interpretation of Paul*, Ph. D Dissertation of Princeton University, 1979, p. 203.

的推动和促发(movente atque excitante)而能够去做，否则我们就既不会去意愿，也不会去奔跑。(《致辛普里西安》1.2.21)

意志的自由决断是自主的，但却可以受到外在的吸引和推动而做出，这并不就是被强迫的。在信仰的开端中，上帝的恩典先行吸引人类的意志，推动和促发它去开启信仰。在信仰动力学中，动力的来源是上帝的恩典。而没有恩典，意志的所有认可都只会继续指向罪和恶，不可能先行信仰，而之后才得到上帝的恩典。对此，奥古斯丁就明言，"意志的认可""不懈的努力"和"出于炽热的爱而行的事工"，不仅不能先于恩典而开启信仰，反而自身只能是恩典的产物，是上帝所主动赐予的。恩典并不强迫意志去做出信仰决断，而是为之提供方向和动力，通过"合宜的呼召"使意志生发这一决断，而意志自身就会完成之。相较于人类意志的软弱，上帝有着完全的权能，可以以命令来实施自己的拣选，在"祈求—得到""寻找—寻见"和"叩门—开门"的信仰行为中，其动力来自上帝的命令，其结果来自上帝的能力，而这一切都出于先行的恩典。人类是"欠了债的"，而上帝所赐的恩典就是"白白的"(gratis)。在恩典之前，人类没有任何功德，而只有所犯的罪。这使得奥古斯丁绝然地说，没有上帝先行推动、促发和赐予能力，人类就既不会去意愿信仰，也不会做出来任何善行。

在这里，研究界所争论的是：上帝的恩典究竟如何作用于人？是先作用于理智来推动意志，还是先作用于意志来推动理智？《致辛普里西安》1.2.13 把得到合宜呼召之后的步骤分为"会被推动、理解并跟随"，其中"理解"是理智官能的作为；而 1.2.21 却将之分为"认可、努力或事工"，其中"认可"就会是意志自身做出的。如果仅仅关注 1.2.13 的论述，我们就很容易把理智看作恩典的首要作用对象，把不同的呼召形式看作对理智的作用，以确保上帝所拣选的人都会得到合宜的呼召(《致辛普里西安》1.2.14)。虽然看到此时的恩典尚不是后期的"时刻运行的恩典"(operative grace)或"内在恩典"(inner grace)，但詹姆斯·伯恩斯(James Burns)却评论信仰的开端说："规劝去相信的呼召就是通过给予知识(giving knowledge)来推动意志的。"①

然而，如果结合 1.2.21 的论述，就会看到，"被推动"肯定先于"理解"，但肯定不是"理解"先被推动，之后意志才生发出"认可"；相反，虽然信仰的开端并不排斥"理解"，不会存在着不理解的信仰，但"理解"不会先于意志的"认可"，否则前者就成为信仰开端中的核心枢纽，但却不能保证借助恩典的"理解"是否随即会得到意志的"认可"，从而大大削弱了恩典的能力，使信仰的开端重新取决于意志的自由决断，而不是上帝的恩典。② 由此可见，1.2.13 中的"被推动"应该指 1.2.21 中的意志的"认可"，即人类的意志被上帝的恩典所推动和促发，从而生发出"认可"，随即实现理智上的"理解"，以开启信仰进程。在其中，出于发生的必然性，上帝的恩典完全可以保证意志会实现自己"拣选人的旨意"，而不是受到后者的制约。虽然表现为合宜呼召的恩典仍然是外在的，但它却有着绝

---

① James Burns, *The Development of Augustine's Doctrine of Operative Grace*, Paris: Études Augustiniennes, 1980, p.44；吴天岳:《意愿与自由：奥古斯丁意愿概念的道德心理学解读》，北京：北京大学出版社，2010 年，第 353 页。

② 我们并不否认"理解"在信仰开端中的必要作用，但不认为它会先于意志，进而促使意志去做出信还是不信的自由决断，否则恰恰会威胁到上帝的恩典的权能。关于这一争论，参见 Josef Lössl, "Intellect with A (Divine) Purpose: Augustine on the Will", in Thomas Pink, M. Stone eds., *The Will and Human Action: From Antiquity to the Present Day*, London: Routledge, 2004, pp.53-77；吴天岳:《意愿与自由：奥古斯丁意愿概念的道德心理学解读》，北京：北京大学出版社，2010 年，第 353 页注释 2。

对的效力(*effectus*),因为被合宜呼召的人都是"按他旨意被召的人"(《罗马书》8:28)。

对于意志在信仰开端中的位置,奥古斯丁还借助保罗皈依的事例做了进一步说明:

> 由此可见,意志会被拣选。但除非意志接触到愉悦(*delectet*)和吸引(*invitet*)灵魂的东西,否则它自身决不能被推动。然而,意志所接触到的,并不在人的权能之内。除了闯进各家、寻索、捆绑和杀害基督徒,扫罗还意愿做什么呢?多么疯狂、野蛮而盲目的意志啊!不过,借着从天上来的一个声音,保罗就扑倒在地,接触到如此这般的异象(*viso*),他的心灵和意志就被强力所打开(*refracta saevitia*),被倒转和校正到信仰,他就被始料未及地从福音的极力逼迫者转变为(*effectus est*)极力宣扬者。(《致辛普里西安》1.2.22)

在保罗的皈依叙事中,上帝或耶稣基督"神秘地、使人无法逃避地甚至充满暴力地"① 介入,"忽然从天上发光,四面照着他"(《使徒行传》9:3),并从天上有声音质问:"扫罗,扫罗!你为什么逼迫我?"(《使徒行传》9:4)在作为法利赛人时,保罗为上帝的律法热心,就极力逼迫新生的教会,大肆搜捕基督徒下监杀害(《路加福音》1:13),而当下前往大马士革正是要如法炮制(《使徒行传》9:1-2)。

---

① Paula Fredriksen, "Beyond the Body/Soul Dichotomy: Augustine's Answer to Mani, Plotinus, and Julian", in William Babcock ed., *Paul and the Legacy of Paul*, Dallas: Southern Methodist University Press, 1990, p. 241.

在以上解释中，奥古斯丁仍然肯定意志的自主性。意志可以被拣选，但不可以被强迫，必须是灵魂先行被取悦和吸引，作为其核心官能的意志进而才会"被推动"，即自主地去开启追求的进程。在信仰开端的两重步骤中，意志的自主性只存在于第二步中，从属于人类的权能；而第一步却是由上帝来施行，可以表现为显明真理、布道教导和施行神迹等（《致辛普里西安》1.2.14），以不同的合宜性呼召不同的人，并保证了人类的意志会"被强力所打开"。在保罗身上，合宜的呼召就是基督质问他的行为，为上帝的律法热心的人为何会迫害成全律法的基督。这一异象所展示出来的强力没有给保罗拒绝的可能，而使得他原有的意志被彻底扭转，转到了对基督的信仰，不仅不再继续迫害基督徒，反而自己身体力行来极力宣扬基督的福音。

在此过程中，异象（visum）促生出愉悦和吸引，其所作用的直接对象是意志，而不是理智，更不是后者推动了前者。① 保罗的皈依不同于外邦人的皈依，也恰恰贬低了理智在皈依中的地位。因为在理智上，保罗"比本国许多同岁的人更有长进"（《加拉太书》1：14），也知道基督徒把耶稣看作基督，即犹太人所盼望的弥赛亚，并知道耶稣的神迹和关于他死而复活的布道，经历过司提反的证道被害（《使徒行传》7：58-60），但这些知识显然没有打开或推动他的"疯狂、野蛮而盲目的意志"，反而使这一意志继续犯罪作恶，"残害教会"（《使徒行传》8：3）。与此相反，奥古斯丁举例说，许多地位低下的人，例如妓女和演员（meretricum et histrionum），却可以在缺乏知识的情况下经历意志的突然皈依。

---

① 对于这一点，卡里评论说，奥古斯丁用"愉悦"（delight）概念来解释爱和信仰的开端，取代了之前所使用的"同意"（assent）概念，从而抛弃了斯多亚学派的选择说，而回到柏拉图主义的意志学说。Philip Cary, *Inner Grace: Augustine in the Traditions of Plato and Paul*, New York: Oxford University Press, 2008, p.59.

显然，打开或推动意志的不是理智知识，而直接是上帝的恩典，且只有当意志在恩典的直接推动下指向了信仰和善，原有的知识才会成为"真知识"（《罗马书》10：2），原本在知识上的缺乏才可以慢慢得到补足。意志的自由决断并不排斥知识，无论是"理性认知"还是"认同权威"，知识都来自上帝的恩典，而意志皈依信仰的直接动力是恩典，不是同步派生的知识，并不存在从恩典到理智再到意志的动力传导过程，否则就贬低了恩典和合宜呼召的权能，重新使意志成为决断是否开启信仰的核心动力。

二、上帝的奥秘

借助重新解释雅各和以扫难题，奥古斯丁最终认定，上帝的恩典而非人类的意志才是信仰的开端。这一恩典是否临到雅各或以扫完全出于上帝的"最隐秘的公义"，而从被创造到被拣选再到被救赎也完全出于上帝的恩典。窑匠与器皿、创造者与被造物之间的绝对差异使得，人类没有权能去探究这一公义，而同在"罪的团块"中的境况也使得人类没有正当性去质疑这一恩典。

对于这样的公义、恩典或拣选，奥古斯丁承认自己也不能够参透通晓：

> 那些将被称义的就被拣选，而这一拣选却是隐秘的（occulta est haec electio），以至于处于同一团块中的我们完全不能够认识到。或如果某些人可以认识到，我（ego）也承认自己在这事上无能为力（infirmitatem meam）。（《致辛普里西安》1.2.22）

从亚当到其所有后裔，从初罪到重复的罪，意志的一次堕落就带来了它的一直堕落;人类堕落后陷入了无知和困难,既不能自主地意愿善,更不能实际地行出来善,所有人都从属于同一个"罪的团块";只有上帝先行赐予恩典,人类的意志才可能转向信仰和善,信仰的开端是恩典,而不是意志;恩典的赐予完全出于上帝的预知、预定和拣选,一切都在上帝的权能之下,人类无从参透,也无从质疑。显然,依从这些理论前设和依次推理,人类也会像奥古斯丁一样,承认自己在理智上的无知,并完全顺服在上帝的恩典之下。

借鉴保罗的论证策略,奥古斯丁最终把恩典论建基于创造论之上,突出了相信的首要性和必要性,而在不能理解的地方,人类只有把赞美和感谢归给作为创造主的上帝,安守自己在被造上的地位和理智上的有限:

> "难道上帝有什么不公平吗?断乎没有!"(《罗马书》9:14)但为什么对这个人这样,对那个人那样?"你这个人哪,你是谁?"如果你不偿付所欠的债,你就有可感谢的了;如果你偿付,你就没有可埋怨的了。让我们只要相信(credamus tantum),即使我们还不足以理解(capere non valemus),因为你创造和坚立了整个创造,不管是属灵的,还是属体的,你以度量衡布列一切。但"他的判断何其难测!他的踪迹何其难寻!"(《罗马书》11:33)让我们说"哈利路亚",并齐唱颂歌,而不要说"这为什么"或"那为什么",因为一切事物的被造皆有其定时。(《致辛普里西安》1.2.22)

对于上帝为何拣选这个人,而不是那个人,奥古斯丁认为,人类在理智上的追问已经到达了终点。拣选某些人不是出于上帝的公义，而是出于他的恩典。如果彰显公义，上帝只会惩罚人类意志的罪与恶，因为亚当及其后裔都陷在罪里，从属于同一个"罪的团块"，没有人可以埋怨；而只有彰显恩典，上帝才会从这一团块中拣选某些人，使之得以开启信仰并称义，每个人都应该感谢。由此，在理智的局限处或穷尽处，相信和赞美就是人类指向造物主的真正态度，即奥古斯丁所坚持的"除非相信，否则不能理解"（《论自由决断》1.2.4、2.2.6）。如同意志为何会发生初次转向，奥古斯丁也不能回答，拣选和恩典为何只会临到某些人。从堕落到救赎，这其中一始一终的两个问题都是不可知的。为了坚守意志学说的内在贯通，奥古斯丁不得不保有以上两条理论缝隙，而相较于深邃细密的意志学说，这种理智上的诚实却恰恰既维护了理解的广阔天地，又为信仰留下了必要的地盘。

第四节　预定与摒弃？

"预定"一词由前缀 pro 和动词 horizein 构成，后者的基本含义是标界、决定或设立。这个词在保罗书信中并不常见，在《罗马书》中出现过两次，分别是 8：29 和 8：30，表示上帝对人类的拣选。虽然在希腊文抄本中，《罗马书》1：4 的动词形式并不是 prooristhentos，但古意大利译本和拉丁标准译本都将之译为 praedestinatus，表示上帝对耶稣基督的预先设立。[①] 在《罗马书断评》5 中，奥古斯丁分析 1：4 说，基督的被预定不是表现为他自己的复活，因为死人都会复活，而表现为他复活的首要性，是将来信众要复活的表征和范例（《罗马书断评》5.1-17）。

[①] Joseph Fitzmyer, *Romans*, New York: Doubleday, 1993, pp. 234-235, 524-525.

在《罗马书章句》55.3-4 中，奥古斯丁引用《罗马书》8：29-30，表明呼召是根据上帝拣选人类的旨意，而这一旨意出于上帝的预知和预定。在《致辛普里西安》1.2.8 中，奥古斯丁将以上解释应用到雅各和以扫难题上，但否认上帝拣选雅各而不拣选以扫是出于预知其信仰，而把预知和预定的实现路径建基于上帝先行主动赐予恩典，即对雅各进行合宜呼召，使之可以相信，却不对以扫进行合宜呼召，他就不会相信。因为同属于一个"罪的团块"（《致辛普里西安》1.2.16、17、19、20），或得到恩典，或得到惩罚，这些都出于上帝的"最隐秘的公义"，人类只能感谢和赞美，却不能埋怨和发怒。

在《致辛普里西安》1 中，预定仅仅出现在 1.2.8 中两次，似乎无足轻重，但"恩典占了上风"却随即使这一学说成为重要的神学难题，虽然在奥古斯丁早期思想中还没有充分展现出来。这是因为，既然信仰的开端在于上帝主动白白地赐予恩典和合宜的呼召，那么就可以推论出：凡是被预定的人，上帝都会赐予恩典，使之借助合宜的呼召进入信仰；凡是没有被预定的人，就不会最终进入信仰。而问题是，既然信仰的开端不在人类的手中，不信仰就在于没有被预定，那么正如韦策尔所追问的，上帝在预定其他人的时候，是否已经故意摒弃（forsake/abandon）了某些人，整个救赎进程是否只是上帝的"独舞曲"，而不是人神配搭的"芭蕾双人舞"（pas de deux），从而使得伦理上的自我肯定（ethical self-assertion）与宗教上的自我顺服（religious self-surrender）之间的微妙平衡被完全打破，而后者根本上取代了前者，以致人类失去了任何自我肯定的可能。① 对于预定学说所可能导

---

① James Wetzel, "Snares of Truth: Augustine on Free Will and Predestination", in Robert Dodaro, George Lawless eds., *Augustine and His Critics: Essays in Honor of Gerald Bonner*, London: Routledge, 2000, pp. 123-124.

致的理论结局,邦纳评论说:"努力为这一教义辩护终将一无所获,它本身就是糟糕的教义,更可能激起我们的敬畏,而不是促发我们的同情。"① 在418年写成的《书信》194.8.35中,奥古斯丁却自我评价说,不承认以上学说,只会是为了逃避"真理的网罗"(retia veritatis)而"自跳悬崖"(se abrupta praecipitent)(《书信》194.8.35)。

现在的问题是:上帝预定某些人是否意味着他同时摒弃了所有其他人?如果摒弃是上帝所主动做出的,那么人类就有理由抱怨,自己的不相信只在于上帝的摒弃,而不在于其意志的向善或向恶,这一现象在现实的教会生活并不鲜见。直面如此棘手的难题,奥古斯丁就把预定归诸上帝的权能。首先,人类因理智上的局限而不能参透,但应该更努力地去信仰,在教会生活中更努力地去行善,以后二者来显明和辅证上帝的预定和恩典;其次,信徒只能相信或坦承自己的救赎,但却不能评判别人是否将被定罪,只有上帝才拥有最终的审判权。与此同时,奥古斯丁批判多纳图派的"洁净人的教会"的教会观,划分开世俗之城和上帝之城,承认信众的实际信仰在现世教会中的混杂和摇摆,麦子与稗子一同长在地里,只有在收割时才会最终被区分开来(《马太福音》13:25—30)。由此,奥古斯丁既模糊了预定与摒弃的二元对立,不承认存在着双重预定论(double predestination)②,使信众之间不可"彼此论断"(《罗马书》2:1—3、14:3—13),又肯定了信仰开启和道德完善的可能性,预定单向度地保证这一可能性,使信

---

① Gerald Bonner, *St. Augustine of Hippo: Life and Controversies*, Norwich: The Canterbury Press, 1986, p.392.

② 在极少数情况下,奥古斯丁也会说预定去永死(predestination to eternal death),但上帝自己不会使人类继续犯罪,永死也不出于上帝主动摒弃,而出于上帝不主动赐予恩典,其间的微妙差别至关重要。James Wetzel, "Snares of Truth: Augustine on Free Will and Predestination", in Robert Dodaro, George Lawless eds., *Augustine and His Critics: Essays in Honor of Gerald Bonner*, London: Routledge, 2000, p.138 note 24.

众可以彼此"和睦","建立德行"(《罗马书》12：18、14：19)。

预定并不同时意味着摒弃,韦策尔对此恰当地评论说:

> 首先且首要地,奥古斯丁的预定学说是一种坦承学说(a doctrine of confession)。我能坦承我自己的救赎,但不能坦承你的救赎,更不能坦承你被定罪。对于教会也是这样:它对救赎的集体性坦承并不审断在教会之外的人。坦承总是第一人称的,总是指向上帝,总是欢欣与悲伤的交织汇流。当我坦承在上帝里的救赎时,我承受着疏离的痛苦。反之,我会相信,我永远失去了或遇到了我所应当的命运,但我不能使我的坦承失望。这些真理都从属于谦卑。①

借助对《罗马书》第9章的分析,奥古斯丁从雅各或以扫的个体视角来理解恩典的赐予,从而把"以色列全家"(《罗马书》11：26)中的民族救赎化约为"罪的团块"中的个体救赎,面对上帝的不再是犹太人或外邦人,而只是一个个承担自己罪责的罪人,在罪上的平等使得每个人都必须在谦卑中等待着上帝的拣选。正基于这种平等和谦卑,每个罪人就既不能质疑上帝的公义,也不能论断别人的信仰或不信,被救赎或被定罪都出于上帝的权能,"我"只能坦承自己被上帝预定而得救赎。然而,这种坦承并不是自我保证(self-guarantee),"我"只有在死后才能知道是否得到了实际的救赎,得以进入"在平安之中"的阶段,而这种心理上的罪与罚的冲突就集中展现在《罗马书》第7章中,其内省良心也就时刻处于矛盾和煎熬之中。

---

① James Wetzel, "Snares of Truth: Augustine on Free Will and Predestination", in Robert Dodaro, George Lawless eds., *Augustine and His Critics: Essays in Honor of Gerald Bonner*, London: Routledge, 2000, p. 136.

第七章 《致辛普里西安》(二)

　　与后来加尔文派提出的双重预定论相比,即使对于仅仅指向救赎的单重预定,奥古斯丁也与之大有不同。邦纳分析说,虽然同样是预定个体,但加尔文派相信的是"堕落前的预定"(supralapsarian),即上帝在永恒中已经预定某些个体要被定罪;而奥古斯丁认为,这种定罪只是人类自己堕落后的自然结果,出于其自由意志,而不出于上帝的预定,且在今生之中,人类不能区分出最后被救赎的人和被定罪的人,没有人能够夸口自己将来会被救赎。

　　以上对《罗马书》第9章的解释,现代圣经学研究并不认同,因为奥古斯丁显然忽略了使徒保罗的犹太人身份和他对犹太民族得到救赎的盼望。① 然而,这些创造性解释却提出了诸多关键概念,也基本塑造了西方基督教的思想传统,其中的功过对错,还需要更多的研究和澄清。② 其中一个问题就是,相较于古希腊罗马和保罗时代,奥古斯丁发展出了时刻承受搅扰和煎熬的内省良心这一学说。

---

① Peter Gorday, *Principles of Patristic Exegesis Romans 9-11 in Origen, John Chrysostom, and Augustine*, New York: The Edwin Mellen Press, 1983, pp. 1-10; Philip Cary, *Inner Grace: Augustine in the Traditions of Plato and Paul*, New York: Oxford University Press, 2008, p. xi.

② James Wetzel, "Snares of Truth: Augustine on Free Will and Predestination", in Robert Dodaro, George Lawless eds., *Augustine and His Critics: Essays in Honor of Gerald Bonner*, London: Routledge, 2000, p. 139 note 20; R. Morgan, "The Letter to the Romans", in John Hayes ed., *Dictionary of Biblical Interpretation*, Nashville: Abingdon Press, 1999, pp. 411-422.

第八章
意志、称义与内省良心

在本章中,我们尝试把视野拓展到早期基督教,考察奥古斯丁如何回应保罗的外邦人问题和因信称义学说,如何以意志哲学将之转化和"发明"为内省良心问题,最终把人的一生划分为皈依前和皈依后两个阶段,来依次论证,不仅恩典是信仰的开端,而且在信仰的历程中,即使圣徒也仍然遭受着罪的搅扰。

对于保罗书信中的因信称义学说①,斯腾达尔在1963年发表了著名论文《使徒保罗与西方的内省良心》②。其中认为,保罗提出因信称义学说是要论证,外邦人作为集体无须遵守犹太律法,就可以进入上帝原先与犹太人所立定的盟约;保罗在行律法上"是无可指摘的"(《腓立比书》3:6),在相信基督之前和之后都有着"刚强的良心"(robust conscience),没有时刻经历着罪的内在搅扰。然而,路德却依从自己个体的信仰经历,把保罗的良心错误解读为"受折磨的良心"(plagued conscience),并借用因信称义学说来论证,只有信仰使

---

① 保罗书信中频繁提及"因信称义",例如《罗马书》4:11、5:1,《加拉太书》2:16、3:8、3:24。

② Krister Stendahl, "The Apostle Paul and the Introspective Conscience of the West", *The Harvard Theological Review*, Vol. 56, No. 3, 1963, pp. 199-215; 中译本参见克里斯特·斯腾达尔:《使徒保罗与西方的内省良心》,花威译,《圣经文学研究》2016年第12辑,第136—153页。

人被称义后，才会获得良心的平安。这一内省良心的解释进路脱离了1世纪的写作处境和宣教关切，严重误导了西方教会对保罗书信的正确理解，并参与塑造了西方基督徒深切的"罪感"（guilty）意识。

从20世纪中叶起，斯腾达尔对保罗书信释经传统的批判引发热烈响应，开启了所谓"保罗新观"（New Perspective of Paul，NPP）的释经运动。在以上批判的追根溯源中，斯腾达尔还明确把内省良心的解释进路追溯到奥古斯丁，以《忏悔录》为西方内省良心史上的第一部重要文献。[①] 然而，尽管奥古斯丁被看作肇始者，但"保罗新观"的提倡者和反对者都没有着重研究他在其中的关键作用，当代的奥古斯丁研究也鲜有直接涉及以上论战中的是非曲直。

基于这种被强调但同时被忽视的状况，我们就试图集中考察奥古斯丁在内省良心议题上的论述以及其意志哲学在其中晚期思想中的发展深化。我们认为，首先，保罗书信中的因信称义学说的确旨在处理外邦人问题，但在早期基督教的宣教图景中，这一处境书信逐渐演变成普适书信，集体救赎的急迫性也逐渐让位于个体救赎的急迫性。其次，在奥古斯丁神哲学中，内省良心的问题起源于意志的堕落和分裂，人类失去了意愿善和行善的能力，上帝的恩典先行于人类的意志开启了信仰皈依，并时刻运行以帮助人类能够意愿善和行善。最后，内省良心分为皈依前和皈依后两个阶段，前者表现为《忏悔录》中的皈依叙事，反衬着保罗在皈依前的"刚强的良心"，而后者表现为预定论下的个体救赎的不确定性，促生了路德在做修士期间的心灵内在冲突。可以看到，奥古斯丁的意志哲学实际肇始了内省良心问题，对中世纪的思想发展和政治变迁产生了深刻影响。

---

① Krister Stendahl, "The Apostle Paul and the Introspective Conscience of the West", *The Harvard Theological Review*, Vol. 56, No. 3, 1963, p. 205.

第一节　称义与外邦人问题

在往大马士革途中相信耶稣基督之后，保罗奉差派为"外邦人的使徒"(《罗马书》11：13、《路加福音》2：9)，以叙利亚的安提阿教会为前进基地进行了三次旅行宣教，足迹遍及地中海东部地区，其写给各地教会的书信成为《新约》正典中成书最早的经卷。在1世纪上半叶的宣教图景中，众多犹太人成为"基督徒"(《使徒行传》11：26)，相信耶稣是犹太人的弥赛亚(Messiah，其希腊文译名为 Christos，"受膏者""基督")，从而受到不相信的犹太人的逼迫。

对于外邦人(Gentiles)相信基督是否要遵守律法，犹太基督徒内部产生了巨大分歧。在耶路撒冷会议上，使徒们达成协议，外邦基督徒只要禁戒偶像崇拜、奸淫与"勒死的牲畜和血"即可(《使徒行传》15：20)，无须行割礼和遵守饮食律法。即便如此，作为基督徒的犹太主义者(Judaizers)仍然前去搅扰各地教会，宣扬割礼和律法(《加拉太书》2：4、2：12；《使徒行传》15：24)。为了维护"福音的真理"(《加拉太书》2：5、2：14)和教会的合一，保罗必须处理外邦人与犹太人的关系问题，其中包括：犹太律法与基督福音的关系是什么；外邦人如何进入上帝与犹太人所立的盟约；外邦人相信基督是否会取代犹太人在救赎历史中的特殊地位。

在对保罗书信的解释中，斯腾达尔在其论文的前半部分论证说，保罗提出因信称义学说仅仅旨在解决如上的外邦人问题。律法之前是犹太人的"训蒙的师傅"(《加拉太书》3：24)，但到基督降临时就完成了使命，其所要求的义是人所难以达到的，由此外邦人应该舍律法而信基督。只要相信基督，外邦人就可以被称为义，得以进入上帝与犹太人所立的盟约，成为上帝的儿女，得享赐给亚伯拉罕的产业，而无须像犹太基督徒那样遵守律法。与奥古斯丁和路德的解释进路不同，因信称义学说是针对外邦人这个带着1世纪历史印记的群体，而不是要一般化地解决任何个体在信仰历程中的内在冲突；保罗在相信基督前守全了律法，"就律法上的义说，我是无可指摘的"（《腓立比书》3：6），为其犹太人身份而自豪，有着"刚强的良心"；他在相信后没有为不能谨守诫命或使徒职分而痛苦，也没有受到罪的不断搅扰，不认为身体上的疾病是罪的表征或从罪而产生的（《加拉太书》4：13、《哥林多后书》12：7-8），其作为个体从来没有经历过"受折磨的良心"（《哥林多前书》4：4；《哥林多后书》2：12；《使徒行传》23：1）。①

要判定保罗的良心有没有受到罪的搅扰，我们就必须解释《罗马书》7：14-25的争议经文。正如之前所追问的，这段经文是保罗的良心自传吗？其中的"我"指非基督徒，还是包括基督徒在内？其中是否包括相信前的保罗或相信后的保罗？"我"与肢体（或身体）的争斗不恰恰表明良心受到罪的搅扰吗？在《新约》释经史上，关于这段经文的激烈争论可谓见仁见智。② 对此，斯腾达尔的独特解释认为：

---

① Krister Stendahl, "The Apostle Paul and the Introspective Conscience of the West", *The Harvard Theological Review*, Vol. 56, No. 3, 1963, pp. 206-211.

② 略举为例：沃纳·库梅尔（Werner Kummel）认为，这里的"我"不是指代保罗，这段经文不是保罗的"自传"（autobiography）。参见 Stephen Westerholm, *Perspectives Old and New on Paul: The "Lutheran" Paul and His Critics*, Grand Rapids：William B. Eerdmans Publishing Company, 2004, pp. 135-146。菲茨迈尔认为，这里的"我"指代人类的普遍境况，参见 Joseph Fitzmyer, *Romans*, New York：Doubleday, 1993, pp. 472-477。朱伟特则认为，这里的"我"指代相信基督之前的保罗，热衷律法，却以这种狂热抵挡了上帝，以律法称义，却陷入了"残害上帝的教会"（《加拉太书》1：13）的罪中。保罗在相信前没有任何心理冲突，现在是皈依后对皈依前的反思，意愿为善而实际上作出来了恶，其意志不是分裂的或软弱的，而是为律法狂热使得意志被扭曲了。保罗不认为律法或基督教的道德诫命是不能完全实现的，反而认为可以完成这一转变。参见 Robert Jewett, *Romans: A Commentary*, Philadelphia：Fortress, 2007, pp. 461-467。

保罗自己的罪只是之前迫害教会,在相信之后没有再犯罪,并不遭受到"受折磨的良心"的搅扰;《罗马书》第7章是在解释律法,为律法的神圣与善性进行辩护,其中的"我"(ego)不等同于罪或肉体;7:19的"我所意愿的善,我反不作;我所不意愿的恶,我倒去作"并不直接导致7:24的"我真是苦啊"的悲叹,因为7:20以下区分了"我"与"住在我里头的罪"、"我"与"肢体/取这死的身体",这里的"我"没有参与到犯罪之中,并未出现自我的分裂或困境;只是后来的释经家将这段经文看作对人类的本质或罪的本质的阐述,就边缘化了保罗所看重的律法问题,而"当人类的意志成为堕落的核心时,这一西方解释就达到了其高潮"①。显然,这里的高潮是指奥古斯丁的意志哲学。

虽然外邦人因着相信基督得以进入上帝的救赎计划,但犹太人在神圣盟约中的特殊地位不容动摇或取代,仍然保有其原初的"儿子的名分、荣耀、诸约、律法、礼仪、应许"(《罗马书》9:4),其暂时的"失脚"(《罗马书》11:11)更是为外邦人提供了难得的契机。外邦人不能夸口信心,犹太人不能夸口律法,二者应该在基督里实现教会的合一。斯腾达尔借此认为,《罗马书》第9—11章不是第1—8章的附录,反而恰恰是整封书信的高潮。② 沿着以上释经思路,尼古拉斯·莱特(Nicholas Wright)甚至认为,保罗提出因信称义,反对因律法称义,以解决外邦人问题,这其实是"教会合一理论"(ecumenical doctrine),从属于教会论,而非救赎论。③

---

① 参见 Krister Stendahl, "The Apostle Paul and the Introspective Conscience of the West", in *The Harvard Theological Review*, Vol. 56, No. 3, 1963, pp. 211-213。
② Krister Stendahl, "The Apostle Paul and the Introspective Conscience of the West", *The Harvard Theological Review*, Vol. 56, No. 3, 1963, p. 205.
③ 陈红坚:《重估"因信称义":"保罗新观"评述》,《基督教思想评论》2006年第4辑,第158页。

斯腾达尔这篇著名的论文像"巴掌大的云彩"（莱特语）引发了"保罗新观"的持续风暴，在随后得到了频繁引用。在其力作《保罗与巴勒斯坦犹太教》中，艾德·桑德斯（Ed Sanders）依据死海古卷和拉比文献重新解释了第二圣殿时期的犹太教，提出"恩约守法主义"（covenantal nomism），认为犹太教是重视恩典的宗教，盟约是上帝以其恩典主动与犹太人订立的，律法则是犹太人持守（staying in）在盟约中的生活方式，恩典与律法之间存在着良性互动，1世纪的犹太教不是僵硬呆板的律法主义。① 至于耶稣和保罗为何抨击律法，邓雅各（James Dunn）认为，"律法事工"（works of the law）这个短语是理解个中缘由的关键，其仅在《加拉太书》中出现6次，在《罗马书》中出现2次，指对割礼和饮食律法的遵守。遵守律法本来是犹太人对上帝之恩典的具体回应，但在第二圣殿时期逐渐被看作犹太人所独有的"身份记号"（identity mark），成为区分犹太人与外邦人、犹太人各派别的核心标志，导致了民族中心主义和派别自义，把外邦人排除在恩典和应许之外。②

20世纪中叶以来的"保罗新观"试图回到1世纪的巴勒斯坦来理解保罗，对其书信进行"去现代化"（demodernizing）和"再处境化"（recontextualizing），重新解释律法和因信称义学说，推翻基督新教长久以来对犹太教的固有偏见，由此被称为神学领域的"哥白尼革命"。这一释经思路的确提醒我们，不应该为释经史上的各色观点所迷惑，而应该不断追本溯源，从作者的历史空间来理解作品的历史

---

① Ed Sanders, *Paul and Palestinian Judaism: A Comparison of Patterns of Religion*, Philadelphia: Fortress, 1977. 至于汉语学界对之的介绍，参见张晓梅：《保罗研究"新视角"之辩——读桑德斯〈保罗与巴勒斯坦犹太教〉》，《世界宗教文化》2011年第4期，第57—62页。

② 陈红坚：《重估"因信称义"："保罗新观"评述》，《基督教思想评论》2006年第4辑，第152—154页。

意义。然而,"保罗新观"自提出之后就受到传统派学者的批评,甚至犹太教学者也少有认可,其间的争论远未平息。①

正如斯腾达尔一派所论述的,从"刚强的良心"到"受折磨的良心",从作为教会论的因信称义学说到作为救赎论的因信称义学说,其间的肇始者可以追溯到奥古斯丁。在解释保罗书信尤其是《罗马书》时,这位"第一个现代人"发明了内省良心的解释进路,从而使得后来者路德这位奥古斯丁修会的修士错误地重新"发明"因信称义学说以解决自己个体的良心不安。② 在具体论证中,"保罗新观"更多关注对保罗书信的再解释和对路德神学的批驳,却对肇始者奥古斯丁的解释进路与缘由缺乏深入考察。③ 而无论新观派与传统派的论争胜负如何,奥古斯丁的确把内省良心引入了称义学说中,宣扬意志的全然败坏和恩典的绝对必要,人类在皈依前和皈依后都会受到罪的不断搅扰,并在预定论的不确定性下苦苦寻求未来救赎的永恒平安。但要理解奥古斯丁在内省良心议题上的创造性解释,我们这里有必要回顾一下其早期意志哲学的整个论证思路。

---

① Ernst Kässmann, *Perspectives on Paul*, Philadelphia: Fortress, 1971, pp. 60-78; David Farnell, "The New Perspective on Paul: Its Basic Tenets, History, and Presuppositions", *The Master's Seminary Journal*, Vol. 16, No. 2, 2005, pp. 189-243; Michal Valčo, "The 'New Perspective' on Paul and the 'Introspective Conscience' of the West", in Ondrej Prostredník ed., *Justification According to Paul: Exegetical and Theological Perspectives*, Bratislava: Comenius University in Bratislava, 2012, pp. 206-230; Paul Maxwell, "Analyzing the Apostle Paul's 'Robust Conscience': Identifying and Engaging the Psychological Concerns of Krister Stendahl's Inceptive Article", *Westminster Theological Journal*, Vol. 75, 2013, p. 145.

② 关于路德在做修士期间的良心不安问题,参见詹姆斯·基特尔森:《改教家路德》,李瑞萍、郑小梅译,北京:中国社会科学出版社,2009年,第47—60页。

③ 在梳理"保罗新观"的发展史时,斯蒂芬·韦斯特霍尔默(Stephen Westerholm)仅仅概述了奥古斯丁哲学的基本内容,没有特别关注内心良心这一解释进路的生成过程。Stephen Westerholm, *Perspectives Old and New on Paul: The "Lutheran" Paul and His Critics*, Grand Rapids: William B. Eerdmans Publishing Company, 2004, pp. 3-21.

第二节　意志的堕落与恩典的先行

从 1 世纪下半叶开始，基督信仰在地中海地区的外邦人群体中流传广布，《新约》经卷也渐次成书，基督教开始脱离其犹太教母体而立宗传脉，成为由外邦基督徒占绝对主体的新宗教。由于信众主体从犹太人转换为外邦人，之前保罗面对着"外邦人如何进入上帝的国度"的问题，而现在早期教父们面对着"犹太人如何从失脚处重新被上帝收纳"（《罗马书》11：15）的问题。外邦人问题逐渐消隐，犹太人问题却愈发凸显，不仅《罗马书》第 9—11 章不再是书信的高潮，甚至所有批判律法的经文都被用来批判整个犹太教和犹太人。早期教父们力图说明，犹太律法已经不合时宜，《旧约》只是在预表《新约》，犹太人所面临的问题是如何进入基督信仰。而到了宗教改革时期，犹太人问题已然从古代思想领域中的反犹太教（anti-Judaism）转变为现代政治领域中的反犹主义（anti-Semitism）。①

当外邦人与犹太人的关系不再是核心问题时，保罗书信就自然地被看作在处理整个人类的普遍问题，而作为处境书信的《罗马书》也开始被看作"关于信仰之本质的神学论文"②，教父们开始试图从中

---

① 在这一历史处境下，殉道者游斯丁（Justine the Martyr）写作《与犹太人特尔弗的对话》（*Dialogue with Trypho A Jew*），德尔图良写作《驳犹太人》（*Adversus Iudaeos*），随后奥古斯丁、克里索斯托等多位教父都写过"驳犹太人"的作品。而站在现代社会的入口，对于古代晚期的反犹太主义（Judaism），参见 John Gager, *The Origins of Anti-Semitism: Attitudes Toward Judaism in Pagan and Christian Antiquity*, New York: Oxford University Press, 1985. 路德甚至写过《驳犹太人及其谎言》（*Against the Jews and Their Lies*），参见詹姆斯·基特尔森：《改教家路德》，李瑞萍、郑小梅译，北京：中国社会科学出版社，第 205—207 页。

② Krister Stendahl, *Paul among Jews and Gentiles and Other Essays*, Philadelphia: Fortress, 1976, p. 5.

寻找到整个人类或每个个体的救赎之路，核心问题变成了："被其罪折磨的良心如何才能被释放？我们能够找到救赎的确证吗？"① 从 4 世纪中叶到 5 世纪中叶，西方教会进入"保罗的世纪"或"保罗的复兴"，开始重视对保罗书信的释经，用以反驳异端教派，论证大公教会的教义体系。② 正如斯腾达尔所看到的，作为"圣保罗的一代"，奥古斯丁在 4 世纪 90 年代中期密集注释《罗马书》，把因信称义学说用于解决个体问题而非集体问题，从其意志哲学中得出意志的全然堕落，在《罗马书》第 7 章和第 9 章的释经中得出具有普遍意义的原罪论、恩典论和预定论，进而肇始了内省良心的解释进路。而以上各章已经详细展示了这一释经历程中的多重波折和初步成果。

从《论自由决断》到《致辛普里西安》，对于其中的艰难思想变革，奥古斯丁在《回顾篇》2.1.3 中评价说："我在努力维护人类意志的自由决断，但上帝的恩典占了上风。"不过，《致辛普里西安》1.2 的恩典还是外在恩典，表现为上帝的合宜的呼召，但在随后写成的《忏悔录》中就发展成内在恩典和时刻运行的恩典。③

脱离了 1 世纪的写作处境和宣教关切，奥古斯丁将《罗马书》解释成保罗对整个人类所面临的普遍问题的回答，曾经作为争论焦点的律法问题早已不复重要，仅作为犹太民族的"长久的习俗"(*diuturnam consuetudinem*)或"古老的传统"(*paternarum traditionum*)而继续存留(《论说谎》5.8、《驳福斯图斯》19.17)。在这一释经图景下，依

---

① Stephen Westerholm, *Perspectives Old and New on Paul: The "Lutheran" Paul and His Critics*, Grand Rapids: William B. Eerdmans Publishing Company, 2004, p.148.

② Peter Brown, *Augustine of Hippo: A Biography*, Berkeley: University of California Press, 2000, p.144; Eric Plumer, *Augustine's Commentary on Galatians: Introductions, Text, Translation, and Notes*, New York: Oxford University Press, 2003, p.5 note 2.

③ James Burns, *The Development of Augustine's Doctrine of Operative Grace*, Paris: Études Augustiniennes, 1980.

据恩典的赐予和皈依的开启,人类历史和个体历史就可以被划分为三个阶段——没有恩典、有运行的恩典却在皈依之前和皈依之后且恩典时刻运行,而后二者是内省良心中"受折磨的良心"的主要策源地。在没有恩典的阶段,内在自我全然堕落,人类只会意愿恶和作恶,犹太人试图以"律法事工"来称义却仅仅显明了自己的罪,外邦人更是没有真正的德性。① 在有运行的恩典却在皈依之前的阶段,内在自我发生分裂,意志因自身的习惯和罪的辖制而继续朝向恶,同时因恩典的佑助而开始转向善,双重意志的冲突状态表现为心灵的不自制,意愿为善却行不出来,奥古斯丁在《忏悔录》中就以自己的道德皈依具体演现了内省良心所遭受到的残酷折磨。在皈依之后,意志仍然需要运行的恩典的时刻佑助,开始其从称义到成圣的信仰旅程,但还会受到各种欲望或好奇的搅扰。上帝的公义是隐秘难知的,即使圣徒也不能确证自己已经被预定得救,奥古斯丁预定论下的这种不确定性成为继续时刻啄食内省良心的秃鹫。

第三节 皈依前的内省良心

如果斯腾达尔是正确的,保罗在皈依基督之前和之后都有着"刚强的良心",之前做法利赛人时在律法上"无可指摘"(《腓立比书》3:6)②,之后做外邦人的使徒时"向什么样的人,我就作什么样的人"(《哥林多前书》9:22),其良心不受到罪的内在搅扰,反而得

---

① 奥古斯丁认为,罗马人所推崇的各种德性其实是"霸欲"(libido dominandi)的不同表现。

② 在现代释经史上,法利赛人的律法主义有时被看作雏形的佩拉纠主义。Nicholas Wright, *What Saint Paul Really Said: Was Paul of Tarsus the Real Founder of Christianity*, Grand Rapids: Eerdmans, 1977, p. 32.

到了满盈的平安和信心①；与之不同，奥古斯丁从没有得到过如此的平安和信心，《忏悔录》展示了其"远离上帝的稳固"（ab stabilitate tua）、"我对我自己成为一片穷乏之地"的心灵旅程（《忏悔录》2.10.18）。前九卷的自传性叙事表明，奥古斯丁成长于大公教会家庭，自幼受到大公信仰的浇灌，青年时热烈地追求智慧和"基督的名字"而误入摩尼教九年之久，新柏拉图主义的著作使其认识到精神实体和恶的起源，聆听安布罗斯的布道使其认识到寓意释经和《新约》与《旧约》的合一，理论问题的澄清促使他实现了对大公信仰的理智皈依，但其在意志上的道德皈依却历经艰辛。②

借助《罗马书》第9章的释经成果，在回顾自己的皈依时，奥古斯丁肯定上帝先行赐予恩典，不断引导自己在理论认识上扬弃各种异教学说和异端流派，在道德心理上摒除各种世俗欲求和贪念。恩典开启了向善的意志和信仰，但当这一善良意志收束原来向恶的意志时，却遭受到了自身的激烈抵抗。对于原初被造的意志，奥古斯丁在《论自由决断》中多次肯定其在人类的权能之内，去意志不过是意志在命令自身，没有什么能强迫或阻碍之（《论自由决断》1.12.26、3.3.7）。这一意志与堕落后的意志都不会发生自我分裂，但当恩典开启了善良意志之后，意志自身就分裂为善、恶两个意志彼此斗争。

对此，奥古斯丁生动地描述说：

---

① 正如教牧书信《提摩太后书》4：7-8对之的判断，"那美好的仗我已经打过了，当跑的路我已经跑尽了，所信的道我已经守住了。从此以后，有公义的冠冕为我存留"。

② 关于这两种皈依的划分，参见 John O'Meara, *The Young Augustine: The Growth of St. Augustine's Mind up to His Conversion*, New York: Alba House, 2001, p.125。奥古斯丁皈依（conversio）大公信仰不同于保罗的转信（conversio）基督，参见 Paula Fredriksen, "Paul and Augustine: Conversion Narratives, Orthodox Traditions, and the Retrospective Self", *Journal of Theological Studies*, Vol.37, 1986, pp.3-34。

> 我并不为别人的意志所束缚,而我自己的意志却如铁链一般的束缚着我。敌人掌管着我的意志,把它打成一条铁链紧紧地将我缚住,因为意志败坏,遂生情欲,顺从情欲,渐成习惯,习惯不除,便成为自然了。这些关系的连锁(我名之为铁链)把我紧缠于困顿的奴役中。我开始萌芽的新的意志,即无条件为你服务,享受你天主,享受唯一可靠的乐趣的意志,还没有足够的力量去压伏根深蒂固的积习。这样我就有了一新一旧的双重意志,一属于肉体,一属于精神,相互交织,这种内讧撕裂了我的灵魂。(《忏悔录》8.5.10)

善、恶两个意志的斗争是内在于"我"自身的,是"我和我自己斗争,造成了内部的分裂"(《忏悔录》8.10.22)。

这种斗争使得奥古斯丁不能自我节制,以遵守各种道德规条。在寻求皈依的同时,奥古斯丁却还向往着财富、官位和婚姻,甚至找了临时的情人。在恩典赐予之后,新的向善意志受到旧的向恶意志的抵抗,作为皈依主体的"我"就愈发意识到自己的罪,罪所打造的"铁链"仍牢牢地捆锁住自己,需要恩典的持续运行才能够打破。在米兰花园的皈依场景中,奥古斯丁选择独自面对上帝祈祷,坦白了其内省良心遭受着罪的折磨。"我向你说了许多话,字句已记不清,意思是如此:'主啊,你的发怒到何时为止?请你不要记着我过去的罪恶。'我觉得我的罪恶还抓住我不放。"(《忏悔录》8.12.28)上帝的恩典虽然开启了信仰,但并不消除罪,这些过往的罪和罪责仍然搅扰着内省良心,使之不能解脱。因为恍然听到"拿起来读,拿起来读"的声音,奥古斯丁拿起来保罗书信,读到了《罗马书》13:13-14的道德训诫,将之看作上帝特别启示给自己的经文,"顿觉有一道恬静的光射到心中,溃散了阴霾笼罩的疑阵"(《忏悔录》8.12.28)。显然,这道恬静的光出于上帝所赐予的恩典,奥古斯丁借此完成了他的道德皈依。

在信仰的开端上,双重意志的冲突使奥古斯丁承担着"极端的挫败感"。无论是当前的皈依,还是之后的接受洗礼,他被称为义不是出于自己的相信,而是出于上帝的恩典,因为去相信的意志是由恩典开启的。一切起源于恩典,一切生发于恩典。值得注意的是,虽然神圣恩典无时无刻不在运行,但恩典的先行并不否定意志的自主性,否则人类的信仰就是被强迫的了。奥古斯丁对此说:

> 的确,当我们意志时,在意志的是我们,但是他使我们意志善的东西;的确,当我们行动时,在行动的是我们,但是他使我们行动,把充足的能力赋予我们的意志。(《论恩典与自由决断》16.32)

作为描述内省良心的文献,《忏悔录》第 8 章所描述的"受折磨的良心"是皈依前的,而不是皈依后的基督徒的。正如斯腾达尔所认为,这可以与保罗在相信基督前的"刚强的良心"相对比;但不同的是,保罗不会把自己在"律法上的义"归功于上帝(或基督)的恩典,他借由律法而生的良心更像"在律法之下"的人任由向恶的意志自行其是,才会犯下"极力逼迫、残害上帝的教会"(《加拉太书》1:13)的罪却不能有任何内省。由此可见,对勘于保罗的皈依经历,奥古斯丁将人类普遍的皈依历程划分成了三个阶段,没有恩典的阶段对应着保罗式的不自知的"刚强的良心",只是在有运行的恩典却在皈依之前和皈依之后这两个阶段中,才发展出了保罗思想中所没有的"受折磨的内省良心"。

第四节　预定论下的内省良心

皈依是一个过程,从恩典先行降下到意志完成自主转向;成圣更是一个过程,从被上帝称为义到人类走完在地上之城中的旅程。死亡不仅不是结局,反而是检验自己从称义到成圣这一旅程的开端。纵然有恩典的时刻佑助,人类从称义到成圣仍然承受着意志的软弱和罪的不断搅扰。

在注释《罗马书》第7章时,佩拉纠赞同奥古斯丁在《致辛普里西安》中的看法,这是保罗以别人的口吻说的,其中的"我"不包括保罗自己。① 但在与佩拉纠派的持久论战中,奥古斯丁改变了早期的看法(《回顾篇》1.23.1)。在《论罪的功德和赦免与婴儿的洗礼》1.27.43和2.12.17中,他第一次清晰地看到,在恩典之下的人偶尔也会顺服于贪欲,正如《罗马书》7:22-25所描述的。这一转变完成于420年写成的《驳佩拉纠派的两封书信》1.10.22。奥古斯丁在其中认为,《罗马书》第7章的"我"代表着某些"在恩典之下"的人,因为他们"如今那些在基督耶稣里的,就不定罪了"(《罗马书》8:1),且在7:22中"喜欢上帝的律法"。当"我"包括了属灵的人,即使保罗也同样遭遇着"意志为善"却行出恶来的困境,同样发出"我真是苦啊"的悲叹。在随后与佩拉纠派的主教朱利安的论战中,奥古斯丁既承认保罗的圣徒身份,又认定他会遭受以上"受折磨的良心",反对佩拉纠派所提倡的道德完美主义和信仰精英主义,后者就

---

① Theodore De Bruyn trans., *Pelagius's Commentary on St. Paul's Epistle to the Romans*, Oxford: Clarendon Press, 1993, p. 105.

如同保罗在皈依耶稣前所持守的"律法的义"(《布道》169.3)。依从这一解释进路,路德很自然地把"我"看作皈依后的保罗和基督徒,由此提出了信徒"同时是罪人和义人"(simul iustus et peccator)。①

在晚期意志哲学中,奥古斯丁认为,皈依之后的洗礼仅仅除去了所继承的原罪,但贪欲作为原罪的残痕仍然留存,有着拖曳人去同意之而犯罪的可能,这使得主祷词中有"免除我们的债"(dimitte nobis debita nostra)的话。早在《忏悔录》第 10 卷中,奥古斯丁就记叙说,自己出任主教后仍然会为田野中的野兔、墙沿上的蜘蛛这些眼目的好奇打断神学思考,也会怀念女人温暖的怀抱。这种情况还发生在睡梦中,即使圣徒也无法避免,虽然可以不受上帝的惩罚:

> 如果它(指贪欲)从他们这里偷走了任何一点认可(ullus assensus),哪怕是在梦中,当他们醒来时,他们就会在呻吟中哀号,"我的灵魂何以充满幻影?"因为当梦境欺骗了熟睡的感官,这令人困窘的认可也会发生在圣洁的灵魂身上。如果那至高者因为这认可来反对他们,那还有什么人能过贞洁的生活?(《驳佩拉纠派的朱利安》4.2.10)②

这就意味着,受洗过的普通信众可能会继续犯罪,圣徒保罗的意志可能在成圣过程中遭受软弱,在非意愿的梦境中认可犯罪,恩典的时刻临在与罪的时刻威胁并立于其左右。

预知(praescere)和预定(praedestinare)是保罗在《罗马书》中使用的

---

① Mark Reasoner, *Romans in Full Circl: A History of Interpretation*, Louisville: Westminster John Knox Press, 2005, pp.75-76.
② 中译本参见吴天岳:《意愿与自由:奥古斯丁意愿概念的道德心理学解读》,北京:北京大学出版社,2010 年,第 301 页。

术语，在越晚期的著作中，奥古斯丁发展出的预定论就有着越浓重的色彩。不同于加尔文派的双重预定，奥古斯丁只肯定单重预定(single predestination)，即上帝主动地预定部分人(例如雅各)得蒙救赎，赐予恩典并佑助其成圣；虽然有"预定永死"(*praedestinavit ad aeternam mortem*)的说法(《论灵魂及其起源》4.16)，但这只表示，上帝被动地任由其他人继续犯罪，最终受到惩罚而承受永死，不是上帝主动预定某些人去承受永死。① 也不同于加尔文派的"堕落前的预定"(*supralapsarian*)，即上帝在永恒中已经预定某些个体要被定罪。奥古斯丁认为，某个个体被定罪是人类整体自主堕落后的自然结果，出于其自由意志，不出于上帝的预定。②

即使如此，在意志的全然堕落之下，上帝赐予恩典、预定和救赎都只出于其主动性，人类成为被动的配合者。也就是说，在上帝的全然主权之下，人类不能肯定自己的任何善良意志或善行，它们都出于上帝的恩典；每个个体也不能确证自己是否已经被上帝所预定救赎，在今生之中无法区分出被预定和被定罪的人，没有人可以自我夸口。

面对着这种不确定性，没有皈依的人肯定会被定罪，而称义之后的个体则必须时刻警醒，小心谨慎，要不断以忏悔己罪和赞美上帝来表征自己的信仰，不断以遵行爱上帝和爱邻如己两条诫命来证成这一信仰，但最后还要把审判的权柄留给上帝的"最隐秘的公义"。从称义到成圣，人类良心上的平安被预定论下的不确定性所悬置和吞噬。不像路德那样，奥古斯丁的良心不安没有如此强烈，反而在把权柄留给上帝之后，自己可以专注于信仰的实际进程，成为追求成圣的动力。

---

① 周伟驰:《奥古斯丁的基督教思想》，北京：中国社会科学出版社，2009 年，第 227—229 页。

② Gerald Bonner, *Freedom and Necessity: St. Augustine's Teaching on Divine Power and Human Freedom*, Washington, DC.: The Catholic University of America Press, 2007, pp. 45-46.

在信仰与救赎之间存在着如此鸿沟，德国学者库尔特·弗拉施（Kurt Flasch）就评论说，奥古斯丁预定论所遗留下的不确定性使得后世信众不断试图以激进行动来获得上帝的垂青和肯定，这些行动就包括在中世纪参加十字军东征，在以信仰上帝为旗帜的杀伐中来确认自己信仰的纯洁和突出的献身精神，从而实际上造成了历史的悲剧。① 与此对应，我们还可以看到，4世纪激进的基督徒已经开始认可和采纳宗教暴力，对罗马传统宗教的庙宇进行暴力冲击，对异端教派或正统教派的信众进行人身伤害，却声称"相信基督的人不会犯有罪行"，作为自己信仰坚定且纯正的表征。② 显然，宗教暴力并不能简单地归咎于奥古斯丁的预定论，而有着更为深层次的也更为复杂的社会历史原因。

借由对《罗马书》的释经，奥古斯丁的确转换了保罗时代的核心问题，发明了内省良心的议题。不同于保罗的"刚强的良心"，奥古斯丁在意志论和恩典论上确立了皈依前的"受折磨的良心"，而在预定论上确立了皈依后的"受折磨的良心"。这种信仰上的不确定危机为同时代的修道运动和禁欲主义提供了理论支持，也引发了中世纪的敬虔主义和神秘主义。作为奥古斯丁修会的修士，路德亲身经历了第二种良心不安，就以重新发现保罗的因信称义学说，以人自身的信仰和上帝的信实来保证救赎的确定性，促生内省良心的长久安宁。始料未及的是，路德从奥古斯丁那里继承的遗产却最终分裂了奥古斯丁毕生为之论战的大而公之教会。

---

① Kurt Flasch, *Logik des Schreckens: Augustinus von Hippo, Die Gnadenlehre von 397*, Mainz: Dieterich, 2012.

② Michael Gaddis, *There Is No Crime for Those Who Have Christ: Religious Violence in the Christian Roman Empire*, Berkeley: University of California Press, 2005; Brent Shaw, *Sacred Violence: African Christians and Sectarian Hatred in the Age of Augustine*, Cambridge: Cambridge University Press, 2011.

结语　连续中的变革

对于《致辛普里西安》1中的思想转变，奥古斯丁在晚期回顾说："我实际上在努力维护人类的意志的自由决断，但上帝的恩典占了上风。"（《回顾篇》2.1.3）这一评判显然是符合实情的。在《致辛普里西安》1.1中，除了提出"原罪"概念，奥古斯丁对《罗马书》第7章的注释几乎没有任何突破，完全延续了《罗马书章句》和《八十三个问题》66的成果、局限甚至内在矛盾。而到了《致辛普里西安》1.2中，在否定了预知信仰与预知事工的模糊界限之后，他才重新反思对《罗马书》第9章的注释，根本性地改造了《罗马书章句》和《八十三个问题》68中的处理，承认"罪的团块"中的意志的绝对无力，不能先行开启信仰而之后才得到恩典，反而是恩典必须在先，是信仰的实际开端。①

值得注意的是，虽然上帝的恩典"占了上风"，其作用范围在不断扩大，而意志的作用范围在逐渐缩小②，但它不是取代了人类的意志，使意志无所事事或全然被动。信仰的开端仍然是意志的转向，不是被强迫的，反而是在恩典的作用下主动完成的，是具体承载这一开

---

① 彼得·戈迪评论说，奥古斯丁实际上把《罗马书》第9章看作"整封书信的钥匙"（key to the whole epistle）。Peter Gorday, *Principles of Patristic Exegesis Romans 9-11 in Origen, John Chrysostom, and Augustine*, New York: The Edwin Mellen Press, 1983, pp. 173-174.

② Philip Cary, *Inner Grace: Augustine in the Traditions of Plato and Paul*, New York: Oxford University Press, 2008, p. 34.

端的主体。在《致辛普里西安》1.2 中,上帝的恩典是先在的,也是外在的,表现为合宜的呼召,而意志正因为呼召的合宜性而必然加以回应,从而完成信仰的转向,既符合上帝的预知和预定,又保持了自身的自主性。

正如布朗所评论的,由于认定意志的绝对无力和恩典的白白赐予,奥古斯丁就把人类的所有善行都归给了上帝,即恩典不是上帝赐给某些人的特殊恩宠,使他们有能力办大事,反而是上帝赐给所有信徒的普遍恩宠,任何日常的善行都是这一恩典的结果,实现了恩典的"民主化"和"去精英化"。[①] 不过,基于道德上的罪性和理智上的局限,预定和赐予恩典对于人类是不可知的,这使得恩典同时被"神秘化",拉开了人类与上帝之间的距离,既认可了人类意志的自主性,又高扬了上帝的仁慈和权能,使得人类不能夸口自己的任何功德,更不能论断别人是否被上帝所拣选或摒弃,集体或民族的救赎完全被个体的救赎所取代。

然而,在奥古斯丁前后期思想的演进中,《致辛普里西安》1.1 和 1.2 所包含的内在冲突还要历经很长时间才得到消除,其间的重要概念也历经了不断的调整和阐发,最终才形成成熟的原罪学说和恩典学说。首先,即使在完成《致辛普里西安》1.2 之后,奥古斯丁也还没有清楚认识到其与 1.1 所形成的激烈冲突。正如上文所论,与初解《罗马书》相似,《致辛普里西安》1.1 仍然把《罗马书》第 7 章划归为"在律法之下"的阶段,明确肯定了人类"在恩典之前"可以"意志为善"(《罗马书》7:18),从而潜在地承认了意志仍然有能力先行开启

[①] Peter Brown, *Augustine of Hippo: A Biography*, Berkeley: University of California Press, 2000, p.497;周伟驰:《奥古斯丁的基督教思想》,北京:中国社会科学出版社,2005 年,第 51 页注释 47。

信仰，就与《致辛普里西安》1.2 的再解释相互矛盾。直到与佩拉纠派论战时，奥古斯丁才意识到这一矛盾，从而把第 7 章划归为"在恩典之下"的阶段，使之作为原罪和重复的罪仍然不断搅扰信众甚或圣徒的经文依据，理顺了人生诸阶段的前后演进，但却吊诡地契合了《罗马书章句》中对"在恩典之下"这一阶段的理解。

其次，在《致辛普里西安》1.2 论证人类的有罪境况时，奥古斯丁并没有引入 1.1 提出的"原罪"概念。即使这一概念包含了从亚当的初罪所继承的灵魂的缺陷，奥古斯丁此时也并不认为，这种罪已经表现在婴儿上，或婴儿受苦和夭亡在于其自己所继承的原罪，甚至以扫在母腹中就有罪（《论自由决断》3.23.66-68）。应该说，初罪和"罪的团块"学说仍然是奥古斯丁早期罪论的核心内容，他还没有使用这一概念来论证整个人类的罪性，特别是婴儿洗礼的绝对必要，如同在《论罪的惩罚和赦免与婴儿的洗礼》中，从而赋予其更为深刻的神学内涵。

最后，相对于作为合宜的呼召的外在恩典，直到与佩拉纠派论战时，奥古斯丁才开始论证上帝的恩典如何具体作用于人类的意志，就在《论圣灵与仪文》中发展出内在恩典说，承认恩典是内在地促生了意志的转向，而意志自身仍然是自由的，《论恩典与自由决断》就展示了他在这一论题上精微而小心的论证。[①] 不过，《八十三个问题》68.5 和《致辛普里西安》1.2.12 中两次引用过《腓立比书》2：13，这已经为内在恩典说找到了经文基础。[②] 这一学说的成熟就论证出，佩

[①] James Burns, *The Development of Augustine's Doctrine of Operative Grace*, Paris: Études Augustiniennes, 1980, p.13; Philip Cary, *Inner Grace: Augustine in the Traditions of Plato and Paul*, New York: Oxford University Press, 2008, pp.33-34, 61.

[②] James Wetzel, "Pelagius Anticipated: Grace and Election in Augustine's *Ad Simplicianum*", in Joanne McWilliam, Timothy Barnes eds., *Augustine: From Rhetor to Theologian*, Waterloo: Wilfrid Laurier University Press, 1992, p.121.

拉纠派的所谓意志"自由"实际上完全不再有能力去意愿善和行善，人类只能盼望恩典会在"不可知"中降临己身。而在思想史上，奥古斯丁的"恩典"不仅使他与古典的德性理想彻底决裂①，而其战胜了佩拉纠派的"自由"甚至被视为西欧古典世界终结的标记②。

对于《致辛普里西安》在奥古斯丁思想演进中的地位，研究者们给予了毫不吝啬的赞许。波塔利耶认为，因其"准确性、丰富性和清晰性"，《致辛普里西安》是打开奥古斯丁思想的"真正钥匙"（true key），并给基督教教义提供了理性解释。③ 巴布科克论述说，《致辛普里西安》关注了上帝的白白恩典如何与上帝的公义和人类的自由相融合，而这是奥古斯丁对西方基督教的开创性影响。④ 承继了布朗和弗雷德里克森以降的传统看法，韦策尔则认为，《致辛普里西安》1.2 开启了奥古斯丁思想的"真正革命"（a veritable revolution），可以被看作驳斥佩拉纠派的先遣书。⑤

尽管得到了上述诸多赞许，但《致辛普里西安》究竟蕴含着怎样的思想转变，如何评价这一转变在奥古斯丁早期思想中的地位，学界仍然有着不同的声音。显然，以上分析表明，其中的转变主要是，在信仰的开端中，从人类的意志先于上帝的恩典转变到上帝的恩典先于人类的意志，信仰的起点是恩典，而信仰的载体是意志。除此之外，奥

---

① Paula Fredriksen, "Beyond the Body/Soul Dichotomy: Augustine's Answer to Mani, Plotinus, and Julian", in William Babcock ed., *Paul and the Legacy of Paul*, Dallas: Southern Methodist University Press, 1990, p. 243.

② Peter Brown, *Augustine of Hippo: A Biography*, Berkeley: University of California Press, 2000, p. 497.

③ Eugène Portalié, *A Guide to the Thought of Saint Augustine*, Chicago: Henry Regnery Company, 1960, p. 182. 不过，鉴于以上的分析，这一评价似乎有些拔高。

④ William Babcock, "Augustine's Interpretation of Romans (AD. 394-396)", *Augustinian Studies*, Vol. 10, 1979, p. 74.

⑤ James Wetzel, "*Ad Simplicianum*", in Allan Fitzgerald ed., *Augustine Through the Ages: An Encyclopedia*, Grand Rapids: William B. Eerdmans Publishing Company, 1999, p. 798.

古斯丁在罪论和信仰动力要素上基本延续了初解《罗马书》的思想成果，甚至在四个阶段学说和解释《罗马书》第7章上仍然存留着少许缺陷。

对于这一思想转变，以布朗、弗雷德里克森和韦策尔为代表的传统解释认为，《致辛普里西安》表征着奥古斯丁的思想革命，并从此进入以《忏悔录》为代表的思想成熟时期。① 卡罗尔·哈里森对此描述说：

> 我所指的就是所谓的"4世纪90年代的革命"（revolution of the 390s），这一说法已经成为自20世纪60年代以来的奥古斯丁研究的基本特征，极具典型和特色，以致当前学界几乎无法回避，甚至在最为短小的文章中也是如此。现在普遍认为，要理解奥古斯丁，我们就必须认可，他在4世纪90年代早期的思想革命是他阅读和反思保罗作品的结果，其中最特别的是《罗马书》和《加拉太书》。②

与传统评价相反，卡罗尔·哈里森认为，奥古斯丁的思想革命并不发生在396年的《致辛普里西安》中，而只发生在386年的信仰皈依中，其成熟期的诸多神学特征都从此而开始，之后虽有变化，但在根本上是连续的，并不存在着所谓的"革命"。③ 在其2006年出版的

---

① Peter Brown, *Augustine of Hippo: A Biography*, Berkeley: University of California Press, 2000, pp. 139-150; Paula Fredriksen, "*Expositio quarundam propositionum ex epistula apostolic ad Romanos*", in Allan Fitzgerald ed., *Augustine Through the Ages: An Encyclopedia*, Grand Rapids: William B. Eerdmans Publishing Company, 1999, p. 345; James Wetzel, "*Ad Simplicianum*", in Allan Fitzgerald ed., *Augustine Through the Ages: An Encyclopedia*, Grand Rapids: William B. Eerdmans Publishing Company, 1999, p. 798.

② Carol Harrison, *Rethinking Augustine's Early Theology: An Argument for Continuity*, Oxford: Oxford University Press, 2006, p. 6.

③ Carol Harrison, *Rethinking Augustine's Early Theology: An Argument for Continuity*, Oxford: Oxford University Press, 2006, p. 7.

《奥古斯丁早期神学再思:为连续性论证》一书中,哈里森细致梳理了奥古斯丁思想的诸多主题,包括上升、无中生有、堕落、意志和恩典,展示了它们在早期著作中的展开过程,令人信服地阐释了其中的多条连续线索,包括《论自由决断》的内在统一、恩典的绝对必要和《致辛普里西安》对早期思想的承继。①

然而,对于《致辛普里西安》1.2,哈里森却坚称,其中调换意志与恩典在信仰开端中的前后位置只是"变化"(change),而这一变化是"自然进化"(natural evolution),根本不是新的学说,反而恰恰回到了之前对恩典的绝对必要的肯定,校正了4世纪90年代早期的错误,"更为清晰地"(with full clarity)理解了先前的信仰。由此,既不存在着布朗所说的"失落的未来",从乐观主义转到悲观主义;《致辛普里西安》也不表征着存在前后两个截然不同的奥古斯丁,反而只是以新的术语"重新肯定"(reconfirmation)了之前的思想。②

至于《致辛普里西安》1.2中的思想转变究竟是革命还是连续,基于本书的论证,我们尝试走出一条中间道路,提出变革论(reformation)的解释,既肯定其中对早期思想的理论继承,又强调所蕴含的深刻的理论变革。相较于意志先于恩典,恩典先于意志的调整绝对不是早期思想内部的微调,更不是仅仅回到了早先对恩典之必要的强调。因为在早先著作中,奥古斯丁还根本没有论及恩典在信仰开端中如何具体作用于意志,恩典的必要并不表明恩典在先。对于连续论的解释,罗奇就批评说,哈里森对《致辛普里西安》1.2的研究尚欠清晰,贬低(downplay)了转变的根本性;奥古斯丁的确采纳了新的救赎

---

① Carol Harrison, *Rethinking Augustine's Early Theology: An Argument for Continuity*, Oxford: Oxford University Press, 2006, pp. 204-224, 239-280.
② Carol Harrison, *Rethinking Augustine's Early Theology: An Argument for Continuity*, Oxford: Oxford University Press, 2006, pp. 115-156.

学说，这与他先前的看法是"截然相反的"（diametrically opposed），他自己甚至都不得不承认其重要性。① 的确如此，在后来与佩拉纠派的论战中，奥古斯丁就把《致辛普里西安》看作自己成熟思想的宣言，甚至频繁引用《哥林多前书》4：7 和《腓立比书》2：12-13，表征自己在《致辛普里西安》之后的思想连续性，并引用西普里安的话表明自己的成熟思想符合教父传统(《论圣徒的预定》3.7、4.8；《论保守的恩赐》17、45；《回顾篇》2.1)。

基于意志的自由决断最终顺服于恩典的绝对全能，我们就有理由认定，《致辛普里西安》仍然可以是奥古斯丁早期思想的逻辑终点，是向成熟思想转变的关键节点，是"成熟的开端"②。只有等到与佩拉纠派的论战，奥古斯丁才消除在四个阶段学说中的错误，把《罗马书》第 7 章划归到"在恩典之下"的阶段，提出完全成熟的原罪、内在恩典和单重预定等学说，使自己的早期思想得到"最为终极的表达"（most extreme expression）③。

对于这一思想历程的深远影响，正如弗雷德里克森所高度评价的："如果西方哲学可以被看成是对柏拉图的注脚，那么西方基督教思想则大部分可以被看成是对奥古斯丁的保罗（Augustine's Paul）的长篇回应。"④

---

① David Roach, "From Free Choice to God's Choice: Augustine's Exegesis of *Romans* 9", *EQ*, Vol. 80, No. 2, 2008, p. 141.

② Gerald Bonner, *Freedom and Necessity: St. Augustine's Teaching on Divine Power and Human Freedom*, Washington, DC.: The Catholic University of America Press, 2007, p. 43.

③ Paula Fredriksen, *Augustine on Romans: Propositions from the Epistle to the Romans, Unfinished Commentary on the Epistle to the Romans*, Chico: Scholars Press, 1982, p. xii.

④ Paula Fredriksen, "Paul", in Allan Fitzgerald ed., *Augustine Through the Ages: An Encyclopedia*, Grand Rapids: William B. Eerdmans Publishing Company, 1999, p. 621.

本书提及的奥古斯丁著作目录

拉丁篇名	英文译名	中文译名
Contra Academicos	Against the Skeptics	驳学园派
Contra Adimantum Manichei discipulum	Against Adimantus, A Disciple of Mani	驳阿迪玛图
De anima et eius origine	On the Soul and Its Origin	论灵魂及其起源
De animae quantitate	On the Greatness of the Soul	论灵魂的宏量
De beata vita	On the Happy Life	论幸福生活
De civitate Dei	City of God	上帝之城
Confessiones	Confessions	忏悔录
De diversis quaestionibus octoginta tribus	On the Eight-Three Varied Questions	八十三个问题
De doctrina Christiana	On Christian Teaching	论基督教教导
De duabus animabus	On the Two Souls	论两个灵魂
Enarrationes in Psalmos	Explanations of the Psalms	诗篇解
Epistulae	Letters	书信
Contra epistulam Manichaei quam vocant fundamenti	Against the "Foundation Letter" of the Manichees	驳摩尼教基要书信
Contra duas epistulas Pelagianorum	Against Two Letters of the Pelagians	驳佩拉纠派的两封书信
Epistulae ad Romanos inchoata expositio	Unfinished Commentary on the Letter to the Romans	罗马书断评
De excidio urbis Romae	On the Sack of the City of Rome	论罗马城的倾覆

(续表)

拉丁篇名	英文译名	中文译名
Expositio Epistulae ad Galatas	Commentary on the Letter to the Galatians	加拉太书章句
Expositio quarundam propositionum ex epistula Apostoli ad Romans	Commentary on Statements in the Letter to the Romans	罗马书章句
Contra Faustum Manicheum	Against Faustus, A Manichee	驳福斯图斯
Contra Felicem Manicheum	Against Felix, A Manichee	驳菲利克斯
De fide et symbolo	On Faith and the Creed	论信仰与信经
Acta contra Fortunatum Manicheum	Debate with Fortunatus, a Manichee	与福图纳图斯的辩论
De Genesi ad litteram	On the Literal Interpretation of Genesis	创世记字解
De Genesi adversus Manicheos	On Genesis, Against the Manichees	论创世记：驳摩尼教徒
De gratia et libero arbitrio	On Grace and Free Choice	论恩典与自由决断
De gratia Christi et de peccato originali	On the Grace of Christ and Original Sin	论基督的恩典与原罪
De immortalitate animae	On the Immortality of the Soul	论灵魂的不朽
Contra Julianum	Against Julian	驳朱利安
Contra Julianum opus imperfectum	Against Julian, An Unfinished Book	驳朱利安未完成
De libero arbitrio	On Free Choice	论自由决断
Contra litteras Petiliani	Against the Letters of Petilianus	驳佩提里安书信
De magistro	On the Teacher	论教师
De mendacio	On Lying	论说谎
Contra mandacium	Against Lying	驳说谎
De morbius ecclesiae catholicae et de moribus Manichaeorum	On the Catholic and the Manichean Ways of Life	论大公教会的生活之道和摩尼教的生活之道

(续表)

拉丁篇名	英文译名	中文译名
De musica	On Music	论音乐
De natura et gratia	On Nature and Grace	论自然与恩典
De ordine	On Order	论秩序
De peccatorum meritis et remissione et de baptismo parvulorum	On the Merits and Forgiveness of Sins and on Infant Baptism	论罪的惩罚和赦免与婴儿的洗礼
De dono perseverantiae	On the Gift of Perseverance	论保守的恩赐
De praedestinatione sanctorum	On the Predestination of the Saints	论圣徒的预定
Retractationes	Reconsiderations	回顾篇
Contra Secundinum Manicheum	Against Secundinus, A Manichee	驳塞昆狄
Sermones	Sermons	布道
De sermone Domini in Monte	On the Lord's Sermon on the Mount	论登山宝训
Ad Simplicianum	To Simplicianus	致辛普里西安
Soliloquia	The Soliloquies	独语录
De spiritu et littera	On the Spirit and the Letter	论圣灵与仪文
De Trinitate	The Trinity	论三位一体
De utilitate credendi	On the Advantage of Believing	论信仰的益处
De vera religione	On True Religion	论真宗教

注：其中的拉丁篇名和英文译名，参见 Allan Fitzgerald ed., *Augustine Through the Ages: An Encyclopedia*, Grand Rapids: William B. Eerdmans Publishing Company, 1999, pp. xxxv-il。

参考文献

奥古斯丁:《论三位一体》,周伟驰译,上海:上海人民出版社,2005 年。
柏拉图:《柏拉图全集》第 2 卷,王晓朝译,北京:人民出版社,2003 年。
柏拉图:《理想国》,顾寿观译,吴天岳校注,长沙:岳麓书社,2010 年。
布鲁斯:《圣经正典》,刘平、刘友古译,上海:上海人民出版社,
　　2008 年。
陈红坚:《重估"因信称义":"保罗新观"评述》,《基督教思想评论》2006
　　年第 4 辑。
陈斯一:《从"柏拉图上升"到"奥斯蒂亚异象"》,载李猛编:《奥古斯丁
　　的新世界》,上海:上海三联书店,2016 年。
陈斯一:《存在与试探:奥古斯丁的〈忏悔录〉》,新北:台湾基督教文艺出
　　版社,2021 年。
陈廷忠:《苦痛与智慧:〈约伯记〉与生命难题》,北京:宗教文化出版社,
　　2010 年。
陈文庆:《命运与自由意志——斯多葛哲学的一个重要问题》,《社会科学战
　　线》2005 年第 5 期。
褚潇白、章雪富:《从知识到意愿——希腊化和古代晚期哲学的转折》,《世
　　界哲学》2011 年第 2 期。
高峰枫:《奥古斯丁与维吉尔》,《外国文学评论》2003 年第 3 期。
哈纳克:《论马克安:陌生上帝的福音》,朱雁冰译,北京:生活·读书·
　　新知三联书店,2007 年。
花威:《〈加拉太书〉2:11-14 与奥古斯丁与哲罗姆的释经辩论》,《道风:
　　基督教文化评论》2015 年第 42 期。

花威:《安提阿事件与早期基督教中的释经纷争》,《基督教学术》2015年第12辑。

花威:《德性与信仰:论奥古斯丁〈忏悔录〉中的阿利比》,《伦理学研究》2016年第2期。

花威:《荣神与益人:论奥古斯丁〈忏悔录〉的写作》,《基督宗教研究》2014年第16辑。

花威:《试论〈罗马书〉中的 sarx 和 sōma》,《圣经文学研究》2012年第6辑。

花威:《试论利科早期的象征概念》,《江苏行政学院学报》2007年第6期。

霍国栋:《古希腊自由意志与道德责任的两种理论——基于伊壁鸠鲁学派和斯多亚学派的比较》,《晋阳学刊》2009年第3期。

《吉尔伽美什》,赵乐甡译,沈阳:辽宁人民出版社,2015年。

吉尔松:《中世纪哲学精神》,沈清松译,上海:上海人民出版社,2008年。

康德:《康德论上帝与宗教》,李秋零译,北京:中国人民大学出版社,2004年。

克莱门等:《使徒教父著作》,黄锡木主编,高陈宝婵等译,北京:生活·读书·新知三联书店,2013年。

克里斯特·斯腾达尔:《使徒保罗与西方的内省良心》,花威译,《圣经文学研究》2016年第12辑。

克里斯托弗·霍尔:《神意:第一部分》,载杨克勤主编:《经宴:罗马书、论神意》,北京:宗教文化出版社,2010年。

莱布尼茨:《神义论》,朱雁冰译,北京:生活·读书·新知三联书店,2007年。

李秋零:《奥古斯丁视域中的康德人性根本恶理论》,《宗教与哲学》2017年第6辑。

里克尔:《恶的象征》,公车译,上海:上海人民出版社,2003年。

利科:《解释的冲突:解释学文集》,莫伟民译,北京:商务印书馆,2008年。

林国基：《神义论语境中的社会契约论传统》，上海：华东师范大学出版社，2005年。

刘玉鹏：《自净其心：普罗提诺灵魂学说研究》，杭州：浙江大学出版社，2008年。

卢克莱修：《物性论》，方书春译，北京：商务印书馆，1981年。

罗宾逊、史密斯：《灵知派经典》，杨克勤译，上海：华东师范大学出版社，2008年。

马克斯·文森：《保罗与马克安：一种思想史考察》，郑淑红译，北京：华夏出版社，2018年。

石敏敏、章雪富：《斯多亚主义》第2卷，北京：中国社会科学出版社，2009年。

石敏敏：《古代晚期西方哲学的人论》，北京：中国社会科学出版社，2007年。

孙毅：《论新约正典的形成过程》，《基督教思想评论》2005年第2期。

汪子嵩等：《希腊哲学史》第1卷，北京：人民出版社，1988年。

汪子嵩等：《希腊哲学史》第2卷，北京：人民出版社，1993年。

汪子嵩等：《希腊哲学史》第3卷，北京：人民出版社，2003年。

汪子嵩等：《希腊哲学史》第4卷，北京：人民出版社，2010年。

吴飞：《奥古斯丁论前性情》，《世界哲学》2010年第1期。

吴飞：《奥古斯丁与罗马的陷落》，《复旦学报》（社会科学版）2011年第4期。

吴飞：《伏尔泰与里斯本大地震》，《读书》2009年第3期。

吴飞：《属灵的劬劳：莫妮卡与奥古斯丁的生命交响曲》，载《尘世的惶恐与安慰》，北京：北京大学出版社，2009年。

吴功青：《奥利金的自由意志学说——以"质形论"为中心》，《世界哲学》2017年第6期。

吴天岳：《意愿与自由：奥古斯丁意愿概念的道德心理学解读》，北京：北京大学出版社，2010年。

肖军霞：《解析奥利金〈论首要原理〉中的自由意志思想》，山东大学硕士学位论文，2009年。

休谟：《自然宗教对话录》，陈修斋、曹棉之译，郑之骧校，北京：商务印书馆，1989年。

亚里士多德：《尼各马可伦理学》，廖申白译注，北京：商务印书馆，2003年。

亚里士多德：《形而上学》，李真译，上海：上海人民出版社，2005年。

杨克勤：《圣经修辞学：希罗文化与新约诠释》，北京：宗教文化出版社，2007年。

尹哲：《普兰丁格论神义论》，《宗教学研究》2011年第2期。

詹姆斯·基特尔森：《改教家路德》，李瑞萍、郑小梅译，北京：中国社会科学出版社，2009年。

张荣：《奥古斯丁的基督教幸福观辩证》，《哲学研究》2003年第5期。

张荣：《自由、心灵与时间：奥古斯丁心灵转向问题的文本学研究》，南京：江苏人民出版社，2010年。

张晓梅：《保罗研究"新视角"之辩——读桑德斯〈保罗与巴勒斯坦犹太教〉》，《世界宗教文化》2011年第4期。

张映伟：《普罗提诺论恶：〈九章集〉一卷八章解释》，上海：华东师范大学出版社，2006年。

章雪富：《斐洛论自由意志和罪》，《现代哲学》2007年第1期。

章雪富：《斐洛思想导论(I)：两希文明视野中的犹太哲学》，北京：中国社会科学出版社，2006年。

章雪富：《尼撒的格列高利的古典基督教人文主义——从希腊德性教化的角度看自由意志与恩典》，《浙江学刊》2005年第5期。

周伟驰：《奥古斯丁的基督教思想》，北京：中国社会科学出版社，2005年。

朱伟特：《〈罗马书〉：保罗致21世纪亚洲的信》，载杨克勤主编：《经宴：罗马书、论神意》，北京：宗教文化出版社，2010年。

A. Bastiaensen, "Augustine's Pauline Exegesis and Ambrosiaster", in Frederick Van Fleteren, Joseph Schnaubelt eds. , *Augustine: Biblical Exegete*, New York: Peter Lang, 2001.

A. Van Den Beld, "Romans 7: 14-25 and the Problem of Akrasia", *Religious Studies*, Vol. 21, No. 4, 1985.

Adolf von Harnack, *Monasticism: Its Ideals and History, and the Confessions of St. Augustine*, Whitefish: Kessinger Publishing, 2010.

Alexander Souter, *Earliest Latin Commentaries on the Epistles of St. Paul*, Clarendon: Oxford University Press, 1927.

Allan Fitzgerald, "Ambrose, Paul and Expositio Psalmi cxviii", *Augustinianum*, Vol. 54, 2004.

Allan Fitzgerald, "Habit (consuetudo)", in Allan Fitzgerald ed. , *Augustine Through the Ages: An Encyclopedia*, Grand Rapids: William B. Eerdmans Publishing Company, 1999.

Augustine, *On Genesis: A Refutation of the Manichees, Unfinished Literal Commentary on Genesis, the Literal Meaning of Genesis*, WSA 1/13, Edmund Hill, trans. , New York: New City Press, 2002.

Augustine, *Responses to Miscellaneous Questions: Miscellany of Eighty-Three Questions, Miscellany of Questions in Response to Simplician, Eight Questions of Dulcitius*, WSA 1/12, Boniface Ramsey trans. , New York: New City Press, 2008.

Bart Ehrman, *The New Testament: A Historical Introduction to the Early Christian Writings*, New York: Oxford University Press, 2000.

Brent Shaw, *Sacred Violence: African Christians and Sectarian Hatred in the Age of Augustine*, Cambridge: Cambridge University Press, 2011.

Brian Kelly, "Redemption and Original Sin", *Irish Theological Quarterly*, Vol. 60, 1994.

Carol Harrison, "Delectatio Victrix: Grace and Freedom in Saint Augustine",

Studia Patristica, Vol. 27, 1993.

Carol Harrison, *Augustine: Christian Truth and Fractured Humanity*, Oxford: Oxford University Press, 2000.

Carol Harrison, *Rethinking Augustine's Early Theology: An Argument for Continuity*, Oxford: Oxford University Press, 2006.

Caroline Bammel, "Pauline Exegesis, Manichaeism and Philosophy in the Early Augustine", in Lionel Wickham, Caroline Bammel eds. , *Christian Faith and Greek Philosophy in Late Antiquity: Essays in Tribute to George Christopher Stead*, Leiden: Brill, 1993.

Christopher Kirwan, *Augustine*, London: Routledge, 1989.

Daniel Williams, *Ambrose of Milan and the End of the Arian-Nicene Conflicts*, Oxford: Clarendon Press, 1995.

David Farnell, "The New Perspective on Paul: Its Basic Tenets, History, and Presuppositions", *The Master's Seminary Journal*, Vol. 16, No. 2, 2005.

David Hunter, "Ambrosiaster", in Allan Fitzgerald ed. , *Augustine Through the Ages: An Encyclopedia*, Grand Rapids: William B. Eerdmans Publishing Company, 1999.

David Mosher trans. , *Augustine: Eighty-Three Different Questions*, Washington, DC. : Catholic University of America Press, 2002.

David Roach, "From Free Choice to God's Choice: Augustine's Exegesis of *Romans 9*", *EQ*, Vol. 80, No. 2, 2008.

Ed Sanders, *Paul and Palestinian Judaism: A Comparison of Patterns of Religion*, Philadelphia: Fortress, 1977.

Edmund Hill trans. , *Augustine: Sermons 51－94 on the New Testament*, New York: New City Press, 1991.

Elaine Pagels, *The Gnostic Paul: Gnostic Exegesis of the Pauline Letters*, Minneapolis: Fortress, 1992.

Eleonore Stump, "Augustine on Free Will", in Eleonore Stump ed. , *The Cambridge Companion to Augustine, Cambridge: Cambridge University Press, 2001.

Elke Rutzenhöfer, "Contra Fortunatum Disputatio: Die Debatte mit Fortunatus", Augustiniana, Vol. 42, 1992.

Eric Plumer, Augustine's Commentary on Galatians: Introductions, Text, Translation, and Notes, New York: Oxford University Press, 2003.

Ernesto Buonaiuti, "Manichaeism and Augustine's Idea of 'Massa Perditionis'", The Harvard Theological Review, Vol. 20, No. 2, 1927.

Ernst Kässmann, Perspectives on Paul, Philadelphia: Fortress, 1971.

Eugène Portalié, A Guide to the Thought of Saint Augustine, Chicago: Henry Regnery Company, 1960.

Eugène TeSelle, Augustine the Theologian, Eugene: Wipf & Stock Publishers, 1970.

Felix Asiedu, "Paul and Augustine's Retrospective Self: The Relevance of Epistula 22", Revue des Etudes Augustiniennes, Vol. 47, 2000.

Francois Decret, Early Christianity in North Africa, Edward Smither trans., Eugene: Cascade Books, 2009.

Frederick Sontag, "Augustine's Metaphysics and Free Will", The Harvard Theological Review, Vol. 60, No. 3, 1967.

Frederick Van Fleteren, "Confessiones", in Allan Fitzgerald ed., Augustine Through the Ages: An Encyclopedia, Grand Rapids: William B. Eerdmans Publishing Company, 1999.

Frederick Van Fleteren, "De vera religione", in Allan Fitzgerald ed., Augustine Through the Ages: An Encyclopedia, Grand Rapids: William B. Eerdmans Publishing Company, 1999.

G. Coulton, "Augustine", in Studies in Medieval Thought, London: Thomas Nelson, 1940.

Gaetano Lettieri, L'Altro Agostino, Morcelliana: Brescia, 2001.

Gary Wills, *Saint Augustine*, New York: Viking, 1999.

Gerald Bonner, "Augustine, the Bible and the Pelagians", in Pamela Bright ed., trans., *Augustine and the Bible*, Notre Dame: University of Notre Dame, 1999.

Gerald Bonner, "The Desire for God and the Need for Grace in Augustine's Theology", in *Congresso Internazionale su S. Augustino nel XVI centenario della conversione Roma 15-20 settembre 1986*, *I*, *Studia Ephemeridis Augustinianum*, Rome: Institutum Patristicum Augustinianum, 1987.

Gerald Bonner, *Freedom and Necessity: St. Augustine's Teaching on Divine Power and Human Freedom*, Washington, DC.: The Catholic University of America Press, 2007.

Gerald Bonner, *St. Augustine of Hippo: Life and Controversies*, Norwich: The Canterbury Press, 1986.

Gerald Bostock, "Origen: The Alternative to Augustine", *The Expository Times*, Vol. 114, 2003.

Gillian Evans, *Augustine on Evil*, Cambridge: Cambridge University Press, 1982.

Hannah Arendt, *The Life of Mind*, London: Secker & Warburg, 1978.

Henry Chadwick trans., *Augustine: Confessions*, Oxford: Oxford University Press, 1991.

Henry Chadwick, *Augustine*, Oxford: Oxford University Press, 1986.

Henry Chadwick, *The Early Church*, London: Penguin Books, 1990.

James Burns, *The Development of Augustine's Doctrine of Operative Grace*, Paris: Études Augustiniennes, 1980.

James Dunn, *The Theology of Paul the Apostle*, Grand Rapids: Wm. B. Eerdmans Publishing Company, 2006.

James O'Donnell, *Augustine: Confessions III*, Oxford: Clarenden Press, 1992.

James Wetzel, "Ad Simplicianum", in Allan Fitzgerald ed., *Augustine Through the Ages: An Encyclopedia*, Grand Rapids: William B. Eerdmans Publishing

Company, 1999.

James Wetzel, "Pelagius Anticipated: Grace and Election in Augustine's *Ad Simplicianum*", in Joanne McWilliam, Timothy Barnes eds. , *Augustine: From Rhetor to Theologian*, Waterloo: Wilfrid Laurier University Press, 1992.

James Wetzel, "Snares of Truth: Augustine on Free Will and Predestination", in Robert Dodaro, George Lawless eds. , *Augustine and His Critics: Essays in Honor of Gerald Bonner*, London: Routledge, 2000.

James Wetzel, "The Rediscovery of Free Agency in the Theology of St. Augustine", *The Harvard Theological Review*, Vol. 80, 1987.

James Wetzel, *Augustine and the Limits of Virtue*, Cambridge: Cambridge University Press, 1992.

Jason BeDuhn, "Did Augustine Win His Debate with Fortunatus", in Jacob Van Den Berg ed. , *In Search of Truth: Augustine, Manichaeism and Other Gnosticism*, Leiden: Brill, 2011.

Jason BeDuhn, *The Manichaean Body: In Discipline and Ritual*, Baltimore: Johns Hopkins University Press, 2002.

Jasper Hopkins, *Philosophical Criticism: Essays and Reviews*, Minneapolis: The Arthur J. Banning Press, 1994.

Johannes Van Oort, "Heeding and Hiding Their Particular Knowledge? An Analysis of Augustine's Dispute with Fortunatus", in Herausgegeben von Fuhrer ed. , *Die Christlich-Philosophischen Diskurse der Spätantike: Texte, Personen, Institutionen*, Stuttgart: Franz Steiner Verlag, 2008.

Johannes Van Oort, *Mani, Manichaeism & Augustine: The Rediscovery of Manichaeism & Its Influence on Western Christianity*, Tbilisi: Georgian Academy of Sciences, 2001.

John Burleigh trans. , *Augustine: Earlier Writings*, Philadelphia: The Westminster Press, 1953.

John Burnaby, *Amor Dei: A Study of the Religion of St. Augustine*, London: Canterbury Press, 1938.

John Bussanich, "Happiness, Eudaimonism", in Allan Fitzgerald ed., *Augustine Through the Ages: An Encyclopedia*, Grand Rapids: William B. Eerdmans Publishing Company, 1999.

John Coyle, "*Acta Contra Fortunatum*", in Allan Fitzgerald ed., *Augustine Through the Ages: An Encyclopedia*, Grand Rapids: William B. Eerdmans Publishing Company, 1999.

John Coyle, "*De duabus animabus*", in Allan Fitzgerald ed., *Augustine Through the Ages: An Encyclopedia*, Grand Rapids: William B. Eerdmans Publishing Company, 1999.

John Coyle, "*De Genesi adversus Manicheos*", in Allan Fitzgerald ed., *Augustine Through the Ages: An Encyclopedia*, Grand Rapids: William B. Eerdmans Publishing Company, 1999.

John Coyle, "*De Moribus ecclesiae Catholicae et de moribus Manicheorum*", in Allan Fitzgerald ed., *Augustine Through the Ages: An Encyclopedia*, Grand Rapids: William B. Eerdmans Publishing Company, 1999.

John Coyle, "Foreign and Insane: Labelling Manichaeism in the Roman Empire", *Studies in Religion/Sciences Religieuses*, Vol. 33, No. 2, 2004.

John Coyle, "What Did Augustine Know about Manichaeism When He Wrote His Two Treatises *De Moribus*", in Johannes Van Oort ed., *Augustine and Manichaeism in the Latin West: Proceedings of the Fribourg-Utrecht Symposium of the International Association of Manichaean Studies (IAMS)*, Leiden: Brill, 2001.

John Coyle, *Augustine's "De Moribus Eccesiae Catholicae": A Study of the Work, Its Composition and Its Sources*, Fribourg: The University Press, 1978.

John Gager, *The Origins of Anti-Semitism: Attitudes Toward Judaism in Pagan and Christian Antiquity*, New York: Oxford University Press, 1985.

John Mourant, "Augustine and the Academics", *Recherches Augustiniennes*,

Vol. 4, 1966.

John O'Meara, *The Young Augustine: The Growth of St. Augustine's Mind up to His Conversion*, New York: Alba House, 2001.

John Prendiville, "The Development of the Idea of Habit in the Thought of Saint Augustine", *Traditio*, Vol. 28, 1972.

John Rist, "Augustine on Free Will and Predestination", *Journal of Theological Studies*, Vol. 20, No. 2, 1969.

John Rist, *Augustine: Ancient Thought Baptized*, Cambridge: Cambridge University Press, 1994.

Josef Lössl, "Intellect with A (Divine) Purpose: Augustine on the Will", in Thomas Pink, M. Stone eds., *The Will and Human Action: From Antiquity to the Present Day*, London: Routledge, 2004.

Josef Lössl, *Intellectus gratiae: die erkenntnistheoretishe und hermeneutishce Dimension der Gnadenlehre Augustinus von Hippo*, Leiden: Brill, 1997.

Joseph Fitzmyer, *Romans*, New York: Doubleday, 1993.

Joseph Lienhard, "Augustine on Grace: The Early Years", in Fannie LeMoine ed., *Saint Augustine the Bishop: A Book of Essays*, New York: Garland Publishing, 1994.

Joseph Torchia, "The Commune/Proprium Distinction in St. Augustine Early Moral Theology", *Studia Patristica*, Vol. 20, 1989.

Joson BeDuhn, "Did Augustine Win His Debate with Fortunatus", in Jacob Van Den Berg ed., *In Search of Truth: Augustine, Manichaeism and Other Gnosticism*, Leiden: Brill, 2011.

Judith Stark, "The Pauline Influence on Augustine's Notion of the Will", *Vigiliae Christianae*, Vol. 43, No. 4, 1989.

Krister Stendahl, "The Apostle Paul and the Introspective Conscience of the West", *The Harvard Theological Review*, Vol. 56, No. 3, 1963.

Krister Stendahl, *Paul among Jews and Gentiles and Other Essays*, Minneapolis:

Fortress, 1976.

Kurt Flasch, *Logik des Schreckens: Augustinus von Hippo, Die Gnadenlehre von 397*, Mainz: Dieterich, 2012.

Lewis Ayres, *Nicaea and Its Legacy: An Approach to Fourth Century Trinitarian Theology*, Oxford: Oxford University Press, 2006.

Malcolm Alflatt, "The Development of the Idea of Involuntary Sin in St. Augustine", *Revue des Etudes Augustiniennes*, Vol. 20, 1974.

Malcolm Alflatt, "The Responsibility for Involuntary Sin in Saint Augustine", *Recherches Augustiniennes*, Vol. 10, 1975.

Marianne Djuth, "The Hermeneutics of *De Libero Arbitrio* III: Are There Two Augustines", *Studia Patristica*, Vol. 27, 1993.

Marianne Djuth, "Will", in Allan Fitzgerald ed., *Augustine Through the Ages: An Encyclopedia*, Grand Rapids: Eerdmans, 1999.

Mark Reasoner, *Romans in Full Circle: A History of Interpretation*, Louisville: Westminster John Knox Press, 2005.

Martha Nussbaum, *Upheavals of Thought: The Intelligence of Emotions*, Cambridge: Cambridge University Press, 2001.

Michael Frede, *A Free Will: Origins of the Notion in Ancient Thought*, A. Long ed., Berkeley: University of California Press, 2011.

Michael Gaddis, *There Is No Crime for Those Who Have Christ: Religious Violence in the Christian Roman Empire*, Berkeley: University of California Press, 2005.

Michael Holmes trans., *The Apostolic Fathers: Greek Texts and English Translations*, Grand Rapids: Baker Academic, 2007.

Michal Valčo, "The 'New Perspective' on Paul and the 'Introspective Conscience' of the West", in Ondrej Prostredník ed., *Justification According to Paul: Exegetical and Theological Perspectives*, Bratislava: Comenius University in Bratislava, 2012.

Michel Barnes, "Arius, Arianism", in Allan Fitzgerald ed., *Augustine Through the Ages: An Encyclopedia*, Grand Rapids: William B. Eerdmans Publishing Company, 1999.

Nello Cipriani, "Marius Victorinus", in Allan Fitzgerald ed., *Augustine Through the Ages: An Encyclopedia*, Grand Rapids: William B. Eerdmans Publishing Company, 1999.

Nicholas Wright, *What Saint Paul Really Said: Was Paul of Tarsus the Real Founder of Christianity*, Grand Rapids: Eerdmans, 1977.

Nicolas Wolterstorff, "Augustine's Rejection of Eudaimonism", in James Wetzel ed., *Augustine's City of God: A Critical Guide*, Cambridge: Cambridge University Press, 2012.

Pamela Bright, "Augustine", in Jeffrey Greenman, Timothy Larsen eds., *Reading Romans Through the Centuries: From the Early Church to Karl Barth*, Grand Rapids: Brazos Press, 2005.

Pamela Bright, "The Preponderating Influence of Augustine: A Study of the Epitomes of the *Book of Rules* of the Donatist Tyconius", in Pamela Bright ed., trans., *Augustine and the Bible*, Notre Dame: University of Notre Dame, 1999.

Paul Eddy, "Can A Leopard Change Its Spots? Augustine and the Crypto-Manichaeism Question", *Scottish Journal of Theology*, Vol. 62, No. 3, 2009.

Paul Maxwell, "Analyzing the Apostle Paul's 'Robust Conscience': Identifying and Engaging the Psychological Concerns of Krister Stendahl's Inceptive Article", *Westminster Theological Journal*, Vol. 75, 2013.

Paul Ricoeur, *Evil: A Challenge to Philosophy and Theology*, John Bowden trans., New York: Continuum, 2007.

Paul Ricoeur, *Le Conflict des Interprétation: Essays d'Herméneutique*, Paris: Editions du Seuil, 1969.

Paul Rigby, "Original Sin", in Allan Fitzgerald ed., *Augustine Through the*

Ages: An Encyclopedia, Grand Rapids: William B. Eerdmans Publishing Company, 1999.

Paul Rigby, Original Sin in Augustine's Confessions, Ottawa: University of Ottawa Press, 1987.

Paul Séjourné, "Les Conversions de saint Augustin d'apres le 'De libero arbitrio' ", Revue des Sciences Religieuses, Vol. 25, 1951.

Paula Fredriksen, "Beyond the Body/Soul Dichotomy: Augustine's Answer to Mani, Plotinus, and Julian", in William Babcock ed. , Paul and the Legacy of Paul, Dallas: Southern Methodist University Press, 1990.

Paula Fredriksen, "Epistula ad Romanos inchoata expositio", in Allan Fitzgerald ed. , Augustine Through the Ages: An Encyclopedia, Grand Rapids: William B. Eerdmans Publishing Company, 1999.

Paula Fredriksen, "Expositio quarundam propositionum ex epistula apostolic ad Romanos", in Allan Fitzgerald ed. , Augustine Through the Ages: An Encyclopedia, Grand Rapids: William B. Eerdmans Publishing Company, 1999.

Paula Fredriksen, "massa", in Allan Fitzgerald ed. , Augustine Through the Ages: An Encyclopedia, Grand Rapids: William B. Eerdmans Publishing Company, 1999.

Paula Fredriksen, "Paul and Augustine: Conversion Narratives, Orthodox Traditions, and the Retrospective Self", Journal of Theological Studies, Vol. 37, 1986.

Paula Fredriksen, "Paul", in Allan Fitzgerald ed. , Augustine Through the Ages: An Encyclopedia, Grand Rapids: William B. Eerdmans Publishing Company, 1999.

Paula Fredriksen, "Tyconius and the End of the World", Revue des Etudes Augustiniennes, Vol. 28, 1982.

Paula Fredriksen, Augustine and the Jews: A Christian Defense of Jews and Judaism, New York: Doubleday, 2008.

Paula Fredriksen, *Augustine on Romans: Propositions from the Epistle to the Romans: Unfinished Commentary on the Epistle to the Romans*, Chico: Scholars Press, 1982.

Paula Fredriksen, *Augustine's Early Interpretation of Paul*, Ph. D Dissertation of Princeton University, 1979.

Peter Brown, *Augustine of Hippo: A Biography*, Berkeley: University of California Press, 2000.

Peter Brown, *Religion and Society in the Age of Saint Augustine*, London: Faber & Faber, 1972.

Peter Gorday, *Principles of Patristic Exegesis Romans 9-11 in Origen, John Chrysostom, and Augustine*, New York: The Edwin Mellen Press, 1983.

Peter Karavites, *Evil, Freedom, and the Road to Perfection in Clement of Alexanderia*, Leiden: Brill, 1999.

Philip Cary, *Inner Grace: Augustine in the Traditions of Plato and Paul*, New York: Oxford University Press, 2008.

R. Morgan, "The Letter to the Romans", in John Hayes ed., *Dictionary of Biblical Interpretation*, Nashville: Abingdon Press, 1999.

Reinhold Glei, "Et inuidus et inbecillus: Das angebliche Epikurfragment bei Laktanz, De ira Dei 13, 20-21", *Vigiliae Christianae*, Vol. 42, No. 1, 1988.

Richard Swinburne, *Providence and the Problem of Evil*, Oxford: Clarendon Press, 1998.

Robert Brown, "The First Evil Will Must Be Incomprehensible: A Critique of Augustine", *Journal of the American Academy of Religion*, Vol. 46, No. 3, 1978.

Robert Dyson, *St. Augustine of Hippo: The Christian Transformation of Political Philosophy*, London: Continuum, 2005.

Robert Evans, *Pelagius: Inquiries and Reappraisals*, New York: Seabury, 1968.

Robert Jewett, *Romans: A Commentary*, Minneapolis: Fortress, 2007.

Robert O'Connell, "*De libero arbitrio* 1: Stoicism Revisited", *Augustinian Studies*, Vol. 1, 1970.

Robert O'Connell, "Involuntary Sin in the *De Libero Arbitrio*", *Revue des Etudes Augustiniennes*, Vol. 37, 1991.

Robert O'Connell, *Sounding in St. Augustine's Imagination*, New York: Fordham University Press, 1993.

Robert O'Connell, *St. Augustine's Confessions: The Odyssey of Soul*, New York: Fordham University Press, 1989.

Robert Wilken, "Free Choice and the Divine Will in Greek Christian Commentaries on Paul", in William Babcock ed. , *Paul and the Legacy of Paul*, Dallas: Southern Methodist University Press, 1990.

Roland Teske, "*De Genesi ad litteram liber imperfectus*", in Allan Fitzgerald ed. , *Augustine Through the Ages: An Encyclopedia*, Grand Rapids: William B. Eerdmans Publishing Company, 1999.

Ronnie Rombs, *Saint Augustine and the Fall of the Soul: Beyond O'Connell and His Critics*, Washington DC. : The Catholic University of America Press, 2006.

Rudolf Bultmann, *Theology of the New Testament*, Vol. 1, Kendrick Grobel trans. , London: SCM Press Ltd.

Sandra Dixon, *Augustine: The Scattered and Gathered Self*, St. Louis: Chalice Press, 1999.

Scott MacDonald, "Primal Sin", in Gareth Matthews ed. , *The Augustinian Tradition*, Berkeley: University of California Press, 1999.

Simon Harrison, *Augustine's Way into the Will: The Theological and Philosophical Significance of De Libero Arbitrio*, Oxford: Oxford University Press, 2006.

Stephen Westerholm, *Perspectives Old and New on Paul: The "Lutheran" Paul and His Critics*, Grand Rapids: William B. Eerdmans Publishing Company, 2004.

T. Chappell, *Aristotle and Augustine on Freedom: Two Theories of Freedom, Voluntary Action and Akrasia*, New York: St. Martin's Press, 1995.

T. Irwin, "Who Discovered the Will", *Philosophical Perspectives*, Vol. 6, 1992.

T. Scott, *Augustine: His Thought in Context*, New York: Paulist Press, 1995.

Tatha Wiley, *Original Sin: Origins, Developments, Contemporary Meanings*, New York: Paulist Press, 2002.

Theodore De Bruyn trans., *Pelagius's Commentary on St. Paul's Epistle to the Romans*, Oxford: Clarendon Press, 1993.

Thomas Martin, "Pauline Commentaries in Augustine's Time", in Allan Fitzgerald ed., *Augustine Through the Ages: An Encyclopedia*, Grand Rapids: William B. Eerdmans Publishing Company, 1999.

Thomas Martin, *Rhetoric and Exegesis in Augustine's Interpretation of Romans 7: 24-25A*, Lewiston: The Edwin Mellen Press, 2001.

Thomas Scheck trans., *Origen: Commentary on the Epistle to the Romans: Book 6-10*, Washington, DC.: The Catholic University of America Press, 2002.

Thomas Scheck, *Origen and the History of Justification: The Legacy of Origen's Commentary on Romans*, Notre Dame: University of Notre Dame Press, 2008.

V. Grossi, "Il peccato originale nelle catechesi di S. Agostino prima della polemica pelagiana", *Augustinianum*, Vol. 10, 1970.

W. Rouse trans., *Lucretius: De Rerum Natura*, Cambridge: Harvard University Press, 1975.

W. Stacey, *The Pauline View of Man: In Relation to Its Judaic and Hellenistic Background*, New York: St. Martin's Press, 1956.

William Babcock, "Augustine and Paul: The Case of Romans IX", *Studia Patristica*, Vol. 16, 1985.

William Babcock, "Augustine and Tyconius: A Study in the Latin Appropriation of Paul", *Studia Patristica*, Vol. 17, 1982.

William Babcock, "Augustine on Sin and Moral Agency", *The Journal of Religious Ethics*, Vol. 16, No. 1, 1988.

William Babcock, "Augustine's Interpretation of Romans (AD. 394-396)", *Augustinian Studies*, Vol. 10, 1979.

William Babcock, "Comment: Augustine, Paul, and the Question of Moral Evil", in William Babcock ed., *Paul and the Legacy of Paul*, Dallas: Southern Methodist University Press, 1990.

William Babcock, "Sin and Punishment: The Early Augustine on Evil", in Joseph Lienhard, Roland Teske eds., *Augustine: Presbyter factus sum*, New York: Peter Lang, 1993.

William Babcock, *Tyconius: The Book of Rules*, Atlanta: Sholars Press, 1989.

William Frend, "The Gnostic-Manichaean Tradition in North Africa", *Journal of Ecclesiastical History*, Vol. 4, 1953.

William Frend, *The Donatist Church: A Movement of Protest in Roman North Africa*, Clarendon: Oxford University Press, 1951.

William Hasker, *The Triumph of God over Evil: Theodicy for A World of Suffering*, Downers Grove: InterVarsity Press, 2008.

后　记

这本书是在我于 2012 年 6 月向北京大学提交的博士学位论文基础上扩充修订而成的。是年 6 月 4 日，在论文完成后，我写了如下感言：

当冬日的阳光还趴在我的书桌上时，我就在思量着如何写这篇后记，而现在，"时候到了"（《马可福音》4：29）。不敢说谷已经熟了，但镰刀却已经磨好，只能先行收割。希望今后的思索能像雨后的韭菜，割了一茬再接一茬。

五年之前，我还被称为清秀的小伙子；而五年之后，我只是一个大龄的男青年。无论天上的流云，还是地上的流水，一切皆流，无物常驻。循环往复的是流水和季节，从来不是年龄。回首过去五年的光景，不能说"当跑的路我已经跑尽了"（《提摩太后书》4：7），更不敢说当读的书我已经读过了，但自己还算得上勤奋，在冬日的北大图书馆前写过古希腊语作业，在秋日的西北大学 Krege 楼前读过拉丁语课文，尽心尽力地学习，尽职尽责地做工，遗憾有多大，努力就有多大。

感谢我的导师赵敦华教授，他的博学和勤恳让我敬仰，他的开明和宽厚让我感念，每次向他请教总是如沐春风，理智之澄澈、师徒之欢愉让我永远珍藏心间。感谢我的导师杨克勤教授，他授我以业，解我于惑，待我如子，在志业相传上，他如保罗，而我如提摩太。感谢我的硕士导师汪堂家教授，其温雅谦和远胜君子，其志趣关怀不限今世，让我敬之爱之，他的鼓励和教导让我不断念之践之。

感谢吴飞老师，他教授了我古希腊语，在学风上多有严肃之教导；感谢吴天岳老师，他悉心指导了我的论文写作，对我多有启发；感谢曹坚老师，他教授了我古希伯来语，让我体验到神圣语言的永恒之美；感谢靳希平老师、尚新建老师、韩水法老师、孙尚扬老师、徐凤林老师、徐龙飞老师、吴增定老师和刘哲老师等，他们在论文开题和答辩中提出了良好的建议和意见，其师道之诚切让我感怀。感谢倪为国先生，他的鼓励和提携让我难忘。

感谢我的同学臧勇、吴功青、骆长捷、孙帅、王奎、江新、吴宁、曲晋等，同窗慕道一如手足，与他们的讨论和争辩让我受益匪浅；感谢我在芝加哥结识的朋友和兄弟姐妹，他们的关心爱护让我度过了两年幸福的寄居时光。而现在，肖岁寒夫妇已经移居麦吉尔大学，同门师兄夏忠就一家已经还乡婆罗洲岛，而潘建和许杨青则即将新婚，愿永恒的光辉引领他们的脚步，照满他们的庭院。密歇根湖的绿波让我日夜遥念。

感谢我的父亲和母亲，长年的田间劳作让他们逐渐老去，而对儿女的期盼才刚刚开始实现，他们的爱、理解和默默付出让我无以为报；感谢妹子一家，愿两个小外甥女茁壮、快乐地成长。

7月离别，从此一切都是新的。

花威

2012年6月4日

北大图书馆

博士毕业之后,我先是到华侨大学哲学系工作,2020年9月转任湖南大学岳麓书院。如同之前从博雅塔到密歇根湖,现在从厦门海到岳麓山,自己在研究和教学上还算没有懈怠,在F4的办公室里经常工作到凌晨,只有到了胜利斋才在晚上10点钟刚过就不得不锁门回家。

一路走来,我得到了诸多师友的教导和提携,其中要特别感谢汪建、谭鑫田、丁原明、王晋生、傅有德、何中华、傅永军、颜炳罡、姜涌、商逾、王新春、刘杰和赵杰诸位老师,他们是我的哲学启蒙老师;感谢黄颂杰、张庆熊、吴晓明、张汝伦、莫伟民、佘碧平、邓安庆、林宏星、刘平和丁耘诸位老师,他们使我初窥哲学的门径;感谢卓新平、王晓朝、谢文郁、张荣、周伟驰、章雪富、游斌、梅谦立、李向平、刘泽亮诸位教授,他们不吝奖掖后学,令我感佩于心;感谢许志伟教授、杨熙楠总监、William Wilson、Robert Jewett、Steve Long、George Kalantzis、Gene Green、Peter Williams、Johannes Brachtendorf、Mary Keys和Martin Dale,他们在我的研究和访学中提供了无私的帮助,让我铭记于心。

"人事有代谢,往来成古今。"挥手十年中,汪堂家老师和商逾老师英年早逝,黄颂杰、Robert Jewett、许志伟和钟志邦四位先生新近离世,但其讲课之风采,温温之叙谈,依然如在目前,让人怀念。

人到四十,站在了生命的转折点上,而父母老迈,小儿绕膝,总会多发感慨。然而,一代学人做一代学人的事业,后生我辈唯有"忠义奋发",方可不负老师之教诲,不负光阴之流逝。

最后需要说明的是,本书还是我所主持的2013年度教育部人文社会科学研究青年基金项目"奥古斯丁意志哲学研究"(13YJC720016)的结项成果,此次出版得到岳麓书院的经费资助。商务印书馆尹振宇编辑以极大的耐心和热情商讨书中的各种细节问题,尽量减少拙著的错谬。对于以上,在此一并表示衷心感谢。

花威

谨识于岳麓书院胜利斋

2021 年 11 月 23 日

图书在版编目(CIP)数据

奥古斯丁早期意志哲学研究/花威著.—北京:商务印书馆,2022.10(2024.7重印)
ISBN 978-7-100-21603-6

Ⅰ.①奥… Ⅱ.①花… Ⅲ.①奥古斯丁(Augustine, Aurelius 354—430)—哲学思想—研究 Ⅳ.①B503.1

中国版本图书馆CIP数据核字(2022)第152353号

权利保留,侵权必究。

奥古斯丁早期意志哲学研究
花 威 著

商 务 印 书 馆 出 版
(北京王府井大街36号 邮政编码100710)
商 务 印 书 馆 发 行
江苏凤凰数码印务有限公司印刷
ISBN 978-7-100-21603-6

2022年10月第1版　　开本 889×1240 1/32
2024年7月第2次印刷　　印张 12 3/8
定价:75.00元